AURORA

Editora Appris Ltda.
1.ª Edição - Copyright© 2023 dos autores
Direitos de Edição Reservados à Editora Appris Ltda.

Nenhuma parte desta obra poderá ser utilizada indevidamente, sem estar de acordo com a Lei nº 9.610/98. Se incorreções forem encontradas, serão de exclusiva responsabilidade de seus organizadores. Foi realizado o Depósito Legal na Fundação Biblioteca Nacional, de acordo com as Leis nºs 10.994, de 14/12/2004, e 12.192, de 14/01/2010.

Catalogação na Fonte
Elaborado por: Josefina A. S. Guedes
Bibliotecária CRB 9/870

P644a
2023
	Pimenta, Ivaldo Meneses
	   Aurora / Ivaldo Meneses Pimenta. – 1. ed. – Curitiba : Appris, 2023.
	   352 p. ; 27 cm.
	
	   ISBN 978-65-250-4570-2
	
	   1. Literatura brasileira – Romance. 2. Poesia. 3. Destino e fatalidade. I. Título.
	
	                                                                             CDD – B869.3

Livro de acordo com a normalização técnica da ABNT

Appris
editora

Editora e Livraria Appris Ltda.
Av. Manoel Ribas, 2265 – Mercês
Curitiba/PR – CEP: 80810-002
Tel. (41) 3156 - 4731
www.editoraappris.com.br

Printed in Brazil
Impresso no Brasil

Ivaldo Meneses Pimenta

AURORA

FICHA TÉCNICA

EDITORIAL	Augusto V. de A. Coelho
	Sara C. de Andrade Coelho
COMITÊ EDITORIAL	Marli Caetano
	Andréa Barbosa Gouveia - UFPR
	Edmeire C. Pereira - UFPR
	Iraneide da Silva - UFC
	Jacques de Lima Ferreira - UP
SUPERVISOR DA PRODUÇÃO	Renata Cristina Lopes Miccelli
ASSESSORIA EDITORIAL	Letícia Gonçalves Campos
REVISÃO	Katine Walmrath
	Stephanie Ferreira Lima
PRODUÇÃO EDITORIAL	Nicolas Alves
DIAGRAMAÇÃO	Bruno Ferreira Nascimento
CAPA	Lívia Costa

Ao Mistério Feminino.

AGRADECIMENTOS

Agradeço aos meus amigos, estes que sempre estiveram comigo no processo de minha construção, em especial ao Alexandre Braz Batista e ao Valdécio Brandão Pena Junior, pessoas que ouviram toda a minha criação do *Aurora* antes mesmo das letras tingidas na tela do computador.

Aos meus pais, Geraldo (*in memoriam*) e Arlete, meus irmãos, Arlander e Tandressa, os quais sempre me deram o suporte para eu ser o que sou. Geraldo e Arlete foram os meus primeiros leitores. Amo vocês!

A minha amiga e professora de Português, Rosana Pereira Viana, que me deu a estrutura da língua pátria enquanto eu era apenas uma criança e adolescente e que, depois, tive a felicidade de reencontrar em outro espaço da vida, dividindo as reflexões sobre o mundo, a literatura e a política. Carinho eterno, Professora!

Ao meu amigo, Cristiano Campidelli, que aceitou o desafio da leitura de *Aurora* em tempo recorde e me ofereceu seus comentários e análises literárias e históricas. Meu eterno agradecimento.

Ao meu amigo, Hudson Roati, que realizou a leitura do *Aurora* ainda em seu texto original, colocando-o em seu kindle ao lado de gigantes da literatura, como George Orwell. Sem palavras para definir a amizade.

Aos queridos amigos, Meire Silva Marcélio, Rayssa de Souza Andrade e João Pedro Teixeira de Faria Viana, pessoas que leram cada letra e drama de toda a jornada do *Aurora*, a construção do meu primeiro romance, agradecimento infinito tenho por vocês. Metafísica forte!

À minha irmã, Tandressa Meneses Pimenta, que leu todo o livro ainda em seu texto original e dividiu comigo as emoções experimentadas ao ter contato com os personagens do *Aurora*. Incentivadora desde sempre!

À grande amiga, Marília Rosa Rodrigues, uma amizade que se fortaleceu em meio à minha redescoberta com a escrita, meu projeto de criança que retornou na fase adulta. Marília leu, todos os dias, os capítulos deste livro, que é meu coração escrito. Não tenho como agradecer. Leitora beta? Como pode? Jamais! Não brinque!

Aos Pataxós, povos originários sem os quais o Brasil não seria o que é hoje. Meu fraterno agradecimento ao conhecê-los na Reserva da Jaqueira, em Coroa Vermelha-BA.

À dupla musical ANAVITÓRIA, cuja música Trevo povoou minha mente e meus ouvidos enquanto eu escrevia *Aurora*. Que os deuses da música, especialmente Orfeu, as acompanhe em toda a jornada lírica de seus acordes e vozes. Superagradeço!

Meu eterno agradecimento à minha esposa, Raquel, e ao meu filho, Benjamim, que suportaram minhas angústias, sonhos e alegrias, e me viram chorar ao escrever *Aurora*, permitindo-me construir o romance e, assim, ver realizado o livro pronto. Está pronto! Conseguimos!

Agradeço a Deus, ou o que for esse Mistério, o primeiro poeta! Obrigado!

E, por fim, agradeço a Rafael e Isabela, que me ensinaram sobre o amor da forma como nunca antes vi! Ame a Coroada, Rafael! Ame! Coroada, seja! Sejam felizes, meus amigos! Sejam!

Não brinque!

(Isabela Estefânia Oliveira)

APRESENTAÇÃO

Rafael, ao conhecer Isabela, desperta nele o mistério feminino, tomado de uma força estranha, na direção da menina de pele alva, de cabelos além da alça, um sutil movimento e perfume natural. Porém, A Coroada, como depois é chamada pelo jovem estudante de Direito, é além do que se pode ver, pois esconde a mulher na menina e, também, a menina na mulher. A estudante de Letras, diante do quadro político brasileiro em 1964, planeja um movimento de guerrilha, com o aval de Havana, contra a ditadura militar. Mas Isabela vive entre a razão política e a emoção de seu amor por Rafael, que a eterniza. Nisso, descortina-se a Aurora, a escolha que o destino nos oferece a cada dia, ao nascer do sol, de fazermos algo diferente em nossas vidas. Seguir a Razão? Seguir o Coração? Vida autêntica ou inautêntica? Esse conflito (equilíbrio) do mundo dialoga diariamente conosco, e não será diferente com os nossos heróis.

Durante a jornada, Rafael e Isabela terão a ajuda espiritual de Padre Marcos, um pároco niilista, e Marília, a Comunista, a melhor amiga da Coroada. E essa história será contada pelo Professor, o narrador que se emociona a cada letra escrita narrada por ele e que, de certo modo, o faz sentir a similitude com sua própria história, ou melhor, seu romance com a Menina. Os momentos de despedida, de desencontros, de amores repentinos de Rafael e Isabela fazem lembrar ao Professor seus instantes com a Menina, a quem ele devota um amor incondicional.

Aurora é um livro em que se fala sobre a política do mundo, com recortes de vários períodos, como o século XIX, a guerra fria, o mundo pós-moderno e, claro, a ditadura militar brasileira de 1964 e sua tragédia. Também tem elementos da cultura brasileira, de nossa história, de nossos povos, como os Pataxós, os primeiros a receber os portugueses, no ato do descobrimento, em 1500, em Coroa Vermelha, Bahia. Também tem cidades, como o Rio de Janeiro, Porto Seguro, Belo Horizonte, Praga, a capital Tcheca e, claro, a cidade fictícia de Isabela, Céu Pequeno.

Porém, o livro é um romance, em que o amor surge e se apresenta de diversas formas e tons, sem pudores ou convenções, apenas permitindo-se amar. E, nisso, as reflexões filosóficas sobre o ser humano, como deveríamos ser, atendendo à nossa própria natureza, oferece ao leitor a chance de se autoanalisar, e compreender que a vida é mais que o dia a dia. A Aurora é a chance de nos reencontrarmos, pois temos tempo, ainda, para sermos felizes! O destino pode ser, muitas vezes, nosso amigo, a depender da leitura que realizamos dele.

Assim, *Aurora*, com todos esses elementos, cultura, história e filosofia, ao final, com o único objetivo, ele nos falará do amor. Vai nos mostrar que nossa ânsia de buscar outras coisas, como carreira, jornada, uma vitória ou um conflito, é menor que a força do oculto, Deus ou universo, como queira denominar. Demonstrará este romance a convergência de uma energia que nos reposiciona na vida, no caminho ou, ao menos, nas reflexões sobre tais temas. E isso mostra como somos nós, seres humanos: perdemos de nossa natureza, mas esta, de algum modo, convida-nos a voltar para nós. Amai uns aos outros como vos amei. Aurora é sobre amor, enfim.

SUMÁRIO

~ Parte I ~

Capítulo 1
O Início 19

Capítulo 2
As inquietudes do Coração 26

Capítulo 3
A descrição do sentimento 30

Capítulo 4
O encontro 32

Capítulo 5
As dores do mundo 38

Capítulo 6
Gênesis 45

Capítulo 7
Saudade, um borrão em nossas mentes 49

Capítulo 8
Eu vim aqui para ver você, Isabela 52

Capítulo 9
Amar é uma decisão perene 56

Capítulo 10
Amor é um ato de coragem 58

Capítulo 11
A história de um coração de mulher: São Paulo, 13 de fevereiro de 1922 62

Capítulo 12
Ágape: 19 de março de 1944, Cartagena das Índias, Colômbia 76

Capítulo 13
Escultura 85

~ Parte II ~

Capítulo 14
Um reencontro: Três anos depois, 23 de janeiro de 1967 93

Capítulo 15
Meu nome é Isabela 102

Capítulo 16
Ciúmes, Amor e Saudades 112

Capítulo 17
Esperança: Belo Horizonte, FAFICH, 18 de março de 2002 120

Capítulo 18
O amor é uma causa urgente 129

Capítulo 19
Porto Seguro 141

Capítulo 20
A aula: Belo Horizonte, FAFICH, 20 de março de 2019 154

Capítulo 21
A maternidade: Feliz ano novo, Porto Seguro, janeiro de 1968 168

Capítulo 22
O Pão da Vida: Três meses depois, Porto Seguro, abril de 1968 177

Capítulo 23
Jokana Baixu: Praia de Coroa Vermelha, 1º de maio de 1968 188

Capítulo 24
A escolha: Alguns minutos depois do casamento, Porto Seguro, maio de 1968 202

Capítulo 25
Ai, ai, ai: Céu Pequeno, 18 de março de 1954 215

~ Parte III ~

Capítulo 26
Um encontro com o destino: Seis anos depois, Rio de Janeiro, 1974 235

Capítulo 27
Um ladrão na noite 244

Capítulo 28
Uma visita esperada 257

Capítulo 29
O fim de uma época é o início de outra: Três meses depois 267

Capítulo 30
Professor Matronelli: 14 anos depois, Belo Horizonte, 5 de outubro de 1988 279

Capítulo 31
A Revolução: Praga, novembro de 1989 291

Capítulo 32
Zaya: 13 anos depois, Belo Horizonte, 18 de março de 2002 301

Capítulo 33
Aurora: Vinte anos depois, Praga, 18 de março de 2022 312

Capítulo 34
A Viagem 324

Capítulo 35
Final Feliz 336

Capítulo 36
Fim: Coroa Vermelha, janeiro de 2023 350

~ Parte I ~

Capítulo 1

O Início

A Aurora surgia mansamente por detrás das colinas. As nuvens sangravam num vermelho confesso. As águas do mar teimavam em ser revoltas e iam e voltavam nas areias da praia. O sol não caminhava, mas a terra insistia em seu movimento. Por que nascemos? Por que morremos? Ontem mais uma ditadura na Europa voltou a cair. O povo liberto gritava pelas ruas medievais o vocativo da liberdade. Sorrisos e lágrimas se misturavam aos abraços de uma esperança. Os sinos tocaram nesse dia três vezes. E tudo isso acontecia novamente no continente europeu bem como em outras terras. O sol teimava em não caminhar. E a terra insistia em seu movimento.

Nas areias da praia daquela tarde as ondas do mar iam e voltavam num ciclo harmônico. As coisas aconteciam daquela mesma forma há tempos. A natureza prestava seus tributos ao universo cumprindo sua parte em um possível acordo. As coisas aconteciam sempre em uma mesma data. Do calendário místico era impossível fugir. Por que nascemos, era o que os ventos instigavam naquele dia.

Às vezes nos entretemos com os fatos do dia a dia. Quando crianças somos levados por uma natureza inquieta a perguntar o fim de quase todas as coisas. Por que as nuvens passam? Por que os rios vão em direção ao mar? Por que choramos? Por quê?

E eu ia caminhando nesses pensamentos no alvorecer de meus passos. À minha volta, enigmas de um disfarce incrível. As portas tinham chaves e me faziam entender que eu poderia abri-las. Tudo se encaixava num sistema arquimédico. Ninguém poderia desconfiar que havia algo por detrás das mesmas portas às quais tínhamos acesso. Pois o sol se levantava de manhã, e à noite as estrelas não deixavam de vir. Meus professores me ensinavam a pensar, e eu insistia em sonhar.

Tudo para mim tinha algo de estranho. Tudo para mim se constituía da mesma matéria da qual se constroem os sonhos. Não havia nada que escapasse a essa regra. Tudo era real e irreal ao mesmo tempo. Eu era uma espécie de curinga nesse jogo de cartas cósmico e, quem sabe, sagrado.

Mas por que eu pensava nessas coisas? Eu era criança e olhava os céus. As catedrais me fascinavam e, num apelo barroco, gritavam por ajuda a uma criança de sete anos. Eu tinha medo, mas eu teimava em não desistir.

Onde está Deus? Ele seria o responsável pelo existir? Será que todas as nossas dúvidas quanto à origem das pedras estão de posse nas mãos do Criador? Será que o livro da vida guarda em suas linhas o sagrado segredo de minha existência? Nunca me ensinaram a perguntar. O que aprendi foi passado de geração a geração numa forma de testamento universal. Entendi com meus pais como guardar esses segredos herdados de uma maneira que nunca fossem quebrados em sua essência. As palavras do testemunho não poderiam passar por questionamentos, pois isso era considerado crime ou pecado. E Deus castigava quem ousasse perguntar a Ele qual a origem dos ventos. O mesmo Ser que entendi ensinar o perdão castigava quem perguntava a Ele a forma dos anjos.

"Oh, meu Deus, responda por meus atos, responda por minha vida." Eu não conseguia ficar quieto sem deixar de pensar na minha simples existência. As pessoas se conformavam em permanecer inertes, mas eu não, uma vez que tudo me animava, como isto que me aconteceu um dia: observei o Cosmos. Isso foi em uma noite sem nenhuma suspeita, estava com insônia e as estrelas no céu brilhavam de uma maneira que me deixava em uma posição de aceitar seu convite. Fui para a janela do meu quarto e sentei em seu varandal de onde dava para ver os crisântemos que poderiam ser de minha avó. Eles reluziam com a energia cósmica vinda do espaço, e fiquei instigado olhando para o céu: *"No início eram trevas, e Deus fez a luz"*. Fixei meus olhos nas estrelas e elas pareciam não se mover, sendo que algumas delas não existiam mais. Perto do jardim havia uma última brasa de fogo e, mesmo com o vento gelado da madrugada, ela também insistia em existir como as estrelas que não queriam se apagar.

E foi nesse hiato entre minha insônia e a origem da luz estelar que fiquei a me perturbar. Uma vez li num livro que seres de uma ordem superior povoavam a poeira cósmica. Eles eram responsáveis pela harmonia do universo, governavam os cursos dos rios da Terra e dos outros planetas. Regiam também a magia que se escondia por entre o nascimento dos seres, todos sem exceção. Hoje quem me governava eram as preces de minha inquietude.

Não me conformava com as políticas antissociais de meu país. Desde pequeno me intrigava a miséria de meus conterrâneos. Nascia assim em mim um patriotismo acirrado, justiceiro, um sentimento universal e filosófico.

Entre outras inquietações, o romance também tomou conta de mim. Não tive muitos amores ou paixões correspondidas em minha vida. Não corri atrás delas, confesso. Porém, um dia eu encontrei você e tudo começou a mudar, Menina. Vivi uma segunda, terceira, quarta Aurora e, assim, tive escolhas. Talvez eu me revele ao longo dessa jornada e diga, de alguma forma, quem é esse amor que me transformou. Por enquanto, meu caro leitor ou leitora, apresento Rafael e suas escolhas, sendo meu papel descortiná-las, deixando-me, desse modo, para depois. Aos poucos, iremos conversando. Aos poucos.

Rafael Matronelli nasceu no interior de Minas Gerais e foi estudar Direito na Universidade Federal do Rio de Janeiro em 1964, época em que o Brasil foi tomado por um golpe de Estado. Seu pai era agricultor numa região do sul de Minas, um agregador, que se arranjava entre as dívidas dos empréstimos bancários e os afazeres domésticos. O jovem estudante de Direito nasceu numa família católica, bem humilde, mas brava e corajosa. Seu Camilo não deixava de frequentar a paróquia nem de conciliar os seus dois filhos, Rafael e Eduardo. Este era mais parecido com a mãe, Dona Lourdes, calma e compreensiva, sendo que Rafael era um inquieto, com sede imensa de justiça. Possuía, aliás, outras sedes, como a que perturbava a linha horizontal que os homens traçaram com o advento da indústria, uma linha reta da esperança à decrepitude. Rafael não se conformava com isso. Foi ao Direito compreender tal coisa da vida e a encontrou. Descobriremos!

Será que as máquinas fizeram, além dos miseráveis e os sindicatos, a teoria mística da estrada horizontal? Marx parece ter dito algo parecido com essa teoria e, nesse contexto de fuligem e fome, concordo com ele: é mais interessante para a classe mecena da indústria construir uma vida assim tão horizontal para aqueles que viviam nos seus pátios, no labor indigno. Mas o avô de Rafael, no século XIX, não pensava desse jeito.

Seu Camilo escolheu o nome Eduardo em homenagem a um irmão que resistiu em vir para o Brasil. Morreu no *front* da Segunda Guerra, na bela Bagnoli, em Nápoles na Itália. Já o filho caçula recebeu o nome de sua mãe, Lourdes Rafael.

A vida é muito difícil, pensava Rafael na tarde de outono de 1964, como na primavera de seus sete anos. Ele acordava em plena madrugada motivado pelos sussurros de sua mãe, dizendo que estava na hora da escola. Eduardo já estava pronto e proseava com Seu Camilo a campina do dia. Já o irmão mais novo demorava a se aprontar porque ficava bestializado com a Aurora por trás dos montes de Minas. O sol invadia o horizonte num vermelho indecente e aquecia as águas do solo transformando-as em orvalho. O cheiro da terra invadia o pensamento de Rafael, o qual se concentrava no velho rádio de seu pai, que já às cinco da manhã cantava seu noticiário: um tal de Stalin havia morrido e o povo de seu país estava calado. Uma voz opinante dizia que o silêncio da população soviética não era pela morte de Stalin, mas pela morte da dignidade feita há anos. E essa mesma voz fez comparações com o governo brasileiro, temeroso do fantasma de Getúlio. O sol já era de um amarelo sereno e a mãe de Rafael dizia que ele iria se atrasar.

Rafael sabia que por muito tempo a rotina de sua vida seria assim. Ele nasceu nos campos entre as serras de Minas Gerais em uma família formada por seu pai vindo do sul da Itália e sua mãe, uma brasileira bem mestiça, no alto de sua morenice e olhos negros de coragem e benevolência. O pasto onde vivia era somente para o sustento de sua família. Não havia outra renda a não ser quando Seu Camilo fazia a colheita em fazendas paulistas ou quando efetuava a transição do gado leiteiro de Minas para São Paulo. Era assim a vida de Rafael e de todas as outras crianças de sua terra.

Na escola não tinha lá muita coisa de interessante. O jovem Rafael não se interessava por quase nada. Ele vivia entretido em pensamentos longínquos quanto às lembranças de seu pai da Itália. Era calado, não como o povo soviético, mas o seu silêncio era tão gritante porque vivia em inquietude. Ele pensava por que a vida deveria ser assim. Seu pai fugiu de seu país porque um louco alemão quis retomar a ideia do império. Só faltou dizer que queria ressuscitar a ideia do império romano. Na Itália, Seu Camilo e seu irmão, Eduardo, viviam também na campina. Mas o tio resolveu se alistar no exército de Mussolini e fez-se defensor da juventude italiana, perdendo-se do irmão e de seu pai. E, agindo desse modo, furtou-se da família construída por Seu Camilo. Por fim, perdeu a vida.

Por que nascemos e por que morremos? Se já é um milagre nascer e viver, por que seria uma tragédia morrer? Qual seria a intenção de vir a existir para ser irmão de um defensor da juventude italiana e depois fugir desses defensores para ser campineiro em outro país? Isso nunca compreendi por inteiro. Era muito difícil compreender a existência desse sofrimento sem alguma recompensa. Era difícil entender os desígnios que a providência divina impôs ao homem para ser cumprida. Como explicar a tarefa de viver? Como explicar a tarefa de morrer? Eu a lembrar de você, Menina, ao ver o jovem Rafael se desenvolver. Eu que deveria amar você. Eu...

— Rafael Matronelli! — disse a professora do primário quando o menino estava perdido em pensamentos.

— Presente, Professora! — respondeu com algum espanto.

— Diga-me, Rafael, o que você aprendeu do Evangelho de hoje quando Jesus disse aos apóstolos sobre a fé, do tamanho da fé e do pouco se tivéssemos o quanto isso seria grandioso para nós?

Rafael não respondeu. A pergunta soou um tanto quanto perigosa para ele. O menino preferiu não dizer. Mais tarde teria a chance de falar mais a respeito, irão ver.

Até hoje eu me perco na ideia da fé como um milagre a ser perseguido. Eu me imagino possuindo fé e removendo todas as montanhas que a mim surgissem. Mas, no mesmo instante em que procuro possuir a presença da fé, perco aquela centelha que braseia meu ânimo e disperso de meu ser tudo o que poderia ser fé. É difícil acreditar na moção de qualquer montanha. E ter esse poder parece uma coisa inacessível, longe de minhas possibilidades. Eu já me perturbava com essa ideia da fé logo na infância. O mistério tem um tom enigmático. O silêncio soviético, a escolha do tio de Rafael em ser do exército de Mussolini e de Seu Camilo a vir para o Brasil, as minhas inquietudes, e a Aurora nascendo mansamente por detrás das colinas. Tudo isso era assombroso e místico. Seus olhos são lindos, Menina. Perco-me neles.

Ainda na escola, Rafael fazia uma espécie de cooperativa, ajudando a comunidade com a venda de hortaliças produzidas no sítio, e aquelas que os alunos traziam de suas casas. A ideia de cooperativa sempre me agradou, porque era a união de forças para o bem comum. Parecia mesmo com os ideais cristãos de beneficiar o próximo. A ideia parecia ter uma origem muito boa. O anarquista Bakunin defendia a cooperativa em detrimento do Estado. Muito sangue se derramou na Itália de Seu Camilo e em outros países da Europa aos discursos inflamados dos anarquistas. O discurso de Marx e Engels publicado em Londres fazia tremer os industriais de Watt. O avô de Rafael, em 1890, era também um agricultor, porém ainda vivia a tensão provocada dos povos. E assim fiz saber que ele, por muito tempo, fez parte do Partido Comunista Italiano.

Pastore Matronelli era um militante dos mais enérgicos da região de Bagnoli. Napolitano, dizia que corria em suas veias o sangue latino que fundou Roma. Pastore não deixava transparecer à burguesia napolitana seus princípios de justiça e cooperação. Seu olhar sereno, mas severo, era ambíguo para quem não o conhecia. E, muitos anos depois da publicação de Engels e Marx, Pastore foi às ruas de Milão liderar a greve por melhorias nas condições de trabalho organizada pelo PCI.

"Bravos irmãos da grande Itália. Nosso povo está sendo consumido pelas máquinas dessa porca fábrica de tecidos. Elas retiram o ar de nosso peito e a alma de nossas vidas. Nossos irmãos se embriagam e, jogados no lodo, vivem o inferno do dante florentino. Nossas mulheres perdem sua viçosidade e matam a gestação de nossos filhos. E nossas crianças? Nossas crianças, meus irmãos, tiveram os braços decepados naquela alvenaria de morte e miséria. E o que o príncipe faz? O que os proprietários dessas máquinas fazem? Não fazem nada! Nossas terras eles levaram e nos entregaram esse horror de lugar. Nós ficamos aqui, doze, dezoito e até mesmo vinte horas fazendo a mesma coisa. E respeito nem a nós é concedido. E por quê? Por que abandonamos o campo onde fazíamos a colheita, criávamos o gado e conhecíamos nossas mulheres? Que avanços trazem para nós essas torres de fumaça? Existe um parlamento? Eu vos pergunto, homens que vi crescer e mulheres que me ajudaram a viver, existe um parlamento? Pessoas reúnem-se num prostíbulo imundo, disfarçado do véu da moeda e dizem que ali são resolvidos, ou discutidos, os problemas de nossa sociedade. Cavernal, burguês proprietário da tecelaria de Milão, é um homem digno de discutir algo? Pois Cavernal não é. Sua moral se restringe a se lambuzar de luxúria com as cortesãs espanholas da taverna que frequenta. Cavernal, líder do parlamento italiano, é hostil aos ideais de Cristo, Sócrates e Rousseau. Quem acreditaria que Cavernal, lobo imundo, seria a favor da carta social? Quem

acreditaria que Cavernal, esse ser estranho dotado de poder, se comoveria da insanidade sanitária que é a vila industrial de Milão, menos suja que sua própria vida? Se um homem como Cavernal é o líder e a corrente permanente de pensamento no parlamento, se podemos dizer que Cavernal pensa, como poderemos imaginar que Cavernal, e seu exército de corvos, será a nossa salvação? Cavernal, o Messias? O parlamento, a sociedade?" — terminava de dizer o avô de Rafael naquela tarde de paralisação.

Que os operários de XIX sofriam não tenho dúvida. Que época, que vida. Os interesses econômicos se sobrepunham aos interesses humanos. Não havia luz em um contexto vivido ainda pelo resto do iluminismo. Os santos papas nada fizeram a não ser construir catedrais, como essas que me fascinaram quando eu era criança e que me ludibriam até hoje na fase adulta. Não havia ninguém que pudesse defender a vida humana naqueles tempos. Ned Lud foi quem inventou a quebradeira, mas de nada adiantou. Fourier, da utopia à desilusão, tinha onde encostar suas lágrimas. As encíclicas foram uma vergonha para uma entidade dogmatizada pelo cristianismo, que não existia. Bakunin escreveu a carta. Pastore leu. Fez um belo discurso em frente a uma multidão de cansados proletários, desorientados por sua vez. Pastore inflamou seus peitos de frente para as montanhas que escondiam a Aurora que surgia mansamente por trás das colinas.

Já era tarde, as folhas do verão já envelheciam, anunciando a estação de outono chegando. Os ventos secos vindos do Mediterrâneo batiam na serenidade do jovem Pastore, que, além das colinas e da multidão de irmãos, viu surgir a sua frente àquilo que por muito tempo não se esqueceu. As luzes do século XIX sumiam de repente e davam lugar à magia e à sedutora amálgama do crepúsculo e ao surgimento de uma noite de estrelas e lua cheia. O coração pedia, urgentemente, lugar à mente, e o espírito se fazia por direito à posição do pulsador. A imagem foi muito forte para aquele jovem, que se sentiu mortificado pela cena. Uma morte diferente daquelas vividas por fantasmas da época, e da minha também. Nuances de efervescência surgiam com longos cabelos negros, tão lisos como as plumas do gato selvagem. Olhos de foco distante daqueles que penetram na alma, no âmago. As pessoas se dispersavam, e o dia parecia ter terminado. Pastore, ou melhor dizendo, Filipe Pastore Matronelli, aproximava-se daquilo que o enfeitiçou com a coragem da idade e tomou pelas mãos a noiva que implorava por seu amor. As longas fadigas de trabalho exaustivo se dissipavam pela doçura da voz de Lourdes Rafael. O lema de Marx se fazia esquecer por instantes, ou mesmo por muito tempo. Em seu lugar, Goethe, Shelley, Byron. A dança ocupava o lugar dos braços exaustos pela longa jornada de trabalho sem nenhum sentido. A forma perfeitamente feminina fez de Filipe a vítima da vez. Os deuses do amor não tinham dúvidas, muito menos Lourdes e Filipe, além, é claro, do ambiente cúmplice daquilo que Deus sonhou para sua criação. A paixão foi recebida no fim do verão.

— Venha... — disse Filipe estendendo a mão para Lourdes Rafael.

— Você é insano, não posso sair por aí com anarquistas. Meu pai me mataria — disse Lourdes Rafael olhando para Filipe e a multidão de operários que se dispersavam após o longo discurso do avô de Rafael.

— Venha, não diga nada mais. Meus olhos em você se concentravam durante toda aquela algaravia. Conheço você, Lourdes Rafael. Minha mente pertence a Marx, a Proudhon e a outros iluminados justiceiros. Mas meu espírito, muito menos indomável que o corcel selvagem, segurava minhas mãos para a você não possuir. E assim você surge, por detrás dessas pessoas sedentas de justiça, dessa história impune de justiça, surge em um contexto de Cavernal. Surge você, Lourdes Rafael, por detrás desses montes aqui do sul da Itália, misteriosamente como numa profecia prometida. Venha, não arrisque mais nada a não ser o meu amor por você — disse o jovem Pastore a Lourdes Rafael, e em seguida a puxou pelas mãos e a levou para longe daquela cena de efervescência justiceira para outro pano de fundo, onde reinariam os deuses da paixão.

Filipe Pastore Matronelli casou-se com Lourdes Rafael. O amor vivido naquela tarde de ebulição trouxe, além de mais ideias sobre a organização do trabalho, uma descendência longa e promissora. De Lourdes Rafael, nasceu Eduardo, jovem valente, com sangue italiano nas veias e com um passado paterno de luta e justiça. Eduardo seria o homem que lutaria pelo nacionalismo de seu país. Seria o homem que bravamente lutaria contra a opressão da classe burguesa, mesmo sabendo que Mussolini era o símbolo da idiotice capital. Eduardo trazia em si todos os germes revolucionários de seu pai, o jovem Filipe. Ainda criança, Eduardo viu nos livros escolares e nos ventos vindos do oriente a flama comunista. Quando Rafael ouviu na voz do rádio de seu pai que o tal Stalin morrera, Eduardo, aos sete anos de idade, ouvia Lenin dos suaves lábios de Lourdes Rafael. O menino Camilo, em colo de Lourdes Rafael, estava em nino com os discursos anarquistas de fundo, vindos de Filipe Matronelli. Eduardo cresceu assim, com infinda sede pela justiça, frutificando em campos de Morus, Roterdam e Socialismo. Seu pai, Filipe, municiava essa sede com livros de presente. *O Manifesto* ele o possuía, assim como todas as cartas do PCI, dadas por Filipe Matronelli. Mas Camilo era diferente. O filho caçula cresceu aos sons de violino, que Lourdes Rafael tocava. Ele crescia em meio à música, à paixão. Camilo era apaixonado maternalmente pela mãe. E Filipe achava isso bom, porque este era apaixonado, no Eros, por Lourdes Rafael.

Essa é a genealogia de Rafael. O avô em uma tarde de Milão avistou Lourdes Rafael na Aurora mansa daquele verão. Os ímpetos do jovem Filipe não se enganaram ao ver "*a forma perfeitamente feminina no dispersar da multidão*". Filipe se esqueceu de todos os seus dogmas e foi homem. Lourdes Rafael era linda. Seus seios eram perfeitos, como um convite para o amor. Seus olhos eram de um negro penetrante, daqueles olhares que vão em direção ao fundo da alma. Lourdes Rafael era a mulher que fazia enlouquecer qualquer homem. Filipe Pastore, jovem italiano e, como eu disse, com sangue latino nas veias, tinha a alma dos que buscam a justiça, a paixão. Jovem, ele possuía a secreta fórmula do amor em seu espírito, e a medida certa para qualquer ato insano que poderia ocorrer por trás daquela Aurora em seu mistério. Os lábios de Lourdes Rafael eram o beijo do Éden. E ele, Filipe, o único a salvar a forma humana naquele perdido e doce beijo. Os dois se encontraram, se misturaram e se esqueceram de suas existências para se concentrar apenas no momento em si. Filipe retirou seu semblante de líder e vestiu a face adolescente do amor. Lourdes Rafael despiu-se do vestido da inocência e mostrou-se como a redentora do coração. Ele parecia criança. E ela, mulher, uma força maior que até hoje, aos meus tantos anos de vida, não ouvi descrição melhor. Só quando vi você pude entender. Sempre amei você, Menina.

"*Filipe, às vezes fico imaginando como poderia ser possível nós dois termos nos encontrado. É maravilhoso alguém encontrar por toda a vida alguém em que se pode mirar e dizer eu te amo. Como podem viver as pessoas que ainda não descobriram o amor? Será possível a alguém viver sem os impulsos da paixão? Eu não encontro nada de especial nas cartas de Ielsen sobre a justiça social, pois é uma carta cega. Para que serviria uma carta sobre a filosofia sublime da moeda e sua distribuição para nós, filhos de Deus? Não imagino Deus, no alto de sua sagrada inspiração, criando para elo ou significado a moeda.*

Filipe, quando você olhou para mim do alto daquela multidão, eu não pude perceber mais nada além de meu espírito desejar de modo selvagem saborear seus beijos. Não possuo nenhum pudor ao afirmar que queria explorar essa vontade minha. E assim lhe pergunto: como pode viver uma pessoa sem alguém para se apontar e dizer eu te amo? Sim, não sei, porque depois que senti o amor por trás dessa Aurora deslumbrante, não sei mais o que significa a arte, a ciência, a ordem e a moral. Meus cabelos insistiam em se libertar como em uma hipnose ou magia para você se perder por mim. Meus seios não conseguiam segurar meu jovem coração, que desejava os céus, a liberdade, suas mãos junto ao meu corpo. Minha alma de mulher respondia por todos os seus dons e nem se importava ao que acontecia ao seu redor. E dessa maneira percebo o sofrimento que pode existir em um mundo tão concentrado nas coisas não humanas, esquecendo, assim, as escrituras, a vida, e, por quase uma sem sorte, poderia esquecer de olhar para você."

Ao percorrer essa história pude perceber o que Rafael foi na vida ao tentar estabelecer um equilíbrio entre a razão e o coração. Teve os dois ingredientes dentro de casa, mestres que lhe ensinaram muito bem a força viva do sentimento nobre e caro chamado amor. O jovem Rafael estará em um regime político autoritário e severo, o que pode lhe tomar todas as energias vitais para que algo se resolva pela liberdade. Mas será que é apenas isso que nos resta fazer? Enfrentar os desafios e os problemas e, depois, se despedir do espetáculo? A razão lhe impõe os deveres. O coração lhe entrega o paraíso. Rafael iria amar. E eu também.

Capítulo 2

As *inquietudes* do Coração

O mundo é um grande mistério, não sei se já ouvi isso das palavras de um amigo ou das letras de um poeta. As coisas vão acontecendo de uma maneira inesperada, quase como em uma tempestade de verão. E é inegável a idiotice de se prender ao enigma do sol e da lua, deixando de lado o segredo das flores. Essa coisa de se preocupar com a natureza dos fatos, como por que a injustiça existe, tanto na época de meus ancestrais como na minha adolescência com a guerra fria, é pura mesmice. É não ter criatividade para o lado bom da vida.

Concordo com o fato de que, se não existissem os chamados "panos de fundos" ou acontecimentos circunstanciais, Pandora não abriria a sua caixa, Judas não beijaria a face cristã e Filipe não enterneceria de amor no beijo à Lourdes Rafael. Nesse último, a greve de Milão foi o "pano de fundo" para a ocorrência da existência de Rafael. Aliás, se retrocedermos bem, Marx foi o culpado. Ele, sim, que escreveu aquelas linhas ditosas de justiça social que, por sua vez, transformaram-se em justiça passional. Vários operários italianos sedentos de fome foram à praça de Milão. Às voltas dessa praça toda uma história que mais se assemelharia ao êxodo de Israel. Mulheres disformes com crianças nos braços. Homens fortes com a embriaguez no olhar, e uma vila insanitária coberta de miséria era a praça de Milão naquela tarde. O sol começava a se esconder quando um jovem de peito firme, voz grave, fez soar vocativos ao povo da Itália. Marx soava aos ouvidos da grande massa, que depunham os olhos à atenção dada a Filipe. E, no meio daquela confusão, surge Lourdes Rafael, misteriosamente feminina.

O mundo seria muito mais justo se, ao invés de cedermos nossas energias vitais ao trabalho, cedêssemos tais ao amor. Ninguém se importaria se possuísse mais ou menos bens. A posse, conceito de posse, seria insignificante diante da possessão de um amor que alimenta a alma. O trabalho, sim, existiria, mas como ideia de complemento a uma vida justificada pelos beijos da paixão. As greves de Milão, exército de Mussolini, se diluiriam aos afagos daquelas mãos de que, por muito tempo, fiquei distante. As ruas de todas as cidades seriam jardins de rosas, begônias talvez. As praças teriam bancos cheios de casais enamorados que se bestializariam com a Aurora surgindo mansa por trás das colinas. Não existiria mais injustiça, a não ser aquela que me impedisse de beijá-la, Menina.

Por que eu não a beijei? Por que não me demorei mais em seus lábios, mesmo tendo a certeza de que tudo não tinha o menor significado. Sim, eu sabia a importância que você representava para mim, mesmo que em poucos momentos a você eu pudesse afirmar. Como pude ser tão tolo a ponto de imaginar a Aurora de meus achados conclusivos sobre o mundo tão elevada quanto meu corpo descansando em teu seio. Sim, eu achei uma definição maior para a democracia e a justiça social: os homens deviam amar loucamente suas mulheres e as mulheres deviam amar intensamente seus homens. Um homem deve exercitar seus ombros para conseguir sustentar sua esposa. Deve exercitar sua mente, cultivar seu espírito, para fortalecer com palavras a dor da companheira quando o sofrimento físico vier a fazer-lhe companhia. Deve saber tocar toda espécie de instrumento para, em noites de valsas, dançar com a sua paixão até o êxtase ou nirvana do amor. Um homem deve ter consciência de sua própria existência ao reconhecer, face a face com uma mulher, os puros segredos da vida. O único conhecimento válido que o ser humano pode arrecadar neste mundo é saber amar. É a arte dos deuses ensinada perto da árvore da vida, pelas deusas do amor que inspiraram as formas femininas. É onde um dia espero encontrar você novamente, Menina. Eu te amo.

As mulheres deviam fortalecer seus seios, enegrecer os cabelos (culpa da sua beleza essa minha preferência), sentir a feminilidade como eu sinto esses ventos batendo em minha face. A mulher é, dos seres divinos, o mais belo. É a mãe que segura o filho no braço, a palavra de sossego quando o guerreiro está cansado. É a parte cuidadosamente planejada de Deus para a criação. Até mesmo entre as feras, a fêmea é admirada e, de longe, a mais respeitada. A essência feminina é a responsável pela harmonia da natureza, o polo que equilibra as forças díspares. A alma feminina foi quem inspirou a ideia do amor. Enquanto os montes demonstram fortaleza, estimulando a coragem nos homens, as areias do mar esquentam os pés de quem caminha por lá e trazem conforto. Enquanto o sol faz queimar a face de quem está à luta, caminhando pelas estradas do mistério, a lua e suas estrelas fazem crescer no coração as chamas do Cupido. Enquanto o abraço faz representar o elo de amizade que ainda existe entre os homens, mesmo depois de uma guerra, a carícia encontra um no outro a forma perfeita do tato, a sensação de sentir o outro, o significado verdadeiro da existência, o segredo que os sábios entendiam e assim faziam sem parar. Se eu olho para você e, em algum lugar do meu espírito, não sei se no meu peito, não sei se em minha mente, nasce uma força intensa, mais brava que o mar em fúria, mais radiante que o sol em fissão, mais verdadeira que os milagres cristãos, uma força que me impele a beijá-la, somente a beijá-la, não sei descrever essa força a não ser como amor. Eu te amo, Menina.

O amor é das verdades do absoluto a mais misteriosa. É insondável a razão de sua existência. Não há muito sentido em viver o amor. As lutas são justificadas pela opressão, pela desigualdade, pela liberdade. A discórdia nasce pelos motivos menos nobres, mas não deixa de haver um fundo, uma origem. Iniciar uma busca em direção dos verdadeiros desígnios do amor é das tarefas mais complicadas. Será que poderia passar por toda minha existência sem saber qual a medida exata da paixão?

Haveria uma mulher a deixar assim Rafael? Sim, houve alguém que o perturbou.

A Aurora surgia mansamente por trás das colinas. Eu me admirava em seu esplendor, os raios de luz invadindo meu corpo e minha alma. O universo é imenso, perdido em sua vastidão. A luz da Aurora penetrava nas lacunas de meu pensamento e fazia com que eu me admirasse com o mistério da criação. Qual seria o propósito da criação? O sol irradia luz para mim. E eu crescia por todos os cenários de mistérios, ao lado de catedrais barrocas e seus enigmas. No poder, os homens brigavam com sangue a posse de mais um cetro. O dia e noite iam e voltavam num ciclo harmônico, sem muito atrito. E, assim, eu me desenvolvia como ser humano entre a repugnância do cotidiano e a beleza do pôr do sol.

— Rafael! — uma voz lá do fundo da alma o chama.

Essa voz sempre aparece quando algo vai errado. Pode ser que Rafael tenha se perdido em pensamentos ou encontrado seu destino. Essa descrição da mulher fez algumas lembranças reavivarem em mim. A mulher faz essas coisas. O amor, será? Os segredos sagrados dos deuses devem ser dois: ou eles conhecem a exata fórmula que consegue apaziguar os ânimos do Eros, ou simplesmente praticam a substância. Prefiro essa última análise.

Como não poderia amar? A existência dessa força governa todas as outras forças menores, numa escala hierárquica. Toda onipresença é submissa a essa coisa chamada amor. Tudo o que sei sucumbe ao amor. Rafael iria amar.

Eu sinto uma efervescência em meu espírito que me faz ser um tipo de libertador, revolucionário, alguém que deseja se desprender das correntes que me impeçam de amá-la. Você sabe que amei você, Menina. Não pude resistir a esses olhos. Não pude ser forte à sua imagem diante de mim. Vou me esquecer por enquanto. Preciso me concentrar no jovem Rafael. Sei bem o que ele irá passar.

Lourdes Rafael apareceu, misteriosamente feminina, à greve de Milão liderada por Filipe e o PCI. Naquela tarde, por trás dos raios de sol frente às montanhas italianas, Filipe bradou seu discurso à massa faminta e sedenta de justiça. A situação das classes operárias, camponesas, enfim, humanas, era tão insanitária quanto a mente de Cavernal, o líder do parlamento italiano. Filipe Pastore, jovem com seus ideais, foi à praça de Milão, num misterioso fim de século, aproximar a coragem nos homens. Poderia imaginar essa mesma cena, com outros personagens, em alguma outra época da história? Poderia, sim, eu imaginar que, à época do Messias, um de seus seguidores apareceu junto ao Salvador e avistou, do alto do sermão, a figura semelhante à Lourdes Rafael, em seu mistério feminino? O Evangelho fora escrito pelas famílias herdadas de Israel e não somente elas fizeram propagar toda a essência do cristianismo. Mas o que Rafael nunca imaginou, a não ser nos momentos em que seu pai dizia sobre o surgimento de Lourdes Rafael, por trás da Aurora mansa por sobre as colinas, é que existia um mistério ainda maior a ser decifrado. Uma charada para se deleitar. Amar. Você quando perguntou a mim sobre a política do país foi a minha Lourdes Rafael, Menina. Eu não fui o Filipe. Estou eu aqui a deixar todos ansiosos. Venham comigo até o fim.

Sim, essa é a razão do universo. Como eu, e também todas as outras pessoas, não haviam pensado nessa hipótese? O mistério feminino vem se apresentando à raça humana desde a origem de nossas existências. Sem ao menos desconfiarmos, a mãe nos deu o colo e, assim, adormecemos em seu seio e crescemos para a vida. A terra recebe as sementes de qualquer espécie e faz frutificar, numa explícita fertilidade, a vida. Há até quem diga sobre a verdadeira sexualidade dos deuses, desconfiados de que seja... O mistério feminino surgia mansamente por trás de meus pensamentos na Aurora de minhas descobertas.

Lourdes Rafael gerou Eduardo e, depois, Camilo. Eduardo alistou-se ao exército de Mussolini e se entregou à causa da juventude italiana, enterrando seu próprio corpo e as lágrimas de sua mãe. Camilo herdou a primogenitura de Eduardo e viu, além da guerra, o fim daquele mistério feminino da greve de Milão. Lourdes Rafael convalescia mais e mais, com o sentimento materno ferido por ocasião dos propósitos da juventude de Mussolini. Foi perdendo toda a sua essência feminina, apesar de sua forma, ainda perfeita, estar de acordo com os ideais sagrados. Aquela Mulher, a quem não pude conhecer, se foi como a Aurora se vai no encontro da tarde e da noite. E, sem razão maior para liderar algum tipo de movimento, Filipe não esperou muito tempo e a natureza concordou em apressar o seu fim, desaparecendo outro mistério que não sei explicar. Camilo, assim, não teve outra escolha, a não ser vir para o Brasil.

Da minha infância à juventude, foi como um entardecer de primavera, breve mas cheio de riquezas. A Europa política me fascinava, no alto de seus parlamentos e vozes populares, e eu me embriagava com os estudos de Getúlio. Quando ocorreu aquela insurreição contra a ditadura socialista na Hungria, eu conseguia imaginar e ouvir, lá do oriente europeu, os passos de coturnos e os gritos de homens e mulheres, empunhados não em armas, mas em paixão pela liberdade, pela vida. Da parte nobre da Europa, um tipo de música me fez bailar por muitas noites em danceterias. De Seu Camilo até Rafael Matronelli, a história passou por um colegiado, uma ditadura de quinze anos e o alvorecer de uma Aurora discreta em desvendar seus segredos. O mistério de Lourdes Rafael começou a me acompanhar sem ao menos perceber que esse enigma começava a acender uma chama impagável, eterna. Dos meus lápis, as pequenas escrituras que fiz em sala de aula, até o primeiro poema, passei por Homero, Rousseau, Trostky e, finalmente, um romântico: Goethe.

Quando cheguei ao poeta alemão, *Os Sofrimentos do Jovem Werther* eram apenas letras mortas para o meu instinto. Selvagem, eu queria era desvendar os mistérios que levavam o homem a cometer injustiças sociais. Os meus exemplos eram a boina francesa, os livros de Marx, a coragem de Fidel e a repugnância ao império norte-americano. Jovem ainda era o meu sangue, que corria velozmente na direção do verbo socialista. O meu sangue poderia ser mais rubro que a bandeira da União Soviética. Mas esse rubro fez cegar-me, por muito tempo, o mistério feminino que surgia mansamente em minha existência. Você surgiu em minha vida acusando-me de todos os governos frívolos. E eu a amei, Menina.

Aos vinte e três anos, Rafael ingressou na faculdade de Direito do Rio de Janeiro. Abandonou Seu Camilo e a sua mãe. Deixou o sul de Minas, porém nunca se esqueceu das histórias que ouviu de seu pai sobre Filipe Pastore e a greve de Milão. As linhas, ou, melhor, as falas das linhas não escritas sobre o povo e a lei, ele as guardou perfeitamente, como ordem para caminhar. As de Lourdes Rafael, aparecendo mansamente no meio daquela greve, as guardou, e reconheceu em Isabela o mistério perfeitamente feminino. Levou um tempo para que nosso garoto entendesse que a menina de pele alva, de cabelos além da alça, o enfeitiçaria para sempre. Marcaria seu destino e sua jornada. Nada seria da mesma forma como antes. Depois de Isabela, Rafael será outro, irão ver. Antes havia um equilíbrio entre o coração e a razão, mas essa harmonia se foi, ocorrendo o mesmo a Isabela. Você não poderia ter-se despedido de mim daquela maneira, porém, ainda espero encontrá-la. O borrão em minha mente não se foi, Menina. Rafael iria amar. E Isabela também.

Capítulo 3

A descrição do sentimento

Olhos, seus olhos, negros e misteriosos. Seus olhos, tão longe e tão próximo. O que eles veem? Que horizonte conquistaram? Seus olhos, em perfeita sintonia com seu rosto, em perfeita harmonia com minha paixão. Seu semblante, tão forte e tão frágil, carece de minha proteção e aprisiona minha alma em seus encantos, magia, ilusões. Selvagem é seu espírito, com desejos insondáveis, disfarçáveis, enigmáticos, como a Aurora de meu sangue. Seus olhos, sua face, seus lábios, em casamento com a luz da lua, produz loucuras em meu peito e me deixa mais humano que homem, mais corajoso e digno. Seus lábios, em casamento com os meus, produzem em mim um novo ser, uma nova vida, um novo mundo. A fisiologia de meu corpo, a minha química, transcende em uma poção mágica feiticeira, fazendo tudo isso se transformar em amor. Suas mãos, tão macias e tão leves, fazem meu corpo descansar, minha alma enternecer, meus sonhos viajarem para tão distante, tão longe daqui. Leve-me contigo.

Seu corpo, tão longe das descrições dos dicionários, sem algum alfabeto com letras prontas para descrevê-lo. Sem ao menos possível ser o arranjo de frase que, nem de tão elaboradas, conseguiriam descrever o que minha paixão enxergou. Seu corpo, tão lindo e tão perfeito, faz de mim um abençoado dos deuses, agraciado pela harmônica forma feminina, que em minha física se encaixa perfeitamente. Seu corpo, de mágico não possui um truque, tão verdadeiro como o firmamento que me prende a terra, lindo quanto a sincronia dos fenômenos da natureza e próximo ao meu coração.

Não me poderia demorar mais por desígnios de paixão a não ser declarar o meu espírito e minha alma. Eu tentei decodificar o que somente os deuses sabem em suas línguas de anjos. Lembro-me de como senti toda aquela chama começar a flamar em meu ser. Você apareceu, como Lourdes Rafael a Filipe, misteriosamente feminina, em meu destino. Conseguiu despertar o que andava em latência em todo o meu corpo. Todas as reações que ocorriam em mim somente justificavam aquilo que eu vi. Eu vislumbrei a mesma face que Filipe Pastore enxergou em meio à multidão da greve de Milão. O mesmo rosto que *Psichê* enxergou no deus Cupido, a expressão que vem inspirando a vida a renascer a cada dia com um único sentido. Eu te amo, Menina.

Não foram as ideias sobre a justiça que me fizeram ter o sentimento de liberdade. Não foram as causas da vida, em seu curso ao destino, que me fizeram acreditar numa força maior. Não foram os delírios noturnos, suores de pesadelo, e ameaças do inimigo que me fizeram sentir o medo no peito. Não foram as caudalosas águas, e toda uma orquestra da natureza, que me fizeram acreditar no respeito à tempestade. Não, não foi. Li todos os filósofos. E não foram eles que me fizeram possuir a paixão pelos mistérios. Minha alma nasceu assim. Não como uma Aurora nascente, mas como um crepúsculo, amadurecendo, descendo mansamente por trás das colinas. Lourdes Rafael era o mistério daquele dia, Aurora e, depois, tarde. Enfeitiçado, Filipe se deixou levar pela forma perfeitamente feminina. Não havia mais discursos a fazer. Não havia mais atos a praticar. A única coisa certa a ser feita no mistério de Lourdes era simplesmente se entregar. Filipe amou Lourdes Rafael.

E a mim? Eu também tive um mistério feminino? Não uma praça e uma greve, mas uma vida levada pelas inquietudes do espírito eu tive. Não tive a sensibilidade de enxergar, como Filipe, a forma perfeitamente feminina de você, Menina. Eis que essa realeza aparece misteriosamente por trás de meus pensamentos mais sólidos, e inquebráveis, que as rochas das colinas. E no meio desse mistério de sedução, levei, como numa dança, minha alma a ti. Amando você era o que eu esperava ser.

O amor é uma coisa estranha. Tão logo o sentimos e começam os devaneios, os prováveis encontros, as novas danças, e os longos beijos. O ser humano é tão grandioso que já conseguiu construir vários sistemas filosóficos, curas para as mais diferentes doenças, transportes para longas distâncias e cultura de imenso valor. Mas nada na criação do homem se compara à sublime obra divina do amor. *"E não só de pão viverá o homem."* Para mim, a maior sede, a maior fome que nós sentimos é a do Eros. Um perfume, um toque, uma lembrança são suficientes para despertar uma força. Saudade e amor. Um sorriso simples, uma sedução e palavras trocadas. Um beijo seu, Menina.

Ao menos para mim o amor faz essas coisas. E, ao contrário de qualquer feitiço, não necessita de um contragolpe a não ser ele mesmo. Você é linda.

Rafael teria esses desígnios na sequência de seu caminho. Trouxe longe, na genealogia dos sentimentos, a mais pura realização de um amor autêntico. As histórias que ouvia de seu avô, com lutas pelos direitos sociais, brados contra os opressores, eram acompanhadas das declarações de amor a Lourdes Rafael. Mas essa mulher era um espetáculo da natureza, da existência. Impossível não ser levado por um magnetismo natural do feminino. Ela era de um desenho corpóreo sedutor, com seios proeminentes e acolhedores. Negros cabelos longos, a cobrir os ombros e descer até quase a linha da cintura. Esta, a circundar curvas e a geografia de um relevo que a mística esconde a fórmula, acompanhada de uma voz suave e lírica, especialmente quando se pronuncia o seu nome. Como é bom ouvir seu nome ser chamado por quem se ama. É música, distração e perdição. Eu, ao ouvir você, me perdi, Menina. Aqui estou e estás imortalizada no segredo que quase estou a revelar. Amo você é a lei que se lê.

Mas Rafael experimentaria a sensação de ouvir seu nome como música? Entenderia aquele momento em que seu destino o cumprimenta e diz: *"vá e seja feliz"*!? Acredito que sim, Rafael contornaria os rumos da história, os coturnos que desfilavam seus horrores na mais nova ditadura brasileira. Mas uma mulher, cujo nome é Isabela, roubaria toda a fotografia. A história será escrita e descrita. Rafael não resistirá. E eu também não. Quanta saudade tenho de você. Preciso ir. Vocês não me suportarão. Te amo, Menina.

Capítulo 4

O encontro

Rafael acordou tarde e saiu com atraso para a faculdade. Precisava buscar alguns livros na biblioteca, que ficava um tanto quanto distante de onde morava. Ultimamente, o jovem estudante de Direito foi tomado pela sensação de que seu tempo vai se esvaindo como a Aurora triste numa manhã de inverno. Precisava arrumar outro emprego, pois o atual não cumpria com as funções financeiras a que era dado naquele momento. Já havia conversado com o Sr. França, coordenador do curso jurídico, de um possível estágio em algum núcleo de práticas processuais. Pensava, também, Rafael em trancar matrícula e conseguir algum dinheiro para, então, voltar aos estudos. *"Não posso decepcionar Seu Camilo"* — pensava Rafael ao entrar na biblioteca.

Com as preocupações financeiras, vinha também uma certa instigação. Rafael foi tomado, desde criança, pelos mistérios e enigmas da vida. A Aurora surgia mansamente por detrás das colinas e Rafael se bestializava com o esplendor que a estrela maior apresentava à humanidade. Isso o perturbava e vinha sempre a pergunta, *"por que nascemos?"*. E Rafael não se dava por vencido, mesmo quando o cansaço já alcançava sua mente e dizia, chega! Então as histórias de Filipe Matronelli vinham a sua mente.

Seu avô era daqueles tipos de pessoas que se encontravam tão facilmente como um elefante branco. Possuía uma alma jovem e cheia de ideias em amálgama com o sangue juvenil. Para ele, o momento seguinte já fazia parte de seu presente e tolice é deixar ao ar as indagações sobre o agora. Era bem capaz de liderar uma greve, bradar hinos de justiça social a uma multidão e largar tudo isso por um fim: uma mulher. Lourdes Rafael foi essa mulher que deixou Filipe nessas descrições. A paixão tomou conta dos dois de tal forma que toda a história que se passava por trás deles não era nada. Filipe, em casamento com Lourdes, fez o projeto divino vingar na terra. Tiveram dois filhos, Camilo e Eduardo. Eduardo morreu no *front* da Segunda Guerra Mundial, e Camilo mudou-se para o Brasil. Já nas terras estrangeiras, Camilo gerou Rafael. E este acabava de chegar na seção de esoterismo da biblioteca universitária.

Sem muita pressa, Rafael procurou o *Espírito das Leis*, entre os volumes guardados nas estantes. Seu pensamento flutuava como penas soltas no sentido da criação. *"No início era o verbo, e o verbo se fez carne."* Os dias passavam semelhantes uns aos outros e nada acontecia. Os pensadores de mil anos atrás pesquisavam a natureza das coisas da mesma forma que hoje, somente com palavras diferentes. Como isso que lhe conto agora. Experimente ler isso, Menina.

Um jovem da idade média apaixonou-se fervorosamente por Lucíola, serva feudal de um condado vizinho. O dote pela vassala era muito caro aos valores de Nicolas, mas, mesmo assim, os dois se encontravam escondidos de todos os olhos — quase todos os olhos — nos bosques verdes da floresta francesa, no cair da tarde ao descer a luz mansa por trás dos ciprestes imponentes. Nicolas possuía Lucíola em tamanha intensidade, que nenhuma letra humana poderia descrever o encontro dos dois. Lucíola tinha os olhos azuis como um dia de mar sereno, a pele alva feiticeira, lábios censurados por aqui. Nicolas a amava. E o único sentido para toda aquela injustiça suserana era o amor no bosque, clandestino, leal, verdadeiro. Enquanto espadas e baionetas se degladiavam nos teatros, ou nas guerras nobres, Nicolas e Lucíola justificavam a criação com a concepção da paixão.

Em uma tarde, Lucíola, enlouquecida em seu amor, consegue se esconder por uma noite no bosque dos ciprestes. Seus pais, todo o povoado do condado, e o velho suserano Forbes, cobiçoso de Lucíola, viram a conclusão da morte de seu precioso tesouro. Nicolas enlouquece e, quase numa tragédia shakesperiana, pensa em se tragar aos ofícios dos punhais. Mas dias se passam, e Nicolas vai ao bosque dos ciprestes ver a Aurora surgindo mansamente por trás das colinas francesas. E, numa lembrança canceriana, Nicolas fecha os olhos, sentado em meio às árvores, recorda das mãos, do toque leve de Lucíola. A lembrança faz reavivar o mesmo espírito do encontro inicial dos dois. A imaginação, por momentos, faz substituir a ausência da amada, e a possui. Nos momentos de transe do jovem Nicolas, ele se dá conta de sua realidade e deita uma lágrima. Quando abre os olhos, o sol ainda era e sua luz parecia mais clara que o comum. Ao reparar as folhas das árvores, dos arvoredos, Nicolas percebe que seu verde também possui um brilho diferente do comum. E quando levanta para pesquisar mais a natureza daquela tarde, percebe a leveza de seu corpo, em lei contrária à gravidade. E, tomado de assombro, sente temor. E, ao sentir a sensação do medo, e todas aquelas diferenças depois de recordar Lucíola, ele vê um ser de formas brancas aproximando-se. Nesse instante, Nicolas vai ao encontro daquela luz, misteriosamente feminina, para descobrir o que havia por trás dos longos véus. E no momento da descoberta, Lucíola apresenta sua face ao amado. Os dois praticam a paixão numa eterna tarde, em plena Aurora, mansa por sua vez.

Os dois eram o significado da vida. Filipe e Lourdes Rafael tiveram o mesmo fim. Rafael encontra O *Espírito das Leis*. Só não imaginava o que ainda poderia encontrar. Você escapou facilmente de mim naquele dia, Menina. Jamais a esqueci.

Podemos, em toda a nossa existência, procurar por algo, desde um alfinete de costura até mesmo um clássico literário. Mas aquilo que não procuramos vem ao nosso encontro. E, quando o encontro se dá, podemos não perceber o valor exato do verdadeiro tesouro. E, se perdemos, procuramos mais e mais, agora por entender o seu real valor. Mas aquilo que vem ao nosso encontro e se perde não adianta mais procurar. Pode não vir mais.

Tanto na era medieval como agora, o amor vive e existe. Ele surge como um ladrão na noite, e permanece por toda a vida, como em uma teimosia prometida. Uma música ao fundo, uma troca de olhares cheia de pudor, dois corações, um momento, um beijo.

Das descrições do amor, o beijo é a forma mais singela. Não sei como o Criador concebeu a vida e o universo, mas tenho minhas suspeitas. E se não foi por um beijo, claro, os deuses amam, a outra maneira desconheço. Ainda não aprendi. *"Vem, fica comigo!"* — disse para você, Menina, naquela noite.

Isabela fazia faculdade de Letras e apreciava a poesia romântica do século XIX. Morava com mais três amigas em um conjugado quarto e sala, de onde a cozinha e o banheiro não consigo imaginar. Desde cedo, ainda na infância, a literatura a convidava para as mais longas deduções sobre a vida e sobre o mundo. Porém, mesmo entre seus devaneios literários, seus pés do solo não passavam. Tinha uma bela definição para tudo isso que vivia: *"por mais que eu viva, leia ou entenda os mistérios que a vida me propõe, ainda serei mulher, ainda vou querer amar e nada vai conseguir afastar isso de mim"*.

Talvez na Esparta de Helena, as coisas não soassem tão bem assim. Lá as mulheres temiam ser fracas, e eram treinadas para perderem seus filhos e seus homens em guerras. Deveriam tê-las treinado para algo mais em sintonia com a misteriosa natureza feminina. Não necessitava de uma guerra para recuperar uma mulher. As armas oferecidas deveriam ser outras, assim penso. Se Menelau fosse a Troia dizer a Helena, meu amor, volte para Esparta, pois os espartanos todos podem viver sem você, menos um, que sou eu, eu te amo, a poesia épica escrita desse fato não seria a bravura de homens diante de outros homens e deuses. Seria apenas a descrição da coragem verdadeira de um homem a uma mulher. E gregos e troianos poderiam ter vivido felizes para sempre. Não sei quem inventou a teoria do sexo frágil. Nem sei se existe um sexo forte. A diferença entre um homem e a mulher ainda vai permanecer indecifrável por muito tempo. Talvez ela não seja nem descoberta. Segredo que seduz, você a minha frente, Menina.

Isabela também pensava assim. Não via sentido nas guerras, no discurso cheio de orações dos ditadores e muito menos nos aplausos cegos do povo que o escuta. Mas amava Política. Era militante e comunista. Um fervor intenso a consumia, e seu brado eram fanfarras que soavam tremores por onde passava. Poderia ter escolhido o curso de Direito e, assim, feito justiça à humanidade. Talvez reinterpretar o Evangelho ou até mesmo lançar uma teoria social diferente dos ismos existentes. Mas não o fez. Sua justiça seria transmitir aquilo que acreditava: a igualdade. Isabela não acreditava no culto belo do pastor protestante, muito menos nas várias encíclicas que os papas da santa igreja já lançaram. A Aurora surgia mansamente por detrás das colinas e Isabela já apresentava um orvalho interior diante dessas reflexões. *"O mundo poderia ser diferente."* Assim ela se despediu, olhando suas amigas do conjugado, e caminhou para o seu trabalho na biblioteca universitária. Lá suas reflexões não seriam menos intensas.

A luz da estrela maior deitava pelo caminho que Isabela fazia até o câmpus universitário. Suas preocupações iam além daquelas nascidas no dia a dia. Neste havia o aperto do conjugado que dividia com as outras amigas, as contas já atrasadas, guardadas por sobre a única cômoda coletiva existente em sua casa. Até mesmo o trago estranho fumegando no fim da madrugada ao lado da cabeceira de cama de uma de suas companheiras. Mas não era isso o que a atormentava, ou preocupava mais. Isabela pensava no amor. Não possuía um, mas pensava. E não expunha seus pensamentos, ou deduções, sobre o assunto para ninguém. Era um pensamento mono, ela e ela apenas. Mas pensava no amor. Algo íntimo e guardado. Ninguém sabia.

Não enxergava fundamento no cotidiano. Isabela tentava justificar, legitimar a razão da existência, nos livros, no trabalho, nas conquistas pessoais, ou em qualquer outra coisa que já tinha experimentado, pelo menos na sua superficialidade. Achava ela — e isso depois veremos que não passa de uma intensa inverdade — que o espírito se satisfazia com o entendimento de um sistema filosófico, com a canção bem levada por um instrumento musical, com a aquisição de um desejo, ou por qualquer coisa da vida oferecida. Não pensou no amor. Pensou nas mazelas da alma, nas urgências de alimento ao espírito, o total de objetos encontrados de maneira descartável, em uma coincidente esquina de rua. Não pensou no amor.

Isabela já se encontrava próximo ao seu local de trabalho e estudo. Eu imagino que várias pessoas, nesse momento, estejam próximas de um determinado lugar. Isabela imaginava encontrar as mesmas coisas que vem encontrando desde o dia da matrícula na universidade, desde o dia em que a Sr.ª Salarz ofereceu emprego na biblioteca universitária.

Eu também imagino encontrar as mesmas coisas todos os dias. Todos os dias quando chego em casa, deixo meu casaco surrado, cansado, por sobre a mesa, olho no relógio de parede a mesma hora que venho assistindo há algum tempo. Passo por toda a casa e, no momento em que acabo de fazer tudo isso, vejo uma fotografia sua, e onde você estaria há alguns anos atrás, já não está mais. Isabela pensou no amor. Eu penso em você até hoje. Apenas saudades. Sim, eu não esqueci você, Menina.

— Bom dia! — disse uma certa senhora de porte médio.

— Bom dia, Sr.ª Salarz. Suas dores nos braços melhoraram? — disse Isabela ao chegar na biblioteca universitária.

— Minhas dores continuam, mas já são menos intensas — disse Sr.ª Salarz, com uns pequenos óculos franzindo a face e dando uma certa conotação de seriedade. — Isabela, você podia levar esses volumes iluministas para as estantes. Minha dor ainda incomoda. — disse Sr.ª Salarz.

Isabela enfileira e organiza os livros iluministas que os estudantes deixaram por sobre o balcão. Sr.ª Salarz reserva-se a uma cadeira acolchoada e retira os pequenos óculos, mudando, assim, a conotação de seriedade para de cansaço. O semblante da chefe de Isabela denunciava uma vida já avançada, talvez cheia de segredos, como todas as outras. Em seu íntimo, pensava na vida cansada da Sr.ª Salarz, essa mesma que lhe proporcionou o emprego de bibliotecária. Com esse pensamento, veio outro, da noite anterior: o estranho trago fumegando ao lado da cabeceira de uma de suas companheiras. *"Aquilo merecia uma conversa"*, progredia em seus pensamentos.

Subia Isabela as escadas da biblioteca. Sr.ª Salarz supria uma angústia devida a sua dor física nos braços. Não só ela vivia a angústia de uma dor. Muitas pessoas também sofriam o seu pesar. Isabela subia as escadas da biblioteca, e um conjunto de eventos não se interromperia. Isabela iria amar.

Com uma sensação diferente no pensamento, Isabela levava os volumes iluministas ao seu endereço dentro da biblioteca. Um, dois, três degraus e mais outros levavam o pesado coração de Isabela a um destino que não os livros de Jane Austen. Vira uma esquina, em frente aos teólogos medievais e mais duas estantes, estaria ali o início de uma outra vida.

A todo momento renascemos para coisas futuras. Qualquer coisa insignificante, e não o é, é o impulso necessário para um novo acontecimento. Isabela possuía longos cabelos negros, ultrapassando, facilmente, a linha dos ombros, alcançando suas curvas irresistivelmente lindas. Os olhos, negros profundos, eram perigosos, pois quem ousasse mergulhar-se neles não iria se recuperar. Perderia o fôlego, talvez a vida. A estatura era daquelas convidativas a um abraço apaixonado e próprio da perdição. Seu movimento, não me lembro de alguém descrever como belo o movimento feminino, mas esse era. Novamente, seu movimento, ritmado, leve, suave, seduzia a cada passo, dimuindo o tempo para apreciar, porque, em breve, mais não estaria ali. Perfeita mulher, a jovem Isabela.

Enquanto descrevia o mistério feminino em Isabela, esta adiantava em seu trabalho de enfileirar os livros devolvidos por alunos descuidados. Um momento, uma dor do peso da vida em uma senhora e, em uma repentina coincidência, dessas que não existem, um livro cai. O que mais cairia?

— Não precisava disso — disse Isabela.

— Era o que eu procurava — disse Rafael.

Essa foi a cena vivida por Isabela ao ver Rafael. Um atraso do jovem estudante e uma dor nos braços da Sr.ª Salarz foram suficientes para um encontro, não planejado, não previsto, mas inevitável. O amor é inesperado. Essa troca de olhares, tão gostosa, que irradia por todo o corpo a sensação de alegria, medo e de estar vivo. Esses momentos que, depois, são fotografias em nossas mentes, saudades e lembranças, reminiscências que não vão embora. Esse instante do encontro, o detalhe mágico transformador, essa fração de segundo é toda a eternidade. Enfim Rafael conheceu sua Lourdes. Por fim, Isabela iria amar. No fim, era só eu e você e nada mais. Volta para mim, Menina.

A Aurora surgia mansamente por detrás das colinas. Aurora, período antes do nascer do sol, quando este já ilumina a parte terrestre ainda na sombra. Ainda, origem, princípio. Por detrás das colinas. As colinas são de pedra, difícil de quebrar. Mansamente é o modo como amanheceu e amanhece a manhã de Filipe, em sua Itália revolucionária e romântica.

Se o momento e as circunstâncias de Isabela ao encontrar Rafael foram essas, agora é hora de ver como se deu o dia, os elementos, tudo aquilo que propiciou ao jovem estudante de Direito ter, finalmente, o encontro que marcaria seu destino.

Rafael necessitava de alguns livros do pensamento iluminista, dizia seu professor de Direito. Mas como eu dizia, naquela manhã, o jovem estudante de Direito acordou um pouco tarde, mais que o normal. Vestiu suas roupas rápido e saiu.

A caminho da faculdade, já com pensamentos nas obras do século XVIII, Rafael nem percebera que, naquela manhã, a Aurora nasceu por entre nuvens, numa manhã precípua, origem do resto de sua vida. A Aurora teimava em quebrar a negritude de algumas nuvens, passagens de outra estação. Nas ruas, algo mais alvoraçante que o agitado cotidiano comum. Rafael passou por uma banca de jornal e nem percebeu, pela tamanha concentração na escolha da obra iluminista, tampouco pelo atraso, a notícia daquela Aurora mansa por trás das colinas: ontem mais uma ditadura voltou a ser.

Coturnos engraxados por todos os lados. A cada esquina, um par de botas e de armas. A faculdade estava tão distante, que sentia seu coração acelerar por ansiedade e pressa. A sua volta tudo acontecia, sem ao menos perceber, desde o homem até os generais. A biblioteca estava próxima. E o destino no mesmo lugar de sempre. No mesmo lugar de sempre. Você está lá, Menina?

Rafael herdou do avô os mesmos ideais que o fizeram ser líder do Partido Comunista Italiano: valente, apaixonado pela sobrevivência humana. Coragem não faltava àquele coração italiano, que fez um discurso necessário, na medida certa. Mas o que o fez o mais completo dos homens não foi o seu discurso, muito menos as obras, talvez publicadas, e qualquer outra coisa semelhante a isso tudo que falei. Filipe amou. E nada mais é importante. Nada mais, Menina.

Rafael chega à biblioteca. Sobe velozmente as suas escadas em direção à seção dos iluministas. Assim, o jovem estudante de Direito nem percebeu uma senhora sendo ajudada por uma linda mulher, perfeita, indescritível a minha razão. Subiu e chegou aonde queria. "*Montesquieu*", lembrou Rafael da obra certa para a sua pesquisa. O destino estava no lugar de sempre.

— Ligue o rádio, Isabela, quero ouvir o noticiário da manhã — disse Sr.ª Salarz a Isabela.

— As coisas não mudam muito, Sr.ª Salarz. O que há de novo é a moda de Paris, uma boina francesa vermelha — brincou Isabela, ligando em seguida o rádio.

— Mas mesmo assim quero ficar por dentro do que ainda não mudou — disse Sr.ª Salarz retomando a fala. — Isabela, você poderia levar esses livros para mim, pois estou ainda com dor nos braços.

— Claro, Sr.ª Salarz, vou enfileirá-los e já guardá-los lá em cima — disse Isabela, organizando os livros.

Isabela, com certo cuidado, organiza alguns volumes a serem recolocados nas estantes da biblioteca. Pensa, novamente, no trago estranho da companheira de quarto, mas logo o esquece, devido à preocupação com as dores de Sr.ª Salarz. Ela sobe, mansamente, pelas escadas da biblioteca, deixando Sr.ª Salarz na recepção com suas dores e o velho rádio, que anunciava, sem ninguém prestar atenção: "*O Brasil foi tomado pelos militares ontem, trinta e um de março de 1964*".

— Posso lhe ajudar em algo? — perguntou uma voz feminina a Rafael.

— Estou numa pressa só — disse Rafael. Vim até aqui procurar uma obra iluminista para conclusão de um trabalho sobre os poderes e o Estado — disse Rafael, se perdendo pouco a pouco nos negros olhos de Isabela.

— Montesquieu! Segunda seção, atrás de Emile Brontë — disse Isabela com certo desconforto por ter ainda de segurar as obras deixadas na recepção.

— Acho que quem precisa de ajuda é você — diz Rafael tirando os volumes das mãos de Isabela. — Diz para mim onde posso colocar e te ajudarei. — Solidariza-se Rafael; não sabia ele que outro sentimento viria e se eternizaria nele.

— Não há tanta necessidade para isso. — Enerva-se um pouco Isabela e tenta retomar os livros, fazendo com que caiam. A personalidade forte se apresenta.

— Desculpe! — diz Rafael a Isabela.

— Eu é que peço desculpas – diz Isabela, ou melhor, o coração respondeu.

— Você é tão linda! — diz Rafael tomado por uma força estranha. Em seguida, rouba um beijo.

— Você é louco! — diz Isabela, perdendo os sentidos. Mas o coração tem suas razões, e tais são urgentes.

Rafael ficou bestializado por seu ato, mas não se arrependeu. Isabela não entendeu, o que na sequência deveria aprender. Os livros não ensinam, escondem. Os homens expressam de diversas formas seus sentimentos, menos dizendo diretamente. O que eu queria dizer a você é que sempre te amei, Menina. Os livros não ensinam isso. Eu não aprendi. Rafael expressou. Ele iria amar. Isabela também.

Quanta saudade tenho de você, Menina.

O destino no lugar de sempre. No lugar de sempre.

Capítulo 5

As dores do mundo

O amor e nada mais.

Descrever o amor, talvez. Vários foram os que já o fizeram. Um momento, uma ação, por vezes impetuosa, temerária. Sim, temerária, pois o amor exige a medida exata do respeito, ante sua força e realeza. Mas não somente temor, e por certo, paixão. Paixão, porque é seu elemento mais importante, essencial, sem o qual deixaria de ser o que é, amor.

Rafael dera um beijo em Isabela. Saiu às pressas, não pelos beijos (o beijo), mas porque precisava urgentemente encontrar com Padre Marcos na Catedral do Rio de Janeiro, para conversar a respeito de diversos assuntos. O beijo registrou uma sensação indelével no jovem estudante de Direito. "*Aquele beijo!*" — pensava Rafael, entre os passos dados rumo à igreja.

Isabela, que pertence à natureza, ficou por momentos sem alguma definição melhor para o que acabara de ocorrer. Os livros, que o jovem furtivo a princípio lhe oferecera ajuda para recolocar nos devidos lugares, estavam todos, em uma cumplicidade permitida, jogados ao chão, sem alguma ordem. Havia um silêncio, o qual Isabela não percebia, pois seu estado era de tal inércia que qualquer fato, ou ato ocorrente, não faria a menor diferença na sensibilidade da jovem, ao menos por um bom tempo. Não havia ninguém na biblioteca a não ser ela mesma e a Sr.ª Salarz.

Um beijo. Dado por quem não se sabe, foi o pensamento que Isabela tentava construir depois daquela pequena demonstração da força que pode ter o amor. Um simples ato não poderia fazer tamanha destruição no imaginário de um ser humano, a não ser que esse ser não esteja ainda receptivo ao primeiro convite da paixão. Isabela iria amar.

E essas ocorrências, por vezes, são de tamanha magnitude que podem ter um quadro geral de dramaticidade. O palco no qual Isabela estrearia ainda não estava pronto, mas ela sabia exatamente o que aconteceria nos próximos dias: "*ele voltará*". E, assim, começou a sair da letargia, levantando do chão o seu corpo tocado pela inquietude da paixão, e recolheu os livros que estavam jogados, sem alguma ordem.

Sem alguma ordem foi a maneira que você me deixou, Menina.

Isabela estava misteriosamente feminina. Um silêncio a tocou exteriormente, quando voltou para a recepção, no que percebeu a Sr.ª Salarz. Mas interiormente aquele mistério feminino estava em profunda efervescência de paixão, que não poderia pronunciar alguma palavra.

Sem alguma palavra.

E mesmo todo o seu conhecimento acadêmico a respeito do homem e da poesia, todo aquele romantismo literato, com suas letras, muitas vezes sem algum contágio, ou contato de paixão carnal, verdadeiro, não foram suficientes para fazer esquecer ou fundamentar uma nova teoria do amor, pelo menos naqueles instantes pós-furtivos. E o leitor pode agora imaginar se existe uma mulher com tamanha ingenuidade a ponto de se entregar (para não dizer entregar totalmente) ao amor, se o autor do beijo voltasse ao local do crime e ali, no meio dos livros e da Sr.ª Salarz, tentar consumar o que sublimava o imaginário de Isabela. Era o desconhecido para ela. Mas ela iria amar.

Não havia nenhuma ordem e nenhuma palavra. Só se ouvia a respiração de Isabela.

O amor começou a habitar na essência feminina de Isabela. Não havia uma ordem de sucessivos atos e muito menos palavras de forte eloquência convincentes para ela entender o que acabara de acontecer. Era só amor, ocorrido do fortuito e inesperado, dito por um beijo. Há somente o amor. Se eu tivesse compreendido isso antes, você estaria comigo hoje, Menina. Eu teria resolvido o mistério da humanidade. O mistério seu e de Isabela, talvez.

Não pensem vocês que a confusão não reinou no espírito de Rafael. Algo aconteceu. Quando Isabela resolveu sair de sua letargia e descer para ficar ao lado de Sr.ª Salarz na recepção, Rafael já estava sentado ao lado de Padre Marcos conversando sobre a fé e o amor. E, com o corpo, havia o testemunho da Catedral e seus anjos, além da amizade do pároco, para uma persuasão interior em relação àquele beijo. *"Linda, cabelos, olhos, movimento. Pele branca, alegria, menina, mulher. Algo que em mim gravou, perturbou e me deu prazer, felicidade. Como já amo e amarei?"*.

O destino no lugar de sempre. No lugar de sempre. Será que terei a sorte de vê-la de novo, Menina?

Algumas mudanças ocorrem em nossas vidas de maneira súbita, impetuosa ou, às vezes, como uma leve brisa num fim de tarde. A maior sensibilidade que possuímos fará apontar a percepção de que já não existe mais. Mudanças e alterações.

Resistência ao novo, ao inédito, pertence à natureza humana. Essa muralha, surgida de maneira teimosa em nossas vidas, subtrai da existência a oportunidade de vivenciarmos um novo aprendizado, uma nova experiência. A natureza, com suas leis insondáveis e misteriosas, determina uma ordem a ser cumprida de maneira absoluta, indiscutível. Da mesma forma que as águas caudalosas de um rio tragam, com a voracidade de uma fera selvagem, tudo o que se apresenta e surge em seu caminho, a natureza não se importa com os desígnios que nós mesmos desejamos, a cada dia, realizar. Isabela iria amar.

E a natureza não suspende seus prazos, e nem se interrompe por vontade alheia, por mais justa e nobre que seja o pedido para tal paralisação. A Deusa da vida não ouve os clamores de seus súditos e, em seu reino, não há como modificar nenhuma norma. É da sua essência ser o que é e nada mais. A natureza, rainha imperiosa sobre quase todas as coisas, não possui a característica mutativa de se aformosear, de acordo com as circunstâncias. Existe por si para o que a Ela pertence. É imutável.

Porém, alguns acontecimentos são passíveis de se questionar. A história possui o papel tremendo de apenas relatar os fatos e deixar, para as próximas gerações, perguntas às quais acredita, essa observadora da humanidade, responder de maneira satisfatória. É questionável o fato de um jovem estudante entregar-se de corpo e alma a uma bandeira (todas as bandeiras são políticas) e defendê-la como se isso fosse a razão da existência. Os discursos, dramaticamente, são todos persuasivos e sedutores. Convencem seus ouvintes a levantar armas, caçar seus semelhantes e defender o indefensável. Por toda terra há braços que a cultivam e derramam sangue por sua posse. Toda ideia, revestida da mais erudita lei e filosofia, traz em si o germe que impregnará no espírito e o fará ser mais selvagem do que já é. Bandeiras e ideias.

Todo sistema político é contemporâneo de uma determinada sociedade, e acredita ser o único a ser seguido, até que venha uma outra ideia, nova vontade, competente, na medida exata para desfazer aquilo que era imutável. Novos discursos, novas paixões, outras bandeiras, e a mesma Aurora. Todos ainda são homens e mulheres. A história é que às vezes muda.

Isabela recebera um beijo de Rafael e seu espírito apegou-se a uma perplexidade estranha, ao menos para ela. Naquele exato instante, o do beijo, outro acontecimento marcaria fielmente a vida de muitas pessoas: uma nova ditadura. Isabela recebeu o golpe que mudará, drasticamente, seu espírito e sua percepção de mundo. O Brasil foi tomado de sua democracia, e pelo golpe de baionetas, surgiu um espírito ditatorial, temeroso, uma nova percepção do mundo.

Mas Isabela não percebia a mudança política a sua volta. Todo movimento brusco que se realizava, para ela, ainda era indiferente. Não lhe interessavam as sinceras intenções de um ideólogo indignado, muito menos as palmas cedidas pelo novo regime, agora posto. Isabela iria amar.

Os livros foram todos colocados na estante, de acordo com a ordem. Findo o seu pequeno trabalho, Isabela deixou-se ir embora dali, reservar-se a algum lugar, ter um momento de reflexão. Sr.ª Salarz, na recepção da biblioteca, queixava-se de suas dores e aceitou o convite da incipiente amante, a ir embora naquele momento. Hoje não haveria mais expediente.

Tudo estava fora da ordem comum do dia a dia. Golpes políticos não são aguardados como uma estação do ano que está para chegar, ou qualquer outro fato comezinho que já não assombra. A história é testemunha da certeza das incertezas humanas, quanto mais as políticas. Nova ordem, novo direito, nova ideologia. Ao humano tudo parece imperfeito, fazendo desse pensamento uma regra demonstrável pela efemeridade de suas construções. Não há uma poesia, tão bela, que não perca sua sedução, e convencimento, diante de uma outra possuidora de um poder persuasivo-poético maior. Isso porque tratamos da poesia, simples amontoados de palavras que "entortam" o pensamento.

E esse aglomerado de fatos ocorre a um só instante. Há algum momento diferente? O mundo constitui-se de pequenos e grandes acontecimentos que se perpetuam em seu gênero, insistindo em não se calar, provando a existência da energia vital, manifestada a todo momento.

E nessa riqueza de ocorrências surge uma mulher, um homem, uma biblioteca e um novo regime político. Este é uma ditadura. O homem crê em Deus. A mulher chama-se Isabela.

A amante desse romance não é ingênua como as primeiras linhas a seu respeito podem, precipitadamente, demonstrar. Não foi o primeiro beijo de Isabela e muito menos o primeiro envolvimento amoroso. Seu conhecimento e experiência sobre os homens não é vasto, mas também não é insuficiente a ponto de ditarmos Isabela como uma noviça no amor. Isabela já amou outras vezes.

E cada amor possui a sua particularidade, a sua diferenciação e especialidade. É uma nova e diferente história, e não um novo capítulo de um mesmo livro. Possui, inerente a ele mesmo, um contexto próprio, dramas e comédias diversos, algum elemento de todos os gêneros literários, e a sua própria razão. Um novo amor encerra em si toda sua história, de natureza singular, e que, provavelmente, não irá repetir-se da mesma forma. Se todos os relacionamentos entre homens e mulheres fossem iguais, o seguinte nada mais seria do que uma mera saudade do amor anterior, que não se foi, mas presente naquele momento vivenciado.

Então, o que faz tornar "aparentemente" perene uma relação amorosa? Qual ou quais elementos, ou ingredientes, individualizam eu e você, tornando-se, assim, diferente, dos amores anteriores? Se há perguntas filosóficas, há também perguntas sobre o amor. Saber suas respostas é tarefa árdua, tanto para filósofos como para os poetas. Mas, pelo menos por hoje, e por Isabela, considero reflexões e questionamentos do coração muito superiores às indagações da filosofia. Sua fotografia não escapa da minha mente, Menina. A fotografia da praia.

As duas protagonistas deste capítulo aproximaram-se de casa, andando bem devagar, porque as dores de Sr.ª Salarz a incomodavam. O espírito de Isabela era impetuoso, turbulento, a ponto de não se organizar um só pensamento. Sr.ª Salarz, mesmo com suas dores impertinentes, observava a jovem companheira e percebia em seu semblante nuances de perturbação. Para a chefe da biblioteca, tais nuances poderiam ter sido motivadas por quaisquer causas imagináveis e inimagináveis. Em seu pensamento, Sr.ª Salarz apostava em uma dessas possíveis causas: uma paixão. Foi quando Isabela dirigiu-se a sua chefe:

— A senhora está cansada?

A pergunta gerou no entendimento de Sr.ª Salarz a vontade de estar a sós e ter a oportunidade de uma longa conversa, de cujo teor suspeitava. Pela entonação da voz de Isabela, a exata noção de angústia e ansiedade, pelo modo rouco e sussurrante que a estudante de Letras pronunciava suas palavras. A resposta de Sr.ª Salarz foi a seguinte:

— Sim, e quero que você me prepare um chá.

Foi quando chegaram em casa. Mas nas ruas do Brasil as Forças Armadas se faziam presentes.

— Militares!

— Por todos os lados.

— Mas isso são disparates, loucuras!

— Não, não o são. É a nova realidade.

— Mas como houve? Como aconteceu?

— O presidente foi acusado de ser comunista. A sociedade civil, junto ao Congresso, endossou. A caserna apropriou-se.

— Mas não o podem. E a Constituição? E a lei?

— É de papel. Hão de fazer outra.

Já era outono. Um corte bem feito, com sublime lâmina, ao coração do país. Brasil, nove de abril de 1964, um novo capítulo a ser escrito.

Rafael havia saído da biblioteca. Montesquieu era o que levava entre as mãos numa pressa descomedida. Lembrou-se de que havia marcado uma entrevista com um amigo, um padre.

Isabela termina seu serviço com os livros. Voltaria a sua rotina se não fosse Sr.ª Salarz voltar a reclamar de suas dores no braço. Por resolução final, Isabela fechou a biblioteca, pegou Sr.ª Salarz em ombro a ombro, e a levou a uma farmácia. Chovia e era outono.

Isabela carregava preocupações em seu coração. Sr.ª Salarz era de idade já avançada e não se propunha a mais energia em trabalhar, menos ainda em uma biblioteca universitária. Totalizavam trinta anos de serviços e sempre a mesma rotina: novos alunos com ares arrogantes, com meia dúzia de livros lidos, mas toda uma tese sobre os mais enigmáticos segredos da vida e da natureza. Atraso nas entregas, outros jamais devolvidos. Indicações fortuitas para a direção do núcleo bibliotecário, sem histórico e sem explicação. Uma vida dedicada à leitura e aos bons leitores, que o havia. Dostoievski, Stendhal, Machado de Assis, elevam a sensibilidade. "*Uma alma, um ser humano, toda uma vida. Como cultivá-la? Ora, se sabemos do que as plantas precisam, por que não saberíamos do que nos alimenta?*" — refletia e indagava aquela senhora que, certamente, carregava uma história. Mistério feminino.

— Analgésicos, por favor — disse Isabela.

— Preciso disso? — perguntou, irritada, Sr.ª Salarz.

— Será bom para a senhora. Sua dor melhorará. A levarei para casa e preparar-lhe-ei um chá — disse Isabela, entregando seus últimos trocados ao balconista, que disse:

— As senhoras estão sabendo?

— Do que falas, meu rapaz? — perguntou Sr.ª Salarz.

— Ora, do que vê nas ruas. Militares!

— O que há de errado nos militares? — perguntou Isabela.

— O país foi tomado por eles. João Goulart foi acusado de ser comunista e, tempo depois, deposto. Dizem que fugiu para o Uruguai. O país está em ebulição. No rádio não há outra notícia.

— Meu Deus! — expressou Isabela.

Mas Sr.ª Salarz não disse nada. Esqueceu sua dor no braço e pegou Isabela pelas mãos, ignorando as notícias dadas ali, naquele instante. Ainda chovia. O transporte que levaria Sr.ª Salarz acabara de chegar. Sr.ª Salarz tirou algumas moedas da bolsa, que foram suficientes para pagar duas passagens. Isabela sentia o coração bater mais forte. Preocupações. Sr.ª Salarz percebeu, mas não disse nada. Sentou nas últimas cadeiras do ônibus e pôs-se a olhar pelas janelas. Nas ruas, sim, vários soldados com suas armas cinzentas, como o tempo ali instalado. Era outono e chovia. Para Sr.ª Salarz era simplesmente isso. Para Isabela, a tempestade duraria mais.

— Café?

— Chá!

— Onde ficam as ervas?

— Neste armário branco à sua esquerda.

— Sr.ª Salarz, sente-se na sala enquanto lhe faço este chá.

— Prefiro ficar com você aqui. Assim, tenho com quem conversar.

— Tudo bem, você escolhe. Suas dores ainda incomodam?

— Já não são tão intensas. Acho que é por causa do vento frio que fazia lá no câmpus. Meu reumatismo é insuportável.

— Todos devem ser, imagino eu. Gosta de mais açúcar?

— Não tenho a preferência. Faça do seu modo. Eu gostarei.

Sr.ª Salarz e Isabela haviam chegado à casa da primeira. Isabela lhe preparava um chá para acalmar os nervos de sua chefe e amiga. Entre elas, havia aquilo que há entre uma mulher mais jovem e outra de mais idade: reciprocidade e respeito. Talvez até um pouco de amor materno, para consolidar a relação. Isabela veio do interior estudar Letras. Convivia com outras amigas, as quais conheceu na cidade, com quem dividia um apartamento. Mas essa convivência era um tanto distante. Praticamente, Isabela ia a sua casa apenas para dormir. Até mesmo as refeições ela fazia fora de casa. Assim, Isabela não tinha muitas pessoas com quem conversar. A não ser Sr.ª Salarz, a pessoa que lhe concedeu um emprego de bibliotecária. Um chá e uma conversa. Era o que tinha para aquela tarde.

Sr.ª Salarz preferiu ficar em frente a Isabela, aproveitando-se, assim, da companhia da amiga de trabalho. Observou Isabela preparar-lhe o chá. Analisou Isabela. Era uma mulher jovem, linda, vinte anos, cabelos pretos, longos, para abaixo do quadril. Pele branca, olhos pretos, fortes, intimidatórios, sedutores. A voz era música, rouca e forte também, mas acalmava. Seu porte, talvez, por volta de 1,67m, médio. Seu calçado, não sei. Havia muitos interessados, pensou Sr.ª Salarz. Uma beleza. Uma mulher.

Isabela colocou a água para ferver. Entreteve-se com os afazeres domésticos. Não se preocupou somente com o chá de Sr.ª Salarz. Viu que havia de arrumar toda a louça suja ali, na cozinha. Pegou tudo aquilo que era para ser limpo.

Sr.ª Salarz a observava.

Entre todo aquele labor um silêncio instigante, curioso. Isabela não se atreveria a perguntar nada, ou mesmo a iniciar algum tipo de indagação com sua espectadora. De repente observou um quadro com uma foto. Era de um casal, bem jovem, no centro da sala, de onde, da cozinha, dava para ver. Com esse pretexto, Isabela perguntou à Sr.ª Salarz quem era o casal, não por sua vontade em saciar sua incipiente curiosidade, mas, apenas, por desejar travar com sua companheira de tarde alguma conversa.

— Quem são esses dois ao quadro? — perguntou Isabela indo em direção à foto.

— Esta sou eu, Isabela — disse Sr.ª Salarz. — E quer saber quem é este? — retomou Sr.ª Salarz com os olhos enternecidos.

Isabela percebeu a mudança de humor.

Sr.ª Salarz a convidou para sentar-se no sofá da sala, enquanto o chá esfriava. Isabela aceitou o convite e sentou-se. Estava pronta para ouvir a história de Sr.ª Salarz. Esta que se inicia.

— Esta sou eu, Isabela. Tinha dezoito anos, quase a idade que você tem agora. Foi a época mais feliz de minha vida. Trabalhava em um diário universitário, na redação de uma coluna. Falava sobre o universo feminino em uma época mais conservadora que a que vivemos agora. Eu era linda, e me orgulhava disso. Saias, vestidos, roupas de sedução. Corações que se perdiam. Eu conquistava. Era o meu prazer. Eu reinava, era imperial. Selvagem e, às vezes, romântica. Tola. Ninguém poderia resistir. E não resistiam. Convites e palavras, de todas as formas, eu recebia. As mulheres não gostavam de mim. As namoradas, menos. Eu ria de tudo isso. Debochava. Mas eu iria sucumbir. O meu reinado não durou tanto tempo assim. A minha ruína foi o início de uma nova vida. Aquela foto é, ao mesmo tempo, a morte e o nascimento de um novo ser. Um novo sentimento, ainda melhor, mais puro e verdadeiro. Eu amei. Ele não era tão alto quanto todos os outros colegas com quem convivia. Não tinha a beleza dos arrogantes e dos outros que penavam ao escrever para mim. Tinha, sim, olhos que compensavam tudo. E um beijo indescritível. Apaixonei-me. Foi a minha queda. Mas houve uma ocasião em que poderíamos nos encontrar. Eu ainda não o conhecia, a não ser pelo nome, Fausto. Fiz-me de séria, recatada, unhas comportadas e batom menina. Uma troca de olhares foi o limite entre mim e Fausto. Uma semana assim. Quem suporta uma troca de olhares? Haveria um baile. Não o convidei a ir comigo. Fui sozinha, mas procurei me informar: ele também iria só. Na noite do evento, cheguei um pouco mais cedo para estudar todos os locais em que poderia perder de vista o meu amor. Sim, eu já sabia que o era. Estava apaixonada, Isabela. Foi um amor irracional, sem explicações. São os melhores. Já havia passado algum tempo desde o momento em que cheguei ao salão de danças. Não havia visto Fausto, mas minhas esperanças não se esvaíram tão rapidamente. No momento em que meus olhos já acusavam um cansaço, despertei quando vi passar, diante de mim, meu amor. Sem muita demora, fui ao seu encontro e perguntei se estava sem companhia. Isso foi o pretexto para convidá-lo a dançar. Ele aceitou. Dançamos não por muito tempo. Mas, no verão seguinte ao baile, nos casamos. Vivemos juntos por dois anos, quando ele veio a falecer. Mas, em todos os anos que vivi com Fausto, senti como se eu tivesse vivido toda uma vida. Descobri que ele era um ser romântico, delicado e, principalmente, o homem que me amou. Uma paixão que me amou. E até hoje não me correspondi a ninguém. A não ser com minhas lembranças e com esse quadro, o qual não me traz tristezas, e sim uma saudade. Uma saudade feliz.

 Sr.ª Salarz havia terminado sua história. As horas já tinham avançado um pouco e Isabela precisava ir embora. Iniciou um movimento de despedida, mas foi interrompida por Sr.ª Salarz, a qual insistiu para que ela ficasse. Isabela percebeu os olhos carregados de Sr.ª Salarz e não pôde deixar de aceitar o convite. Porém, foi o que elas não fizeram. Havia muito o que conversar. Isabela sentia a intenção de endereçar a ela suas histórias, como que para despertá-la de um grande sono. Isabela iria amar. Mas nenhuma daquelas mulheres sabia disso. Somente o tempo, guardado entre as mãos do Criador, saberia tudo o que aconteceria a Isabela. Aliás, a todos nós.

 Isabela iria amar, como eu também amei você, Menina.

Capítulo 6

Gênesis

O século XVIII foi o cenário para Montesquieu escrever o *Espírito das Leis*. Seu pensamento democrático inspirou a divisão dos poderes. Divisão? Revoluções! Toda a Europa ensanguentada, sonhos simples de humildes famílias derrotadas pela cegueira do homem: o poder. Agora dividido. Qual seria o pior: o homem ou o poder?

Rafael lembrou-se de seu encontro na Igreja com seu amigo: um Padre. Via nas ruas alguma excitação, mas não se pôs a prender os olhos àquilo. Foi ao templo.

Santos por todos os lados. Igreja, local sagrado. Abrem-se as portas. Fecha-as, Rafael. Lá fora o tempo continua. Dentro, parecia repousar.

No interior da catedral não havia ninguém. Um silêncio ou uma música tocava em seus ouvidos? Era simplesmente imaginação de um coração exasperado ou Rafael via a paz e não acreditava? Algum odor de incenso ou um sacrifício pelo pecado? Expiação ou oblação? Rafael entra na sacristia.

— Padre Marcos! — grita Rafael.

Um homem ajoelha-se perante a imagem do Salvador. À esquerda do sacerdote, o grande livro sagrado aberto em Levítico: "*a afirmação dos mandamentos de Deus*" — pensou Rafael. À direita, uma janela aberta que deixava um vento frio e seco de outono passar, sorrateiramente, ao recinto sagrado. Rafael pôs-se a fechar a abertura. Lá fora as folhas de outono e os soldados do exército.

— Padre Marcos! — insistiu Rafael.

O sacerdote entendeu a urgência e atendeu Rafael. Padre Marcos era negro, estatura alta e cabelos curtos, crespos e pretos. Um suor descia em seu pescoço, acusando inquietudes. Ele não sabia, mas os olhos de Rafael estavam dilatados, sistema nervoso em alerta. Padre Marcos olhou o rapaz e disse:

— Vamos no altar.

Os dois caminharam para o altar. A paz continuava no mesmo lugar. Padre Marcos fez suas reverências ao altíssimo, no que inspirou Rafael a repetir o gesto. Guardou os cálices que estavam por sobre o altar e perguntou:

— Por que vieste hoje?

— Precisava conversar com um amigo.

— Sempre está precisando, meu amigo — observou Padre Marcos e, na sequência, perguntou: — Quer confessar?

— Não, Padre, não quero confessar. Desejo conversar com meu amigo. Uma conversa franca, aberta.

— Fiquei curioso, pode começar.

Rafael hesitou um pouco antes de pronunciar sua pergunta, assim:

— O que é mais importante na vida? Os mistérios ou ela em si mesma?

Agora o sacerdote entendeu o porquê daquela inquietação. Rafael ultimamente foi tomado por indagações existenciais. Desejava dar sentido não a sua existência, mas ao ser de todas as coisas. Compreendendo isso, Padre Marcos lhe perguntou:

— Qual a primeira intenção de Deus em Gênesis? — formulou Padre Marcos.

— A criação — respondeu Rafael.

— E por que motivos hão de ser os mistérios mais importantes que a vida, se as sagradas escrituras somente nos dizem sobre ela? E os mistérios? Deixaram-nos todos o Criador para os homens? Não, os guardou. O segredo da vida é ela mesma. Não há mistério, então. Se perder em vãs filosofias é supérfluo, enorme desperdício. Seria o 11º mandamento se Moisés ficasse mais tempo com Deus: *não deixai de viver*. A vida, Rafael, é muito valiosa. Tudo a sua volta foi criado com a intenção do proveito, e não do questionamento. Se tivesse a fé do tamanho de um grão de mostarda... A vida... Já observou a vida, Rafael? Vivemos em época carregada de conceitos do passado. Dizem os homens da ciência que a vida luta pela sobrevivência. Eu não diria isso. A vida não é para lutar. A guerra sim. Mas a vida foi feita para o desfrute, o gozo, o prazer. Sim, o prazer. Não é pecado. Pecado é viver menos. Todos estão sob a mesma lei: ateus, niilistas, agnósticos, cristãos e qualquer outra coisa. Viver é o mandamento. As perguntas sempre vão surgir, e isso é bom. A sabedoria se constrói a partir de várias coisas. Saber viver e perguntar são algumas delas. Uma vida de resignação, de humildade, de crescimento e, em especial, de amor. O amor, o que é o amor? Queria uma resposta? Agora lhe dou uma pergunta: o que é o amor? Há quem o divida: amor fraterno, de mãe, filho, amizade, ágape, não sei mais. Eros? Mas o amor não se divide, pois é uno. Quem ama, ama a tudo, nada em especial, nunca nada, e nem ao menos entrega mais amor a algo, ou alguém, que entenda merecer. Pois todos merecem amor, como merecem o perdão. E aí, Rafael, o que é o amor? Eu lhe digo, meu amigo, está vendo esta igreja? Quem a construiu não devia ser necessariamente um católico. Talvez o fosse, não o sei. Mas o que eu quero dizer é que não há necessidade de ser cristão para esse trabalho. Porém, quem o fez, executou a tarefa por amor. Sim, esta igreja foi levantada por amor. Entende minhas palavras? Não! Então ouça: se alguém se propôs a colocar a primeira pedra desta catedral é porque essa pessoa possui amor em seu espírito. Esse amor pode ser mesmo pelo cristianismo, pelas obras do Nosso Senhor Jesus Cristo e, quem sabe, por minha crença. Mas essa mesma pessoa que assentou as pedras da catedral deve ter feito por amor a sua família. Imagine: o pedreiro que colocou essas pedras chama-se Paulo e tem uma filha de três anos, Ester, e a esposa, Fátima. Paulo saiu às cinco da manhã, preocupado com as constantes crises de bronquite da filha. À primeira esquina encontrou bar aberto, e os beberrões à porta. Resiste, pois ama a filha. Vive, porque evita o pecado. Sofre, porque precisa do dinheiro para dar um conforto maior a sua família. Mas não se amedronta. Possui fé e continua caminhando. Irá construir uma igreja. E mesmo que nenhum cristão um dia lhe agradeça, faz assim o seu trabalho. Isso é o amor. Isso é Deus no meio de nós. Onde está Deus que não responde, disse o poeta. Deus sempre esteve no lugar de sempre, Rafael. Uma criança chora quando nasce. Suas lágrimas são Deus. Paulo converte-se ao cristianismo. Deus estava lá. As ideias nos homens o fazem trazer paz. Deus, este mundo é governado por suas mãos. A sua lei é mais nítida que os códigos que escrevemos. É perfeita! É como música. Gosta de música, Rafael? Uma canção, do início ao fim, é perfeita. Por quê? Eu lhe digo: pois desde o momento em que se inicia, quando a primeira nota é arriscada, até o seu fim, a nota que se encerra, o ouvinte sente-se fora do tempo, não vive este mundo. A música é a língua dos deuses. Anunciar-lhe-ei todos os meus prodígios quando soar a primeira trombeta. Estranho. Deus, força viva deste mistério. O que você acha que Deus escolheria: viver ou desvendar os mistérios? Ser feliz ou sábio? Violinos tocam, uma ditadura surge no velho continente, um casal faz amor, o primeiro beijo de um homem, a primeira oração do sacerdote, o primeiro verso do poeta. As coisas acontecem no mundo. A guerra no formigueiro ocorre enquanto Brasília é tomada. Shakespeare encerra suas tragédias enquanto, ao seu lado, ocorre adultério. O vento de outono sopra em minha face. A Aurora surge mansamente por detrás das colinas. Eu vivo. E o mistério existe. Qual dos dois você prefere?

O diálogo não terminara nesse ponto. Alguém parecia bater nas portas da catedral. O som do chamamento avisou Padre Marcos e Rafael que deveriam pesquisar o que ocorria lá fora. Ouvia-se forte sintonia de passos ao chão em marcha. Ouviam-se cavalos e até mesmo um certo foguetório. Um sentimento de curiosidade e apreensão tomou conta dos dois amigos. Rafael alcançou a porta da igreja e, quando foi alçar suas correntes, deixou cair ao chão o *Espírito das Leis*. Padre Marcos recolhe o livro e o esconde por debaixo da batina. Lá fora quem batia à porta eram os soldados do exército brasileiro. Vieram encomendar uma missa em ação de graças pelo novo regime militar estabelecido no país.

— A mim não interessa qualquer tipo de governo — disse Padre Marcos.

— Mas o povo, a sociedade, todos clamam pelas bênçãos da Igreja — disse um exaltado anônimo na multidão.

— Diga a seus interessados que o único regime que a santíssima Igreja cuida é o reino de Deus. Dê-me licença — disse Padre Marcos a todos aqueles que tentavam entrar no templo e fechou a porta.

— Mas o que é isso? O que aconteceu? — perguntou Rafael.

— O regime democrático foi deposto. É a ditadura que se vinga agora e, por céus, um tempo se fecha neste momento. É a história com sede de novas páginas. Cega, ela não vê que são páginas repetidas.

— O que se faz agora? Os estudantes, a sociedade…

— Não há o que temer. Tenha fé. Tudo cai por terra. Até mesmo os homens que se acham imortais, fortalezas. Tudo possui um fim, um término. Prender-se às ilusões do tempo não é a alternativa mais sábia. Nada do que se vê é mais do que poeira e pó. Insignificante. Ditaduras! São homens com sede de poder, vaidade, quaisquer outros tipos de pecados humanos. Não há contra o que lutar, pois a luta é indigna. Desde o início dos tempos, há brigas por frivolidades. Um clã, uma nação, um Estado, para servir bem ao povo. Mentira! Tudo o que se fala é o mais podre verbo, sem a altivez e o sagrado que deve haver em qualquer palavra. Lá fora o povo grita, como porcos num chiqueiro imundo, por um lugar mais prazeroso, fétido. Deus haveria de mandar destruir Sodoma e Gomorra? Talvez, se não fosse sua compaixão e misericórdia que se fez valer no perdão. Agora, o que fazemos? Nada! Ou as mesmas coisas que fazíamos antes deste outono chegar? — indagou Padre Marcos, passando três vezes as correntes que prendiam as portas da catedral.

Lá fora o povo marchava sem direção. Uma ditadura, e a história novamente se repete. No templo houve um silêncio. Rafael ficou no mesmo lugar da anterior discussão que teve com o amigo. À sua frente, um padre, sacerdote, caminhava em direção ao altar. Neste nenhum cálice, todos guardados. Ao lado, esquerdo e direito, imagens de santos e o mesmo silêncio. No alto, a imagem do Salvador, com a mesma ideia que ela transmite: sofrimento. Padre Marcos ajoelhou perante o altar, disse algumas palavras e começou a rezar. Rafael se mostrou motivado, caminhou dois passos à frente e ajoelhou-se aos pés dos assentos da catedral. Um silêncio se repetia. Padre Marcos observou o silêncio e virou-se de costas para o altar na direção de Rafael. Este começava a dizer algo. Sim, fez suas reverências à imagem de Jesus Cristo, o sinal da trindade e iniciou: Pai Nosso...

Capítulo 7

Saudade, um borrão em nossas mentes

A Aurora nascia mansamente por detrás das colinas. As ondas do mar vinham e voltavam num mesmo tom, como essa música que ouço agora, há tempos. O sol não deixa de prestar seus tributos nem por um segundo. As águas continuam com o objetivo de dar vida a este velho mundo. As leis da natureza são irrevogáveis. Uma nuvem passa e outra em seguida já lhe vem trazer a sombra. Os homens caminham por estradas que não sabem aonde vão chegar. Acreditam sempre no fim feliz de todas as coisas. Não creem em hecatombes, tragédias, armagedons. Lutam corajosamente em batalhas já perdidas. O sangue se derrama.

Ainda se derrama.

Hoje amanheceu. Em toda parte se vê os mesmos atos. Coturnos engraxados, baionetas afiadas, crianças chorando pela primeira vez. É a vida. E você, onde está agora, Menina?

Quando ouço esta música, lembro de você. Por quanto tempo chorei sua ausência?

Tantas lágrimas.

Com o tempo, foi-se embora, meus amigos, minha prestigiada profissão, meus privilégios. Meus ideais foram sumindo, como as areias se vão pelos ventos de todos os dias. Não percebi, mas eu te amava. Sempre te amei.

E foi isso que nunca se foi, continua no lugar de sempre. Tudo já se findou. Menos minhas lembranças gravadas em meu pensamento. O descortinar da sua figura a minha frente nunca se vai. Seus passos, suas mãos nas minhas, e essa voz, nunca se desmanchou do meu ser. Estou aqui a descrever meus sentimentos. A viver você mais uma vez, Menina.

Eu não deveria fazer mais nada em minha vida a não ser prestar meus serviços ao meu coração. Tolice! Dizia Machado de Assis que a paixão é um corcel selvagem. Não sei. Não sei se o corcel selvagem é tão sábio a ponto de ser a realização do amor, ou a vida embrutecida de todos os tempos ser esse cavalo indomável. De qualquer forma, em ambas as situações, trata-se de uma força estranha.

Para sempre eu te amarei. Minha alma é constituída dos mais puros pedaços de paixão. Coisas da juventude tardia? Não! São coisas do coração que não vive mais congelado. E eu desejo todos os dias te ver novamente. Um dia. Um momento. Eu te amo.

Eu te amo, Menina.

Neste momento sou tomado pela mais intensa energia que se pode dar a um espírito e sonho. Os campos ainda são verdes e, lá fora, no dia normal de todo dia, as pessoas procuram por coisas que não possuem nenhum sentido. E elas não sabem. Eu estou sentado, de frente a uma paisagem. E ela é paradisíaca. Não é o mar calmo no fim da tarde, muito menos a lua de uma noite, iluminada como a primeira vez de um casal. Não o é. Não é um oásis ou a riqueza de um faraó. É você em meus sonhos. Estendo minhas mãos as suas e, num toque, danço aquela música que toca meu coração. Amo você.

Aperto meus olhos para não despertar desse entorpecimento. Os deuses ainda me forçam a dormir e, sabendo em meus sonhos que acordaria, lhe dou um beijo. Acordo. E o que eu vejo é mais uma lembrança dessa saudade que persiste em existir. Onde você está?

Eu te amo, Menina. Minha vontade é te enviar flores vivas, sua preferência.

Se soubesse que você seria, após conhecê-la, apenas uma formação de uma imagem borrada em minha saudade, teria ficado mais tempo contigo e, assim, definido melhor a nitidez de seu rosto. Eu ainda não o esqueci, mas me esforço, em todas as Auroras, para reconstruir seu lindo rosto com todo o charme que ele trazia consigo. Tento não despertar nos meus sonhos quando lá você habita, mas minha vigília é frágil e logo acordo. Ao meu redor, tudo me faz lembrar do que nós éramos. Hoje essa Aurora veio e não me trouxe você de volta.

Não era para ser assim. Eu não sabia que tudo depois se transformaria em confissões escritas, acompanhadas da jornada de Rafael e Isabela. O romance dos dois acabou de nascer. O meu acabou de morrer. O romance daqueles jovens terá percalços, muito sofrimento e despedidas. Vários adeuses. O meu foi apenas um. E foi imortalizado.

Passamos quase toda a vida sem ter o entendimento do que está acontecendo. As coisas vêm e vão como o vento, e nada da luz do sol clarear a minha mente. Eu vejo o encontro de Rafael e Isabela na biblioteca universitária, e recordo como foi quando você se aproximou de mim. Rafael buscava apenas um livro e Isabela sabia exatamente onde estava. Por uma obra do destino, não foi a Sr.ª Salarz a indicar onde se localizava O *Espírito das Leis*. Apontou uma dor em seus braços, e a chefe de Isabela decidiu repousar e solicitar o favor. Um favor feito a Rafael. Ele encontraria mais que um livro. Teve um encontro com seu destino. Rafael sofreria também.

Eu tive alguns momentos com você. Entre eles, um me marcou profundamente. Não foi o primeiro, meus amigos leitores, porém, profundamente significativo. Essa fotografia que descreverei é um dos borrões que ficou em minha mente. Seu perfume também se fixou em meu olfato, uma saudade absurda que se reconstrói a cada lágrima que deito por não te ver.

Estava em uma aula, como um dia qualquer, dizendo sobre teoria política e o Estado de Bem-Estar Social, advindo do pós-guerra mundial, século XX. Vi todos os olhares do alto da sala onde ficava e, comumente, nenhum a mim se destacava. Discorria sobre as teorias históricas e políticas, e as preocupações que vinham adiante eram, simplesmente, o próximo capítulo, o novo conteúdo a ser ministrado, a nova proposta pedagógica. Mas nesse dia, nessa aula, tudo já se iniciou diferente. Você apareceu. Voltei a ver aqueles olhos que um dia abriram para mim. Misteriosamente linda estava você, Menina.

Lembro perfeitamente como você surgiu mais uma vez. Seu caminhar suave, ritmado, leve, acomodou-se logo na primeira fileira. Aquele tom de pele, seus olhos, e os cabelos, não descreverei nada além disso, me tomou o espírito e a razão. E sua atenção, com olhos atentos e firmes em mim, me acompanhando ao longo da aula, deixou-me mais apaixonado. Precisei me concentrar ainda mais no discurso de Viena e nos tratados feitos nos períodos de negociações de paz, porque a geografia do seu corpo era, perfeitamente, feminina. Foi difícil me concentrar.

E aqueles longos minutos do tempo, enquanto eu estava ali na sua frente, no mimetismo da paixão e implodindo por dentro, foram difíceis de passar, porque minha atenção a você era maior que todos os títulos que conquistei nas graduações. Pude perceber e compreender o que Rafael encontrou pela frente ao ver Isabela. Esse roubo da alma, permitido, desvia qualquer outro caminho que antes foi traçado. O *Espírito das Leis* foi deixado. Minha aula também.

— Professor, lembra de mim? — você me perguntou.

— Sim, claro, como poderia esquecer? Tem o quê, uns cinco anos que não a vejo? — Eram exatos cinco anos, jamais esqueci.

— Sim, exatos cinco anos. Meu pai pergunta por você sempre. Estou com saudades das nossas conversas — disse a Menina olhando diretamente em meus olhos.

— Sim, gostava de frequentar sua casa. Seu pai foi um ótimo aluno de Ciência Política — respondi, querendo dizer outra coisa.

— Verdade, admiro o pensamento dele e sua atuação política. Escrevo alguns discursos para ele. Mas, Professor, tenho uma pergunta, você pode responder? Está com tempo? — disse a Menina querendo eu dizer que o meu tempo é ela.

— Claro, estou sim, pode perguntar. — Vesti o véu da ilusão a esconder o menino no homem.

— Gosto muito de política. Amo, na verdade. Estou pensando em um mestrado na área. Você acha isso uma boa? Tenho dúvidas — disse você com aqùeles olhos e minha vontade era responder que eu não tinha dúvidas. Sempre te amei.

— Claro que sim. Tudo que é feito com dedicação e porque se gosta ou ama, vai bem. E só o fato de você perguntar isso já demonstra que, sim, terá sucesso na sua jornada. Talvez até na carreira política. Uma Senadora! — Eu queria dizer sim, irei com você aonde for. Quero ser o seu par.

— Senadora! Você é uma graça! Obrigada, Professor! Ajudou demais. Detesto esse novo governo e as pessoas que o veneram. Até onde isso pode ir? — Você olhou para mim e eu resisti.

Em todas as Auroras, eu refaço esses passos e palavras que direcionou a mim. Tento reconstruir sua imagem para que seja mais nítida, pois imortalizada já é, como antes confessei. Então, minha vida foi marcada com seu surgimento inesperado, uma luz que me iluminou, eu a nascer novamente, como numa nova chance de ser feliz. Rafael teria o mesmo destino, passaria por muitas dificuldades, mas, ao final, amaria para sempre. Isabela entregaria a ele os segredos do mistério feminino e, desse modo, poderia Rafael ter uma ideia do que seria o Éden. Terão seus caprichos, os discursos irascivos e acusações injustas um ao outro. Mas a verdade novamente reivindica seu posto, coloca tudo em ordem de novo, e Rafael e Isabela continuam a se amar. Eles foram feitos para serem um. Eles foram feitos para ser o casal. Eles foram feitos para serem felizes. Eu fui feito para ser seu. E você para ser a Menina, a saudade em mim.

Capítulo 8

Eu vim aqui para ver você, Isabela

Rafael despedira-se de seu amigo, Padre Marcos, e saiu às ruas em meio àquela multidão. *"O Brasil era, mais uma vez, uma ditadura"*, pensava o jovem estudante de Direito, tomando a direção de sua casa. Foi nesse percurso que reflexões se apoderaram de seu ser.

"Militares, poder e guerra. Talvez algum escritor tenha gravado essas palavras nas páginas da história. Não o sei. O que atormenta os homens? Sim, o que os deixa tão sedentos por coisas vãs e sem sentido? O poder? Que sede esse alimento sacia? Não o sei?

A minha volta pessoas soltam sorrisos alegres pelo novo regime, esperança que não se finda. Mulheres com crianças nos braços, nas janelas dos prédios, nos subúrbios alugados de vidas pobres. Nos jornais, frases de uma coordenação sintática rica e miserável, que faz enganar a uns e não faz importar a outros.

As músicas ainda tocam.

Essas não são censuradas. Nem o dia a dia comum deixa de existir. O apocalipse ainda não chegou. Chegará?

A vida anda sem poesia. Sou instigado a perguntar a mim mesmo a razão dessa vida existir. Não nasci, creio eu, para determinar algumas leis, novos calhamaços de códigos, para meu nome eternizar na mente dos intelectuais vazios. Muito menos agora, que a Aurora se esconde por detrás desses coturnos engraxados. E deveria haver luta? E se ela existir, devo lutar?

O que eu farei?

A democracia, os discursos de liberdade, o fascínio cético da bandeira vermelha hão de me seduzir? Será que já não o estou? Não o sei.

No início era o verbo, e o verbo se fez carne. No início eram as trevas. E Deus criou a luz. E para o homem era preciso dar-lhe uma companheira. Tirou-lhe uma costela do homem e Deus fez cobrir de carne. E a esse ser será chamado mulher, porque foi tirado do homem. E por que Deus haveria de nos criar para essa história, quase experimentada miseravelmente? Filipe e Lourdes Rafael encontraram o sentido exato de suas existências. Será realmente que não encontraram as palavras certas que preenchem não só o meu vazio de existir, mas de todos os caminhantes das ruas sem lugar algum?"

Rafael refletiu muito. As coisas se repetiam como as estações do ano, regulares e sempre. Lembrou-se de seus avós, Filipe e Lourdes Rafael. O pano de fundo histórico em que Rafael mergulhara era exatamente semelhante ao de seus ascendentes na Itália. Aliás, panos de fundos históricos são apenas pretextos ricos para iniciar, justificar e legitimar um romance.

Como a costela de Adão.

O homem sempre sentiu falta de alguma coisa, mesmo possuindo. Corajosos são aqueles que admitem a falta de algo. Sinto sua falta, Menina.

Rafael continuou seu caminho, mas, ao refletir e ponderar os acontecimentos recentes na democracia brasileira, lembrou a forma perfeitamente feminina de Isabela. Seu encontro inesperado, o beijo roubado, toda a efervescência de um sentimento que estava nascendo, era o crepúsculo que Rafael tinha em seu coração. De um lado, o assalto à liberdade do país pelos militares. De outro, a invasão de uma emoção que o fulminaria para sempre. Isabela começou a ocupar um espaço no jovem coração de Rafael.

Depois de sair do encontro com Padre Marcos, na Catedral do Rio de Janeiro, Rafael fez essas reflexões após confluir sentimentos díspares em sua alma. Cheio de pensamentos, estava decidido a ir para casa, com O *Espírito das Leis* nas mãos, um fato histórico à sua frente, o sermão do amigo e, claro, o amor por Isabela. Ele dava passos devagar à medida que a cena do beijo roubado lhe dominava. Ia em uma direção, mas sua mente e coração diziam para ir por outro caminho. Ficou em luta por algum tempo, entre a razão e o coração e, ao fim desse embate, seguiu o coração. Lembrou de seu avô e o que ele fez em relação a Lourdes Rafael. Pensou novamente nas palavras do Padre Marcos e começou a entender algo que eu compreenderia muito tempo depois. A vida é curta.

A transcendência em Rafael iniciou. A lagarta estava prestes a se transformar, e o novo ser nascido e alado voaria. Não rastejaria mais pela existência, preso no mundo das convenções e acontecimentos. Algo forte e único lhe aconteceu. E não é todo dia, ou, melhor, em toda Aurora, que percebemos ou ganhamos de presente da vida isso: alguém para amar.

— Que se fodam os militares! — gritou.

Algumas senhorinhas ficaram ruborizadas com esse grito e outros começaram a falar: mais um comunista. Mas Rafael não prestou atenção nas palavras do público e aos olhares indiscretos para a sua revolução. Encheu o peito de ar, recuperou o fôlego e disse a si mesmo: "*quero vê-la novamente*". E foi.

Começou andando mais depressa, estava a quatro quarteirões da universidade, e mais alguns metros depois, da biblioteca da universidade. Já havia passado algum tempo, então não sabia se Isabela ainda estaria lá. Já eram quase 17 horas, horário em que se encerra o expediente. Com essa cronologia na cabeça, Rafael foi apertando os passos, seu coração começou a bater mais forte, o cadarço do sapato afrouxou um pouco com a aceleração de suas pernas, e, assim, correu. Todos nas ruas viram aquele rapaz correndo loucamente e, mais uma vez, tiveram nas palavras dos outros a censura já pronta. "*É mais um sem fazer, um desocupado, um vagabundo*". E se fosse? Libertar-se desses grilhões, da caverna de ilusões que nos aprisiona, nos torna autênticos, nobres, merecedores de toda a sorte do universo mesmo que, na perspectiva das multidões, sejamos um miserável. Que seja. Eu deveria ter feito o mesmo com você. Deveria ter corrido até sua casa, Menina.

Rafael já estava correndo velozmente. Pulou em meios-fios, em calçadas e faixas de pedestres, atravessou sinais e empurrou um jornaleiro. Pediu desculpas, no que ouviu mais xingamentos, mas não deu importância. Já tinha atravessado três quarteirões quando viu no relógio da praça: eram 16h53. Fez os cálculos novamente, tinha mais ou menos uns 300 metros para alcançar a biblioteca, e percebeu que não daria tempo. A razão começava a remover suas forças e diminuir o ritmo, e a frustração resolveu invadir seu ânimo. A derrota viria, o abraço de Isabela não seria e hoje o amor saiu de cena mais cedo.

Porém, misteriosamente feminina, surge Isabela em sua mente, o olha fixamente e ordena: *continue!* Sem qualquer explicação, ele reuniu mais forças, correu ainda mais forte, atravessou mais um sinal de trânsito, foi xingado outra vez, e, quando começou a acreditar que conseguiria vencer o improvável, caiu. Sim, Rafael tropeçou e caiu.

— Ajudem o rapaz. Parece ter se machucado.

— Você está bem, meu jovem?

— Para onde estava indo com tanta pressa?

— Seus pais estão por aqui?

— Está precisando de dinheiro?

— Que Deus lhe abençoe, meu filho.

— Precisa de trabalho, rapaz?

Várias pessoas surgiram e fizeram suas perguntas. Todos em suas preocupações, tentando colocar novamente na roda da vida Rafael. Ele estava machucado, O *Espírito das Leis* jogado e rasgado, e seu ânimo foi se perdendo. Olhou para o relógio da praça e viu: eram 17 horas. Ele tinha concluído que perdera a oportunidade de ver Isabela. E não saberia onde encontrá-la. Pensou que no próximo dia poderia ir novamente à biblioteca, mas, quando se ama, tudo parece urgente. Esperar é uma eternidade. Não sei como consegui esperar tanto tempo até você voltar a conversar comigo. Eu sofri demais com isso. Mas mantive a esperança. O milagre de ver seu rosto novamente, Menina.

Rafael estava sendo ajudado quando então prestou atenção a uma outra cena. Próximo ao ponto de ônibus, viu uma senhora sendo conduzida por uma mulher incrivelmente feminina. Tudo ao redor perdeu o tom das cores e suas pupilas dilataram, reunindo todas as energias para dar o colorido e nitidez necessários a visualizar a forma singular de Isabela. Sim, pele alva, cabelos negros além da alça, um sutil movimento e um perfume natural. Sim, era Isabela. Era ela a sua frente. Ele ainda no chão. Ela ali, linda e misteriosamente feminina. Vi aquilo e caí também no que lembrei de você, Menina. Te amo tanto!

— O que você faz aqui? — perguntou Isabela.

— Acabei de tropeçar e caí. Estava correndo — respondeu Rafael.

— Você não acha estranho correr no trânsito do Rio de Janeiro? — perguntou Isabela com espanto.

— Queria ver você! — respondeu Rafael. O menino Rafael.

Isabela ficou perplexa com aquilo. Ela ficou confusa com essa afirmação. Aquele jovem, o qual conhecera agora há pouco e a beijara, correu para vê-la novamente. Isso quebra qualquer matriz racional, teoria política ou tese sobre a matemática do cosmos. A Sr.ª Salarz estava ali assistindo a tudo aquilo. Ela sorriu e sua dor até amenizou. Isabela não compreendeu mesmo. Sabia que era bonita, se olhava no espelho, e não tinha modéstia sobre isso. Não usava sua beleza como armadilha para conquistas. Mas também não ficava no falso aspecto da sensualidade escondida para usar como jogo de sedução. Era natural. Tinha um coração forte e uma razão singular. Impossível não se apaixonar. Você também era assim, Menina. Por esse motivo, apaixonei.

— Levante daí! — disse Isabela a Rafael.

— Claro. — Levantou-se Rafael como um menino que redescobriu a felicidade ao ver Isabela.

— Esse livro é da biblioteca? — perguntou Sr.ª Salarz.

— Sim, sim, eu peguei mais cedo — respondeu Rafael.

— Você parece louco! — disse Isabela.

— É porque estava indo para casa e passei na igreja. Conversei com meu amigo sobre o que está acontecendo e, após, fui embora. No meio do caminho, decidi voltar. E vi que o horário da biblioteca estava se aproximando do encerramento e, então, comecei a correr. Quando vi que não chegaria a tempo, tropecei e cai — disse Rafael, atrapalhando-se um pouco nas palavras e não escondendo a alegria de ver Isabela.

— Mas a biblioteca fechou, não tem mais como pegar livro hoje — disse Sr.ª Salarz.

— Não era livro o que eu queria pegar ou encontrar — respondeu Rafael à Isabela.

— E o que queria, já que correu tanto assim? — perguntou Sr.ª Salarz.

— É, me diga, o que queria e, especialmente, o que pensava. Está preocupado com os militares? — perguntou Isabela.

De fato, as ruas do Rio de Janeiro estavam tomadas de militares. Todo aquele cenário provocava reflexões, especialmente em corações sensíveis. Porém, hoje não era isso o que ocupava a mente de Rafael. O que o fez correr em direção à biblioteca foi entender que ele amaria, ou, melhor, que estava amando. E o centro de seu universo de sentimentos naquele momento de mudança de rota não eram as baionetas dos militares, os coturnos por todos os lados e, nem mesmo, a democracia roubada. Toda a sua conduta repentina era justificada pela necessidade de ver uma pessoa. E essa pessoa era Isabela.

Rafael se recompôs, guardou o livro e arrumou a roupa. Se posicionou de frente a Isabela, que estava ao lado de Sr.ª Salarz. Já era quase fim de tarde, o que dizia da possibilidade de mais uma Aurora, e a história continuava a despeito dos acontecimentos mais importantes que ocorrem em nossas vidas. Rafael recuperou seu fôlego, resgatou o menino de novo e, sem mesmo pensar, abriu seu coração como eu um dia fiz para você, Menina. Rafael disse.

— Eu vim aqui para ver você, Isabela.

Nesse momento, quando ouvi Rafael dizer isso, não pude deixar de chorar. Isso me fez lembrar que eu poderia ter dito algo para você, convencê-la a não ir embora, a assistir a mais uma aula. Não pronunciei nenhuma palavra e houve um silêncio. Você foi embora e nunca mais a vi. Mas o seu rosto ainda permanece em mim. Você ainda vive aqui, Menina.

Ainda vive...

Capítulo 9

Amar é uma decisão perene

"Algo aconteceu em meu espírito. Essas mudanças políticas atiçam meu ser e não me deixam quieto. Perturbações de toda ordem confundem meu pensamento. As ruas estão repletas de coturnos e um pesado metal frio. Será difícil caminhar com tanta gente.

E aquilo que aprendi, assim como o que ainda estou aprendendo, servirá de alguma coisa para enfrentar esses difíceis tempos que virão? Não faz tanto tempo assim, meu avô e tio vivenciaram uma situação de opressão e, diante de tal, tiveram rumos diferentes. E, para mim, o que reserva o futuro? Enfrentarei as armas que apontarem para mim?

Não sei.

É questionável a existência dessa forma. Não vejo alguma harmonia entre canhões e fardas. Entender ao certo o verdadeiro sentido desta providência é tarefa difícil aos anseios de meu espírito. Deve haver algo superior.

Também é certo que me sinto seduzido pelas falácias ou ideologias que se postam nesse momento, perante o problema da opressão do poder. A situação humana, em seus aspectos primordiais, impele os ânimos mais inquietos a verificar e executar a justiça que se espera. Não seria o correto a se fazer? Devo-me entregar a qual bandeira? Quais são as bandeiras existentes? Há alguma diferença?

A perfeição nos instiga e não deixa o pensamento menos sensível em calmaria. O homem busca essa coisa denominada perfeição e acaba por cometer as mais odiosas atrocidades. O que deve ser feito para inibir tal sentimento para o perfeito? Esse sentimento não seria nocivo, já que o próximo não convém na conquista da concretude?"

Rafael pensava agora sobre o cenário político do Brasil. Isso o instigava também, pois recebeu uma herança de seu avô a respeito do ativismo pelas causas de uma nação. Seu coração já foi tomado e Isabela o ocupava. Mas a razão lhe chamava a atenção nesse momento. E a situação poderia se agravar, como, bem depois, a história registrou e confirmou. Naquele ano, 1964, já havia o prenúncio de uma tempestade que duraria vinte anos. E Rafael estaria diante de escolhas difíceis de serem tomadas. Deveria ele escolher alguma bandeira e liderar movimentos contra o regime? E se ele perdesse a chance de viver com Isabela um amor mais intenso e forte por muito tempo? Ele iria se perdoar por isso? Não que Rafael pensasse ser o herói da história brasileira. Mas como todo bom moço, entendia ter responsabilidade pelo seu tempo, no que Hegel sorriria com essa atitude e pensamento. Porém, ao tomar esse caminho, ele enterraria um destino e a possibilidade de viver com aqueles olhos negros. Foi o que eu perdi, Menina. Seus olhos.

Quando Rafael começou a tecer essas reflexões, não observou um pequeno e grandioso detalhe: o que queria e pensava Isabela a respeito disso? Será que Isabela não se interessaria pelos acontecimentos do país? Nosso jovem estudante não a conhecia por inteiro. Talvez Isabela se interessasse e tivesse algum plano em andamento para tudo isso que ocorria ao país? Sim, possuía, anotado em agendas, eu sei. Tenho essa vantagem, conheço Isabela e sei o que ela pensa. Rafael terá uma grande surpresa. Isso o marcará por toda a vida. A escolha de Isabela será dramaticamente surpreendente aos olhos de nosso amante. Sabe, não é, meu amigo e amiga, que fiquei tentado novamente a lembrar dela. Fiquem sabendo vocês: jamais a esqueci!

— Decidir amar, isso é o verdadeiro — disse uma voz a Rafael.

— Podemos decidir tantas outras coisas sem que tais sejam, no fim, verdadeiras — replicou Rafael.

— Mas essa não é a questão, meu caro. Pode-se, sim, decidir tantas coisas que nos apresentam. Mas amar nos apresenta uma única vez. Decido sobre qual pensamento seguir, qual partido filiar-me, a roupa mais apropriada a vestir, mas amar é apenas uma única vez. Não há outra oportunidade — disse a misteriosa voz a respeito do amor.

— E se não decido amar? O que implicaria essa minha última decisão? — perguntou Rafael.

— Dificilmente você tomaria essa atitude — afirmou suavemente Padre Marcos. — A diferença da decisão sobre amar sobre as outras é que ela não se comprova sobre um único momento. Todas as outras decisões, tais como o pensamento, a bandeira do partido a seguir, ou a roupa conveniente para a ocasião, são respostas efêmeras, que duram apenas enquanto o acontecimento de si própria. Ela se esgota. E pode-se resumir em um livro, um discurso, ou um elogio sobre a beleza. Mas amar é diferente. Não se prova somente com palavras. Eu amar não se resolve em orações. Decide, permanentemente, amar. Acorda e dorme pensando sobre isso. Vive-se, toda uma vida, acredito eu uma eternidade, sobre a maneira de melhor corresponder e praticar a arte de amar. Sou amor, sou espírito, vivencio o sabor de amor em todas as coisas. Minha leitura pelos textos sagrados. Minha opção de vida pelos pobres. Minha devoção ao Criador. Minha persistência na crença pelo humano. Amo cada vez que respiro e decido isso a todo momento. Choro e me alegro com tantas coisas que não sei enumerar. Mas, ao lembrá-las, sei que novamente escolhi amar. Amo minha vida, apesar de saber, conscientemente, a irracionalidade de minha existência. Pois creio e decido amar. Meu coração afirma isso a todo instante. — Abaixa a cabeça com suavidade e deixa Rafael quase em transe. Ficaram em silêncio por um tempo o jovem e o clérigo. Palavras de amor, com profunda sabedoria, vindas de um padre, pensou Rafael.

O que tem de mágico o amor a ponto de criar as mais variadas razões para o justificar? É razoável pensar que um padre é um homem como qualquer outro, cheio de sonhos e experiências. O que torna estranho todo o discurso (sermão) de Padre Marcos é seu interesse em despertar Rafael sobre a decisão de amar no dia em que este decidiu beijar Isabela, sem ao menos conhecê-la. Romântico? Ocasional? Destino? A cada palavra mencionada, e pergunta feita, várias respostas aos diversos corações. Se é certo que o amor é uma decisão que se faz a todo momento, não é menos certo que a sedução inconsciente que resulta num beijo é uma demonstração de querer amar e ser amado. Isabela, a sedução inconsciente. Rafael, a decisão sobre amar. Padre Marcos, o liame lógico de tudo isso. E eu, mais uma vez, dizendo que amo você, Menina. Rafael também iria amar. E eu...

Perenementemente decidido a...

Capítulo 10

Amor é um ato de coragem

Isabela tinha os cabelos que enfeitiçavam. Impossível olhar aqueles fios longos e não se seduzir com eles, fico tonto só de imaginar. O perfume que exalava ali era o que qualquer homem desejava aspirar e entorpecer. Um travesseiro que acalenta, de uma profundidade que o Criador não imaginou poder ser. Perfeição!

Rafael ia na direção dos olhos de Isabela e, assim, ia mais longe na transcedência erótica. Política era impossível pensar. Ele era apenas um homem, um menino. Quem não é diante de tanta beleza.

Um mistério feminino você a minha frente, Menina. Mistério feminino!

Aqueles olhos exigiam de Rafael um amor maior. Não das cantigas ou poesias pueris da adolescência. Sabe, um amor de verdade, experimentado. Sei que por aí as coisas começaram a ficar interessantes, imaginando o que nosso menino fará na sequência. Coragem para assumir. Amor é um ato de coragem.

Sempre quis um beijo seu! Eu tive, eu sei, Menina.

Mas aqueles olhos estavam ali inocentemente procurando seus livros e trabalhos. Não imaginava o poder de sedução para cada direção a que convergia. A negritude presente em cada esfera da alma magnetizava quem ousasse, por um instante, percebê-la. Isabela era linda de uma maneira que tenho dificuldades de escrever. Talvez um livro seja o lugar adequado para reverenciar essa beleza. Um registro de poesias, quem sabe. Preciso ir profundamente em meu ser, tentar retirar todas as formas de inspiração para traduzir muito próximo daquilo que ela é, para vocês entenderem a cena, a imagem e a divindade.

Por esse motivo, deito lágrimas, pois lembro de você, Menina.

Eu entendi os olhos de Rafael. A visão que tive de você me permitiu a compreensão do comportamento do jovem estudante de Direito. Os meus foram assim por você. Sim, Menina, seus olhos era o que mais eu gostava em ti.

Falei de cabelos e olhos de Isabela, mas a boca, me perdoem, terei de tangenciar a vulgaridade. Não que eu pense assim, muito ao contrário. Mas em quais limites posso ir não sendo vulgar? Não estou aqui a falar de esculturas ou quadros nas paredes. Menos ainda a dizer por palavras aquilo que é impossível aos dicionários. Podem me chamar, leitores, de torpe, rude, vil, libero-lhes dessas censuras. Mas não poderão me nominar de injusto. Sim, injusto. Aquela beleza merece todas as minhas forças. Se não são tão nobres como esperam, são reais. Aqueles lábios convidavam Rafael à perdição.

Não eram exagerados e nem pequenos. Eram suaves e parecia que havia uma espécie de ritmo musical, como em violoncelos progressivos, ao fundo de uma orquestra. Talvez esse ritmo fosse o que atraía Rafael, mesmo tendo pouco ali tocado.

Claro que nosso jovem o fez por uma vez e, hoje, desejava de novo.

E outra coisa que misticamente fascinava Rafael era o movimento que Isabela possuía. Sim, ele a assistia como um evento da natureza. Cada passo seu, o levar de mãos ao pegar os objetos, a palavra baixa pronunciada em seus lábios, o perfume que vinha de seus cabelos, seus pés por sobre o chão em que a admirava. A silhueta encoberta em um vestido que teimava em ficar ali e não sair para um lugar muito melhor.

O corpo feminino é extraordinário. O seu, Menina... aquela fotografia na praia... Aquilo é...

A sensação de eternidade em momentos efêmeros pereniza o essencial: definição de lembrança e saudade. Uma fotografia sua em Porto Seguro ainda está comigo, Menina. Guardada em meu coração.

Mas estava falando de silhuetas e adverti a respeito da minha vulgaridade. A partir de agora sou um boêmio da noite, um desvairado, vagabundo, um qualquer que ama.

Isabela é a mulher que Rafael deseja amar em todos seus espaços. Não o entenda mal e nem o julgue agora. Mas o estudante de Direito quer sentir do fio de cabelo ao íntimo feminino de Isabela, o perfume dela exalando em seu corpo, seus seios o absorvendo em uma embriaguez incontrolável. A exaustão do rapaz em felicidade e um sorriso dela explicando que tudo isso pertence a ele. E ele explicando a ela que o que ele é sempre foi dela. E, assim, Rafael ama de novo. Como eu amei e amo você, Menina.

E nesse dia, apesar de todos os acontecimentos lá fora, uma democracia perdida, e as digressões com Padre Marcos, Rafael a viu, ali, na biblioteca, onde ela trabalhava. Em um ensaio de um crime, o menino planejou cada ato de execução. Um lugar escondido, uma raptura e a consumação. O feminino irá se revelar.

— Oi — disse Rafael com voz arrastada.

— Olá, algum livro de Sartre? — perguntou Isabela.

— Não, não estou procurando livro. — Alguma coragem surgindo no nosso jovem.

— Não, não pensei que não procurasse. — Isabela nem imagina o que se passa na mente de Rafael.

E nesse diálogo tímido, relembrando o beijo roubado da última vez, Rafael olhou em volta e não encontrou ninguém. Seu peito estava apertado, as pernas já não conseguiam equilíbrio, e as mãos extremamente trêmulas. Mesmo assim, tentando encontrar a coragem e a melhor oportunidade, repetiu o delito. Ele a beijou.

E novamente sentiu a doçura do mistério feminino. Mais uma vez o perfume o envolveu e sentiu a maciez do cabelo de Isabela. E outras sensações também ele teve. As mesmas que eu experimentei um dia com você, Menina.

E até poderia ficar aqui narrando os sentimentos e sensações de Rafael, mas algo surpreendente ocorreu e acredito ser mais interessante de contar.

Isabela o convidou para o amor.

O beijo havia terminado e a dança em seu corpo também. Apesar da rapidez e do caótico pensamento que ocupava aquelas mentes, ao desvencilhar de Isabela, Rafael a encarou e viu olhos que queriam aprisioná-lo.

— Siga-me! — Uma ordem de Isabela.

Isabela foi até Rafael em uma voracidade selvagem. Algo havia despertado nela. E quando de perto a beleza é apreciada, maior fica o mistério envolto de quem a admira.

Isabela o levou para o escritório da Sr.ª Salarz, a bibliotecária. Todos os livros organizados nas prateleiras testemunhavam o crime a ser cometido. Não que houvesse uma ordem ali, longe disso, mas os corações em ritmo de contrabaixo deram o sinal de que o amor consumiria aqueles jovens.

— Tire a roupa! — exigiu Isabela.

Rafael não compreendeu as palavras, mas seguiu o imperativo. Não queria contrariar o mistério feminino no que mais é precioso: o inusitado. Coma o fruto, disse Eva, e aqui estamos, eu sem juízo e sem você, Menina. Rafael e Isabela sem roupas, sem nada, como no início. Perdidos? Não, encontrados.

— Beije-me!

E assim Rafael acariciou todo o corpo de Isabela. Seus seios, após os cabelos e os lábios em um profundo contato. Ela mais próxima, em apertado, sentiu o menino as coxas da estudante de Letras a encadear seu corpo. Uma outra mão, delicada demais pela maciez, segurou-o, no que ele deu um grito.

— Aí!

Sem querer, Rafael soltou esse som que ressoou por toda a sala da Sr.ª Salarz. Nesse momento, os dois olharam para a porta, que estava fechada, aguardando o flagrante dessa sandice. Ninguém apareceu, o que encorajou Isabela a dizer:

— Ame-me!

Então, com essas ordens, Rafael não pôde segurar. Já não respondia por ele. Foi tomado por toda a força da natureza a amar Isabela de uma maneira que jamais imaginaria ser. Eu saberia, anos mais tarde em uma lembrança que me fere, que amei você assim também. Você me ordenou fazer coisas. E eu fiz. Saudade que me fere, Menina.

Mas ainda ali no chão, sob o domínio do feminino, sentiu o casal todo o prazer do transe erótico. E, como homem, Rafael não poderia mais realizado estar. Uma explosão de emoções, que não é necessário descrever, o menino tomou-a novamente nos braços e a amou.

E eu amei você como se fosse a última vez. E foi, Menina.

E algo surpreendente mais uma vez aconteceu. No momento em que os amantes transcendiam seus corpos, percebendo que estavam na mesma sintonia, Isabela foi imprevisível. Ela riu.

— O que eu fiz de errado? — perguntou Rafael.

— Nada, foi sublime. — Riu de novo, não conseguiu resistir.

— Sublime? Então — hesitou Rafael — você gostou?

Ela puxou Rafael de novo ao chão e o amou. Já não era perfume que sentia, mas o suor de Isabela e os cabelos agressivamente úmidos, resultados do masculino e feminino, do amor entre duas pessoas, da magia infantil que toma forma ao se tocar.

Perdidamente apaixonados.

E ela novamente riu. E aí eu entendi, apreciei, gostei e ri também, como se você estivesse aqui, Menina. Eram dois palhaços no chão, da biblioteca da faculdade, na sala da diretora do setor. Deitaram e ficaram a olhar um para o outro. Falaram sobre muitas coisas sem pronunciar uma palavra. Fotografia do momento a se eternizar em lembranças.

Levanto para enxugar lágrimas de uma saudade em uma tarde cinzenta. Lembrei de você mais uma vez, Menina. Jamais esqueci.

Vocês irão em breve me odiar por isso que acabei de dizer. Compartilhei o melhor momento da vida de Rafael e Isabela. Sabe, às vezes não sabemos que estamos vivendo o melhor, a felicidade, o prazer da alma. Então eles viveram aquele momento acreditando que se repetiria. E se repetiu. Mas, se estou contando esse em especial, é porque era, e foi, especial.

Foi o primeiro.

Quanta saudade tenho de você, Menina.

— Não vai embora! — disse Isabela ainda nua.

— Preciso ir. Tenho um encontro com um amigo meu para falar sobre os últimos acontecimentos.

Não eram importantes para Rafael, mas ele acreditou que o fossem. Poderia ter ficado ali, no chão, ambos nus, a admirar Isabela por todo o sempre. Mas considerou a história mais importante. Interpretou e concluiu, em uma arrogância intelectual, que seu papel era crucial: Brasil tomado por um golpe militar. Deixou o menino no chão e levou o homem embora dali. Este seria cobrado mais tarde. Não deveria ter ido. Mas foi.

Porque hoje perdemos a liberdade. Brasil tornou-se novamente uma ditadura.

E eu perdi você.

Capítulo 11

A história de um coração de mulher: São Paulo, 13 de fevereiro de 1922

A Aurora surgia mansamente naquela manhã de fim de verão. Apesar do término da estação em São Paulo, por volta das seis horas da manhã, um orvalho e neblina se faziam presentes, como esses que habitam meu coração. Era um início de dia frio, um pouco cinza, colorido que não se manifesta.

Em um hotel próximo a Congonhas, pessoas importantes começavam a chegar. No majestoso Atlantic, comitivas e grupos de intelectuais se reuniam já alvoraçados, tentando se esquentar e fugir do clima não tão agradável, o que exigia uma bebida quente e forte. Um café talvez.

Dava até para escutar o palavreado das conversas. Os diálogos eram animados, coroados de tanto assunto que até se perdia. Gosto de gente inteligente, pensei. Na verdade, lembrei dessa frase que ouvi de você um dia. Lembro todas suas frases, Menina.

A dialética na recepção do hotel Atlantic era a respeito de tudo e de todos. Sartre, Beauvoir, Lenin, Mário de Andrade e essa República medíocre. Cigarros, silhuetas e um forte ativismo encantavam a todos ali presentes, com uma rica exasperação do pensamento. A alma é infinita, como essa música que ouço agora.

Os recepcionistas não se aguentavam de tanta agitação. No momento em que se registravam duas, três, quatro pessoas em um quarto, mais dez, quinze, vinte outras chegavam. De todas as formas e cores, "as gentes" ali eram exóticas, excêntricas, multiculturais. Consegui identificar um homem branco, com uma barba por fazer, um chapéu curto de couro, e três livros nas mãos. Também consegui ver um que parecia indiano, com uma manta que o cobria do frio e vestia seu costume. Três mulheres chegaram abraçadas, sinais de embriaguez, um riso solto que contagiou o hall do Atlantic. Os russos vieram em cinco, gritando alto ao hálito de vodca, o que fez as argentinas, que estavam em trajes sensuais, enlouquecerem — "*Será que são comunistas?*" — perguntou uma das jovens hispânicas.

E também havia pessoas de todas as idades. Deu para ver um senhor que aparentava ter uns sessenta anos. Um pouco calvo, um sinal de saliência por baixo da camisa, um caminhar lento e uma voz suave. Trazia consigo uma maleta em tom carmesim, vestia um pullover e usava uns óculos elegantes. Quando chegou a sua vez de ser atendido, foi-lhe perguntado se estava acompanhado. A resposta veio com um sotaque que naquele instante não consegui identificar. Mas na sequência as palavras saíram um pouco mais audíveis. Era frânces e respondeu que todos nós estamos sozinhos na existência.

Certamente, o atendente do Atlantic não conseguia compreender todo aquele cosmopolitismo presente na hospedaria suntuosa. Sim, esqueci de dizer para você que o hotel em ebulição na manhã fria de São Paulo era sofistificado. Na entrada havia um jardim muito bem cuidado, circundado com pinheiros canadenses e, ao centro, um chafariz com a deusa Minerva. No seu interior, na entrada principal, contei cinco lustres de *Margot*, do tipo clássico para gótico, candeeiros nas esquinas da recepção com uma luz baixa, e um grande tapete vermelho, o que deixou muitos empolgados. O salão do restaurante também não ficava para trás: grandes mesas arrendondas, com cadeiras acolchoadas até a altura do pescoço, ambiente climatizado e música clássica em volume suave. Chopin regia tudo aquilo.

Os funcionários do Atlantic também se vestiam bem. Os homens usavam camisa de linho branco profundo, e calça de tecido preta, com o brasão do hotel no peito e uma gravata discreta em cinza. Alguns vestiam luvas. As mulheres usavam vestidos até a altura dos joelhos, todas elas de cabelos amarrados — a seriedade era um valor — e também carregam o brasão no vestuário, porém, ficava posicionado ao lado esquerdo do vestido. Chamava atenção aquilo.

Os quartos também eram luxuosos. Havia três tipos de acomodações e uma de destaque *premium*. O mais básico tinha no ambiente uma cama de solteiro, um tapete mais curto, um lugar que dava para colocar as roupas, e um abajur frânces, o que dava a elegância ao quarto mais simples do Atlantic. O segundo tipo de acomodação era praticamente o primeiro, porém com cama de casal, ou duplo, a depender de quem queria ali se hospedar. O terceiro já era um pouco maior, tendo uma pequena antessala com uma mesa de escritório, um quadro com pintura bucólica pendurado na parede e três camas, sendo uma de casal e outras duas de solteiro. E a acomodação *premium* era um apartamento: tinha três ambientes, dois como no segundo modelo, acrescido de uma pequena cozinha, onde tinha alguns aparelhos domésticos que dava para preparar algum alimento. Era a vanguarda da hotelaria de São Paulo, em 1922.

Cada um dos tipos de acomodação tinha um nome. Levavam nomes de países, revelando o gosto do fundador pela geografia do planeta, já que o nome do hotel era de um oceano. O quarto mais básico era Portugal, simples, porém elegante e conservador. O segundo, com cama de casal ou duas de solteiro, era França, como Portugal, mas um pouco mais revolucionário, ou melhor, não reacionário. O terceiro, no qual havia dois ambientes, era Estados Unidos, mostrando que dinheiro compra conforto. E o *premium*, que era o mais amplo do Atlantic, era Pasárgada, a licença poética do Atlantic, como diziam os recepcionistas.

Além de toda essa estrutura, o Atlantic tinha ainda uma sala de reuniões, uma academia e uma grande piscina em uma área livre que combinava concreto e verde. De fato, era um hotel fantástico e luxuoso.

Todo aquele público estava se aglomerando no Atlantic para o evento que ocorreria na cidade de São Paulo. Seria, segundo consegui apurar, um dos encontros mais importantes da cultura do país. Literatura, filosofia e política seriam os assuntos sérios a serem debatidos e aproveitados, além de toda essa diversidade de gêneros a visitar o encontro intelectual.

A vanguarda europeia dos romances, da música e da filosofia estariam presentes. A produção brasileira, naturalmente, em uma tentativa de se romper com o passado, também. Toda essa atmosfera era necessária para se dar ao país um novo rumo em termos culturais. Uma atmosfera que seria ainda mais completa com a presença de uma mulher que chegou, agora há pouco, ao Atlantic.

Naquele alvoroço de encontros e hospedagens, figuras e linguagens, uma imagem surge no ambiente e rouba a cena. Pele alva, cabelos até a alça, um sutil movimento e um perfume que entorpece, em um corpo com curvas nunca antes vistas. Uma feminilidade intensa no vestir, uma combinação perfeita de sensualidade e elegância. Aquela Mulher se cobria em um vestido preto, adornado com um colar discreto em branco, e uma maquiagem que tangenciava o vulgar e o poético, mistura que derrota qualquer um, homens ou mulheres. Ela caminhava como que desfilando e impunha a sua presença a todos ali presentes: a beleza respeitada. Era linda. Você é mais, Menina.

A cor dos olhos era de um tom mais claro, como as cores de uma folha seca, quase um verde. A estatura não era tão grande, o que lhe entregava uma delicadeza, sedução e, fatalmente, um charme. Seus lábios eram mais carnudos, com a presença de um batom que delimitava as fronteiras daquela boca extremamente feminina, que fiquei tonto só de ver, quase caindo nesse feitiço antigo. Os seios eram a dúvida de Monalisa: convidavam ou expulsavam? Não dava para saber, a não ser pela ousadia e atrevimento em aproximar. E muitos, muitas, desejavam isso. Não fiz isso, Menina. Tive o controle.

A Mulher que a todos exigia a atenção dos olhos caminhou em direção à recepção. A cada passo, sinfonia suave de guitarras, como em um rock progressivo, despertava o melhor dos instintos humanos: a paixão. Houve um silêncio de admiração por essa escultura que, divina, não mais pertence ao paraíso. Sim, impossível não ter nenhum tipo de sensação ao ver...

— Desejo a acomodação de Pasárgada — disse a Mulher que descrevi agora há pouco.

— A senhorita já esteve hospedada aqui? — perguntou o atendente do Atlantic.

— Você deve ser novo nesse trabalho. Eu sou o Atlantic! — respondeu a Mulher soltando um riso encantador.

— Jacob, pode deixar comigo, assumo agora — interrompeu um homem preto de estatura mais elevada.

— Você de novo? Sempre tentando fazer aquele suspense que o torna herói? Não quero ser salva! — respondeu a Mulher exalando um perfume muito perigoso.

— Sabe que não sou o herói. Sou apenas o gerente do Atlantic e a conheço há tempos — disse Sr. Ventura, exigindo de Jacob a instalação da misteriosa mulher no sexto apartamento.

— Você tenta ser galante comigo, mas sabe que não caio fácil nesses truques antigos. Eu sou a caçadora! — Apertou os olhos em tom de ameaça e sedução.

— Sei muito bem disso e nem me arrisco mais. Saí desse jogo, casei-me no mês passado — informou o Sr. Ventura para a Mulher que encantou a vida de muitos.

— Casou! — gritou a Mulher.

— Sim. Casei com Mariana. Não pude resistir.

Aquela Mulher soltou uma gargalhada que era difícil não notar. Parece que houve uma combinação de anedota na frase do Sr. Ventura que a deixou perturbada: *"casar e com Mariana?"* — pensou. Ninguém poderia levar a sério tal afirmação. Mas aquela Mulher (sim, vou guardar seu nome em segredo até o momento apropriado da revelação) achou patética a decisão do Sr.

Ventura, que já contava seus 45 anos, ou seja, para muitos, já tinha passado a fronteira de se aconchegar a alguém.

Mas a Mulher, não se irrite comigo, leitor, era jovem e impetuosa. Como ela mesma disse, era caçadora. E não era muito difícil cair em suas armadilhas. Era linda. Eu mesmo poderia cair também, mas, para minha sorte, tomei rumo por outros caminhos que me distanciaram do Atlantic. Um rumo que levou a ti, Menina.

Após alguma conversa na recepção, a Mulher conseguiu se registrar. Não deu para notar, mas Ela já estava um pouco cansada. Dois mensageiros a ajudaram com as malas e, finalmente, estava em Pasárgada. Um dos dois ficou ali esperando algum sinal mais convidativo, um atrevimento, eu sei. Mas os corações esperam muito e quase ninguém lembra disso. Simplesmente julgam e agem com a razão. O coração tem suas razões que esta desconhece. A Mulher fechou a porta com a ciência de ter conquistado mais um troféu.

Pouco a pouco foi se despindo. Tirou o longo vestido preto, e o colar branco ficou no corpo seminu. O espelho à frente refletiu a beleza de um mistério feminino que ela, A Mulher, sabia muito bem que possuía. Ela riu disso mais uma vez e percebeu como os homens, e algumas mulheres, são tolos quando diante da beleza. Na verdade, não são tolas. É difícil resistir à divindade. Potestade. Eu não resisti a você, Menina.

Ela, após retirar o vestido, parece que gostou de desfilar sozinha, no próprio quarto, sua nudez com apenas aquele colar. A Mulher tinha apenas vinte e cinco anos, muito jovem, mas com um espírito bem mais velho, ou melhor, mais sábio. Claro, tinha ali sabedoria. Ela era caçadora, mas em respeito ao que a natureza lhe entregou. As almas frágeis se entregavam facilmente, mas ela insistia nessa cadeia alimentar apenas para fortalecer os corações de outrem. Exemplo disso é o Sr. Ventura, que tentou algumas vezes tomar posse de um território posto e não conseguiu. Finalmente casou. Fim do jogo.

A beleza feminina é extraordinária. Já conheci muita coisa na vida, mas igual ao feminino, impossível comparação. Quadros, poesias, paisagens causam aos olhos humanos uma certa tranquilidade e admiração. Mas o mistério feminino encanta, canta, aprisiona e liberta. Aconchega, amolece, esvanece e se vai. Você era para mim assim, Menina. Surgiu inesperadamente, tomou posse do meu ser e sentimentos e foi embora.

A Mulher após algum tempo em nudez solitária resolveu banhar-se. Lavou o rosto inicialmente, retirando a maquiagem forte que usava, mas jamais vulgar. Estava em pele nua, à exceção do colar que insistia em presentear aquele lindo pescoço que arrepiava só de imaginar levantando os cabelos pretos da Mulher. Ela foi em direção à suíte de Pasárgada, encheu a banheira de água e deitou-se ali. A Mulher repousava em águas, parecia uma miragem. Ela riu sozinha, sabendo disso. Era como se ela soubesse que mesmo a solidão a vê e não resiste. E quando uma Mulher tem consciência de que é uma caçadora, uma predadora, isso é extremamente perigoso. Poetas saem da sala, teu coração não resiste. Eu escrevi poesias para você, Menina.

A Mulher tinha uma mania estranha, mas, com aquela beleza, era mais um charme que possuía. Do nada, exatamente ao aleatório em meio a qualquer contexto em que não subsistia o sentido, Ela cantarolava música sem nenhum significado. Quando fazia isso perto de alguém, A Mulher fazia com intenção para se notar no público. Os homens não se seguravam e tentavam chamar atenção também. Mas, obviamente, era mais um troféu para Ela. Em um assobio, A Mulher conquistava. Coração forte, meu Deus, me leve daqui!

Ela ainda cantarolava nua na banheira. Levantou uma das pernas e era lindo aquele movimento. Suas curvas tinham a mistura perfeita do sensual e do delicado. Menina ou Mulher? Alguns homens se apaixonam por meninas. Outros por mulheres. Tem alguma diferença? Não que eu ouse dizer, saber e explicar. Mas tem. As mulheres são mais perigosas. As meninas, arrebatadoras. Você me derrotou, Menina.

A menina encanta sem qualquer truque. É natural. Um virar de rosto, um sorriso sem pretensão, uma palavra pronunciada, e toda uma serenata se aprima do lado de fora de casa. Poetas encontram rítmicas, o universo dá um jeito na bagunça, e Deus volta a sorrir novamente. Sim, as meninas são perigosas. E isso não tem a ver com a idade. Tem meninas de trinta, quarenta, cinquenta anos. A menina está na alma. E isso não envelhece.

Já a mulher é mais consciente de seus poderes. Mas, ao ter consciência, algo é perdido: a espontaneidade. Quando se tem consciência de que é detentora, a ação feminina é de caça, e não, simplesmente, de ser. Ainda é lindo de ver, como eu gosto de ser caçado. Mas se perde algo exatamente porque não é mais espontâneo. É belo, porém, é orquestrado.

A Mulher nua na banheira de Pasárgada tinha as duas essências. Era um dualismo místico. E essa combinação é fatal. Você olha a mulher, mas ali está a menina. Você conversa com a menina, e ali está a mulher. Você a toca, e percebe, sente e ama as duas. Você era assim para mim, Menina. Por que foi embora?

A Mulher levantou-se de seu banho. Saiu um pouco úmida e andou pelo quarto. Foi até a sua bolsa e retirou uma fotografia. Não deu para notar, porque logo a guardou. Senti um pouco de tristeza no seu semblante, o que me despertou a curiosidade. Mas não consegui ver o que estava no retrato.

Após esse momento, Ela se deitou. Ainda estava nua, mas o colar insistia em adornar a escultura. Ela olhou para o teto, parecia inquieta e entediada. Virou-se para o lado e, depois, para o outro. Levantou-se da cama, olhou algo para beber, mas decidiu que não era a hora de se embebedar. Foi quando percebi que o Atlantic era uma fuga. Do que exatamente ainda não sei.

Inesperadamente, como que sufocada por ficar ali aprisionada em seus pensamentos, a Mulher se aproxima da porta de vidro da varanda de Pasárgada e fica do lado de fora. Sim, ela estava nua. Quando deixou seu corpo nu em vitrine, foi novamente um alvoroço. Um casal de idosos estava ao lado de sua varanda, o senhor que quase estava dormindo, em um cochilo reconfortante, faz surgir novamente todas as forças do seu ser. A esposa que o acomodava em seu ombro naturalmente não gostou, e levantou-se de inopino, no que o senhor caiu ao chão e gritou. Um menino no andar de cima conseguiu ver a Mulher, no que ficou paralisado, deixando cair ao solo um brinquedo. As pessoas que caminhavam lá embaixo direcionaram seus olhos para a Mulher. À porta, alguém já a chamava, demonstrando que o espetáculo havia sido anunciado. A Mulher riu, viu como é poderosa, e saiu suavemente da varanda de Pasárgada. Vestiu-se em modo mais comportado, deixou o público de lado, e desceu.

Ela ainda levava nas lembranças algo que a fez despertar a partir da fotografia. Aquela demonstração de nudez foi como se fosse uma tentativa de resposta ao que o destino lhe entregou. Resoluta, entendeu sua natureza. Por isso vestiu-se e foi para o restaurante. Foi tomar café.

Ao chegar no hall do hotel, pôde notar que naquela noite haveria uma festividade no Atlantic. Quando chegou mais perto do aviso, leu os dizeres: Noite Moderna. Era uma prévia do que estava acontecendo em São Paulo: a Semana de Arte Moderna.

A Mulher se reconfortou um pouco e decidiu ir no evento que seria realizado na piscina do Atlantic às 20 horas. Sorriu novamente porque sabia que hoje teria mais prêmios. "*Quantos corações irei tomar hoje?*" — pensou consigo mesma a Mulher.

Foi para o restaurante se alimentar um pouco. Chegou de viagem, deu seu espetáculo de beleza e ainda não havia se alimentado. Também não tinha descansado.

Esqueci de dizer a você como a Mulher se vestiu. Após valorizar seu corpo nu em aparição na varanda de Pasárgada, Ela se vestiu com um sobretudo longo feminino. Sim, apenas isso. Ela abotoou para fechar qualquer aresta, não que se preocupasse com isso. Mas estava cansada e não queria chamar mais atenção. Impossível, eu sei. Porém, foi o que fez.

No salão do restaurante, pegou uma fatia de mamão, um café sem açúcar e um pão integral com uma pincelada de mel. A Mulher era magra, uma silhueta bem definida. Comeu devagar, apreciou o ambiente e respirou. Estava triste, desolada. Ainda eu não sabia por quê. A mulher escondia algo. O que escondeu de mim, Menina?

— Você está bem? — Sr. Ventura aproximou e sentou-se junto a ela.

— Ainda cansada da viagem e algumas noites de libertinagem. — Despertou novamente a curiosidade no gerente do Atlantic.

— Eu sei que por trás dessas roupas e maquiagens tem uma menina. Uma menina que tenta resolver seu passado. — Desafiou a Mulher nesse instante.

— Acho graça você tentar descobrir um mistério que nem Deus resolveu. Você olha um rosto cansado e enxerga tristeza e passado? Quer que eu diga o que vejo no seu semblante? — A ira em elevação apossou-se da Mulher.

— Meu amor, se permite dizer assim pelos anos de convivência, meu rosto já me entrega desde sempre. Doze anos aqui nesse hotel, atendendo um público que não me vê, uma empresa que não me nota, e uma rotina que me suga. As férias são a extensão do meu trabalho de modo que não tenho a mínima vontade de ir para outro hotel, viajar. — disse Sr. Ventura alargando um pouco o colarinho e soltando um suspiro.

— Eu sei que você ganha bem aqui, até já vi fotos suas em revistas importantes de hotelaria, deu uma entrevista na rádio nacional sobre a ascensão do turismo. — Alguma empatia surgiu na Mulher ao ver a sinceridade do Sr. Ventura.

— Tudo é a superfície, minha querida. Sou mais uma peça da grande estrutura. Estou aqui para que a roda fatal do capitalismo não deixe de girar. Mas sou perfeitamente substituível. Porém, não posso reclamar. É a vida! — desabafou Sr. Ventura, olhando para o vazio em uma contemplação metafísica.

— Por isso apresento minha vida e escondo-a apenas em um sobretudo. Quero viver. Aproveitar o que há de melhor na existência. Esse café da manhã, as palavras de um velho amigo, e os homens e mulheres que forem surgindo na minha jornada. — Soltou um riso sedutor já preparando suas armas.

— Pode recolher seu jogo, deste eu já abdiquei. Você é uma mulher incrível, confesso. Essa beleza toda aí é uma dádiva. Mas em combinação com sua inteligência, é uma arma perigosa. Nenhum homem resiste a isso. Eis a leitura do descenso de Adão. Somos fracos. — Sr. Ventura esboçou uma filosofia e ficou mais à vontade com a Mulher.

— Sabe que você cai fácil no meu jogo. A hora que eu quiser estará em minha cama. Eu consigo facilmente esses amores frívolos, efêmeros, todos aqueles que não merecem uma fotografia — disse a Mulher já com um início de voz embargada.

— Acho que acabei de empatar esse jogo sem atacá-la. Aí que está o teu segredo. Você ainda busca o verdadeiro amor ou o perdeu e, com ele, a esperança de ter de novo. Fotografia é? Sei bem como é um borrão na mente habitar teimosamente a saudade de alguém que se foi. Sei muito bem o que é amar e não ver mais a pessoa que se ama. Acordar todos os dias, vestir o terno, colocar o sapato, tomar o café amargo e ir na lotação. E em todos os cenários, seja ele real ou onírico, lá está a imagem que lhe furtou a vida. Você se alojou na minha alma e se apossou dos meus sentimentos. E eu permiti que fosse. Democracia? — Sr. Ventura já não era mais o gerente do Atlantic. Era homem mais uma vez.

— Assim você me faz chorar. Não quero que a menina saia desse sobretudo. Preciso me reservar para tentar sobreviver com sanidade. Esse borrão é mais nítido que esse lustre vitoriano. E eu consigo esquecer quando não sou mais. Seja no momento da bebida, no consumo dos amores frívolos, na nudez insensata na cama com desconhecidos ou desconhecidas. Não irei amar mais. E sou jovem ainda. — Uma lágrima tentou sair do rosto perfeito da Mulher.

— Nunca é um tempo longo. Amar é permissão. É a tentativa de se libertar. Você perde, cai, perde alguma dignidade. Mas a outra face da moeda é recompensadora. Ao amar você cresce, rejuvenesce, se alegra sem se ter. Tudo passa a ter sentido, mesmo as coisas sem sentido, como aquele vaso de flores plásticas que não decoram o salão. Amar é um ato de coragem e uma escolha. Os dois atos mudam vidas, criam vidas, permitem a vida. Você acha mesmo que projetei ser gerente do Atlantic? Não, não. Estou aqui por amor. Minha vida aqui é fantasia, um simulacro, um jogo de ilusões. Sou cortês, educado e esboço uma inteligência para, ao fim do dia, simplesmente encontrá-la novamente em minha casa, no meu aconchego, na minha cama. E, com ela, meus dois filhos, correndo pela casa, quebrando tudo que meu parco salário conseguiu comprar, e ao fim, sou feliz. O ônibus lotado que pego. As reclamações fúteis dos hóspedes do Atlantic, e toda uma desordem desse sistema econômico cruel, deixam de ser pela via que escolhi viver — só desejo amar — Sr. Ventura pronunciou seus sentimentos que, de certa maneira, mudaram o rosto da Mulher.

— Ele morreu!

Quando a Mulher disse isso, Sr. Ventura assustou-se e ficou sem resposta. O que se ouviu na sequência, por alguns minutos, foi o tilintar de pratos e um vozerio sem sentido, ali pelas sete horas da manhã. Todo o seu discurso sobre o amor, a sua resiliência no Atlantic, e a fortaleza que era seu lar com sua esposa e filhos deixou de ser o argumento. "*Ele morreu*" sepultou seu fôlego, sua inspiração, e teve vontade de chorar também. A morte é impiedosa e certa, foi o que eu queria te dizer aquele dia quando decidiu não mais conversar comigo, Menina. Sr. Ventura deixou de ser o Deus que conforta para ser a companhia de uma Mulher que estava sozinha. O amor dela era uma lembrança. Uma saudade eterna.

— Hoje à noite, às 20 horas, terá um evento na piscina. É uma prévia daquilo que acontecerá na cidade no universo literário e cultural. Vou lhe dar esse ingresso e quero, de coração, que venha. Estarei até as 21 horas e depois irei embora. Mas as festividades na área da piscina não têm hora para acabar. Haverá muitos intelectuais, pessoas de todas as cores e países, e você poderia participar e se divertir. Coloque sua roupa mais sensual, capriche na maquiagem e roube a cena. Depois me conte quantos troféus conquistou. Sim, eu sei que você conta. — Levantou-se da mesa Sr. Ventura, passou o ingresso para a Mulher, e a abraçou ao se despedir.

AURORA

A Mulher ficou sentada por um tempo ali no restaurante. Pensou um pouco e lembrou de cada palavra dita hoje pelo Sr. Ventura. *"Ele não está errado"*, refletiu. Mas se desvencilhar de um sentimento assim, especialmente quando não se tem mais a chance de ver a pessoa novamente, é difícil. A vida é um hiato e praticamente um ato de fé. As escolhas que fazemos muitas vezes não são pensadas. E escolhemos sem levar em consideração o que realmente vale a pena. Dinheiro, poder, roupas e uma posição de destaque na carreira são fundamentais? Entre escolher ser famoso e ser amado, ou amar, qual é a via a ser perseguida? As Auroras se descortinam a nós todas as vezes enquanto respiramos, e estamos aqui a trabalhar, produzir e alimentar um sistema que não nos proporciona humanidade. Eu aqui a dizer a você, Menina, quando simplesmente foi embora, que era para ser você, era o que esperava ser. Mas você tomou outros caminhos, eu fiquei sozinho, mas não esqueci. Um borrão na minha mente, uma fotografia, talvez alguns poemas. Nunca se sabe o que a vida entrega. Eu me entreguei a você.

A Mulher subiu para Pasárgada. Ao chegar no seu quarto, fechou a porta com violência, o que foi notado em todo o andar. Sozinha, deu um grito e se jogou no chão. Desabou e chorou. Deitada, rasgou seu sobretudo com voracidade e as lágrimas ainda eram mais fortes. Levantou-se e começou a socar a parede. As pessoas começaram a ficar preocupadas do lado de fora. Funcionários pararam suas atividades, hóspedes dos outros quartos abriram suas portas, e alguns sugeriram chamar a polícia. A dor não é compreendida. Ninguém quer sofrer. Remédios, conselhos, abrigos, hospícios e polícia são as soluções imediatas. Mas ali somente uma era adequada — a Mulher precisava amar novamente. E ela iria amar. Eu amo você foi o que quis dizer, Menina.

A Mulher, depois de algum tempo em seu sofrimento, foi se deitar. Ela estava nua, sem maquiagem, a menina sem qualquer máscara ou proteção. Adormeceu por toda a tarde e quase início de noite. Descansou seus sentimentos, repousou o sofrimento e fez cair no esquecimento seu desespero de mais cedo.

Eram quase 19 horas e a Mulher, enfim, despertou. Estava faminta, só havia se alimentado no café da manhã. Levantou e olhou-se no espelho. A geografia de um corpo espetacularmente feminino se apresentou. Era um manequim, uma escultura. Era linda. Tinha acordado há alguns minutos, não se produziu, não arrumou o cabelo, simplesmente mostrou sua nudez ao espelho, um vidro de sorte.

Decidiu que iria ao evento. Antes de se arrumar, pegou o ingresso e leu: *prévia da Semana de Arte Moderna, venha e aproveite*, eram os dizeres. Havia ouvido falar a respeito dessa confluência cultural. Se animou, porque a Mulher adorava livros. No seu coração de menina, desejava e sonhava estar nas linhas dos versos de um poeta secreto, oculto, alguém que a amasse. Se imortalizar enquanto mulher, perpetuando sua beleza. Uma alegria se apossou novamente dela. Foi se banhar.

Preparou seu banho mais uma vez. Prendeu o cabelo, o que deixou à mostra seu pescoço nu. Quanta beleza em uma arquitetura feminina. Aqueles cabelos negros foram juntados e destacou-se todo o corpo da Mulher. Os seios eram perfeitos, provocativos e delicados, a mistura mística mulher e menina. O desenho do segredo transportava aos olhos uma imagem que é difícil aos dicionários descrever. E vejam, leitores, já li muita coisa. Mas aquela imagem é indescritível. Era uma mulher incrível. Mas você foi quem roubou meu coração, Menina.

A Mulher deitou-se novamente na banheira. Aos poucos, foi se lavando, iniciando por suas pernas, as quais levavam a caminhos e curvas que poderiam ser fatais a um incauto. Após passear pelo relevo, alcançou a saliência de um abdômen definido, próprio para o adormecer apaixonado, um colo reconfortante. Indo mais adiante nesse itinerário do Eros, novamente os seios, os quais descrevi e não esqueci. Ficar um pouco ali é paixão, coração que não se aguenta. Amar é um verbo intransitivo. Eu fui muito direto com você e a perdi, Menina. Imperdoável ato.

Ao aproximar do rosto, a descoberta de lábios que lhe deixam em alucinação. Ao aproximar do rosto, um beijo e um hálito te convidam ao paraíso ou à perdição, simbiose de um dualismo que permeia a existência humana. Os olhos, janela da alma, permitem ir até uma fronteira da qual só podem passar os eleitos: aqueles que a Mulher permitiu amar. Sim, são elas quem escolhem. Eu fui escolhido e não acreditei, Menina. Fui escolhido por você.

A Mulher era pura beleza e paixão. Orquestrada, sabia encantar com sua voz e movimento. O perfume era natural, o que deixava tudo mais vulnerável e perigoso. O mistério feminino ali parecia ser ainda a ideia original, a estrutura desenhada na criação para modelos posteriores. E ela sabia disso. Saiu nua do seu banho e se vestiu. Desceu para o evento na piscina.

Já havia algum movimento na área de lazer do Atlantic. Luzes, decorações, um buffet sendo servido e pessoas diversas aglomeravam o ambiente. Na piscina, alguns balões vermelhos e, nas laterais, exposição de quadros e livros, uma referência à Semana de Arte Moderna. Consegui identificar *A Lira dos Vinte Anos, Guerra e Paz, Dom Quixote* e um Rembrandt. Não sei se era exatamente a proposta do que viria acontecer em São Paulo, mas o Atlantic deixou a atmosfera em um ar que se respirava cultura.

Jovens e adultos, homens e mulheres, nacionalidades de todos os cantos, assim estava povoada a piscina do Atlantic. Um som ao fundo regia o encanto daquela noite. Era um instrumental de Bach. Um piano. Homens bonitos e bem vestidos. Mulheres em decotes atrevidos e outros comportados. A noite prometia cultura e amores. Você longe de mim mais uma vez, Menina.

Quando tudo estava em um equilíbrio delicado, cada qual procurando algo ou alguém, a Mulher surge no espaço. O tempo paralisou, crianças tentaram entender, o universo então sorriu. Você precisava estar lá para entender a minha descrição, Menina. Não sou tão farto assim nas palavras. Mas você já foi paralisado por uma beleza em algum momento da vida? Se teve essa sensação, compreenda, a Mulher fazia isso à enésima potência. Isso porque é o limite que eu consigo contar. A Mulher exalava uma feminilidade sem limites.

Dessa vez ela veio em trajes mais provocativos, como se possível fosse. Vestia uma blusa com manga longa um pouco apertada, o que destacava o relevo dos seus seios. Era um preto bem profundo, contrastando com o tom de pele alva, em um lindo convite. Usava uma saia, não sei bem se era de couro, mas em vermelho escarlate, com uma fivela lateral lembrando um símbolo, uma estrela talvez, não identifiquei bem, pois sabe como é. Ela estava linda.

Usava um salto que deixava a menina em evidência. A maquiagem era discreta, a não ser pelo batom também vermelho, e uma pinta preta no canto esquerdo do rosto. E aquele longo cabelo negro até a alça, estava acobertado com uma boina francesa, mais uma vez vermelha. A roupa inteira potencializava as formas e curvas da Mulher. Sabe quando você se apaixona ao ver uma pessoa pela primeira vez? Isso é muito perigoso e ela sabia disso. Você, Menina, você.

Ao se produzir assim, a Mulher desejava roubar todos os corações, de jovens a idosos, sem qualquer escrúpulo. Era a sua diversão. E Deus se divertia com isso. Claro, a Potestade gosta também de uma boa sedução. Foi o que fez comigo, não é, Menina?

Após um breve desfile ao redor da piscina, a Mulher decidiu sentar-se e apreciar a noite. Céu claro, muitas estrelas e lua nova, com um vento suave e levemente frio. Ela pôde notar como os olhares a perseguiam e a desejavam. Por dentro ela contabilizou todos os corações desprotegidos os quais teria facilmente. Não quis. Hoje teve a lembrança forte de um amor que se foi. A fotografia.

Quando a Mulher estava conversando com o Sr. Ventura no restaurante do Atlantic, ela teve catarses sobre um sentimento já há muito sepultado. As conquistas de hoje são tentativas de entorpecer suas lembranças e as mortificar. A cada homem ou mulher em sua cama, era a resposta que ela dava ao destino: "*foi cruel comigo*". E a fotografia ela guardava secretamente em seu corpo, jamais a abandonava. Não amou depois também. Até que, inesperadamente, a providência aconteceu. Uma pessoa estranha apareceu. E começou-se a movimentar a roda da vida. Você aquele dia fez isso comigo, Menina.

— Boa noite, senhorita! Posso sentar aqui? — perguntou um jovem não tão belo assim.

— Fique à vontade, cadeiras sobram — respondeu com desinteresse.

— Obrigado, estou sozinho hoje à noite e gostaria de conversar com alguém. — A Mulher já julgava em seu íntimo: "*começou errado*", pensava.

— Como eu disse, cadeiras sobram, pode ficar à vontade. Vou passear um pouco. — Levantou-se da cadeira e tomou uma direção.

— Não, por favor, fique. Se sou o incômodo, vou me embora. Mas talvez tenha iniciado de forma errada com você e causado essa impressão. Quando disse que queria conversar, não foi um flerte. Realmente quero conversar. Meu coração está pesado. — A Mulher percebeu uma tristeza naquele misterioso homem.

— Não sou boa conselheira em assuntos do coração. Não acredito em amores. Vivo o dia. Uma vida sem sentimentos. Quero apenas ser. — Por algum motivo, a Mulher sentou-se novamente.

— Agradeço a compreensão e a sua companhia. Pode ficar tranquila, não sou bom em sedução. Se quiser, já me dou por derrotado e pode anotar nos seus registros mais essa conquista. Na verdade sou um fracasso. Sou um poeta sem poesia. Um jardim sem flores. Um romântico sem um par. — A Mulher não gostou do que ouviu. Truque barato. Novamente se levantou.

— Olha, não estou aqui para isso. Se quer mostrar fraqueza para que eu tenha piedade, não lhe darei o que quer. Se quiser, terá de ter dignidade, e ser um homem à altura da mulher que vê. Sim, sou dura, não serei aqui a princesa dos contos e contrapontos. Sou o segundo sexo de Beauvoir. Um quadro de Renoir. — Exasperou-se a Mulher com uma ira em elevação.

— Errei de novo, estou lhe deixando confusa e com sentimentos ruins. Não é isso. Não quero ganhar você nesse jogo antigo me colocando como um fraco. Não é isso. Estou lhe dizendo a verdade. Estou em busca do meu amor desde o meu nascimento. Ainda quando criança, já procurava com meus olhos quem a vida poderia me entregar. Minha corrida na existência é encontrar essa pessoa. E eu sabia desde então que seria uma busca difícil, pois, no dia em que encontrasse, a pessoa não entenderia. Seria mais esperta do que eu. Meus amigos na infância caçoavam de mim por isso. As meninas na minha idade, na juventude, me ridicularizavam. Eu tentava ser apenas eu mesmo. Mas a minha sensibilidade não convencia. — A Mulher ouviu, guardou um pouco sua raiva, e sentou-se.

— Você não me convenceu ainda. Ao que parece, vem cometendo os mesmos erros desde a infância. Se quer amar alguém, não seja sensível. Seja forte. Se quer ficar ao lado de uma pessoa, não se diminua. Se eleve. Quer os beijos, o cheiro, o corpo feminino, não teorize, escreva ou poetize. Tome posse. Isso de idealizar o feminino só habita a mente masculina inocente, que nada entende dessa natureza infinita. É uma grande bobagem fazer esse jogo com essas armas. Nada ganhará. Como parece que até hoje não ganhou. — A Mulher foi impiedosa e nem havia começado seu jogo.

— Está certa. Essas armas não levam à conquista, mas, ao contrário, garantem a derrota. Mas eu lhe disse: sou assim. E por isso estou fadado a ser sozinho. Como fugir da sua natureza? Já tentei ser forte, como disse, tomar posse, como ensinou, ser digno, como condenou. Porém, reduzo a minha essência. E, ao ser assim, só consigo ser sozinho, solitário em meu próprio coração. — Abaixou a cabeça o homem misterioso, no que parece ter descido uma lágrima a qual tentou esconder.

— Se você chorar, vou embora. Eu lhe disse que não vou me entregar a você com esses truques ou estratégias. Seja digno, já disse. Se você me quer, me tome. Quer me beijar, beije. Se quer....

— Quero amar você!

Um silêncio se pôs naquele momento. A música, o vozerio, as conversas sem pretensões, todos os sons se desfizeram. Aquele homem disse que queria amar a Mulher. Esta ofereceu todas as sensações e o corpo, em uma oferta irrecusável. Mas ele trocou essa proposta efêmera por uma mais permanente, eterna, aquilo que se registra na saudade. Ela tentava fingir ou acreditar que era mais um jogo bobo de uma pueril atitude masculina. Mas não era. Era o destino. Ele veio e insistiu ser.

— Não amo ninguém. — Levantou-se a Mulher.

— Então me permita amá-la. Não pedi para que me ame. Pedi que seja amada. — Levantou-se o homem também.

— Você está louco! Deve ter bebido a mais e veio aqui com essa bobagem para cima de mim. Está perdido. — A maquiagem começava a se desbotar.

— Claro que estou louco. Estou vivendo minha vida como uma viagem rumo ao desconhecido. Fingindo que tudo é normalidade, quando, na verdade, tudo é uma ilusão. Damos importância a coisas desimportantes, e desvalorizamos a essência de tudo. Quero viver em seu pleno vigor. Amar uma mulher como você assim. Não espero que me retribua, até porque, se esperasse, não seria amor, não é? Amor é incondicional. E minha única condição é te fazer plena, feliz. — Foi romântico e, obviamente, estava perdido o homem.

— Você não me conhece. Não sabe o que eu sou. Você vê a superfície e diz és linda. Mas não permiti que entrasse aqui. Cedo, não permiti. — A Mulher condensava algum sentimento naquele rosto lindo.

— Conheço, sim. Sei que você é a Menina que Mulher vejo. É o mistério que seduz, a brincadeira que é séria, a conversa que não se acaba. A minha vontade de ficar aqui, de ir embora daqui, de rasgar minha roupa, de possuir como nenhuma outra. Conheço tua geografia, tuas manias, meu eu que se perde por você. Sou o que vês. E o que enxerga é você. Sou seu — disse o misterioso homem enfeitiçando, singularmente, a Mulher.

— Que ousadia é essa sua? Não conhece a mim e nenhuma outra mulher. Acha que sabe e fica jogando com palavras acreditando que terás o feminino em suas mãos. Nem crianças caem nesse seu discurso. É tolo. — A Mulher levanta definitivamente do lugar e abandona o convite à paixão.

— Cristina, sou eu!

AURORA

A Mulher ouviu seu nome. Um frio tomou seu corpo e uma eletricidade atravessou sua alma e a deixou anestesiada. Perdeu a noção de espaço e tempo, tonteou um pouco e não conseguiu entender onde estava. Olhou para os lados, não reconheceu ninguém e o desespero e a ansiedade foram lhe possuindo. Sua boca foi secando, a garganta apertando e, quando menos esperou, caiu ao chão e desfaleceu. Houve uma gritaria e pedido de socorro. Muitos se aproximaram da Mulher. Muitos foram ver Cristina.

— Afastem-se, por favor, ela precisa respirar — disse Sr. Ventura aos curiosos que nada ajudam.

Cristina estava ainda desacordada. Aquele lindo corpo feminino estava ali em sua fragilidade depois de uma conversa com um misterioso homem. Muitos sentimentos estavam tentando vir à tona, e Cristina não conseguiu sustentar sua força. O homem pediu que pudesse amá-la e nada mais em troca. Ela não compreendeu aquilo e uma confusão mental foi tomando conta do seu ser. Às vezes na vida não entendemos quando nos apresentam as oportunidades para amar. O viver é algo simples. Uma palavra, um abraço, um beijo e depois me esqueço. Tantas tentativas tive de mostrar a você o quanto eu a amava, Menina. Mas você se foi. E aquele homem misterioso também. Cristina começava a acordar.

— Onde está aquele homem? — perguntou Cristina.

— Que homem, não vi ninguém por aqui — respondeu Sr. Ventura.

— Tinha um homem aqui agora, tentando algo comigo — insistiu Cristina.

— Meu bem, todos estavam olhando para você conversando sozinha. Alguns até comentaram que estava já além da conta no início do evento, em profusão de álcool. — Riu um pouco Sr. Ventura mas com certa preocupação.

— Mas nem toquei em um copo de vodca hoje, havia acabado de chegar. Esse homem estava querendo algo comigo e estava sendo romântico. Ofereci minha cama e ele recusou — disse Cristina tentando localizar o homem que agora há pouco conversara com ela.

— Mais uma prova de que esse homem não existe. Quem recusaria esse convite? — brincou Sr. Ventura e entregou um lenço para corrigir a maquiagem um pouco desbotada.

— Ele estava aqui! — gritou Cristina Salarz.

Ao ouvir o grito, todos no evento da piscina silenciaram. Olharam para a Mulher, para Cristina Salarz, e não entenderam. Alguns lembraram que era ela a mulher nua na varanda, outros recordaram que estava vestida apenas de sobretudo no café da manhã. Mas ninguém conseguiu ver a menina, escondida por trás das roupas sensuais e do corpo idílico. Sr. Ventura a entendia. E ao ver mais de perto o cenário do crime, percebeu uma garrafa de vodca vazia próxima à cadeira de Cristina. Assim, entendeu plenamente o gerente do Atlantic. Tentou abraçá-la e levá-la para seu quarto. Não conseguiu.

— Venha, meu bem, vamos subir — disse Sr. Ventura.

— Não sou nada sua! Retire essas palavras! — gritava Cristina.

— Vou lhe ajudar, as pessoas estão te notando. Não sofra, sei o que está aí. — Tentou ser amigo, um pai, Sr. Ventura.

— Não se aproxime de mim! — A ira se elevou em Cristina.

— Calma, sou eu, Ventura. — Tentou tocar o braço de Cristina.

— Saia!

Quando disse isso, Cristina desferiu um tapa no rosto de Sr. Ventura. O homem preto, do alto de seus 1,90m de altura, ficou constrangido, mas conseguiu segurar suas emoções e não saiu do lugar. Percebendo a gravidade dos fatos, os acontecimentos, toda a sua vida decaindo, Cristina viu a lembrança da fotografia de seu amor em sua mente. Entendeu que a morte sepulta os vivos e não os mortos. De uma vez por todas teve a exata noção de que não bastaria ter um corpo feminino belo e atrevido sem alguém para tomar posse dele. Sem amá-la. E ao construir essas reflexões em sua mente, em sua saudade, o borrão que habitava suas lembranças foi se formando, reconstruindo. E a fotografia se refez, o homem misterioso se fez. Era Fausto.

— Sim, meu amor, sou eu. Sempre pedi para amar você sem nada em troca.

— Eu lhe entrego toda, a mulher nua, no entardecer da praia, a escultura, seu fetiche, a sua maneira. — Lembrava de ter dito Cristina a Fausto.

— Eu a amo em todos os cantos e recantos. Não consigo viver sem você. És minha rainha, minha alma, minha sina. Fica comigo — disse o jovem Fausto para Cristina.

— Sou sua. Vou dizer bem baixinho ao seu ouvido que sempre foi amado sem notar que era olhado. Sou sua, inteira, nua, o mistério feminino que lhe entrega — confessou Cristina.

— És minha amada, única. És a Coroada, o amor que escolhi para mim.

— Não brinque — disse Cristina.

— Jamais.

Cristina recuperou todos os sentidos. Estava ali na frente do Sr. Ventura, que tentava disfarçar o golpe recebido. Ela ainda não entendia tudo, mas, pouco a pouco, foi entendendo. E parecia que era repetição. Já havia acontecido outras vezes. O Atlantic era uma espécie de reminiscência, um lugar onde ela tentava se reconstruir. O ambiente em que ela...

— Um dia se casou com Fausto — disse Sr. Ventura.

— Aconteceu de novo? — perguntou Cristina.

— Sim. Você desceu e se embriagou, mais uma vez, aqui na área da piscina. E quando faz isso, tudo volta. Já faz sete anos. É a sétima vez.

— Desculpe. — Cristina chorou.

— Não precisa pedir desculpas. Fausto era meu melhor amigo e eu não podia permitir que você ficasse sem abrigo ou proteção. Enquanto eu estiver aqui, essa será sua casa. — Tentava reconfortar Cristina.

— Eu me casei ali, próximo à piscina, o lugar onde ele gostava que eu ficasse.

— Sim, ele me dizia isso. Porque ali você ficaria eternizada em uma fotografia. Você em trajes de banho ao entardecer.

Ao dizer isso, Sr. Ventura lembrou Cristina da fotografia. Ao reavivar essa lembrança, foi até a sua parte mais íntima no corpo e retirou de lá um retrato. Aquele tirado por Fausto, por exigência dele, porque foi essa imagem...

— Que me fez amar você.

O tempo passou, anos e primaveras se foram. A fotografia estava bem guardada com Sr.ª Salarz, em sua casa, onde, agora, Isabela ouvia essa história. Ela não conseguiu contar como perdeu Fausto. Poderia se dizer que perdeu? Quem se ama jamais se vai. Somos imortais quando somos a centelha de um sentimento alojado no coração de alguém. Sim, Cristina imortalizou

Fausto em sua alma feminina. E ela escondia a menina nas roupas provocativas, sensuais, em combinação com seu atrevimento. Não queria mais amar, porque já amava. Foi assim por muito tempo. O Atlantic foi o lugar onde ela conheceu Fausto. Foi lá que ele viu Cristina, aos dezoito anos, misticamente feminina. Impossível não se apaixonar. E o plano era casar ali, porque foi uma fotografia que despertou o amor por Cristina. A imagem que ainda reserva a ela toda a lembrança de alguém que muito amou.

— Que lindo! — disse Isabela.

— Sim, tudo isso era lindo. E ele maravilhoso. Nunca vi ou conheci um ser humano assim — respondeu Sr.ª Salarz.

— Nossa, não sei se me ocupo com esses sentimentos, tantas coisas acontecendo e preciso ser mais tenaz na busca por aquilo que eu quero. — Pensativa Isabela ficou.

— Não faça isso. A vida lhe prega peças e lhe garanto: são implacáveis. Não troque seu coração por sua razão. Equilibre as forças, mas, se tiver dúvidas, fique com o coração. Ele não fala, ele grita — disse Sr.ª Salarz e foi buscar a foto que fez Fausto apaixonar-se por ela.

— Não acredito, é a senhora aqui na foto? — perguntou Isabela.

— Sim, sou eu. Eu era irresistível. — Sorriu a Sr.ª Salarz.

— Você está fatalmente irresistível! — riu e concordou com Sr.ª Salarz.

— Sim, arrebatei muitos corações, mas tenho falta de apenas um. — Abaixou a cabeça Sr.ª Salarz, em uma serena tristeza.

— Se amar um dia quero amar assim. — Isabela já amava, Menina.

— Amarás mais do que eu amei, tenho certeza. Mas ame e não se perca nessas agendas que elaboras. Ele está por aí — aconselhou Sr.ª Salarz.

— É... talvez. — Pensativa ficou Isabela lembrando do último encontro com Rafael. Após alguns instantes, Isabela perguntou:

— Então aquele na foto é Fausto? O homem no quadro?

Sr.ª Salarz levantou com um pouco de dor nos braços. Calmamente foi até o quadro dito por Isabela, olhou atentamente para ele e começou a chorar. Era uma vida ali. Mas não era Fausto. Era outra pessoa que a ajudou muito durante todo o processo do luto. O amigo, a fortaleza, o porto seguro. A companhia nas horas incertas, enfim. O homem ali na moldura, abraçado a Cristina era...

— Meu amigo e meu conforto, Ernest Garcez Ventura.

Capítulo 12

Ágape
19 de março de 1944,
Cartagena das Índias, Colômbia

Eram quatro horas da manhã e somente se ouviam os pássaros cantarem. As ruas estavam bem silenciosas, até porque o vilarejo ainda se recuperava das madrugadas de seus bebuns. Poucas luzes refletiam a precariedade da cidade e sua estrutura. Mas o encantamento das pessoas engradecia o local, além de uma paisagem maravilhosa. Cartagena era mágica.

Algumas bicicletas já apareciam no horizonte do fim daquela madrugada. Profissões do início da Aurora marcavam seus préstimos nessa jornada do samsara sem resposta. Aflições de um coração me tomam quando vejo essas coisas. Existiria um propósito maior para a humanidade do que, simplesmente, nascer, existir e morrer? Viver é para poucos. Eu vivi por um hiato ao ter você em meu abraço, Menina.

Jornais eram entregues nas bancas e noticiavam o conflito europeu, mundial. Terras poderosas devastadas, seios de mães e seus filhos perdidos, homens mortos e a paz longe de estar. Tudo pelo poder, pelos recursos e pelo dinheiro. Ninguém está certo na guerra, tanto para criá-la como para evitá-la. As notícias não eram suficientes para causar o assombro. Era fim de madrugada e pude notar que, além do jornaleiro, mulheres também tentavam seu sustento. Não julgaria. Ainda se tentava vender algo que poucos possuem. Amor é infinito. Tê-lo é um parco gradiente.

Os cachorros das ruas de Cartagena ladravam mais forte ao aproximar da Aurora. Esses seres ainda esboçavam uma alegria gratuita, sem nada para vestir ou morar. Se alimentavam do resto dos banquetes, recolhiam-se a qualquer canto e faziam amor em meio à rua quando dava vontade. Uma vida cínica em seu esplendor, aproveitando o resto do que sobrou do Éden, sem qualquer pudor. Eu tentei ladrar para você por diversas vezes. E meu coração foi ficando cada vez mais apertado quando me recordo disso, Menina.

Em meio a todo esse ambiente, um menino negro, de estatura mediana, cabelos encaracolados e pretos, uma presença masculina forte a despeito da pouca idade, surgia no meio das ruas de Cartagena. Estava vestindo uma camisa de linho surrada, cor branca, uma bermuda não menos gasta, e xadrez ou algo parecido com isso, e uma sandália de couro bem batida, uma das correias já frouxa. A aparência era de alegria, corria mais que os cães do vilarejo, e gritava o anúncio da venda dos jornais que pegou para ganhar algum trocado. As mulheres que estavam na rua 23 jogaram beijos, e uma delas apresentou uma parte da peça íntima, no que o menino ficou encantado. A mulher rouba a seriedade, Menina.

Já era perto das cinco da manhã e um sino se fez ouvir ao longe. O menino deixou o mistério feminino para trás, bem como os jornais. Correu para a Igreja de São Francisco, uma pequena construção do século XIX, muito humilde e de pouco requinte. O pároco balançava a corda do sino, na busca por avisar seus fiéis para mais uma missa da manhã, a primeira do dia. Alguns já estavam presentes no templo, arrumando a liturgia e o altar, além de receber as pessoas que começavam a chegar. O menino foi um deles.

O jovem Marcos apressou-se em chegar à Igreja de São Francisco. Vendeu cinco jornais e ganhou uma moeda de Fernanda, uma das mulheres que lhe apresentou a feminilidade agora há pouco. Já tinha o suficiente para alimentar sua casa no café da manhã. Então agora era a hora de agradecer. A fé também o alimentava. O amor o sustentava.

— De pé, todos! — uma voz ressoou no ambiente.

Sempre achei as igrejas um tanto quanto tristes. Os cânticos, as orações, as pessoas sofridas, desbotavam o colorido da vida, esse que também já era um desbote. Mas o templo também conseguia entregar a paz, uma reconciliação com a divindade ou, ao menos, com a humanidade. Eu esperava ansioso pelo abraço da paz, especialmente quando via você do outro lado do banco. Como ficava linda naquele vestido, Menina.

— Oremos: Ó Pai, entregaste o alimento nesse dia de trabalho e governe minha vida em todos os seus momentos. Peço a ti, ó Senhor, que esteja em todos os meus passos, e jamais me deixe ao abandono da tristeza, miséria e sofrimento. Pois Tu és o pão da vida. — Palavras ecoadas pelo Padre e que chamavam atenção de Marcos.

Aquele jovem era fascinado pelo Evangelho. Conhecia pouco a Bíblia, mas teve a oportunidade de ler e reler várias vezes Mateus, Marcos, Lucas e João. Sentia na mensagem de Jesus o verdadeiro ser humano: ajudar, não se importar, resignar, amigo e líder. *"Não precisamos de muita coisa"* — pensava Marcos. Ele que havia perdido a mãe e o pai muito cedo, era criado pela avó e tinha mais dois irmãos menores. Marcos sentia-se responsável pela casa. Acordava cedo para buscar dinheiro, mas não esquecia de Deus.

— ...*Ainda que eu ande pelo vale das sombras, não temerei mal algum, pois tu estás comigo* — Marcos repetia em silêncio o que o Padre lia para o público da missa.

A fé de Marcos era imensurável. Ao acordar bem cedo e correr pelas ruas de Cartagena em busca de sustento, o equilíbrio de suas forças vinha quando ouvia o sino da Igreja de São Francisco e as mensagens de Jesus aos pobres. Saía dali fortalecido para mais um dia que demorava a terminar. Depois da missa, passava na padaria e ia para casa antes de continuar sua jornada. Ia em casa entregar o pão da vida a sua avó e irmãos.

— Sr. Frederico, por favor, seis pães e um leite — pediu o garoto Marcos.

— Isso tudo hoje? Foi bem logo pela manhã, hein — brincou Sr. Frederico, o dono da Padaria Céu de Deus.

— Tive sorte e Deus me ajudou. Lá em casa agora será um banquete. Uma festa! — Riu em imensa felicidade nunca antes vivenciada pelo menino.

— Você é bonitinho! — disse uma mulher sentada no balcão com um espartilho preto escondido em uma longa camisola branca.

— Não o incomode, Viviane. Deixe ele em paz! — disse Sr. Frederico.

— Não estou fazendo nada — respondeu a mulher e lhe entregou mais duas moedas. — Vai lá, compre mais alguma coisa.

— Obrigado, senhorita! — No que Marcos comprou mais um pacote de biscoitos. Rendia mais, pensava ele.

A vida é um mistério. Não pedimos para nascer, não sabemos bem viver e não queremos morrer. É muito sofrimento para instantes de alegria. É o trabalho de uma refeição. O antes, o preparo, a colheita e o cozimento levam suor, dor e sacrifício. Tudo isso para, por alguns momentos, felicitar a mesa e reconciliar os corações. Era o que eu desejava para nós, Menina. Mas você foi embora.

Ainda assim, desejamos a vida com todo o nosso furor. Trabalhamos, acreditamos no sistema, esquecemos dos perigos da natureza e do capital, somente para arrancar um sorriso de quem se ama. Não tenho muita certeza se era esse exatamente o plano de Deus. Havia um plano? Existe um Deus? Não sei. Terá um pouco de dúvida, meu amigo ou amiga que me lê, no que será contado a seguir.

Marcos saiu da padaria do Sr. Frederico com seis pães, um litro de leite e um pacote de biscoitos. Vendeu os jornais, ganhou beijos a distância das mulheres da rua 23, e agradeceu a Deus na Igreja de São Francisco. Fez todo o ritual próprio de quem merece o Paraíso. Mas o destino não se importa com essas pequenas coisas, esses gestos singelos de amor. A providência é implacável, mesmo que se esforce para que tudo resulte em uma harmonia pacífica, o imponderável, improvável, inesperado sempre acontece. E não há preces o bastante para que lhe garanta a segurança de não sofrer. Não existe uma potestade que lhe resgatará de passar pelo suplício da perda. Quanto mais se ama, mais se sofre. Eis o mistério da fé e da paixão. Não é tão oculto assim. Escolhemos não ver. Mas eu a vi, Menina.

— Corram, pelo amor de Deus, tem pessoas na casa.

— Rápido, alguém acione os bombeiros, vou tentar entrar lá.

— Não faça isso, amor, você vai morrer.

— Tem crianças e uma idosa dormindo. Não posso permitir isso.

— Deus quis assim.

— Não, não.

— Alguém, por favor — era o grito.

Uma casa de pau a pique, com pintura em branco e um telhado quase caindo, ficava ao final da Rua Paleta, 1304, São Pedro. Era bem simples, chão batido, mas limpo, dava até para comer o que caía ali. Na casa, construída por Joaquim, pai de Marcos, viviam ele, a esposa Alice, a mãe Idalina e os irmãos Gustavo e Alexandre. Joaquim trabalhava como pedreiro em Cartagena. Alice, a mãe, era doméstica e cuidava de crianças para aumentar a renda da família. E viviam felizes todos na casa, mesmo não tendo muita coisa para usufruir. Era muito amor e calor humano, sem posses ou confortos. De vez em quando tinha um pedaço de carne ou mortadela. No frio, dormiam todos juntos, e a avó Idalina contava história para espantar a fome. No calor, iam loucos para o rio banhar-se por toda a tarde. A mãe Alice preparava alguma coisa para comer: farinha de mandioca, bolinho de mandioca e mandioca frita. Era um banquete.

Quando Alice ficou grávida de Alexandre, aquela casa ficou louca. Todos festejaram, Joaquim saiu gritando na rua, e Idalina disse que compraria uns tecidos para o bebê. Marcos, ainda criança, muito novo, já entendia todo o cenário: "*será mais difícil daqui para a frente*", pensava. Mas seu pai, após toda a exasperação pela novidade, voltou para casa com alegria incontida. E aquilo determinou a existência de Marcos. Deus habitou entre eles. Era o milagre.

— Não pode ser, meu Deus, misericórdia.

— Não, não, não — gritava uma mulher.

— Ninguém vai sobreviver.

— Os bombeiros estão chegando, há esperança.

— A casa já está toda consumida pelo fogo. Cadê o menino?

— Sei que ele saiu bem cedo para ganhar umas moedas lá no centro da cidade.

— Alguém o viu hoje?

— Vi ele perto das mulheres da 23.

— Deve estar voltando.

— Olhem, o garoto está ali.

— Graças a Deus!

Marcos já estava no cenário há algum tempo. Na volta para sua casa sentia uma felicidade sem sentido. E à medida que esse sentimento se apossava do seu corpo, do seu ser, o menino já sabia que algo aconteceria. Não são todas as pessoas que têm a riqueza da felicidade sem sentido. Para quem cresceu na adversidade, contra as probabilidades, na miséria que enriquece os outros, a sensação de ser feliz é um prenúncio da tragédia. É como uma tarde de sol que logo se ocupa pela tempestade impiedosa. Os momentos fugazes de felicidade em nossas vidas são fotografias. O resto é apagado. Marcos tinha poucos retratos.

Os bombeiros já estavam tentando apagar o fogo da casa, mas era difícil alguém ter sobrevivido. Marcos tentou entender, porém, em sua mente, veio a lembrança de que, àquela hora da manhã, seus irmãos ainda estavam dormindo, e sua avó certamente estava preparando alguma coisa de alimento na cozinha. Todos estavam na casa. Quis o destino que ele fosse poupado. Qual seria o propósito disso tudo?

Marcos foi se aproximando à medida que as chamas iam se dissipando. A multidão que se formou foi se abrindo e deixando o menino caminhar no meio delas. Ouviam-se murmúrios, choro, a sirene da ambulância ou da polícia, sinos da tristeza. As maledicências já comentavam: "*ele vai ficar sozinho, não vai sobreviver*". O espetáculo estava pronto. O show da vida se apresentou. E ninguém se aproximou do protagonista para recebê-lo em abraços.

— Filho, fique por perto, vamos tentar retirar seus familiares — disse um militar para Marcos.

O garoto engoliu seco seu pranto. Os pães, o litro de leite e o pacote de biscoito deixou cair no chão quando viu sua casa incendiada. Correu para ver se tinha alguma chance de sobrevivência. Correu contra a providência, a determinação do destino, aquilo contra o qual não temos condições de lutar, mas lutamos. Chegou perto, viu o fim de sua família. A alma em ebulição e o corpo de menino segurando o corcel. Cicatrizes difíceis de serem esquecidas.

Enquanto o militar tentava estabelecer algum diálogo com Marcos, alguém gritou: "*Olha, um dos meninos*". Quando Marcos ouviu isso, virou-se e enxergou o corpo de Alexandre, seu irmão do meio, inteiramente carbonizado. Reconheceu-o logo porque segurava uma medalha que seu pai havia dado a ele. Parece que entendia todo o acontecimento e resolveu sair da vida junto ao seu pai — o último presente recebido dele.

O corpo de Alexandre foi colocado na ambulância e o militar perguntou a Marcos quantas pessoas viviam na casa. O menino não respondia, seu rosto começava a empalidecer e a garganta já não aguentava segurar o choro, mas ainda estava preso. O militar indagava as pessoas se sabiam quantos viviam ali no casebre, mas ninguém ajudava nem com isso. A miséria, quando toma conta do ser humano, ocupa todos os espaços, da moeda ao sentimento. Corações duros. Vida difícil.

— Eram quatro pessoas, com o menino. Então, certamente, três estavam lá — disse um homem de batina.

— Obrigado Padre. O senhor conhece a família? Conhece o menino? — perguntou o militar.

— Sim, filho. Marcos frequenta todos os dias a missa das cinco da manhã. Ele presta sua ajuda na liturgia e conversamos um pouco ao fim, quando vai embora levar o alimento para seus entes — respondeu o Padre.

— Pode tentar conversar com ele? Está em silêncio — pediu o militar.

— Filho, dê um tempo a ele. Deixe sua alma se reconfigurar um pouco. Ele tem só quinze anos. As respostas para seu relatório virão. As respostas do mistério só a fé entrega. É isso que ele está tentando fazer agora.

Marcos estava paralisado. Não se mexia, não chorava, não falava. Sua pele negra estava pálida, o corpo frio, e os dentes cerrados em ira. Deus? Perfeito? A morte. Como pensar nesses três predicados ou sujeitos e estabelecer uma lógica? A fé resolve tudo, mas não dá a resposta. Muitos dizem, heresia, mas esquecem que foi o Deus deles que entregou a razão. Ter fé e não pensar não seria ir contra a própria natureza humana? E ir contra a criação não seria, paradoxalmente, ir em conflito com a divindade. Pensar seria pecado? A harmonia da beleza do mundo se desfaz rapidamente quando os olhos de quem se ama se fecham, o sol se põe, a música termina. A fome é um demônio justo de se enfrentar: ganhamos dele. A pobreza é outro desses diabos criados que dá até para dançar e rir dele. Ah, como eu já ri na face de muitos. Mas a morte? Esse anjo é impiedoso. Não importa se foi doutor, promotor, rei ou rainha, plebeu ou mendigo. A Morte é mais poderosa que Deus: este não a controla. Ela vem como um ladrão na noite e leva sua esperança, seu amor, suas riquezas, sua vida. E nenhuma palavra hipócrita substituiu a irracionalidade dessa variável constante, equação matemática que o todo poderoso Senhor não conseguiu resolver. Sim, A Morte é insolúvel. Matou Deus também. Lembrava-se Marcos disso quando no altar da Igreja de São Francisco. Quem poderia não dar razão a ele sobre esses pensamentos? Jesus passou por tudo isso. Foi digno, enfrentou todas as injustiças, as mesmas que povoavam a atmosfera de Cartagena, e o crucificaram. Entregaram ao Cristo a ressurreição no terceiro dia. Mas vivemos uma vida, e ressuscitamos de todos os males postos pela humanidade a nós mesmos. Uma criança acordar às quatro da manhã para conseguir uns trocados para ter o pão é um crime. Todos se vestem de um linho caro e oram pelo Deus, o mesmo Cristo. Mas a empatia pela dor alheia continua sendo a mesma a que assistiu Jesus e Maria subir até o gólgota. O mesmo sentimento que assistiu à queda da casa de Marcos. Estamos certos? Somos cristãos, de verdade? Abrace-me, Menina. Abrace-me.

— Encontramos.

— Ainda bem, graças a Deus.

— Cuidado, aos poucos, parecem respirar.

— Milagre, Senhor, milagre.

— Deus altíssimo.

— Amém, amém.

— Afastem, precisam respirar.

— Médicos, médicos.

— Saiam da frente, precisamos de espaço.

— Deitem ali, tragam água — disse um dos socorristas.

— A mulher tem dificuldade de respirar, preciso de uma incisão.

— Ajude-me, rápido — disse o médico.

— O menino desmaiou. Venham logo.

— Coloquem na ambulância.

— Não dá mais tempo. Ele se foi.

— Não dá mais tempo. Ela se foi.

A avó e o irmão mais novo de Marcos foram retirados da casa. Ainda tinham o sopro vital, porém as queimaduras eram muito fortes e tinham respirado muita fumaça. Idalina tinha 72 anos e sua saúde era frágil. Gustavo só tinha cinco anos. Os dois estavam abraçados quando foram retirados da casa. Os médicos e os bombeiros conseguiram separar os dois já desfalecendo. Sabiam que estavam nos últimos instantes da vida, e decidiram ficar no melhor lugar do mundo: o abraço. A última lembrança deveria ser mais doce. Um abraço faz isso muito bem.

A ambulância levou os corpos para o necrotério. A multidão, pouco a pouco, começou a se desfazer. Marcos estava defronte a sua casa, toda queimada, sem nada a lembrar o lar feliz que um dia foi. A sua frente toda uma vida para percorrer, uma estrada. Mas sabe quando suas pernas não conseguem ter força para dar o passo, mesmo sabendo do longo percurso a fazer? As pernas de Marcos estavam pesadas, seu corpo não se movia, e nada substituía a dor que ocupava seu coração. A esperança morreu com sua família e sua casa. A Aurora se escondeu nos montes negros de Cartagena, e nenhuma luz parecia se fazer presente, quando, repentinamente, o menino ouviu uma voz.

— Você vai morar comigo — disse o Padre.

O garoto estava sem ação e seus pensamentos paralisados. Sem ruas para fugir, abrigo para se esconder, solitário em seu próprio coração. A opção que lhe surgiu foi a divina providência: um padre. Não teve tempo para refletir. Abaixou-se para pegar um objeto remanescente do incêndio, colocou no bolso e foi caminhando adiante. O padre que lhe fez o convite entendeu como um sim e o seguiu.

Marcos foi morar no orfanato mantido pela Igreja de São Francisco, em Cartagena. Ao chegar no lugar, viu tantas outras crianças e adolescentes, todos meninos, fazendo algum tipo de atividade. Uns plantavam, outros limpavam paredes, e alguns carregavam alimentos para o que parecia ser o cômodo da cozinha. A estrutura do prédio era antiga, lembrando a arquitetura colonial, pintada em cores desbotadas pelo tempo, necessitando de uma repaginada ou reforma. Mas no geral era agradável de ver. Inspirava certa paz.

Caminhando lentamente, com praticamente nada, apenas a roupa do corpo e o objeto recolhido antes de partir, Marcos tentava compreender o que foram seus quinze anos até ali. Não conseguiu desfrutar de muita alegria, pensava. Seus pais, já mortos, eram pessoas humildes, sem muitos recursos, e também tivera escassez na sensação chamada felicidade. Sua avó teve de criar filhos duas vezes, ora os seus, ora seus netos, na condição de auxiliar e, depois, com o falecimento de seu filho, como mãe mais uma vez.

A vida de uns é inglória, para não dizer de muitos. Faz algum sentido nascer para viver um suplício? Qual o ensinamento por trás disso? Um hiato de dor e o apreciar distante de êxtase é como ter fome e ver a comida na vitrine dos supermercados e não poder comprar. E, ao invés desse problema da existência ser resolvido de modo prático, estimulam exatamente o contrário: um senso moral em que o sofrimento faz parte do crescimento. A lição de que a vida é dura e, para se ter êxito, o malho deve ser mais forte. Acontece que, ao ser tomado de chibatadas pela lei moral do outro, este vive seu esplendor, seu Éden particular, a um preço muito caro: a dignidade de muitos. Sempre apreciei seu senso de justiça, Menina.

— O Senhor esteja convosco! — disse um senhor de estatura elevada.

— A paz esteja contigo. Amém! — respondeu o padre que conduzia Marcos.

— Quem é o jovem que o acompanha? — perguntou o alto senhor, olhando diretamente para Marcos.

— Este garoto é Marcos. Frequenta a Igreja de São Francisco, todas as manhãs, na missa das cinco. Hoje aconteceu uma tragédia em sua casa. Incendiou-se e seus entes, avó e irmãos, todos morreram. Ele não tem nada. Trouxe para esta casa para ser sua acolhida. Receba-o e cuide bem dele — declarou o padre.

— Muito bem, será recebido e darei abrigo. Deve estar faminto, o que deseja comer? — Olhou para Marcos e tentou tocá-lo.

— Não encoste em mim! — gritou em um tom elevadíssimo.

O grito de Marcos ecoou por todo o ambiente. Todos ficaram absortos ao ouvir aquele som, porque era autêntico: vinha da alma. Os sons vindos daí são os mais puros. Quando são soados, encantam os sentidos em toda a sua plenitude: Deus está por aí. Esquecemos de nossa natureza muito fácil. Desde cedo nos é ensinado a ficar em silêncio, a falar baixo, a ter modos. Ao assim fazer, vamos nos diminuindo, deixando de ser humanos, transformando em peças frias, robôs, sem sentimentos. E, quando alguém grita, desafia os costumes e o sistema, este age e responde à altura. Quando se ouviu aquilo, a expectativa era de que Marcos fosse repreendido, e que tudo ali seria morto, e que cultivassem apenas o corpo, para que mais um servo cumprisse a ordem desse senhor de pedra. Marcos já aguardava o tabefe, o beliscão, a batida e o castigo. Abaixou a cabeça após o grito e o silêncio no espaço. Seu choro estava contido, sua alma inquieta, e a saudade começava a engolir todo seu ser. A violência mais uma vez parecia visitá-lo. Quando, inesperadamente, algo aconteceu.

— Ahhhhhhhhhhhhhhhhhhhhhhhhhhhhhhhhhhhhhhhhhhhhhhh!!!

— Ahhhhhhhhhhhhhhhhhhhhhhhhhhhhhhhhhhhhhhhhhhhhhhh!!!

— Ahhhhhhhhhhhhhhhhhhhhhhhhhhhhhhhhhhhhhhhhhhhhhhh!!!

Não acreditei naquilo. Eu também esperava que Marcos fosse repreendido, violentado e agredido. Que a resposta para sua dor seria mais dor, o que lhe entregaria todo o ensinamento cruel: só dor e sofrimento. E não foi isso. Quando o jovem Marcos gritou, aquele senhor de estatura elevada, respondeu com um grito também, um som vindo da alma. O padre que levava Marcos sorriu e, na sequência, soltou seu grito ainda mais forte, uma alma em sintonia com o sagrado. E, após isso, esse dois senhores, despertos pela exasperação de um espírito jovem, todas as crianças saíram de seu silêncio e gritaram. E de longe, onde ficava situada a Fundação Cristo Vivo, o orfanato o qual descrevo aqui quase às lágrimas, ganhou vida: ela, a edificação que gritava. E se tem aí, meu amigo ou amiga leitora, imaginação o suficiente, tente se distanciar do Orfanato Cristo Vivo pouco a pouco até sair da atmosfera e do planeta. E, assim, você enxergaria que aqui, em nossa casa, na nossa Terra, ainda existe esperança. Cristo Vivo. As crianças gritaram, os padres também, e a vida voltou a ser. Eu gritei por você, Menina. Eu gritei.

— Meu filho, você tem todo o direito de gritar. Cristo gritou, quebrou o templo diante da injustiça. Deus lhe entregou uma alma e ela vive. Nunca a deixe morrer. Eleve tua alma e, assim, jamais a dor lhe ocupará — respondeu Frei Inácio, o senhor de estatura elevada, barba branca, responsável por cuidar dos órfãos do Cristo Vivo.

— Desculpe — respondeu Marcos.

Frei Inácio sorriu e na sequência voltou seus olhos para Marcos. Com uma paciência e calma de quem tem o espírito em dia, abaixou-se perante Marcos e ficou de joelhos. O padre que levou Marcos repetiu o gesto e todas as crianças, em uma harmonia mística, fizeram o mesmo. E de joelhos, Frei Inácio falou ao jovem Marcos.

— Filho, posso chamá-lo assim? Você não precisa pedir desculpa quando se conecta com Deus. Ao gritar, você deixou sua alma ser livre. Sei que ensinaram diferente para você. E para mim também. Mas fui aprender tarde que a moral é um capricho e o amor é uma verdade. Foi o amor a lição de Cristo, e não a moral. Esta é a corrente que aprisiona muitos neste mundo. Aqui o Cristo é vivo, e não um corpo crucificado no altar. Poucos gostam de mim, como também eram menos os que amavam Jesus. Sabe por quê? Porque amar é difícil. Ser humano é árduo. É mais fácil mandar silenciar, calar a boca, e tratar com violência a beleza da criação, incompreendida. Então, quando grita, eu me alegro e solto meu grito também. Percebo que, apesar da rotina dos dias, das tarefas que embrutecem o coração, esses momentos me despertam para o que verdadeiramente sou: o nada e o tudo. O nada porque sou pequeno diante da existência, uma poeira solta no cosmos e no mistério. Posso ter lido muitas coisas, aprendido línguas e dominado técnicas, mas sou nada. Isso não tem valor. Porém, sou tudo. Sou absoluto porque, ao gritar, compreendo o presente que há em mim: o espírito vivo. E esse, quando fala, rejuvenesce meu ser, ganho energia e sou feliz. Sou capaz de sair correndo, gritando, deixando todos loucos ao ver esse senhor alto ensandecido com sua gritaria. Mas sou feliz, porque este é o segredo: somos nada e tudo. Sou nada porque, por mais que acumule as coisas desse mundo, dando valor a pessoas e coisas não essenciais, reduzo o milagre da criação a uma miséria indigna: é mais fácil um camelo passar pelo buraco da agulha do que um rico entrar no reino dos céus. Mas, meu filho, filho, olhe para mim. Filho, pode chorar. Liberte-se. Porque somos tudo, somos o absoluto, o Deus vivo. A alma está aí, intacta, perfeita, infinita. Quando a dor surgir, entenda: ela não existe. E sabe por que não existe? Porque Cristo vive em você. Ele vive!

Marcos caiu no chão e chorou, chorou e chorou. Todos, então, caíram no chão e choraram, choraram e choraram. O mundo parecia ter paralisado e o universo prestou atenção naquilo. Deus acordou e viu, e Jesus veio, abrindo a porta para Ele. *"Senhor, não sou digno que entreis em minha morada, mas direi uma só palavra e serei salvo."* A palavra foi dita, foi amiga e libertou. A palavra, ao final das contas era, simplesmente, um grito de criança.

— Padre Marcos, estou sem reação ao que acabei de ouvir — disse Rafael dentro da Catedral do Rio de Janeiro.

— Sim, meu amigo, aquilo me transformou. Desde então não tenho mais dor. Tive as piores experiências em minha vida, mas a melhor lição: entender que Deus está comigo. E não o Deus de barro, pedra, a imagem ou o corpo no altar. É o Deus vivo. A alma, o grito. Tive o mais duro dos batismos. Não foi de água, uma mentira, um ritual vazio. Experimentei o batismo de fogo. E quando pensei estar morto, ressuscitei ao terceiro dia. Fui feliz. Sou feliz — disse Padre Marcos a Rafael, após este ter dito um pouco mais sobre seu amor por Isabela.

— Se ama essa menina, essa jovem, por mais impetuosa que seja, faça a merecer. Entenda que o amor é caro, valioso e digno. Tenha o seu batismo também. Não responda com violência. Ame. Se ela é isso mesmo, como disse para mim agora há pouco, não lembro direito o que disse — tentou recordar Padre Marcos, quando foi interrompido por Rafael.

— A Coroada. Ela é A Coroada — respondeu Rafael.

— Se ela é a Coroada, seja seu súdito, servo. Pois, ao ajoelhar-se a ela, não se humilhará. Se tornará Rei!

Despeço-me por ora, meu amigo e amiga leitora, porque não consegui terminar de escrever. Aquilo foi lindo. Entender o mais puro e profundo sentimento humano é fantástico, extraordinário. Ficamos presos por nada e nos libertamos por pouco. Um pouco rico, sincero, autêntico. Era só gritar. Eu quero gritar. Deixar escrito aqui, eternamente, na árvore que planto, no livro que escrevo, no filho que quero fazer em você. Quero dizer, expressar, simplesmente gritar que: Amo você.

Eu te amo, Menina!!!!!!!

Capítulo 13

Escultura

— Para com isso. — Risos de Isabela.

— Nada disso, vou continuar. — Rafael parece rir também.

— Ei, não vem agora, pode parar por aí. — Solta uma gargalhada Isabela.

— Ah, então aqui é seu ponto fraco, Sr.ª Beauvoir — tenta ironizar Rafael.

— Fique sabendo que sou um mistério para você e não estou tão à mercê, assim — responde Isabela, no que parece ter sido sedutora.

— Então está um pouco à mercê, quando diz não tanto assim? — Rafael estabelece a melhor das dialéticas. Aquela que fiz com você um dia, Menina.

— Você não vai aguentar, sabe disso, te domino fácil, não porque é frívolo ao sentimento, mas... — Não terminou a frase. Rafael a beijou.

— Você invade meu pensamento e se aloja na minha alma, e eu permito que seja. — Rafael olha direto nos olhos de Isabela.

— Não brinque! — responde Isabela.

— Ah, se eu soubesse que aquela menina era uma mulher. — Rafael se afasta de Isabela e a olha como uma deusa, admirando a beleza feminina.

— Não brinque! — Isabela foi se libertando e, pouco a pouco, foi surgindo a menina mansamente por trás do mistério feminino.

— Ah, se eu soubesse que esse sentimento voltaria, que o veneno é remédio, e isso é paixão. — Rafael é tomado de uma força estranha e se ajoelha diante de Isabela. Lá fora não era importante agora. Deixe os militares por enquanto.

— Não brinque!!! — gritou Isabela começando a chorar e a sorrir.

— Ah, se eu soubesse que sua voz era música, seu corpo era poesia, uma fotografia ao entardecer na praia, teria sido feliz. Eu te amo — Rafael se declarou e derrotou o homem. O menino venceu. A poesia venceu. Isabela estava amando.

— Não brinque!!! — Correu Isabela para Rafael e o amou como nunca antes fez com alguém.

Isso aconteceu por volta das 19 horas depois de três meses de namoro. Ter encontrado Isabela fez Rafael entender exatamente o que a vida é: nada e tudo ao mesmo tempo. Somos nada porque nada devemos levar desse mundo. Poder, posse, riquezas de papel ou metal não importam. Palavras eloquentes, discursos demorados, revoluções armadas ou não, desimportante é. O hiato é curto, diminuto, sublime e fugaz. Quando entende o enredo, o filme já acabou faz tempo. É como se você tivesse de compreender a cena no instante em que ela está sendo transmitida. Foi assim que Rafael fez e, seu avô, Filipe Pastore, antes dele. A cena a que assistiu na biblioteca o tomou totalmente, elevou e levou sua alma. Mas eu entendo perfeitamente a descoberta do jovem estudante de Direito. Isabela era linda, a poesia, a mulher em versos, a menina que encanta. Não havia nada que pudesse tirar seu charme e beleza, do corpo à alma. Espírito forte a feminista tinha, e essas são as melhores. Você era assim também, Menina. Por isso fiquei ferido quando foi embora. Mas o amor continua no lugar de sempre. No lugar de sempre.

— Por que disse isso para mim? — perguntou Isabela só de sutiã e calça jeans, com livros no chão de seu quarto.

— Porque é a verdade. Eu me abri inteiramente para você. Não me escondo mais. Não me importo em ser errado, tonto, bobo. Quando te vi pela primeira vez, seu desenho, geografia, feitiço, tudo isso me levou. Eu não consigo ser a mesma pessoa que eu era antes de te ver. Sua presença, existência, esse seu jeito, esses olhos, seus cabelos além da alça, essa pele alva, seu discurso político, tudo em você me anima. Claro que este segredo me deixa ainda mais... — Rafael tenta a transição poético-atrevido, o que é perfeitamente permitido no jogo da sedução.

— Pode parar por aí. Já entendi sua empolgação. Não sou tão bonita assim e não me conhece por inteiro. Nenhuma mulher é conhecida. Ainda não entrou aqui. Cedo, eu não permiti — admoestou Rafael já delimitando fronteiras, maestria de um coração forte.

— Eu sei. Não a conheço por inteiro. — A fala de Isabela diminuiu o ânimo de Rafael, mesmo diante de todo aquele espetáculo feminino.

— Olhe para mim. Olhe para mim. Vou dizer bem baixinho ao seu ouvido que amo você. Vou dizer a sua mente masculina inocente que não há conquista porque não existe o que reivindicar. Já sou sua. Mas ainda tem muita coisa pra descobrir. Estamos juntos têm três meses. Já vivemos muita coisa nesse período. Mas não sou só três meses. Minha natureza é infinita. Toda mulher é. Não ouse pensar que domina todo o segredo. O mais forte dele ainda não foi revelado. Você vê a superfície e diz: é linda. Mas ainda não me viu por dentro. Não o que escondo por baixo da roupa. Isso mostro agora para você. De novo — argumentou Isabela sobre o que é a mulher e o amor.

A Coroada entregou o que é desigual em muitos. Foi feminista, ativista e comunista ao sentimento. Nua, se libertou. Linda era e ficou. Isabela paralisou Rafael. Você, leitor ou leitora, já fez isso antes com alguém? Admirar uma beleza apenas? Aquilo que Isabela fez foi ordenar a Rafael que a contemplasse. Somente os deuses podem fazer isso. E ela era uma deusa. Ela ficou na frente de Rafael como uma escultura. Ela sabia disso. Sabia que era linda. Aquela fotografia o mortificou. Isabela estava com três peças de roupa e algo prendendo os longos cabelos negros. Quando terminou seu discurso, retirou o que aprisionava aqueles longos fios e estes foram se desenrolando e, lentamente, aquele emaranhado foi envolvendo seu corpo, caindo por sobre os ombros, cobrindo parcialmente seus seios desnudos. Ficou como uma madona pintada a óleo, um quadro renascentista. Era o renascimento do homem, o ressurgimento de Rafael. Os seios parcialmente encobertos com os cabelos de Isabela, deixando à mostra como eles eram perfeitamente simétricos. Não eram grandes nem pequenos, mas proporcionalmente belos à altura da majestade que era a feminilidade de Isabela. Desculpem ter transgredido alguma coisa aqui. Peço licença. Ela era perfeita. Não pude resistir à descrição. Não pude resistir a você, Menina.

Mas não foi só isso. Eram três peças. A do cabelo foi retirada e o sutiã também. Restou uma e eu disse que era uma calça jeans. Assim que retirou a caneta dos cabelos e o sutiã, no que se descortinou o quadro que acabei de descrever, Isabela desvestiu-se, retirando a calça. Ela fez cada retirada devagar. Tirou a caneta dos cabelos e o desenrolar foi lento, deixando os olhos de Rafael acompanharem cada instante do milagre da vida. A queda a encobrir os seios de Isabela foi mágica, um truque de ilusão que ainda hoje é certo. Mas ali era real. A beleza constatada. Após esse show de verdades, Isabela ficou parada na frente de Rafael mais uma vez. Parcialmente desnuda, os cabelos encobrindo parcialmente os seios, mas havia ainda a calça e alguns livros no chão. Rafael e Isabela estavam em silêncio. Nenhuma palavra trocada. O que se ouvia eram sons das ruas. Longe, buzinas de carros, crianças chorando, e um saxofone. Sim, era o som romântico que o universo arranjou repentinamente para ser a trilha sonora daquela mulher. A estudante de Letras era linda.

Depois de por algum tempo Isabela permitir a contemplação a Rafael, ela decidiu retirar a última peça. Ela sabia que era a última. Rafael nem imaginava que se tratava disso. Não entendeu muito bem o motivo de ela ficar parada na frente dele em silêncio. Não ousou "atacá-la", como num assalto poético. Ficou admirando-a. Entendeu que deveria ficar assim. Após alguns minutos, Isabela começa a descer sua calça. Ela colocou as mãos por trás e foi descendo, lado a lado, pouco a pouco, de maneira a Rafael entender a geografia de seu corpo. Abaixo, na cintura, as curvas bem definidas de Isabela iniciavam um percurso que mais parecia uma volta ao Éden. E à medida que ela realizava esse sutil movimento, era como se Rafael estivesse ouvindo notas de contrabaixo. Era seu coração acelerado. Ela percebeu isso e deu um sorriso discreto, porém, continuou. Quando foi mais adiante, aquela cartografia revelou um relevo indescritível. Eu disse, era a última peça. Ao ver a pintura mística em Isabela, todos os sentimentos e descrições eram insuficientes para compreender o que foi visto ali. Jamais foi apresentada uma perfeita beleza. Pouco a pouco a imagem foi se revelando, dois meninos no encanto, a mulher dominando todos os sentidos. Sexo frágil? Essa é a mentira mais antiga do mundo. A mulher é o sexo forte. Uma geometria perfeita, poção misteriosa que traz a vida, poesia em pessoa viva. A última peça estava no chão. Isabela nua no ambiente era o centro do universo de Rafael. Agora ele a via por inteiro. Aquele encontro fugaz na biblioteca, teve a consumação de um amor, mas não houve ali a contemplação do mistério feminino. Hoje houve. Isabela estava perfeitamente feminina. Rafael não resistiu. Ele então começou a dizer. Declarou-se.

"*Você surge inesperadamente*
Rouba meus sentimentos, aloja-se na minha alma
Apossa-se do meu sono, sonho
E eu permito que seja

Impera no meu destino, na minha jornada
A graça que poderia receber, tenho ao lhe ver
Um súdito que se ajoelha
Um Rei ao ter você

Muitos discursos, parlamento de retóricas
Voz que ressoa no ambiente, música que escuto
Seus passos em direção a mim
Rendição anunciada, amor que se vem

Sem governos, leis, decretos, a liberdade
Para ser o que seja, Mulher para mim
Em mim, plena, completa, linda
Amo você é a lei que se lê

Palácios ocupados, tronos destronados
Ruínas de antigos impérios, destruição de colossos
Paixão que vigora, beleza que desfila
Mansidão no coração, Coroada regência

Legitime-se no meu reino, é seu
Lidere meus sentimentos, são seus
Aproxime-se de mim, sou eu
Seja para mim, sou seu"

Isabela ficou surpresa. Imaginou que o que viria na sequência seria uma consumação de sua beleza. Mas não. Foi uma metafísica. Ele a amou, sim. Mas no coração. Algo havia penetrado no seu ser. Isabela estava lá. Não era um amor apenas das sensações. Era de corpo e alma. Aquele poema foi dito no instinto, na intuição. Sem pressa, como o desnudar de Isabela, que foi mais que poético, melhor, sagrado, místico, feminino. Aquilo que Rafael viu o fez pensar nas palavras apropriadas, nos versos encadeados, no poema ritmado que era seu amor por ela. Foi puro, sem qualquer regra ou convenção. Foi ali, na frente da nudez, do encantamento, da beleza que se apresentava. A razão de Rafael foi ocupada totalmente pelo coração. E ele falou. Ela ouviu. O universo assistiu. Deus, você é foda! Desculpem leitores, falha minha. Mas Isabela era divina. E você também. Volta para mim, Menina. Volta!

— Ame-me agora! — exigiu Isabela.

Rafael obedeceu. Aproximou-se de Isabela e tocou seus cabelos. Aqueles fios longos e negros se misturaram às mãos masculinas de Rafael, que sentiu de perto o perfume natural. Ele acariciou os cabelos de Isabela e a trouxe junto ao seu corpo. Isabela sentiu a respiração de Rafael, o contrabaixo das batidas de seu coração. O dela também começava a acelerar, a pele ficou eriçada e seus olhos ainda mais negros. Ela a olhava diretamente em seus olhos. Rafael, com Isabela junto a seu corpo, voltou as suas mãos para seu rosto, passeou no desenho lindo que eram os lábios de Isabela e ela, surpreendentemente...

— Ai!!!! — deu um grito Rafael

Isabela riu, porque ela mordeu Rafael. E não se aguentava em estender aquele sorriso feiticeiro. Olhou para ele, pertinho demais, e o jogou ao chão. Rafael queria ir por outro caminho, um método diverso. Isabela já tinha avisado: queria ser amada. E ela foi.

O que se viu depois deixo na sua imaginação, meu amigo e amiga leitora. Só digo que os dois ficaram um bom tempo ali. Aliás, este já não existe, não é? Lembra quando dizia isso a você, Menina? Inocência minha querer te conquistar de novo com essas palavras aqui. Estou tentando aprender com Rafael. Mas estou entendendo que eu deveria era aplicar o método de Isabela. O amor é uma causa urgente, que me perdoem os poetas. Eu deveria levantar da cadeira agora, colocar meu casaco nesse frio que me congela há tempos, e amar você. Como eu queria estar aí, vendo sua beleza como fez agora há pouco Rafael a Isabela. Não tenho mais nada a perder. O relógio não volta, mas ainda há alguns círculos a se fechar. Você foi impiedosa comigo. Mas eu amo você. Só queria que soubesse, Menina.

— Isabela, você é tão linda. Você é meu presente. Tenho zero impedimentos quando estou com você. Esqueço do Direito, dos protestos, da luta diária na política, esqueço a minha vida. Eu me lembro de você, como é perfeita, essa voz rouca que é música. Esses cabelos longos, negros além da alça. Seu perfume que me leva embora, és minha senhora, me roube. Estou perdido com você e livre ao mesmo tempo. Quem não queria se perder assim? Tive sorte de encontrá-la. Você devolveu a mim a arte de amar. Qualquer coisa que fale é poesia para mim. Adoro quando ouço seus discursos políticos. Você...

Mais uma vez interrompido. Isabela não estava se aguentando. A feminista entendeu a pureza do amor de Rafael e não acreditou. Aquilo era um banquete, a fartura e a entrega. Os dois estavam a não sei quantas horas ali, amando, vendo um ao outro, agora ambos nus, e nada de ver os acontecimentos. Perseguições políticas começaram e pessoas presas pelo regime. Ainda era 1964 no Brasil e isso vai demorar a acabar. Mas nem comer os dois fizeram. Estavam se saciando com a presença de um e outro. Já tiveram essa experiência de ser privado de outras sensações e decidir simplesmente viver? O tempo paralisa, o mundo se estagna e nada é mais sério ou importante. A descoberta de amar é um rico tesouro. Imensurável. A Aurora surgiria logo mais ao fim desse crepúsculo. Mas, para Rafael e Isabela, a Aurora se justificou no dia em que se conheceram. Nasceram de novo. A vida começou para os dois.

Mas eles sofrerão. Não gosto disso, mas terei de dizer a vocês. Vou aos poucos contando esta história e a minha também. Apreciem enquanto podem e amem agora. Feche este livro e vá atrás de seu destino. Vou fazer o mesmo. Vou conversar com ela. Estou aprendendo a viver. Estou aprendendo a amar. Eu preciso conversar com você, Menina. Receba-me.

— Volta aqui, Isabela! — disse Rafael.

— Nada, tenho mil tarefas, é muita coisa para pouca Isabela.

— Espere um pouco, deixe isso para depois, esquece o que não importa — tentou argumentar Rafael.

— Não, não. Vou anotar minhas tarefas na agenda e escrever um texto. Pode ficar aí deitado no chão quietinho. Vou atravessar a madrugada lendo e escrevendo — disse Isabela, sentando na cadeira de uma escrivaninha e pegando uma caneta para anotar e escrever.

— Tudo bem, vou ficar aqui, desde que fique assim por toda a noite — disse Rafael se referindo ao modo como estava mais ou menos vestida Isabela.

— Claro, vou ficar desse jeito mesmo. Nem imagina como passo minhas noites — respondeu Isabela, sorrindo de forma sedutora para Rafael.

E assim foi a noite de Rafael e Isabela. Após amarem-se, contemplarem-se e desvendarem os segredos puros da existência, Isabela foi anotar na sua agenda e escrever alguns textos. Ela disse para Rafael que eram textos da faculdade de Letras. Porém, ao redigir, pude perceber algumas palavras suspeitas: causa, liberdade, partido, democracia. E tinha um nome também: Pedrov. Ela escrevia tudo aquilo apenas com uma blusa semiaberta, o que permitia ver seus seios lindos. Era apenas aquela blusa. Rafael ficou vendo todo o mistério feminino por muito tempo até que, em algum momento, adormeceu. Estava frio e Isabela foi até a cômoda coletiva que dividia com três amigas e buscou um cobertor. Cobriu Rafael e voltou ao seu trabalho. Já tinha escrito três cartas. Todas endereçadas a Pedrov. Quem era esse sujeito?

A Aurora já estava quase surgindo e Isabela não havia dormido. Estava bela da mesma forma e as ruas já tinham outros sons. Tanques militares agora às seis da manhã. Ela ficou irritada com aquilo, indignada, levantou-se da cadeira e foi até a janela e gritou.

— Miseráveis!

Voltou para o quarto, fechou a janela e sentou-se novamente. Rafael ainda dormia. Então escondeu as três cartas endereçadas ao tal Pedrov e foi deitar ao lado de Rafael. Foi quando então adormeceu. Abraçou o jovem estudante de Direito e dormiu.

E eu me decidi a ir atrás de você, Menina.

~ **Parte II** ~

Capítulo 14

Um reencontro
Três anos depois, 23 de janeiro de 1967

— Alguém viu você?
— Não, sou cuidadosa, não sabe disso?
— Mas preciso ter garantias. Tudo está muito perigoso.
— Você me conhece por fora e por dentro. Não te ofereço perigo.
— Você é o perigo, meu bem.
— Não venha com o passado. Tem coisas mais importantes agora.
— Você é sempre importante para mim. Entre aqui, tem pessoas olhando.
— Você falou com Havana?
— Claro que falei. Desde o dia em que recebi suas cartas. Desde a última vez que estivemos juntos. Pude sentir seu perfume aquele dia.
— Então não sentirá mais. Estou aqui por outros motivos. Foi difícil encontrar com você mais uma vez.
— Ainda lembro dos seus cabelos grudados em meu corpo.
Isabela desfere um tapa no sujeito misterioso quando ele tentou tocá-la.
— Eu gosto disso — responde o homem misterioso.
— Diga logo o que Havana respondeu! — Isabela estava furiosa.
— Havana disse que precisa de você lá. Eles lembraram que tu não deveria ter voltado ao Brasil. Lá você poderia ter estudado Letras. — O homem misterioso olhava Isabela como que a desnudando. Em seguida, abre uma porta falsa.
— Tive de voltar. Lá só me remetia a algo que não queria viver mais. E decidi que nenhum homem me tomaria de novo — respondeu Isabela fitando os olhos daquele sujeito enigmático.
— E conseguiu? Duvido. Uma mulher como você chama atenção dos olhares masculinos. E esse seu jeito forte, personalidade singular, a deixa mais atraente. — O homem misterioso não se segurava ao ver Isabela.

— Tive de representar um personagem. Fiz-me de mulher frágil e não despertei tanta atenção. Não quero amar mais — disse Isabela, mentindo para si mesma e lembrando de Rafael.

— Isso a deixa ainda mais sedutora e vulnerável. Claro, homens fracos gostam desse último tipo de mulher. Eu adoro ser dominado, de corpo e alma — diz o sujeito misterioso tentando um movimento, quando entram em um quarto escuro.

— Você quer levar outro tapa? Já terminamos nossa história. Quando lhe enviei as cartas, era apenas para ter contato com Havana. Aquele último encontro foi um erro. — Isabela retira um sobretudo que vestia e o deixa cair no chão.

— Não foi um erro. Estava com saudades desse rosto. E foi difícil chegar aqui, no Brasil. Mas parece que vim no tempo certo. Esse general sórdido, esse Costa e Silva, é um miserável — respondeu Pedrov.

— Todos os militares são! — respondeu Isabela, soltando os longos cabelos pretos que passaram a alça e alcançaram a geografia de sua cintura, o que Pedrov observou atentamente.

— Lenin e Stalin não são. Eles tiveram compaixão e foram justos — enerva-se Pedrov, passando o quarto escuro e abrindo uma espécie de alçapão no chão.

— Você ainda não aprendeu. Acha que sabe e nada sabe. Esses anos todos tua mente ainda é inocente e pueril. Fica nesse jogo de sedução comigo, mas é um idealista, um utópico. — Os olhos de Isabela ficaram apertados e a jovem estudante de Letras demonstrou irritação.

— Mas foi sempre o que gostou em mim. Conheceu o comunismo comigo. E muitas outras coisas. Agora se coloca como mais forte e independente. E eu gosto. — Pedrov coloca as mãos na cintura de Isabela e a aproxima de seu corpo. Ela acompanha o movimento e sente o hálito do pueril comunista.

— Até quando vai se vangloriar de seu tempo? Esse seu ego ainda o vai derrubar. — Isabela sente a respiração de Pedrov e um suor que percorria seu corpo devido à excitação do momento.

— Você que me derrubou quando me abandonou. Estávamos perto de irmos para Moscou. Nosso treinamento militar no fim e eu amando você. Iríamos para a KGB! — Soltou-se de Isabela e foi até um baú, de onde retirou uma peça que parecia uma boina francesa na cor vermelha. — Lembra disso? — perguntou Pedrov.

Isabela olhou aquele adereço e lembrou-se de seu passado. Viveu alguns anos em Cuba, antes de voltar ao Brasil e estudar Letras. Quando foi morar fora do país, Isabela era outra mulher, mais jovem, idealista, diria até romântica. O treinamento militar, a causa vermelha e o conhecimento do mundo moldaram a Isabela que Rafael conheceu. Mas a estudante de Letras não deixou transparecer o que ela é hoje. Esta Isabela não permitiria um beijo roubado. Mas Rafael não sabia que, quando ele entrou na biblioteca, ela já estava reparando-o. Amando-o, na verdade. Então deixou ele acreditar que ela era vulnerável. Permitir-se amar novamente. Os outros amores a deixaram ferida. Pedrov acreditou demais na força de Isabela e passou dos limites. Ela voltou ao Brasil e a sua cidade, Céu Pequeno, no interior de Minas Gerais, para ver a mãe. Recuperou as forças e foi para o Rio de Janeiro estudar. Conheceu Rafael e, assim, teve mais uma Aurora. Isso, sim, iria deixá-la mais vulnerável, pois Isabela amaria. Estava amando, como eu amo você, Menina. Fui vulnerável também. Pueril.

— Isso ainda fica lindo em você. — Pedrov entrega a boina francesa para Isabela e ela veste o adereço.

— Sempre gostei disso. Não deixarei de usar mais — respondeu Isabela, seguindo Pedrov para o subsolo daquele lugar secreto.

— Você ainda vai voltar a me amar — disse Pedrov a Isabela, quando chegaram em um ambiente onde estavam um senhor com aparência misteriosa e uma mulher, que disse.

— Pedrov, esquece a Isabela. — A mulher aguardava os dois e soltou um sorriso ao ver Isabela.

— Jamais a esquecerei — respondeu Pedrov e, em seguida, apontou para um quadro com diversas anotações.

— Bom ver você de novo, Marília — disse Isabela e a abraçou, se confortando ao ver a amiga novamente.

— Estava com saudades de você — respondeu Marília, a abraçando forte. — Está ainda mais bonita, como pode?

— Seus olhos, Marília — respondeu Isabela.

— Não temos muito tempo. Vamos ao assunto. Precisamos nos dispersar. O voo para Havana sai em quarenta minutos — disse o senhor misterioso.

— Quais os prognósticos, o que podemos esperar nos próximos anos da ditadura militar no Brasil? — perguntou Pedrov.

— O quadro não é bom. Os generais próximos da Presidência, a ocupá-la, são medíocres. Todos eles sem piedade. Querem fazer do Brasil um silêncio total. A inteligência entregou isso para mim semana passada. — O senhor misterioso jogou na mesa um dossiê e estava com um semblante de preocupação.

— Mas Moscou irá nos apoiar? Fiquei sabendo de alguns movimentos pelo país. Teremos algo parecido com a Coluna Prestes? — perguntou Isabela.

— Longe disso, minha jovem. Esse regime não é brincadeira. Fará de Getúlio uma criança assustada. Precisam tomar muito cuidado. As aparições devem ser eliminadas. Sem protestos nas ruas. Já tive notícia de algumas prisões ilegais e tortura. As mulheres são as preferidas do governo. Eles irão caçá-las — disse o senhor misterioso, olhando para baixo com um ar de derrota e acusando um certo cansaço.

— Miseráveis! — Pedrov soca a parede.

— Vocês podem se encontrar em igrejas. Alguns padres estão ajudando. Mas precisam ter certeza. Eu vou ficar um tempo no Brasil. Pedrov, você irá voltar. Moscou quer você — disse Marília.

— Eu conheço um e é de confiança. É um amigo — respondeu Isabela para Marília.

— Ah é, conhece um, Isabela? E como o conhece? Pode nos dizer? — pergunta Pedrov, franzindo a testa e sendo um pouco colérico e demonstrando ciúmes.

— Conheço, sim. É amigo do meu namorado — responde Isabela.

Todos no ambiente ficaram em silêncio. A fala de Isabela, a descoberta de que ela estava amando, os deixara preocupados. Na cartilha militar de Havana, era melhor não se relacionar com ninguém, a não ser alguém de dentro, o que justificava a aproximação de Isabela a Pedrov. Mas não poderiam ter uma pessoa de fora. O risco era grande. O mundo estava ainda mais perigoso. A vida facilmente descartável e o surto coletivo imperavam. Liberdade? Amores? Viver? Tudo isso era um luxo. Era frívolo.

Toda essa conversa que ouvi me fez lembrar de você, Menina. Lembro de como era engajada politicamente. Sua família era envolvida com isso, se me recordo bem, seu pai, não é?

Quantas vezes tive vontade de ir conversar com você sobre Rafael e Isabela. Como era lindo o romance deles. Ela parecia demais com você. Claro, Menina, és mais linda. Saudades de ver você rindo.

A Aurora surgiu mansamente em meu quarto e, ao virar para o outro lado da cama, não pude ver seu rosto novamente. Perfeitamente lembro disso, quando acordava e você ainda estava adormecida. Brincava contigo de pijamas, era nosso código, lembra? Quando falava em pijamas, você começava a rir sem parar, porque sabia que eu queria você para mim, nua e linda. Te amo tanto, Menina.

Essa revelação de Isabela mexeu comigo. Ela se encontrou na clandestinidade com esse Pedrov. Ele não soube amá-la da forma correta. Existe um modo certo de amar? Acredito que não. De qualquer maneira, Rafael soube encontrar o mistério feminino em Isabela, pois a despertou para o amor de novo. Mesmo nesse período conturbado da vida política no Brasil, ela tentou conciliar seu ativismo com a paixão. Deixou claro para todos ali que, sim, amava Rafael. Pedrov ficou preocupado, o senhor misterioso ainda mais, e Marília ficou feliz. Sim, ela sorriu.

— Minha Menina está amando! Lindo isso! — disse Marília e foi até Isabela a abraçar novamente.

— O General De Oliveira não irá gostar de saber disso — disse Pedrov com muita irritação.

— Que meu pai entenda, tenho minha vida. Ele também saiu de Céu Pequeno e foi para Cuba. Deixou minha mãe sozinha com meu irmão. Por uma causa? Que causa? Vaidade! — respondeu Isabela para Pedrov, ajustando sua roupa e a boina francesa. — Preciso ir embora. Combinei de encontrá-lo hoje.

— Posso ir com você? — perguntou Marília.

— Claro, venha comigo. Vamos embora — respondeu Isabela.

— Pedrov, vamos embora, o voo para Havana está quase na hora e, depois, você viajará para Moscou. Relatará tudo para o General De Oliveira, ele se encontra na capital soviete em reunião do Partido Comunista — disse o senhor misterioso, colocando um casaco preto e pegando uma maleta.

— Vou embora, mas antes preciso fazer algo. — Pedrov foi na direção de Isabela e a abraçou forte mais uma vez. Todos ficaram em silêncio novamente. Ele a amava muito. Depois de um tempo com esse abraço apertado, Pedrov olhou para Isabela, como que querendo se desculpar, mas nada falou além disso.

— Cuide-se, Bil.

O senhor misterioso pegou Pedrov pelas mãos e saiu por outra porta falsa, que não estava tão aparente assim. O olhar do jovem comunista comoveu Isabela e a deixou perplexa. "*Ele sempre foi tão forte*", pensou a estudante de Letras. Não demorou muito ali e logo saiu na companhia de Marília, que resolveu ficar no Brasil. Isabela estava amando, mas aquela cena a deixou reflexiva sobre seu passado. Lembrou-se de seu pai.

De Oliveira era um comunista firme e resoluto em suas ações. Nasceu também em Céu Pequeno, cidade de Isabela, e ainda na infância teve contato com a cultura militar. Leu sobre Esparta, a Guerra dos 300, admirava Roma e as formações do exército medieval germânico. Mas o que lhe chamava atenção eram os evangelhos, especialmente de João. "*Tudo deve ser compartilhado, especialmente o amor, minha pequena*", dizia De Oliveira a sua filha Isabela, quando esta ainda era bem criança. Ele tinha ternura, porém, era constituído de bravura e coragem. Era bom com as palavras, o que fez despertar Isabela para o mundo das letras. Ela escrevia seus discursos em uma época na qual a liberdade de expressão tinha pouco valor. Mas Bil já demonstrava seu talento. Sim, esse era o apelido de infância de Isabela. Depois, irão ver, leitores e leitoras, que será um codinome marcado no regime de 1964. Isabela irá lutar.

Caminharam juntas, Isabela e Marília, e esta estava animada. A amiga de Isabela era só paixão. Essa amizade é longínqua, desde o tempo em que Isabela foi para Cuba treinar nas forças castristas. Marília, não tenho muita certeza se era seu verdadeiro nome, era destemida. De uma experiência incrível, havia viajado o mundo e conhecido diversas culturas, do Ocidente ao Oriente. Não tinha um lugar que fosse dela, sua casa, mas todo solo em que pisava era seu lar. E Isabela adorava ouvir suas histórias de viagens e os amores vividos em cada estação e espaço do globo. "*Humanidade, Isabela, Humanidade!*", ria Marília quando contava suas aventuras pela mãe Terra.

Estavam já há algum tempo caminhando após sair da reunião clandestina do Partido Comunista, quando Marília rompeu o silêncio. Ela notou em Isabela uma serena tristeza e um sentimento diferente. Talvez fosse o fato de ela ouvir novamente sobre o pai, com o qual ela nos últimos anos tinha uma relação mais dificultosa e áspera. A amiga já a aconselhou a ouvir mais De Oliveira e enxergar o pai, e não o militar que auxiliou as forças após a revolução cubana de 1959. Os ideais do General, como era conhecido, iriam além de Sierra Maestra — queria implantar o socialismo no Brasil. A discussão entre Isabela e seu pai travava-se aqui, pois, para a jovem comunista, o Brasil precisaria conciliar uma demanda socialista sob um novo viés para o mundo: a liberdade. Seguir Moscou e todo o resto vermelho do mundo sem pensar na democracia não seria o correto. Ela entendia que sim, retirar as forças reacionárias do poder no Brasil era essencial, mas a liberdade não poderia ser subtraída.

— O que é essa serena tristeza, Bil? — perguntou Marília.

— Nada de mais, estou cansada. É muita coisa para pouca Isabela. — Abaixou a cabeça e ficou melancólica.

— Está com saudades de seu pai? Ele andou perguntando muito sobre você. Ele é duro, severo, mas te ama — disse Marília atravessando as ruas do Rio de Janeiro com Isabela.

— Não é sobre o meu pai. Estou chateada com ele, mas não posso dizer agora sobre isso. Algo que ele fez me feriu, é verdade. Mas estou cicatrizando. Estou tentando ser forte — disse Isabela para a amiga e esta admirou a beleza da jovem que, segundo os olhares femininos de Marília, estava ainda mais bela.

— Mesmo com essa serena tristeza, você continua linda. Os corações masculinos devem ficar loucos quando passas. Não há democracia que resista a essa tirania da beleza. Você é uma escultura, Menina — disse Marília encantada com a feminilidade de Isabela.

— Seus olhos, Rafael. — Descuidou-se Isabela nesse momento.

— Rafael é?! Quem é o sortudo? Conquistar seu coração é maestria. Te conheço, Bil. O que ele fez? Conte-me mais. — Marília sorriu como alguém que sempre está pronta para o amor, pois sabe o que é viver.

— Ah, desculpe ter te chamado assim. Estou cansada, agora entendeu, não é? Minha cabeça não está boa. Esses acontecimentos no Brasil, meu pai, agora o Pedrov, tudo isso tem me deixado um pouco aflita. É preciso pensar em algo para esse quadro que se instalou há três anos no país. Então, não tenho muito tempo para as coisas do coração — disse Isabela no momento em que viu um tanque militar M60 na Avenida Atlântica.

— Bil, a vida é mais que esses milicos nas ruas. Você ainda não entendeu? Acredita mesmo que somos só isso? Então, me diga, amiga, depois de tudo resolvido, o alimento na mesa, a saúde no corpo, e a ordem e liberdade na nação, o que resta a Isabela fazer? Vai viajar para outro país e tentar implantar a democracia? Irá tentar movimentar revoluções pelos quatro cantos do planeta e criar as condições para os povos? Depois de todos serem libertos, quebrarem suas correntes, terem seus sorrisos nos rostos, você vai pensar em viver? Vai amar depois de tudo? Então lhe digo: ame, apesar de tudo. O amor não pode esperar. Você não se anula ou deixa de ser porque ama. Você é! O sentimento ocupa os corações e a alma mais que esses tanques M60. Mais que os ditadores de ocasião, porcos militares que roubaram nossa democracia. Mas ao ter o golpe do coração e aí institucionalizar a paixão, tu não serás escrava. Terás a liberdade que se frutifica a cada passo dado com quem se ama. Como é gostoso acordar e ver um rosto ao seu lado e se apaixonar novamente. Como é magnífico falar quaisquer palavras e todas elas arrancarem admiração de quem as ouve. Isso é paixão. É amor. Se você tem essa pessoa, se está diante de alguém que se comporta como menino ao vê-la, o qual se esforça para fazer você feliz, você tem um presente, linda. Um presente no tempo, algo que se vive agora, mas, também, um presente como dádiva. Felizes o que se amam e são amados. Tudo é pequeno se não se ama. Mas se ama, tudo é grandioso. — Marília refletiu sobre o amor a Isabela, diante de um cenário triste em Copacabana. As ruas só tinham militares.

— Ele me enviou begônias no meu local de trabalho. E, duas semanas depois, me enviou orquídeas. Ele me chamou de A Coroada. Ele me beijou sem pedir. — Isabela parou de caminhar, sentou em um banco na praça e chorou. Após alguns instantes de melancolia, a estudante de Letras disse.

— Eu o amo.

Ah, o amor. Por que você fez isso comigo, Menina? Estava tão concentrado nos acontecimentos, na reunião clandestina do Partido Comunista, na aparição de Pedrov, o senhor misterioso e Marília. Estava eu ouvindo essas reflexões quando Isabela disse isso sobre Rafael. Ele enviou begônias, depois orquídeas e a beijou. Por que não fiz isso? Deveria ter feito. Tenho tanta saudade de você. Mas você se foi e nunca mais pude ver seu rosto ou ouvir sua voz de novo. Adorava te ouvir. E você se parece muito com Isabela. Confessaste com alguém sobre mim? Você me amou também? Sinto que estou envelhecendo, o tempo não tem sido meu amigo e todas as lembranças que tenho de ti ainda resistem em minha alma. Mas esta, pouco a pouco, vai se convencendo de que você não irá voltar. Tomara que Isabela fique e Rafael lhe envie mais flores ou qualquer outra coisa que reconquiste o amor todo dia, por toda a vida. Se a liberdade de uma nação deve ser vigiada constantemente, o amor também o deve ser. Errei muito, eu sei. Mas amei você. Saiba disso, Menina.

Isabela sentou-se e chorou. Marília nunca viu sua amiga desatar em lágrimas como fez ali, diante dela. Ela nem mesmo falou tanto de Rafael e, apesar disso, as palavras que proferiu foram suficientes para irromper em prantos. Isabela amava, mas já sofria. E por quê? Porque sabia do que viria pela frente. Entendia sua natureza e não deixaria esta em segundo plano. Ela lutaria contra o regime. As cartas de Pedrov em 1964 diziam isso. Ela teria apoio internacional e movimentaria as forças internas também, como na Coluna Prestes ou algo ainda maior. Mas, quando retornou de Cuba e resolveu estudar Letras no Rio de Janeiro, não imaginava que alguém em busca do *O Espírito das Leis* iria despertar o mais puro sentimento humano: o amor. Ela não era de se deixar entregar. Mas Rafael lhe roubou um beijo. E, ao que parece, roubou mais do que isso.

— Eu não sei te explicar. Ele parece ingênuo, mas forte também. Ele é sagaz e, ao mesmo tempo, menino. Não sei explicar, por isso é amor. Todas as variáveis apontam para que eu não o ame. E eu nem queria isso. Decidi estudar Letras aqui no Rio de Janeiro para afastar-me de meu eu e de Pedrov, deixar o passado descansar. E estava indo muito bem nesse intento, mas algo sorrateiro aconteceu. Eu estava desprevenida e desarmada e ele de repente surgiu, como uma Aurora feliz e irradiante, roubou-me um beijo, feito uma criança que pega um doce em uma festa. Meu corpo se eletrificou por todos os pelos e poros. Senti uma energia estranha, gigante, meus cabelos pareciam ter ficado ainda mais brilhantes. Meu sangue ficou forte. Tive excitação, frio na barriga, sensação de estar apaixonada. Paralisei. Pela regra, eu devolveria com um tapa, um afastamento, um repúdio. Simplesmente disse que ele era louco. E, após dizer isso, fiquei feliz — disse Isabela, com a maquiagem um pouco borrada e retirando a boina francesa, deixando seus longos cabelos pretos soltos, o que a deixava ainda mais bela.

— Você está amando, está apaixonada — respondeu Marília.

— Estou — disse Isabela não conseguindo controlar as lágrimas, no que veio Marília confortá-la com um abraço.

— Seja feliz, minha amiga! — Abraçou Isabela e também chorou.

As duas ficaram ali se abraçando e testemunhando um sentimento nobre. O amor surgiu para Isabela, como a Aurora apareceu mansamente no primeiro dia da criação. O mundo se descortinava como um milagre, e tudo parecia mais claro para Bil. Ela já amou antes. Porém, isso que está acontecendo agora é diferente. Algo tocou a alma de Isabela. Ela chorou, mas era felicidade. O espírito quando é tomado por essa força estranha não consegue se conter e manda comunicados ao corpo para que ele responda. E aí você ri, grita, pula, chora... e ama.

Eu amei você, Menina. Amei.

Tudo poderia ser mais um registro de um romance, você pode estar se perguntando. Então, qual é a importância de eu estar aqui a conversar com vocês sobre Rafael e Isabela? Qual a minha intenção em demonstrar que ali houve amor? Não seria a primeira vez na literatura que alguém passou essa mensagem. Poderia eu dizer que, mesmo depois de todos os recados dos poetas (e foram muitos), ainda assim, não aprendemos o suficiente. Mas não é só isso. O amor que eu testemunhei de Rafael e Isabela é mágico. Eles se descobriram um no outro e todo o resto não teve mais importância. A jornada dos dois será sofrida, como de praxe aos amantes. Mas terá um final feliz. Fiquem atentos, porque isso será difícil concluir.

Eu testemunhei um milagre e lembrei de você, Menina.

As duas amigas ficaram ali sentadas no banco da praça, no Rio de Janeiro, naquela noite de 1967. Depois da revelação de Isabela para Marília, o universo ficou ciente de que ele cumprira seu papel. Mas a história nunca deixa em paz os corações. Era um regime autoritário, e a natureza de Isabela receberia um chamado. Na verdade, já foi chamada. Ela não tirava seu pensamento do roubo da democracia pelos militares. O contato com Havana e Pedrov teve esse propósito. Marília ficaria no Brasil para, também, auxiliá-la nessa empreitada.

Já havia algum tempo que as duas estavam conversando e se abraçando, quando a imagem de dois homens surgiu no meio daquela confissão. Um deles era negro, estatura alta, cabelos curtos e crespos, levava uma *Bíblia de Jerusalém* nas mãos e tinha um rosto de paz. O outro, pele morena, cabelos curtos e não tão lisos, mas um corte que entregava um charme. A altura era mediana, como de todos os homens, e um semblante de exasperação e alegria quando viu as mulheres sentadas no banco. Não carregava nada esse homem, além da leveza de quem despertou para o amor. Foi como um menino que viu seu presente diante de si. Sabe aquela alegria que se tem na infância quando encontra seu presente bem diante de si? Rafael não demorou muito, deixou o Padre Marcos para trás, e foi na direção de Isabela e disse.

— Coroada!

Padre Marcos sorriu e passou as mãos nos seus cabelos, como que se regozijando daquela cena. Marília ficou sentada, admirada de ver o que Isabela acabara de descrever em concreto na pessoa que se apresentou. Isabela deixou a mulher que tinha em si para trás e foi menina. Levantou-se, passou as mãos nos olhos e no rosto, para disfarçar as lágrimas e a maquiagem borrada, correu na direção de Rafael e disse:

— Eu te amo!

Ao dizer isso, Isabela beijou Rafael. O menino derrotou o homem e foi feliz. Ele a abraçou forte e a levantou no ar, no que ela foi menina também. Eles riram. Ele viu os olhos dela ainda úmidos, perguntou o porquê daquilo e ela simplesmente respondeu e exigiu dele:

— Ame-me!

Ele então a beijou, sentiu todo o seu corpo, os cabelos umedecidos também pelo calor dos dois, o enlace perfeito das pernas da Coroada a envolver sua cintura, e os seios a tocarem seu peito. Ouviu a respiração acelerada de Isabela, seus lábios tocarem os seus em um desejo intenso de não mais sair dali. Ela sussurrou algo no ouvido dele e pude notar um arrepio em sua pele. Ele beijou a orelha dela, no que ela se excitou e, depois, riu. Eles olharam um para o outro, e as pupilas de ambos se dilataram para que a visão oferecesse uma nitidez transformada em uma fotografia em suas mentes. Cada um entendeu a metafísica do outro. Houve um silêncio e ela deitou sua cabeça no peito de Rafael. Ele a colocou no colo e disse — *"vamos embora!"*. Isabela fez um gesto positivo com a cabeça e ele a levou. Rafael percebeu que a Coroada começou a chorar novamente. Foi quando ele disse:

— Jamais irei abandoná-la.

Marília e Padre Marcos viram os dois saírem dali e nem teve o tempo de se apresentarem um ao outro. Foram acompanhando de longe os dois, deixando o casal em sua privacidade e intimidade, compartilhando o que há de mais rico e precioso na existência. A imagem dos dois foi ficando mais longe e Padre Marcos entendeu que Rafael a levava para a Catedral. Quando percebeu isso, o sacerdote virou-se para Marília e disse.

— Sou Padre Marcos, o pároco da Catedral do Rio de Janeiro e amigo daqueles dois.

— Sou Marília, acabei de chegar no Brasil. Sou amiga de Isabela.

Os dois então foram conversando sobre frivolidades, o cenário político no país e os últimos acontecimentos da história brasileira. Estavam conversando como se fossem antigos conhecidos. Até riram um pouco, mas não desprenderam seus olhares de Rafael e Isabela. Eram só admiração por aquele amor ali diante dos dois. Quando se aproximaram da Catedral, viram Rafael e Isabela ingressarem no templo, no que Padre Marcos entendeu que o casal passaria a noite em sua casa. Assim, ele interpelou Marília, dizendo.

— Passe a noite conosco. Tenho um quarto para você.

Marília concordou e acompanhou Padre Marcos. Estavam também próximo da Catedral, quando um militar passou correndo atrás de dois jovens e, bruscamente, esbarrou em Marília, no que ela caiu ao chão, assim como o dossiê que carregava. Padre Marcos viu aquilo, assustou-se e ajudou Marília a se levantar. Ela também se assustou e viu a cena mortificante. O militar alcançou um dos jovens e o prendeu.

— Você está bem? — perguntou Padre Marcos.

— Sim, só me assustei, mas não estou machucada.

— Venha, vamos entrar. Precisa descansar.

Marília acompanhou Padre Marcos e aceitou seu convite. Antes de entrar, porém, recolheu no chão o dossiê deixado por aquele senhor misterioso na reunião do Partido Comunista agora há pouco. No que Marília pegou o calhamaço de informações, leu um nome em uma das páginas abertas aleatoriamente pela queda. Aquele nome despertou sua curiosidade, mas logo na sequência esqueceu. Estava cansada.

— Venha, vamos entrar — disse Padre Marcos.

— Sim, vamos.

Marília entrou na Catedral do Rio de Janeiro. A reunião do Partido Comunista, a revelação de Isabela, e a cena romântica de Rafael levando nos braços sua amiga a deixaram reflexiva. Em meio a todas essas contemplações, o nome lido nas páginas do dossiê, que abrira no caos quando caiu ao solo, veio novamente a sua mente. E, assim, inesperadamente, ela pronunciou em voz alta aquele nome. Sua voz ecoou por todo o templo e todos puderam ouvir Marília dizer.

— Filipe Pastore Matronelli!

Capítulo 15

Meu nome é Isabela

A última noite rendeu fortes emoções para Isabela. O encontro com seu passado a deixou sensível, por mais que soubesse que não sentia mais nada por Pedrov, além do respeito e uma amizade serena. Porém, os acontecimentos no Brasil a forçaram a ter novo contato com esse amor de outrora, em uma condição adversa: um encontro clandestino. Mal pensava a jovem estudante de Letras que isso seria ainda mais dificultoso e trágico dali para a frente.

Encontrar Marília trouxe alegria, já que havia um bom tempo que não via a amiga. Isabela a conheceu em Havana, em uma das muitas viagens que Marília fez ao redor do globo. Trabalhava na inteligência castrista, mas, aos olhos do mundo, era apenas uma turista, sempre com um sorriso de novidade no rosto. A amiga de Isabela tinha uma estatura mediana, cabelos negros encaracolados, uma silhueta bem latina, da mistura afro e indígena, muito típica da brasilidade. Sim, ela era brasileira. Os olhos de Marília eram fortes e gigantes, o que dava um ar de sensualidade ou de amizade, a depender do contexto em que se encontrava a potencial vítima. Mas Marília não jogava muito o jogo da sedução, deixando acontecer naturalmente quando percebia que estava em algum. "*É mais divertido assim*", pensava a Comunista.

Pedrov e o senhor misterioso pegaram o voo para Havana naquela noite e o ex-namorado de Isabela estava reflexivo e apaixonado. Uma confusão de sentimentos residia em sua mente e não conseguia dar paz a nenhum deles. Tentava concentrar forças na ditadura militar brasileira e um modo de retomar a liberdade no país, especialmente depois que leu o dossiê entregue a Isabela. Contudo, a menina de pele alva e cabelos além da alça permitiu, novamente, aos olhos de Pedrov, a perturbação da paixão, como da primeira vez em que a vi, Menina. Hoje encontrei uma fotografia sua e chorei.

O que parecia estranho era que sobre o senhor misterioso ninguém perguntou. Ficamos todos, eu e vocês, vendo a cena de ciúmes de Pedrov e suas tentativas vulgares de tocar Isabela. Claro, todos nós, eu daqui e vocês daí, prestamos atenção ao cenário político que se descortinava e aquele dossiê também misterioso. Mas o senhor que o entregou deixamos passar e não perguntamos nada. Vou tentar descrever o que eu vi.

Aquele senhor era alto e forte, mas já tinha uma idade avançada, possivelmente mais de sessenta anos. Mas era corpóreo, musculatura definida e porte altivo. Sua voz era baixa, porém bem grave. Seu rosto era severo, mas escondia uma melancolia, daquelas próprias das saudades.

Não tinha um ar romântico nem idealista, a despeito da causa que abraçava: era comunista também. Demonstrava uma segurança e inteligência, não interrompendo os arroubos dos corações jovens ali na sala clandestina em que se reuniram, esperando seu momento para articular frases curtas, mas de conteúdo profundo e reflexivo. Permitiu a Pedrov desvelar seu coração, a Isabela firmar-se nos seus sentimentos e a Marília assistir a tudo como um grande espetáculo da vida. Após todos aqueles diálogos acalorados, advertiu a todos sobre o que viria pela frente no Brasil e avisou Pedrov que deveriam retornar para Havana. E foram.

Esse dossiê não tinha sido lido ainda por Marília ou Isabela, sua destinatária. A sensibilidade de Bil sobre Rafael a deixou emotiva, tanto é que irrompeu em prantos. A conversa com a amiga a acalmou, porém, foi a aparição de Rafael que a confortou. Ele a pegou nos braços, depois de alguma conversa, e foram para a Catedral do Rio de Janeiro, acompanhados do Padre Marcos e de Marília. Próximo da igreja, a amiga de Isabela cai ao chão, com o calhamaço que carregava, podendo ler uma das páginas em que estava escrito o nome de Filipe Pastore Matronelli, substantivo esse que seria lido em voz alta logo depois. Todos ouviram Marília pronunciar aquele nome, contudo, o cansaço, as emoções fortes e o avançar da hora fizeram todos esquecerem do que foi dito, especialmente Rafael, já que fora pronunciado o nome de seu avô.

Os amigos foram dormir na Catedral do Rio de Janeiro. Rafael levou Isabela para o quarto onde geralmente repousa quando visita o pároco. A deitou na cama, retirou a boina francesa e as roupas apertadas que vestia. Ela ficou desnuda por alguns instantes na frente de Rafael, o que o deixou ainda mais apaixonado. Ela sorriu em meio às lágrimas secas que ainda havia em seu rosto e o resto de maquiagem desfigurada em seu arranjo. Ele ficou admirado, como que assistindo o nascer de uma Aurora em um dia de céu claro e limpo. Ela esperava alguma reação, como amá-la ali no templo, porém, Rafael ficou tão encantado com aquela beleza, como se contemplasse algo vindo diretamente da divindade, pois seu espírito não enviou nenhuma ordem ao corpo para que se fizesse algo. Até o momento em que um imperativo veio de Rafael, vocalizando a seguinte frase apaixonada:

— Você é linda, Coroada!

E deitou-se ao lado de Isabela na sequência, no que ambos adormeceram abraçados, beijando um ao outro.

No andar superior da Catedral do Rio de Janeiro, Padre Marcos auxiliava Marília para que esta também pudesse descansar, já que havia chegado de Havana naquela noite. Ele procurou algo para que ela se alimentasse e indicou um banheiro onde poderia se trocar e se lavar ou banhar-se. Entregou também algumas roupas para ela, mas Marília disse que estava com algum vestuário de emergência em sua bolsa. Deixou o dossiê por sobre o criado-mudo, no que Padre Marcos prestou atenção. Após algum tempo, depois de Marília tomar seu banho e se alimentar um pouco, Padre Marcos volta ao seu quarto para ver se Marília queria algo. Ela pediu que ele entrasse para poderem conversar um pouco. Havia perdido o sono. O amigo de Rafael entrou e sentou-se defronte a Marília. Estava sem a batina, como um homem comum e um rosto de paz.

— Conhece Rafael há quanto tempo? — perguntou Marília.

— Já o conheço há três anos, desde que chegou à capital para estudar — respondeu Padre Marcos.

— Acho bonito isso. Essa amizade com um padre é diferente, especialmente de um jovem — considerou Marília.

— Também sou jovem! — respondeu Padre Marcos sorrindo para Marília.

— Ah, sim, claro, não foi nesse sentido que eu quis dizer — despertou Marília, devolvendo o riso.

— Sim, sim, não pude evitar de brincar com você — respondeu Padre Marcos, observando Marília.

— É porque Rafael deve ser um espírito mais maduro apesar de sua juventude. A amizade com um sacerdote deve vir acompanhada de diversas inquietudes da alma, que não é lugar-comum a quem tem pouca idade — ponderou Marília, cruzando as pernas e olhando fixamente os olhos de Padre Marcos.

— E ele tem essas inquietudes. Sempre pergunta sobre a política, a vida e, agora, nos últimos tempos, sobre o amor. Lembro perfeitamente de um diálogo que teve comigo sobre esse último assunto. Parecia mais uma confissão. E era, de certo modo. Depois fui entender que ele estava falando de Isabela, que havia conhecido há pouco tempo. Foi uma das melhores conversas que tive com alguém em minha vida — disse Padre Marcos, refletindo sobre tudo o que já passou em sua existência.

— Isso porque ainda não conversou comigo — disse Marília sorrindo para Padre Marcos e espreguiçando-se um pouco, no que o pároco pôde notar toda a geografia do corpo da amiga de Isabela.

— Claro, sempre estou à espera de uma autêntica conversa, especialmente com o mistério feminino — respondeu Padre Marcos.

— Mistério feminino é? Existe um mistério? — perguntou Marília, deixando suas pernas um pouco descobertas no limite do sensual e da vulgaridade poética.

— Existe e foi isso que Rafael encontrou em Isabela. Ele a ama de uma maneira profunda. Tenho até medo do meu amigo caso aconteça alguma coisa — disse Padre Marcos com uma preocupação no rosto.

— O que poderia acontecer? — perguntou Marília com notável surpresa.

— Eu percebi algumas coisas e prestei atenção ao dossiê que está no criado-mudo. Entendi do que se tratava, porque já recebi missionários de Cuba. É melhor dizer para mim o motivo de sua visita e quem é na verdade Isabela. Meu amigo irá sofrer muito se algo que não sabe já estiver acontecendo... — indagou Padre Marcos deixando a conversa um pouco mais séria.

— Não sei do que está falando — respondeu Marília, recolhendo as pernas e as cobrindo com um cobertor.

— Senhorita, sabe sim. Você deve ser da inteligência e veio ao Brasil por um motivo. Estou ciente do que está acontecendo, e Deus sabe o que ainda está por vir. O que me espanta é sua amizade com Isabela. A sua presença aqui, exatamente nesse momento da história, diante do que estou pensando de ti, é porque a amada de Rafael é mais do que eu imaginava. Diga-me, ela ama Rafael? — perguntou Padre Marcos.

— Isso eu posso responder. Ela ama e muito. Conheço Isabela há alguns anos e jamais vi nela o que enxerguei hoje. E você tem razão. Ela é mais do que imagina ser. E, sendo assim, ela está sofrendo, porque sabe que ama seu amigo e terá de fazer algumas escolhas. Essas escolhas irão destruí-la — disse Marília suspirando um pouco.

— Diga, Marília, o que Isabela é? — Aproximou-se Padre Marcos da amiga de Isabela e ele pôde notar as formas perfeitas de seus seios.

— Tudo bem, vou dizer, considerando que tu és um sacerdote e, pelo ofício, minha confissão é segredo profissional para o senhor. Que... — Foi interrompida por Padre Marcos.

— Chame a mim de você. — Pegou nas mãos de Marília, no que esta percebeu uma reciprocidade própria das intimidades que se formam quando se inicia uma sedução, além das formas hercúleas do desenho corpóreo de Padre Marcos.

— Certo, você! — respondeu Marília e continuou: — Isabela tem treinamento militar. A conheci em Havana quando ela tinha apenas quinze anos. Sim, muito nova ela já aprendeu táticas de soldados de elite e práticas mortais. Isabela não é frágil, muito ao contrário, é forte. Estava pronta para ir a Moscou, ingressar na KGB em alta patente, sonho ao qual se dedicava diariamente. Mas seu relacionamento com uma pessoa a deixou perturbada, além do pai, muito severo, que exigia excessivamente dela. Abandonou tudo e voltou ao Brasil, para Céu Pequeno. Ficou um tempo por lá, com a mãe e o irmão e, após, foi para o Rio de Janeiro estudar Letras, quando, então, conheceu Rafael, pelo que entendi — disse Marília olhando as formas do pároco e sentindo-se atraída por ele, que, também, percebeu os olhares da Comunista.

— Treinamento militar, não é? Então nossa amiga tem conhecimento de táticas especiais. A sua visita aqui é para cooptá-la a algo? Existe algum movimento em curso? Uma guerrilha, talvez? — perguntou Padre Marcos.

Quando Padre Marcos interpelou Marília a respeito de Isabela, a amiga Comunista ficou um pouco indecisa sobre dizer ou não ao sacerdote sobre o passado de Bil. Pelo treinamento que ela também recebeu, não poderia revelar nada a estranhos, especialmente quando algo importante estava em jogo — tinha um movimento em curso e ela sabia disso. Mas por essas coisas que acontecem em nossas vidas sem muita explicação, Marília ficou encantada por Padre Marcos. Sim, ele tinha uma aparência estética que chamava atenção, um corpo forte, musculatura definida, e uma voz suave e grave que ressoa no ambiente e na alma. Marília estava descuidada e se apaixonou? Sim, não a podemos culpar por isso, pois todos nós estamos desprevenidos quando Cupido nos visita. O coração não é domesticável. Eu apenas virei para ouvir sua pergunta, Menina, e já sabia que seria derrotado por sua beleza. Estou até hoje aprisionado nesse sentimento, tentando montar as peças do quebra-cabeça que me leva de volta a ti. Ah, se eu soubesse que sua voz era música, seu corpo era poesia, teria sido feliz.

Padre Marcos também entendeu que estava em um jogo de sedução e gostou disso. Sua visão sobre o amor é maior que uma pretensa moral dogmática que aprisiona o espírito. O niilismo do pároco era em sintonia com um sentimento mais forte, vindo da raiz do cristianismo: amai o próximo como a ti mesmo, e a Deus sobre todas as coisas. Padre Marcos sempre se indagava em que momento a humanidade rompeu com esse mandamento tão belo. Por que amar seria um pecado, mesmo a ele, que optou por ser um servo daquele que tinha a maestria no amor? Não fazia sentido toda regra moral que impedisse Padre Marcos a vislumbrar o mistério feminino de Marília a sua frente e, simplesmente, se penitenciar por admirar a sutileza da criação. O milagre não é quantas pérolas se repete ao Pai Nosso ou à Ave Maria. O sobrenatural é ter a coragem de quebrar as correntes, com um martelo nietzschiano, sair gritando por aí e se debruçar nos delicados dizeres de um amor correspondido. O ser humano peca por não amar e repete o ciclo. Ao quebrar a roda de samsara, o êxtase, a paixão, o amor, você, Menina, olhos que me veem, surge misteriosamente no milagre da existência. A transcendência erótica que se tem ao possuir e se entregar na relação do eros é a perfeita comunicação com o sagrado, o mistério revelado, o impulso que leva a dizer a você que te amo sem pronunciar uma palavra sequer. Templos e orações podem ter sua beleza, não o nego. Mas você na praia, ao entardecer, eu apenas a admirando, supera qualquer suma teológica. Eu te amo, Menina.

E Padre Marcos também iria amar.

— Explique um pouco mais, ainda não compreendi. Existe um movimento em curso? Isabela foi cooptada por algum movimento? — perguntou Padre Marcos já envolvido com Marília.

— Você está me comprometendo. Eu acabei de conhecer você. Não posso lhe entregar assim tudo que tenho, mesmo sabendo que possuo pouco. Eu te conheço? Qual nível de intimidade nós temos? Estamos apenas conversando, após um dia cansativo para mim, e nada mais nós possuímos a compartilhar. Eu... — Nesse momento Marília é interrompida com um leve toque em seus lábios de Padre Marcos, que disse:

— Eu te conheço e não me peça mais explicações.

Marília ficou bestializada com aquilo. Bestializada porque seu assombro foi de tal forma intenso que não teve reação. Recebeu o beijo de Padre Marcos, que foi tão delicado ao tocar seus lábios, como se, sim, já a conhecesse há tempos. Era como se fossem um casal há décadas, daqueles que se sentam no banco da praça e ficam horas e horas simplesmente conversando. Padre Marcos apenas tocou os lábios de Marília com os seus, sem ir muito longe na jornada de amar. Mas já amava. E Marília também.

— Você me deixou sem reação. Estou tonta e confusa — disse Marília, tentando se recompor do golpe que acabara de receber.

— Isto é o milagre, meu bem. Você é linda! — disse Padre Marcos, surpreendendo Marília mais uma vez e a você, que me lê agora.

— Não sei qual Evangelho leu, mas certamente isso é subversivo e contra a Igreja — disse Marília palavras que, após pronunciar, não entendeu por que as pronunciou.

— Podemos conversar sobre isso depois, Marília. Já sou seu. Porém, estou preocupado com Rafael e sobre o que pode ser Isabela. A história agora não está a nosso favor. Sei o que virá pela frente e não recebi treinamento militar. Mas eu sei — disse Padre Marcos pegando nas mãos de Marília. E continuou: — Estou com você. O que está vendo é real. Juntos, descobriremos esse mistério que nos trouxe até aqui. Mas saiba de uma coisa, isso é certo. Estamos aqui. Estou aqui. Diante de você. Sou seu — disse Padre Marcos e se levantou, no que Marília repetiu o movimento e ouviu o sacerdote mais uma vez dizer:

— Sou seu — E, assim, Padre Marcos abraçou Marília e a beijou.

Marília então não resistiu. Sentiu uma atração colossal por Padre Marcos, que romperia todos os seus preceitos militares adquiridos em Havana. Não se importou com mais nada. Desnudou-se. Padre Marcos viu o segredo feminino e repetiu o ato. Desnudou-se também. Marília admirou-se de toda a arquitetura que era o corpo de Padre Marcos. Ela parecia ter acabado de ver uma revelação, o próximo passo para a transcendência, o de ser feliz enfim. Padre Marcos a amou ali mesmo, diante do templo e das imagens que o adornavam. E Marília permitiu.

Passaram a noite assim, juntos, amando diversas vezes, quantas eu não consegui contar. Prestaram seus tributos ao oculto e fizeram valer a autenticidade da existência. Sem pecado e sem moral, mas libertos e originais, como no início. Nus e divinos. Maravilhados e plenos. Sagrados e humanos. Simplesmente humanos. Demasiadamente humanos.

— Você é incrível! — disse Marília.

— Você é divina! — respondeu Padre Marcos.

— Não acredito no que aconteceu nas últimas vinte e quatro horas. Minha intenção era apenas visitar minha amiga e ficar alguns dias no Rio de Janeiro. Mas tudo mudou. Estou tentando reorganizar meu pensamento, mas você já faz parte da equação. Como pode isso ser possível? É difícil compreender, pois sempre racionalizei minha vida. Mas hoje fui feliz. Essa felicidade veio sorrateira e gratuitamente. Não anotei em nenhuma agenda. Você foi meu mistério masculino — disse Marília e apertou seus seios junto a Padre Marcos, no que ele sentiu mais de perto a respiração da Comunista.

— Eu lhe entreguei o que era seu — respondeu Padre Marcos com aquela voz suave e grave.

— Ah, para, não brinque! — disse Marília, repetindo uma frase que aprendeu com Isabela.

— Jamais! — disse Padre Marcos e a confortou em seus braços.

Marília estava plenamente apaixonada. Logo ela, uma militar experiente, que participou da instalação do governo castrista após a revolução, e viajou o planeta inteiro como agente infiltrada do regime sem ninguém perceber. Evidente que Marília teve seus amores repentinos em cada região do globo. Porém, nenhum deles era um amor ou foi um amor. Hoje foi diferente. Ela testemunhou um verdadeiro milagre em sua vida. Estava feliz. Sua alma estava liberada, solta, infinita. Aquilo tudo que viveu nas últimas vinte e quatro horas era a perfeição. E, ao que parece, Isabela vivia algo parecido com Rafael. Ela sabia que sua amiga estava amando e, pela primeira vez, era feliz. Porém, também tinha ciência de que Isabela era tenaz e cumpriria seu propósito sem se curvar, no que Marília compreendeu o choro daquela noite e seu conflito. Isabela estava amando e isso derrota qualquer planejamento. Ela resistia. Por isso chorou.

A Aurora surgia mansamente na Catedral do Rio de Janeiro. Todos os santos beatificaram aquela noite, sem necessidade de uma confirmação do milagre místico. Alguns fiéis já compareciam no templo para suas orações da manhã, e somente Rafael e Isabela tinham dormido. Padre Marcos percebeu a hora, quando um raio de luz do sol entrou pela fresta da janela de seu quarto e iluminou seu rosto. "*Estou atrasado para a missa das sete horas*", pensou o sacerdote. Quando ele se deu conta, os feixes solares iluminavam seu corpo nu, e Marília assistia admirada toda aquela obra do mistério de Deus. Seu coração acelerou, seus seios ficaram mais fortes, um princípio de lágrimas engoliu e, na sequência, não pôde evitar e disse:

— Isabela vai liderar um movimento de guerrilha. Bil é quem está orquestrando tudo.

Padre Marcos virou-se naquele momento para ouvir o que acabara de dizer Marília. Entendeu bem as palavras ditas e cada uma delas penetrou em seu corpo e percorreu-o todo, atingindo a alma. O que mais temia estava acontecendo. O amor não poderia esperar e Rafael não suportaria tamanha dor. Ficou paralisado e as pessoas já se aglomeravam no templo aguardando o Pai Nosso de Cada Dia, como todas as Auroras desde o dia da crucificação. Hoje não seria diferente. Porém, a imagem daquela mulher nua, em seu esplendor de beleza feminina, deixando atônito o amigo de Rafael, pronunciou a mensagem que poderia lançar o estudante de Direito nas profundezas do sofrimento. O amor pode ser às vezes um pouco egoísta e apropriar-se de alguém para se deliciar nos prazeres que ele proporciona. Mas, quando a razão acalma o coração, pacifica esse senhor que jamais envelhece, a ordem volta ao seu lugar, as estações cumprem seu destino, este providencia os acontecimentos e, novamente, depois de alguma resiliência, sentimos saudades novamente. Eu vi você hoje ao longe, mas não tive coragem de me aproximar. Preferi escrever. Fui covarde, mas amei você.

— Vou me vestir e ir para a liturgia do meu ofício. Deite-se mais um pouco e me aguarde. Dentro de aproximadamente uma hora estarei de volta e conversaremos melhor. Talvez todos juntos. Rafael precisa saber — disse Padre Marcos olhando para Marília, entre a razão e o coração.

Padre Marcos foi se vestir em seu quarto. Estava seminu e caminhou acelerado para que ninguém o visse, apesar de que os corredores escondidos da Catedral impedissem isso. Em sua caminhada pelos meandros da igreja, foi pensando o sacerdote em todos os eventos e, inevitavelmente, lembrou-se de seu passado na Colômbia. Relembrou de quando teve de lutar também e quanto foi sacrificante tudo aquilo. As pessoas que perdera, as amizades que se foram, mortas ou fugidas, e um amor que ficou para trás que não ousou mais lembrar. Depois daqueles eventos em seu país natal, decidiu-se a vir para o Brasil e esquecer aquela história e começar uma nova, um radical começo. E estava vivendo isso.

Ao chegar no Brasil, Padre Marcos, um total desconhecido, celebrava suas missas com paz. Terminava suas mensagens cristãs e se recolhia em orações e meditações, em uma solidão plena. Quando assim se encontrava consigo mesmo, realizava uma espécie de ataraxia que o levava a conhecer a si próprio. Conectava-se com cada parte de seu corpo e fechava os olhos. Sua mente se tranquilizava até o ponto em que, praticamente, se desligava. No instante em que isso acontecia, o contato com o mistério se descortinava. Era a revelação ao Padre: havia mais coisas além da vã filosofia que vivia. E isso lhe entregava paz. Melhor, isso lhe devolvia a esperança e a coragem. Foi o que recordou quando, de frente ao espelho, vestiu sua batina, pegou seu terço católico e o colocou no bolso, levando, também, a *Bíblia de Jerusalém*, que jamais abandonava. Estava na hora. Desceu para o altar.

— De pé, todos! — uma voz reverbera inteiramente no templo.

Padre Marcos entra na Catedral do Rio de Janeiro acompanhado de seus ministros e a cruz com o Cristo crucificado — "*Deus está morto*", pensou. Os olhares de todos ali acompanhavam aquele homem negro, alto, corpóreo e forte, imagem que impunha respeito e força, além da paz que transmitia o seu rosto. O caminhar foi lento como que orquestrado, em ritmo de notas musicais, que entoavam instrumentalmente a partir do órgão da igreja. Santos nos recantos do espaço daquela edificação testemunhavam o conflito que se instaurava no coração de Padre Marcos. O que acabara de ouvir de Marília o deixou preocupado. "*Como reagirá Rafael a isso?*" — indagava o sacerdote no instante em que se ajoelhava diante do santíssimo e virava-se para o público, dizendo a uma só voz.

— Senhor, não sou digno de que entreis em minha morada, mas dizei uma só palavra e serei salvo. Todos! — disse Padre Marcos, no que foi repetido o versículo de Mateus 8, 5-17, por aqueles presentes na Catedral.

Houve um silêncio, quase um minuto de reflexão e sintonia com o sagrado. Vozes de um coral repetiam seus cânticos incompreensíveis, ampliando a catarse e a conexão com o divino. "*Divino Maravilhoso*" — refletia em seu próprio templo Padre Marcos.

Após esse silêncio, sem que ninguém pronunciasse nenhuma palavra, ouviu-se ao longe, lá fora da Catedral, passos ritmados de um som mais forte como que batendo o solo a cada vez que se aproximava. Aquele ruído foi ficando mais grave, como se quisesse quebrar algo. De repente, aquela batida sonora se interrompeu, no mesmo tempo em que todos no templo puderam notar a presença de três homens na porta da Catedral do Rio de Janeiro. Sem cerimônia e interrompendo a missa, aqueles homens se dirigiram até o altar, voltando as batidas de seus coturnos, como pude ver. Eram dois militares e um outro que não estava configurado como membro da caserna, o que o deixava ainda mais sombrio. Quando estavam quase próximo ao altar, os dois militares pararam e o terceiro homem seguiu adiante até Padre Marcos. Ao aproximar-se do sacerdote, pegou um caderno pequeno que estava em seu bolso, abriu-o e o leu rapidamente, na mesma velocidade em que o guardou mais uma vez em sua roupa. A aparência daquele homem era disforme, um rosto pontiagudo, com maçãs bem proeminentes, e um nariz que chamava atenção. O olhar era severo, mas distante e vazio — parecia sem alma. A pele era morena e sua estatura bem alta, quase no mesmo nível de Padre Marcos, o que os deixava praticamente em igualdade, algo que, mais tarde, saberíamos não ser verdade.

— O senhor é o Padre Marcos Velazquez? — perguntou aquele homem sinistro.

— Sim, sou o pároco da Catedral do Rio de Janeiro. E o senhor quem é? — perguntou Padre Marcos.

— Meu nome é Abadom de Libitina, mas pode me chamar apenas de Abadom. Sou agente do Estado e estou aqui à procura de uma pessoa que, segundo informações que recebi em meu gabinete, o senhor deve conhecer. Estou procurando Isabela Estefânia Oliveira. Pode me dizer onde posso encontrá-la? — perguntou Abadom, cruzando os braços para trás e olhando fixamente para Padre Marcos sem demonstrar qualquer tipo de emoção.

— O senhor certamente recebeu informações equivocadas, meu irmão Abadom. Não conheço nenhuma Isabela. Na verdade, meu sacerdócio exige demais de mim e, infelizmente, tenho pouco tempo para amizades. Quem sabe, o senhor queira me visitar mais vezes, já que não lembro da sua presença nas minhas missas — disse Padre Marcos devolvendo o olhar fixo para Abadom.

— Agradeço a cortesia, Padre, mas não professo nenhuma religião. E minha fé não é o objeto desta conversa. Estou interessado em saber apenas sobre essa terrorista, pois, segundo relatório que está em meu escritório, ela se encontrou clandestinamente com pessoas suspeitas. E sabe como é, meu irmão, o país tem sofrido com a ação desses imundos comunistas. Eles precisam ser varridos. Como dizem, é uma praga — disse Abadom abrindo um sorriso irônico.

— O senhor respeite o templo e não pronuncie essas palavras. Este lugar não é seu escritório. É a casa de Deus! E as pessoas aqui presentes vieram atrás de paz. Não sou útil ao senhor, então, entendo melhor que se retire e continue o seu trabalho, pois o meu o senhor interrompeu — disse Padre Marcos apresentando irritação, o que era percebido por uma gota de suor a descer por seu pescoço e atingir o colarinho de sua batina, o que Abadom notou.

— Certamente e lhe peço desculpas por isso. Não vou lhe interromper hoje mais. Porém, não é verdade que o senhor não é útil. Na verdade, o senhor me ajudou muito e penso que faremos uma grande amizade e voltarei aqui mais vezes. Agora, preciso ir. Visitarei outros lugares. Padre, nem lhe digo o quanto estou andando nessa cidade. São muitas casas e lugares para visitar. Como diz o governo: a família precisa de segurança — disse Abadom, se despedindo de Padre Marcos e caminhando até os dois militares que o aguardavam, indo todos embora da Catedral.

Padre Marcos ficou ainda mais preocupado com aquela visita. Mas excitada e extremamente nervosa ficou Marília, que conseguiu assistir ao interrogatório de Abadom do alto da igreja sem ser notada. A Comunista ouviu tudo atentamente e por seu treinamento militar, bem como os anos de experiência nos assuntos da guerrilha, pôde entender que aquele sujeito não era qualquer agente. "*Ele é da tigrada!*" — pensou Marília. E Marília concluiu isso porque visualizou no paletó que Abadom vestia a medalha do pacificador com palma. E isso não era uma honraria. Era uma homenagem à barbárie.

Assim que Abadom se despediu do Padre Marcos, Marília foi correndo em direção ao quarto onde estavam Rafael e Isabela. Muito exasperada, não conseguiu se controlar, mesmo com suas táticas especiais de resistência. O que estava em jogo não eram só as vidas daqueles dois e os planejamentos da insurreição. Era o amor. E isso desequilibrou as forças de Marília. Tudo poderia ser mitigado. Mas quando se ama algo transcende e vai além. E Marília sabia disso. Eu também sabia, mas minha filosofia não foi suficiente, Menina.

— Isabela, Isabela, abra a porta! — Marília batia à porta do quarto onde dormiam Rafael e Isabela.

Alguma demora na resposta deixou ainda mais aflita a Comunista, que, ao tentar mais uma vez a batida na porta, viu a imagem de Rafael em sua frente. Ele estava apenas de calças e com o corpo um pouco úmido, com um rosto feliz. Isabela estava deitada na cama, mas já acordada e vestia a camisa de Rafael, unicamente. Ao ver a amiga na porta, Isabela perguntou:

— O que foi, Marília? Por que essa exasperação? Estava aqui o tempo todo — disse Isabela rindo e olhando para Rafael, que devolveu o sorriso.

— Vocês precisam sair daqui agora! E não podem ir a lugares que costumam ir no dia de hoje. Pelo menos nos próximos três dias — disse Marília, entrando no quarto e fechando a porta bruscamente, no que deixou Rafael assustado.

— O que está acontecendo? — perguntou Rafael.

— Isso mesmo, diga, Marília, por que está assim? — indagou Isabela.

Marília viu os dois e sentiu um peso em seu coração. Isabela estava linda. Já tinha visto a amiga nua várias vezes, mas, hoje, naquele momento, estava misteriosamente feminina. Linda, na verdade. E aquela beleza presenciada ali por Marília se justificou porque ela estava amando. Existe uma magia no amor que nos faz rejuvenescer e viver, deixando a natureza em letargia, para que o processo não se acelere. Era como se fosse uma regra: quando se ama, o tempo para. Rafael e Isabela passaram a noite juntos ali no quarto da Catedral do Rio de Janeiro e o tempo foi amigo deles. Amaram-se. E Marília fez essa leitura e, por esse motivo, teve o cuidado de alertá-los sobre o que pronunciaria aos dois. Dali para a frente as coisas seriam diferentes para Rafael e Isabela. Como eu queria que estivesse aqui, Menina. Ajude-me a não sofrer pelo que vou viver vendo os acontecimentos de Rafael e Isabela. Ajude-me.

— Os militares estiveram aqui e procuram por você, Isabela. Falaram seu nome completo. Eles sabem — disse Marília.

— Eles sabem o quê? — perguntou Rafael iniciando uma preocupação em seu ser.

Isabela ficou em silêncio, paralisou e não teve reação. Abaixou a cabeça, olhou ao redor e viu o rosto de Rafael, que ainda perguntava sem respostas de Bil. Marília já havia entendido o comportamento de Isabela, que, naturalmente, deveria contar a Rafael tudo no que ela estava envolvida, sua verdadeira identidade. Mas aquele gesto de Rafael, sua preocupação e nervosismo, era a tradução do cuidado e amor que tinha pela Coroada. E Isabela entendeu. Segurou suas lágrimas, porque, a partir de agora até o fim, ela precisava ser forte. Voltou à razão, o treinamento de Havana, e seu sentimento de justiça. O amor não esqueceu, mas apenas escondeu, no que Rafael não entendeu. E eu também não. É a marca de Adão, porque somos o sexo frágil, que me perdoem aqueles que se incomodam com isso.

Depois de muitas perguntas de Rafael sem qualquer reação de Isabela, a Coroada não resistiu e suas forças se reuniram, ficando tenaz, obstinada e, acima de tudo, mulher. Ela ficou forte, apresentando um olhar que Rafael jamais esqueceu. Virou-se para os dois ali no quarto da Catedral, diante de todos os santos e o mistério que os cercava e disse:

— Meu nome é Isabela Estefânia Oliveira. Sou militante, feminista e comunista!

Capítulo 16

Ciúmes, Amor e Saudades

O amor te vence de repente. Você está desprevenido quando essa forma de energia se apossa de todo nosso ser. Matemáticos, físicos, clérigos, professores e astronautas, todos eles sucumbem a essa força estranha. Os poetas caem mais cedo. Sou Professor e Poeta e, somado ao fato de que você é linda, não resisti por muito tempo. O Amor que tenho por você, Menina, me transformou.

A visita de Abadom de Libitina naquela manhã na Catedral do Rio de Janeiro deu o tom de seriedade e preocupação aos nossos amantes. A noite anterior foi mágica para os casais ali no templo. Romance de diversos tons coloriu a madrugada da igreja, cujos santos testemunharam a consumação autêntica do que deveria ser o Éden. Amar é um mistério e você é meu enigma, Menina.

Marília não tinha em seus planos amar novamente, mesmo sabendo ela que os pontos cardeais do planeta guardam sua fotografia nos corações descuidados. Muitas despedidas e promessas construíram saudades em muitos amores que logo desabaram. Porém, essa noite ela foi a vítima. Descuidada, se entregou ao amor de um Padre, que não pensou duas vezes em recebê-la em seus braços. Ele amou também.

E Rafael e Isabela tiveram similarmente uma noite apaixonada. Amaram-se, mas, mais do que isso, contemplaram-se. Adormeceram juntos em contato um com o outro, corpos entrelaçados, uma só carne, o milagre. O amor tem limites? Existe uma fórmula a seguir? Eu a ver você em meus pensamentos seria amor também? Meu coração diz que sim, Menina.

Mas, como eu disse, a manhã não guardou a mesma proporção da noturna lua cheia. Marília ouviu todo o interrogatório de Abadom e correu em direção ao casal para avisá-los. Isabela estava sendo procurada e não poderia brincar com isso, pois era uma ditadura militar no Brasil e esta não é cortês com os seus cidadãos. Aquilo foi sórdido.

Mas, além da caçada do regime a Isabela, a surpresa tomou conta dos amantes ao se descobrirem ali, após a revelação da Coroada, de que ela era comunista. Rafael não a conhecia por inteiro. Imaginou o estudante de Direito ser Isabela uma menina frágil, amante da poesia do século XIX e estudante de Letras. Ao ouvir aquilo de Bil, Rafael viu sua amada se transformar, perder a inocência vestida e apresentar-se como uma mulher tenaz, forte, com um olhar severo e firme. Admirou-se e assustou-se. Ficou irascivo, não pelo fato de ela ser o que é. Mas por pressentir que as coisas seriam diferentes dali para a frente. Sentiu o início da perda de seu amor, não pelo sentimento, que se fortaleceu. A derrota seria pelo afastamento de Isabela. E isso é mortal. Você quando disse para mim que estava assustada, logo depois, se foi. Aquilo me derrotou, Menina.

— Comunista? Explique, Isabela, mereço uma justificativa — gritou Rafael.

— Fale mais baixo, Rafael, os agentes podem voltar, não é um tempo de paz que estamos vivendo — disse Marília tentando acalmar o coração de Rafael.

— Não disse nada a você e nem te conheço — disse Rafael em tom ríspido, mas Marília entendeu o sofrimento do jovem estudante de Direito.

— Você guarde suas palavras Rafael! Não vou tolerar que você destrate minha amiga. Fique na sua posição, cara! — disse Isabela de uma forma como nunca antes se dirigiu a Rafael.

— Guardar minhas palavras? Você é que guarda as coisas, não é, Isabela? Viveu esse tempo todo com ar de fragilidade e, agora, se revelou como o quê, como disse, uma militante comunista? É do Partido Comunista, Isabela? O que é mais? Uma prostituta? — disse Rafael tomado de uma ira que todos os demônios admiraram.

— Cale a boca! — disse Isabela e deu um tapa no rosto de Rafael.

Rafael recebeu o golpe e estava desorientado. Toda a forma feminina de Isabela se apresentava ainda mais forte. Ela estava assustadoramente linda. E isso deixou nosso jovem ainda mais confuso. Ele tinha raiva, amor, cuidado, vontade de gritar e beijar. Todas as emoções tomaram conta do seu ser, que não entendeu o tapa, a fala, a imagem ali na sua frente. O silêncio habitou, na sequência da agressão, a mente da Coroada. Pouco a pouco, Isabela foi se recompondo, Marília abaixou a cabeça, e Rafael ainda estava perdido. Tudo era compreendido. E tudo poderia ser desfeito. O amor surge de repente e se vai na mesma velocidade. Orai e vigiai. Eu perdi você, Menina. Amei demais.

— Desculpe-me, meu amor, eu me descontrolei. Não era isso que eu queria. Não sabia que hoje tais eventos se descortinariam. As coisas aconteceram muito rápido. Mas você está certo, eu deveria ter lhe contado — disse Isabela com um semblante de uma serena tristeza.

— Não, minha amiga, não deveria ter dito e você sabe disso. Para o bem de Rafael, não deveria ter dito. Tem muita coisa em jogo. Sua vida, a vida dele e, agora, de todos nós. Já estamos sendo procurados. Começou por você, mas, logo, estarão no nosso encalço. O Padre Marcos é um alvo também. Eles perseguem a Igreja quando esta dá abrigo. E fiquei sabendo disso pelo dossiê vindo de Havana — disse Marília, interrompendo Isabela e deixando Rafael paralisado.

— Dossiê? Havana? — perguntou Rafael.

— Sim, meu amor, já vivi em Havana. Na verdade, recebi treinamento militar lá. Meu pai é um general do regime Castrista. Ele auxiliou as forças revolucionárias a instalar o comunismo em Cuba — disse Isabela com o rosto caído pela tristeza.

— Você não é de Céu Pequeno, lá no interior de Minas Gerais? Como alguém de Céu Pequeno vai para Havana e recebe treinamento militar? Quantas mentiras disse para mim, Isabela Estefânia? — disse Rafael voltando sua ira para a Coroada.

— Sou de Céu Pequeno sim, isso é verdade. Mas meu pai sempre se envolveu com política e a militância comunista. Ele teve contato com o remanescente da Coluna Prestes, lutou contra o regime de Getúlio e se refugiou no interior de Minas Gerais. Foi quando eu nasci. No dia de meu nascimento, o Partido Comunista estava cooptando meu pai. Moscou, na verdade. E cresci assim, ouvindo histórias, lendo *O Manifesto* e *O Capital*, e sendo destemida. Não sou frágil, meu amor. Você me fragilizou. Sempre fui razão. Mas esse seu jeito me derrotou e resgatou meu coração. E hoje não sei mais o que vou fazer. Estou dividida: amar ou lutar? Eu amo você, é o que sei agora — disse Isabela, voltando-se para a janela do quarto para se esconder das lágrimas que então irromperam.

— Minha amiga, não fique assim. Tudo correrá da melhor forma possível. Estamos coordenando o movimento e estou vendo com bons olhos esse seu romance. Rafael irá nos ajudar, não é meu jovem? — disse Marília, tentando confortar a amiga e virando-se para o jovem estudante de Direito.

Rafael tentava se recompor e todas as palavras ainda não faziam sentido a ele. É claro que ele também havia pensado em alguma coisa para se mobilizar contra os militares. O jovem estudante de Direito tinha um passado em sua família que o reportava a lutas por causas sociais e libertárias. Ele jamais esqueceu de seu avô, das histórias que ouviu de seu pai a respeito de Filipe Pastore Matronelli. Porém, quando as ouvia, a despeito de amar política, ele preferia a parte em que Filipe desce do seu discurso político e vai em direção a Lourdes Rafael. Pastore escolheu o amor, a vida, o romance no hiato da existência. Todas as bandeiras são importantes e deve-se lutar. Mas a vida é feita de escolhas, e isso é implacável. Escolher um caminho define nosso destino. Eu escolhi você, Menina. Contudo, seu caminho foi diferente.

A Aurora surgia mansamente por dentro dos sentimentos de Rafael e Isabela. Cada qual perdido em seu coração e a razão tentando resgatar esse órgão regente de nós. O coração não é domesticável. A razão é planejada. A vontade dos dois ali era fugir, amar e esquecer para, simplesmente, viver. Era o que Isabela esperava quando foi até a janela ver se o mistério que nos cerca, pelo menos hoje, diria algo a ela para desatar aquele nó em sua garganta. Ela esperava algum sinal, uma providência divina, o inesperado acontecer. Uma resposta é o que buscamos desde o dia em que iniciamos nossa jornada ao sair do ventre materno. E aquele momento ali no quarto, após algumas revelações, exigia um ato do destino para que os corações se acalmassem um pouco. E, ao que parece, o oculto escutou e atendeu aos apelos dos sentimentos da Coroada. Ela continuaria a amar. E eu também, Menina.

— E vou escolher você, Coroada! Sempre escolherei você. Eu te amo! — disse Rafael para Isabela, e ela não conseguiu segurar e chorou.

— Não brinque! Não brinque! — disse Isabela com olhos carregados de tempestade.

— Jamais eu brincaria com meus sentimentos e, especialmente, com os seus. Vou proteger você! Vou lutar com você. Irei ao inferno com você. Onde estiver, ali eu estarei. E sabe por quê? Porque sou seu — disse Rafael olhando para Isabela, que enxugou as lágrimas, arrumou seus cabelos além da alça e percebeu que o Padre Marcos acabara de chegar. Respirou, tomou fôlego e olhou fixamente para Rafael, como que reunindo coragem para pronunciar algo. A coragem veio, sua alma lhe deu forças e todos ali ouviram a Coroada dizer. Melhor, declarar-se:

"*Sou de Céu Pequeno, minha mãe, minha terra*
Cresci por esses lados cujos passos me deram alegria e festa
Conheci de perto as dores e as injustiças de uma política
E coroei a minha vida com um discurso ativista

No chão de minha casa formei-me duramente nas leis do povo
Criei os artifícios que me distanciaram do pseudonovo
Fui cicatrizando as feridas de falaciosas retóricas vindas do parlamento
Fui chamada de Senadora no instante em que mais precisei de alento

A política em mim me fez uma Mulher forte
Minha vestimenta vermelha afastou os descuidados sem sorte
Tive no coração a morada de alguns amores frios
Mas você fez a revolução que honrou meu governo e meu brio

Nas leituras de Marx sonhei com a foice e o martelo
Nas batalhas contra os czares inspirei o meu sucesso
Mas em Austen lembrei-me que um dia iria amar
E esse dia começou quando você começou a me levar

Tenho a sensualidade e a voracidade das mulheres determinadas
Grito contra os injustos, olhos duros, a luta obstinada
Mas você toca a minha pele, desnuda minha razão, fico louca
E rendo-me facilmente, oratórias que se perdem, paixão que me rouba

A minha esquerda tem bandeiras que ainda não mortificaram
A minha braveza é uma esperteza contra aqueles que se calam
Rejeito todos os atos, vaticínios e promessas de cruéis burocratas
Mas vivo a sua democracia, a minha epifania, o sonho de ser Coroada"

Todos ali ficaram mortificados pela poesia de Isabela. Aquilo foi lindo, veio do mais profundo de nós, a alma. Quando fazemos tal tipo de coisa é porque fomos tomados por uma energia intensa que governa o cosmos. A Coroada assumiu seu posto: era razão e coração. "*Siga seu coração, mas leve sua razão junto*", pensava. E o que catalisou aquele discurso, declarar-se poeticamente a Rafael, foi o fato de que este já estava em amálgama mística com Isabela. Não poderia ele fazer mais nada na vida a não ser seguir seus passos. Ele escolheu seu caminho e seu destino. A estrada tinha um nome e se chamava Isabela. Essa foi a Aurora dele e, a esta, Isabela se entregou. Eu também queria seguir seu caminho, Menina. Eu também queria ser seu par.

— Lindo isso, amiga! — disse Marília sorrindo e chorando, no que abraçou Bil.

— É, meu amigo, você tem sorte. Que mulher é essa?! — disse Padre Marcos, sorrindo e abraçando Rafael. — Temos aqui a nossa Senadora! Quando esse regime cair, e vai cair, Isabela será nossa legisladora — discursou Padre Marcos.

— Não, meu amigo, não. Ela não é a Senadora, não é Isabela, não é Bil, como ouvi Marília dizer. Ela tem um nome, sim, Isabela Estefânia Oliveira. Mas diante de vocês, aqui nesse lugar sagrado, perante o oculto e o mistério, além daqueles miseráveis lá fora em seus coturnos imundos, eu digo: Ela é A Coroada! Ela é A Coroada, porque ela legisla e rege todos os meus sentimentos. És minha senhora! Leve-me daqui! — disse Rafael a Isabela, que não aguentou e correu para os braços do jovem estudante de Direito e disse:

— Não brinque! — E Isabela beijou Rafael.

— Lindo! — disse Marília.

— Que Deus abençoe vocês. O amor tudo supera. O amor sempre vence. Tenho sorte de conhecer vocês. E eu farei de tudo para protegê-los. Amo vocês — disse Padre Marcos voltando-se para Rafael e Isabela, caminhando um pouco no ambiente e ajoelhando-se diante da imagem de Maria, mãe de Deus, que estava situada no canto do quarto. Ao fazer isso, o pároco rezou.

— Pai Nosso...

Marília via tudo aquilo e sentiu que era mágico. Nunca tinha visto isso antes, especialmente sua amiga Isabela amando daquele jeito. Mesmo os rompantes de fúria e ciúmes de Rafael não foram suficientes para quebrar o sentimento forte que havia entre eles. E Marília entendeu. Porém, a Comunista também sabia dos eventos que viriam logo à frente, o endurecimento do regime militar no Brasil e a dificuldade de se ter alguma paz por aqueles tempos. O dossiê, ainda pensava a respeito e lembrou do nome de Filipe Pastore Matronelli. E, naquele instante em que a mente tem uma tempestade de nomes e ideias, Marília percebeu que o nome Matronelli era o mesmo que Rafael tinha na sua composição. Após lembrar disso, perguntou a Rafael ali no quarto, interrompendo o romantismo e carinho instalados após a revelação da Coroada.

— Rafael, quem é Filipe Pastore Matronelli? — perguntou Marília.

— Filipe Pastore é meu avô. Como sabe desse nome? Conhece meu avô? — perguntou Rafael surpreso com a pergunta da Comunista.

Isabela também ficou surpresa com a pergunta da amiga. Estava tentando se recompor, secando as lágrimas vindas das emoções que acabara de ter. Ela amava muito Rafael e tentava não se expor tanto, mas já era tarde. A Coroada estava amando e não era apenas razão. Mas ao olhar para a amiga, na sequência da pergunta que acabara de fazer a Rafael, aquilo a despertou novamente. Ela possuía uma sagacidade singular, captando todos os sinais e os interpretando imediatamente. Ela sentiu perigo. E ficou com receio.

— Seu avô, Rafael? — perguntou Isabela.

— Sim, meu avô. Já lhe contei a história dele, meu amor. A história de Filipe e Lourdes Rafael — disse Rafael.

— Conte mais para todos nós Rafael — pediu Marília, no que ela sentou, sendo acompanhada dos olhares de Padre Marcos, que sentiu existir algo mais nessa história.

— Sim, meu amor, conte mais — pediu a Coroada.

— Claro, conto sim, amo essa história.

Rafael então contou a história de Filipe Pastore Matronelli, do seu engajamento político, da sua militância no Partido Comunista Italiano e da greve de Milão. Também disse que no alto de seu discurso ativista, em meio à multidão de operários da tecelagem milanesa, Pastore viu Lourdes Rafael em seu esplendor e mistério feminino. Ao vê-la, não pensou mais, abandonou seu discurso, foi até ela e a amou. A descendência de Pastore e Lourdes Rafael ocorreu a partir de uma retórica marxista e requintes de um amor intenso. Rafael levou o nome da avó em homenagem ao amor que Filipe tinha por ela. Os avós morreram na Itália após ver seu outro filho, Eduardo, lutar no exército de Mussolini e morrer. O pai de Rafael, Camilo, decidiu sair dali e veio para o Brasil. Foi quando Rafael nasceu.

— E assim entendi o que era o amor. A vida tem mais coisas que apenas as decisões políticas. Cresci ouvindo essas histórias, acompanhadas das leituras dos clássicos, como Maquiavel, Platão e, claro, Montesquieu. Lembra, Catita, de Montesquieu? — perguntou Rafael olhando para a Coroada, que estava misteriosamente linda.

— Sim, jamais vou esquecer. Você me roubou um beijo naquele dia em que procurava O *Espírito das Leis*. E lhe entregaria mais sem pedir. Entregaria todos os beijos que quisesses, porque eu te amo! — disse Isabela soltando seus cabelos porque sabia que Rafael amava seus longos fios negros além da alça.

Padre Marcos e Marília sorriram e seguraram suas lágrimas. Era o destino no lugar de sempre. Não há como fugir. Não há, Menina. Eu inevitavelmente a encontraria. E a perderia. Espero que isso não aconteça a Rafael e Isabela. Após alguma descontração com a história contada por Rafael sobre seu avô, Marília pensou que deveria contar sobre o dossiê. Precisaria adverti-los sobre o monitoramento do regime de possíveis suspeitos. E Rafael era um dos procurados também.

— Havana sabe sobre seu avô, Rafael. Seu nome pode aparecer na procura por suspeitos do regime militar brasileiro — disse Marília.

— Mas não sou do Partido Comunista. Sou um simpatizante apenas e tenho essa herança política — disse Rafael.

— Pelo que entendi, meu amigo, você tem mais que uma herança. Você tem uma pessoa agora. Uma união para lá de especial. Você não é só uma história de um antepassado comunista. Você hoje é o amor de uma comunista. Você é Isabela, meu amigo — disse Padre Marcos olhando para a Coroada.

Rafael entendeu os dizeres de Padre Marcos e compreendeu os riscos que ele e Isabela tinham dali para a frente. Se a inteligência de Havana encontrou no nome de seu avô um potencial risco de vigília, era porque aquilo representava um perigo. E Rafael não conseguiria viver deixando ainda mais vulnerável sua amada. A confluência de pensamentos tomou conta de seu ser e teve reflexões mais duras, sendo racional. Concluiu que precisaria se separar da Coroada. E isso seria o seu fim.

— Eu preciso me afastar de você, Isabela — disse Rafael.

Isabela ficou mortificada por dentro. Concentrou suas forças e tentou manter a seriedade. Lembrou do seu treinamento militar, da militância comunista e dos propósitos que havia traçado em sua jornada antes de conhecer Rafael. Começou a perceber que estava perdendo o amor de sua vida, que o destino talvez fosse outro. Um gosto amargo tomou conta da sua boca, a respiração ficou mais forte e ela suspirou. Quando decidiu falar algo, foi interrompida por Marília.

— Acho que todos estão cansados e com medo. Tudo o que foi dito hoje é muita coisa. As palavras aqui colocadas são verdades, mas precisamos trabalhar isso. Não é o momento de ninguém se separar, muito ao contrário, precisamos nos unir. Virão coisas fortes a nós e teremos de estar preparados para isso. Rafael e Isabela, vocês estão proibidos de se separarem. Quando for o momento, se esse momento vier, irão saber ou eu direi. O que precisamos fazer hoje é desaparecer por uns dias. Deixaremos a Catedral e vocês dois não podem frequentar os lugares comuns nos próximos três dias. Marcaremos de nos encontrar, novamente, aqui, daqui a duas semanas. Rafael e Isabela não irão à faculdade. Vamos buscar um abrigo. Alguém tem alguma ideia? — disse Marília, contrariando o manual militar de Havana, porque o amor tudo supera.

— Sr.ª Salarz! Ela pode ser nosso abrigo — disse Isabela.

— Ótimo. Quem é Sr.ª Salarz? — perguntou Marília.

— É a bibliotecária, chefe de Isabela — disse Rafael.

— Sim e, também, minha amiga. Pode confiar nela — disse Isabela.

— Certo, então me dê as diretrizes que eu vou procurá-la. Enquanto isso, precisam sair daqui. Padre Marcos, tem outra paróquia que pode abrigar nossos amigos até eu resolver isso? — perguntou Marília olhando Padre Marcos e já sentindo atração novamente por ele.

— Sim, tem uma igreja na periferia que pode acolhê-los por alguns dias. Vou orientá-los a ir lá e entrarei em contato com o Frei que cuida da paróquia. Ele é meu amigo e é de confiança — disse Padre Marcos.

— Excelente. Com isso estaremos mais seguros. Vamos fazer isso então. E não saiam juntos. Esperem um pouco, cada um de vocês, para dar um espaço. O regime tem olhos por todos os lados. E não é interessante criar a sorte para esses miseráveis — disse Marília.

— E você, minha amiga, onde vai ficar? — perguntou Isabela.

— Ela vai ficar comigo até tudo se resolver — disse Padre Marcos.

Por essa Marília não esperava. Ela até tinha pensado que fora apenas uma noite e, assim, o pároco já tivesse, talvez, esquecido do que acontecera. Porém, o modo como falou e pegou as mãos de Marília ao dizer isso convenceu a Comunista de que ele estava amando também. Rafael e Isabela puderam notar alguma reciprocidade ali, mas não comentaram. Entenderam que, seja o que for, seria dito no momento certo.

E assim foi feito. Rafael saiu primeiro da Catedral, no que foi repetido o ato após trinta minutos, por Isabela. Nesse tempo, Padre Marcos entrou em contato com o Frei e explicou que precisava de um favor: abrigar um casal de noivos, algo que criou para um disfarce. Marília aguardava a chegada dos dois ao abrigo indicado pelo pároco. E, após algum tempo, o Frei da igreja que os acolheu voltou o contato a Padre Marcos confirmando que eles haviam chegado, no que o sacerdote ficou aliviado com a notícia.

Marília ainda estava na Catedral. Voltou seus olhos para Padre Marcos e pediu para ir tomar um banho antes de partir. Ela precisava entrar em contato com a Sr.ª Salarz. Quando começou a dizer isso, algo inesperado aconteceu. Padre Marcos a beijou mais uma vez.

— Não esperava por isso — disse Marília.

— Não pude resistir. Desculpe meu atrevimento — disse Padre Marcos.

E eles se entregaram novamente ao amor. Houve ali a consumação de algo que parecia antigo. Sem o pudor das convenções, a aguardar o momento propício para as intimidades, Padre Marcos e Marília anteciparam etapas de construção da reciprocidade e foram logo ao que os dois sentiam um pelo outro: afeto e tudo o mais.

Muitas vezes conhecemos pessoas e convivemos com elas por muitos anos sem as conhecer de fato. Dois estranhos andando juntos nos sorrisos sociais, mas a alma e, especialmente, o coração andam sozinhos. De outro lado, já ocorreu de avistar um ser por instantes e ter a sensação de conhecer há séculos? De não se envergonhar, de não se jogar o jogo da sedução, ao menos por inteiro, e ir logo ao encontro e simplesmente dizer: "*encontrei você de novo!*". É tão misteriosa essa coisa de enxergar no outro ou outra a pessoa de outrora, de uma vida passada, um amor antigo que, novamente, o destino fez enlaçar-se mais uma vez. A velocidade em que o coração exige a aproximação é inversamente proporcional ao tempo em que não estão juntos na existência. Metafísica forte, não é, Menina? O que eu tenho por você é místico, transcendental, puro e sagrado. Ninguém precisa saber, mas você precisa. Sempre te amei, Menina.

E parece que foi essa a fórmula de Padre Marcos e Marília: são amantes antigos. Esse tipo de amor é milenar, assistiu a toda a história da humanidade, despedindo-se e reencontrando-se em sempre novos beijos e adeuses. Muitos abraços foram dados e esse aperto dado dá os contornos de uma reminiscência que faz acordar e dizer: eu conheço você! Então a moral, o bom comportamento, os olhares censores não impedem um Padre de amar uma Mulher que acabara de chegar, pois não chegou agora. O Padre é um ser humano, é um homem. A Mulher é a mulher antes de mais nada, ou melhor, antes de tudo, porque a Mulher não tem definição que caiba aqui. Você eu não consigo descrever, Menina. E não acabaram de se conhecer. Não, isso é uma mentira. Acabaram de se reencontrar. O coração tem suas razões que a própria razão desconhece, diria Pascal e eu coloco o romance aqui. Menina, eu sempre a conheci. Eu me lembrei de você.

Os acontecimentos dos nossos amigos estão ficando cada vez mais emocionantes e perigosos. Essa combinação de amores no templo, na chuva e nos braços de quem se ama é uma excelente forma de aquecer, ainda mais, os corações. Mas esse regime, esse pano de fundo histórico, essa coisa de destino é, muitas vezes, impiedosa. Teria de existir uma ditadura a impedir Rafael e Isabela de viverem seu amor? Teria de ter algo que criasse um obstáculo que não faça os dois se amarem por toda a vida? E por que todo esse drama, essa dificuldade, qual foi o crime que nós humanos cometemos para caminhar por uma estrada tão tortuosa assim? Permitam a Rafael e Isabela amarem-se. Deixem Padre Marcos e Marília saborear seu romance. Devolva a mim, ó destino, aquela que sempre amei. Devolva a Menina a mim.

A Aurora surgia mansamente em minha mente e eu chorei. Não estou em condições de continuar, porque a saudade foi mais forte. Pode ser que algumas descrições minhas tenham sido confusas porque meu coração acelerou um pouco. O último registro que sei ser verossímil foi o beijo dado por Padre Marcos a Marília, diante dos anjos da Catedral. E ela consentiu e permitiram-se amar novamente. E eu tive toda essa reflexão, me perdoem, leitores, mas às vezes a saudade é muito forte. Ela corta nosso peito e tudo são lágrimas, um pouco da sensação de retorno. Mas uma chuva, ou melhor, uma tempestade não dá o retorno que se gostaria. Mesmo que se regresse ao fundo da alma, implorando ao improvável, ao mistério, a Deus, que se permita ser feliz, mesmo assim, todo seu ser em plena profusão de energias suplicantes, ainda assim, isso não mudaria o curso das águas. Eu ouço um barulho lá fora, um estrondo aqui dentro, a surdez que constrói meu silêncio e escrevo. Sou chuva e trovão, a tempestade que não vai embora. As emoções que me consomem agora, o inesperado que nunca vem e você...

— Professor!!! Professor!!!

Capítulo 17

Esperança
Belo Horizonte, FAFICH, 18 de
março de 2002

Era uma data especial. Muitos acontecimentos importantes ocorreram nesse ano. O Brasil, enfim, teria pela primeira vez um candidato à Presidência da República vindo da esquerda e com chances reais de vitória. Seria a coroação do que aconteceu no passado, de lutas armadas, de movimentos sociais e os discursos sindicais. Viria tarde, é verdade, mas seria. E foi. Outros fatos importantes ao meu coração ocorreriam nesse dia. Uma pessoa que mudou minha vida nasceu. Hoje eu a vi, Menina. Feliz aniversário!!! Te amo!

— Professor!!! Professor!!! — um grito exasperado me chamou.

— O que é essa energia toda? Qual a alegria e o motivo? — perguntei.

— Corri todos esses corredores atrás de você para lhe perguntar: o Lula vence as eleições deste ano? — um aluno de Ciência Política me perguntou.

— Meu caro Wagen, acredito que sim. Todos esses anos, desde 1979, a esquerda tem tentado atrair a atenção do povo brasileiro para a sua causa. Mas sabe como é o nosso país. É elitista e extremamente conservador. Espero que seja vitorioso, sim — respondi ao meu aluno que estava em uma euforia só, quando, em um momento, virou seu rosto de mim após receber um telefonema de seu celular.

— Professor!!! Professor!!! Nasceu, minha filha nasceu!!! — disse Wagen com os olhos lacrimejados e feliz.

— Que felicidade, meu caro, parabéns. E o que está fazendo aqui? Deixe o câmpus e vá ver sua esposa e filha. Não tem o que esperar — disse ao meu aluno para que aprenda o essencial da vida.

— Sim, eu irei, eu irei. Mas estou sem carro, eu não tenho carro, e o hospital é muito longe. Professor, sei que não é adequado, mas o senhor pode me levar?

Ouvi aquilo como que não acreditando. Teria cinco aulas pela manhã e minha cabeça só tinha pensamentos embaralhados de política, Lula e um bebê que acabara de nascer. Não tive muita escolha e dei carona ao meu aluno e fomos até o hospital. Vinte anos depois fui entender exatamente do que se tratava, Menina. O destino no lugar de sempre. No lugar de sempre.

— Obrigado, Professor! Se o senhor quiser, pode ir, vou aguardar agora notícias de minha esposa. Conversei com a enfermeira e ela disse que daqui a pouco posso vê-las — disse Wagen.

— Vou esperar tudo se assentar, meu rapaz. Já cancelei as aulas de hoje e ficarei por sua conta. Podemos falar do Lula? Não gosto muito do fato de ter se aliado ao conservadorismo de direita, porém, aquilo é pragmático para vencer as eleições — disse sem pensar, porque, por algum motivo que não sei dizer, não conseguia raciocinar.

Após algum tempo aguardando notícias da esposa e da criança de Wagen, a enfermeira veio até nós e disse que poderíamos visitá-las. Argumentei com Wagen que dali para a frente era com ele, mas ele insistiu que eu ficasse. Eu não compreendi nada daquilo, estava me sentindo fora do ninho, perdido. Mas eu já era assim sem saber. Esse dia me reposicionou na existência, Menina. Você nasceu.

— Meu amor, olhe nossa filha. Linda! — disse a esposa de Wagen.

— Sim, meu amor, linda, linda. Estou tão feliz! Amor, esse é o meu professor de Política. O nome dele é... — interrompi Wagen.

— Não precisa disso, meu caro, sua esposa está cansada. Fique um tempo com ela e esqueça a política e o Lula por enquanto. Ele vai ganhar as eleições. Minha análise aponta para isso. Deixe-me ir, vou deixá-los a sós — disse tudo isso aos seus pais, Menina, e estava me retirando, quando ouvi seu choro pela primeira vez.

— Filha, o que foi? — disse a esposa de Wagen.

— Está acordando — respondeu Wagen.

Realmente estava constrangido com toda aquela ambientação e intimidade familiar. Eu não pertencia ao lugar. Mas tem coisas na vida que acontecem sem a mínima explicação. Esses anos todos de solidão, de assistir à História de perto, com uma idade em que os homens já possuíam seus sonhos concretizados, eu simplesmente tive uma existência dedicada aos estudos e ao magistério acadêmico. Eu era infeliz. Mas seu choro foi o chamado. O despertar da minha letargia. Você tocou meu coração, Menina.

— Você me viu nascer, meu amor. Eu te amo!

E depois de dizer isso a mim, Menina, tudo que eu vivi valeu a pena. Sempre te amei, Menina. Sempre.

Rio de Janeiro, 1967

Já haviam se passado algumas semanas desde que Rafael e Isabela souberam da visita de Abadom de Libitina à Catedral do Rio Janeiro. Ficaram por uns tempos abrigados na paróquia do amigo de Padre Marcos, um Frei. Marília e o pároco, agora um casal, se beijaram, amaram-se e se despediram. Ela precisava movimentar algumas ações e uma delas era conhecer a Sr.ª Salarz. Foi o que fez.

Porém, Abadom também estava se movimentando. Após sair da Catedral do Rio de Janeiro, entendeu que era o momento de se distanciar um pouco da busca por Isabela. Seu faro o fez entender que Padre Marcos mentia e tinha mais coisa ali. Não se importou, fez o que o manual exigia dele e foi embora. Buscou mais informações sobre as relações de Isabela. Já sabia que esta era estudante de Letras, que possuía um contato com o Partido Comunista, contudo, Rafael não surgiu em seu radar. Por ora, o jovem estudante de Direito não era alvo do regime militar.

Entre as informações de Libitina, este viu que Isabela trabalhava na biblioteca da universidade onde estudava. Eram ela e uma senhora, Cristina Salarz, as funcionárias do coletivo de livros. Esperou algumas semanas até a abordagem apropriada, a qual seria hoje.

— O senhor acha que vamos encontrar aquela comunista? — perguntou um dos agentes que acompanhava Abadom.

— Tudo é uma espera, jovem. Existe um tempo certo para acontecer. Apressados e afoitos são tolos. Isso que fazemos é um tipo de arte. E merece nosso esforço e atenção — disse Abadom sem olhar os dois agentes que o acompanhavam.

— Essas pessoas são perigosas e não merecem viver. Se essa tal de Bil estiver diante de nós, não pensaremos duas vezes. Vamos matá-la! — disse um daqueles dois indivíduos que mais pareciam uma entidade, sem qualquer personalidade ou individualidade, sombrio.

— Calem-se! Quem decide isso sou eu. Vocês são meus subordinados e estão aqui por causa de indicações superiores. Provavelmente fizeram besteira ou são filhos de algum notável. Não quero saber. Sigam meus passos e minhas ordens. Eu não hesitarei em tirar a vida de vocês se fizerem o contrário. — Olhou Libitina para os dois agentes, que, então, silenciaram.

Abadom aparentava ter uns quarenta anos. Era forte, alto, sem insígnias no peito e não usava fardamento. O único emblema era a medalha do pacificador com palma, a qual estava posicionada ao lado direito do seu tórax. Era meticuloso, estrategista, porém, gostava de deixar nas suas palavras o tom da obscuridade e medo. Era uma tática que usava ao interpelar seus investigados. E obtinha algum sucesso nisso. Contudo, no dia em que entrevistou Padre Marcos, não percebeu uma mudança de ânimo no pároco, o que o deixou curioso. *"Ele é esperto"* — pensava Libitina.

Hoje ele conheceria e interrogaria Sr.ª Salarz a respeito de Isabela. Sabia que se tratava de uma idosa e uma mulher culta, sendo, portanto, uma abordagem que lhe exigiria mais técnica. Mesmo quando ele deixava entender aos seus interpelados que nada foi oferecido em termos de informações, Abadom retirava algo, pois conseguia fazer a leitura do todo, do corpo, das palavras e da alma. Era sagaz. E medonho também.

— Veja, senhor, que menino curioso. Ele está fazendo flexão com o pescoço. Um imbecil! — disse um dos agentes enquanto os três caminhavam em direção à biblioteca da universidade.

— Não pense desse jeito, meu rapaz. São pessoas assim que conseguem impressionar, fazer algo inesperado e tornar-se um líder — respondeu Abadom sentindo uma empatia pelo jovem garoto que exercitava flexões ao solo com o pescoço enrijecido.

— Líder? Como assim? Esse sujeito precisa aprender muito para se tornar líder. Não sabe fazer nem mesmo flexões! Ô Menino, deixa de ser imbecil! — gritou para o jovem garoto um dos agentes de Libitina, que o interrompeu bruscamente.

— Cale a boca! — E desferiu um tapa no agente que gritou e este fez silêncio. Abadom aproximou-se do menino, que ficou assustado, e lhe perguntou:

— Qual o seu nome garoto?

— Jair, senhor — disse o menino assustado.

— Diga-me, estou perto da biblioteca da universidade? — interpelou Libitina vendo a estranheza no rosto do jovem menino.

— Sim, daqui a duas quadras os senhores chegam na biblioteca da universidade — respondeu o menino já voltando o rosto a sua normalidade.

— Muito bem, garoto. Vi você fazendo exercícios, flexões. Talvez pense em ingressar nas Forças Armadas. Pessoas como você são ideais nesses tempos, filho.

Abadom despediu-se do jovem garoto e o deixou animado com a ideia de entrar para o Exército. Os outros agentes que acompanhavam Libitina nada entenderam, pois, ao que parece, o menino parecia ter algum tipo de distúrbio. Mas deixaram aquele assunto para trás e seguiram adiante rumo à biblioteca da universidade. Visitariam e conheceriam Sr.ª Salarz.

Passo a passo, um caminhar ordenado e treinado. Batidas ao chão como que anunciando a chegada, similar a fanfarras do exército. Um som característico, prólogo de um suspense que se instalará ao encontrar o interpelado. O medo primeiro vem pelas sensações antes mesmo de ser físico, habita a mente e controla seu estado psicológico. A técnica é antiga, como é o ser humano também. Quem surgiu primeiro ainda não se sabe. Mas quem será o primeiro a se despedir do mistério sim, sabemos.

Libitina pensava apenas em Isabela, era sua missão. Enquanto não se resolvesse esse quadro, dado a ele por seus superiores, não deixaria seu espírito calmo. Nunca o era, é verdade. Nem sei se ainda existia um a ocupar a residência daquele corpo. Essa maldade de infligir ao outro o medo e a dor são próprios de Casas Vazias, seres vagantes sem qualquer sentimento ou empatia. Mortos-vivos. Zumbis.

Sr.ª Salarz seria a pessoa a ser interrogada hoje por Abadom. Não tinha conhecimento a respeito de Isabela, ao menos sobre o que nós sabemos agora: militante do Partido Comunista. Para a chefe da biblioteca, a Coroada era apenas uma estudante de Letras, esforçada e dedicada aos estudos, alguém que ama a poesia e que gosta de escrever. E, claro, Sr.ª Salarz tinha conhecimento do amor de Isabela por Rafael. "*Um romance lindo!*", sempre dizia.

Mas pessoas como Libitina não se importam com isso. Não é o que ela deve ou não saber, e sim o que o interrogador deseja extrair. E no fundo da nossa psiquê sempre existe algo escondido. O medo aciona a adrenalina e esta faz com que estejamos em alerta para a sobrevivência. Na ânsia de existir, tudo é entregue, mesmo que, conscientemente, não imagine o interrogado que aquilo tenha uma conexão. A dor, o medo e a sobriedade de quem utiliza a técnica é o que faz a arte acontecer. O ser humano não evoluiu, Menina. Estamos na barbárie ainda.

— Preciso conversar com Sr.ª Salarz. Sou Abadom de Libitina, aqui estão as minhas credenciais de agente — disse Libitina na entrada da Universidade.

— Perfeito, senhor. Pode entrar, a biblioteca fica a três prédios em linha reta, onde o senhor se curvará à esquerda. Lá estará a Sr.ª Salarz.

— Obrigado, rapaz.

Libitina continuou caminhando no ritmo de anúncio de sua chegada. Os outros dois agentes o acompanhavam, agora com um pouco de distância, deixando Abadom à frente, como em uma triangulação. Esse ritual era repetido sempre, especialmente quando a pessoa a ser interrogada era importante. A ditadura militar no Brasil, muito por conta da influência norte-americana e o contexto da guerra fria, perseguia estudantes, mulheres, ativistas, intelectuais e, claro, membros do Partido Comunista. Bil era tudo isso. Ela era uma ameaça ao regime. Brasil acima de todos. E todos na miséria de sua própria ignorância.

— Essa Bil deve ser eliminada. Esses comunistas são uma praga. A família exige isso — disse um dos agentes a Libitina, enquanto este caminhava à frente.

— Como deve ser ela? Não será difícil capturá-la. É uma mulher e estudante de Letras. Será muito fácil. Esses comunistas são idiotas! — concluiu o segundo agente que acompanhava a tríade de Libitina, que disse:

— Você não entende as palavras que diz. Estamos aqui para um serviço. Não importa se a pessoa é ou não inteligente, homem, mulher, idoso ou criança. Não é nosso papel compreender a política e, tampouco, o comunismo. Eu lhe disse: siga minhas ordens. E agora exijo que se cale. Seus comentários e percepções são inúteis. — Virou-se Abadom interrompendo o falatório dos agentes.

— Então não podemos pensar e expressar nossa opinião? — um dos agentes perguntou.

Nesse momento, quando um dos integrantes da tríade de Libitina fez a pergunta, o segundo agente silenciou-se e mortificou-se. Abadom parou seus passos. Respirou, olhou para o céu e esqueceu, por instantes, de Isabela e Sr.ª Salarz. Virou-se para o agente, que estava logo atrás dele e, calmamente, se dirigiu a ele. O outro parceiro afastou-se, e o indagador congelou ali, sabendo que não teria melhor sorte ao ver que Libitina se aproximava. Tentou falar, abriu sua boca, iniciou uma pequena histeria. E em seu descontrole, ouviu Abadom dizer a ele.

— Sabe como os abutres se alimentam, meu rapaz? — perguntou Abadom.

— Não tenho ideia — respondeu o agente já amedrontado.

— Eles são aves de rapina. Essas espécies de aves são sagazes, têm uma visão distante e ficam circulando de longe, observando sua presa. E, quando veem que está na hora do ataque, elas agem. Mas ficam circulando em volta, mostrando sua imponência para que a vítima tenha respeito. O sacrifício, a vida entregue, o fechamento, se dá por algo superior. Entende o que eu digo, rapaz? — explicou Libitina, retirando uma espécie de agulha do bolso de sua camisa.

— Entendi! Entendi! Não vou ter mais opiniões. Vou me silenciar! — disse o agente já com desespero em evidência.

— Claro, meu rapaz, silenciará sim. Concordamos nisso. Coloque sua língua para fora! — ordenou Libitina.

— Senhor, senhor, meu Deus, para que isso? Não tem necessidade. Vou ficar em silêncio. Não perguntarei mais nada — disse o rapaz que acompanhava Libitina. O outro estava longe dali, aguardando o desfecho.

— Você não entendeu, rapaz. Eu não peço, não opino, não tenho meus julgamentos. Eu faço. Foi dada uma missão e eu farei. Estamos aqui para isso. Somos os abutres, as aves de rapina. Caçamos e aproveitamos da carne podre. Você não se formou ainda. Mas irá se formar. Comigo, formarás — disse Libitina, que na sequência apertou o pescoço do agente, que deixou sua língua à mostra. Porém, Libitina interrompeu seu ato. O rapaz defecou e urinou antes de qualquer coisa. Estava em pânico.

— Você é uma vergonha. Suma daqui! Te darei essa chance. Suma, verme. Suma, ignóbil.

O rapaz caiu ao chão, todo sujo dos próprios excrementos. Fedia e apresentava um rosto de horror pelo que ainda nem tinha sofrido fisicamente. O terror tomou conta de seu ser e colocou todos os elementos corpóreos em ação. Levantou-se, caiu mais uma vez, e na segunda tentativa, correu muito até desaparecer no horizonte.

O ser humano é uma máquina pronta para sobreviver. E quem usa a técnica sabe disso. O medo é um instrumento importante de extração de informações. Libitina entendia seu ofício e o cumpria sem questionar. Era uma peça da grande estrutura. Era as mãos da ditadura militar. Isso era o Brasil, Menina.

— Adoro ouvir você, meu amor. Te amo! — disse minha amada com olhos que jamais esqueci.

— Estamos vivendo algo parecido hoje. Não podemos deixar esse sujeito ser presidente da República. Ele homenageou um agente do regime. Veja, hoje, 18 de março de 2022, somos uma democracia! — disse para ela, que estava linda em minha cama.

— Amor, se depender de mim, jamais será. Esse sujeito é um nojo! É o que há de pior no ser humano. Não será! — disse a Menina e soltou seus longos cabelos negros que envolveram seus seios me deixando mais apaixonado.

— Feliz aniversário, meu amor! Que seus vinte anos tenham como presente a democracia brasileira — disse a ela, olhando a beleza da majestade feminina. A minha Coroada.

— Meu presente sabe o que é? É você. Você não existe! Você não existe! — disse a Menina para mim e começou a chorar.

— Não chore, linda, não chore. Eu já entendi muita coisa da vida e tive tantas outras também. O que importa para mim é você feliz. É você feliz! — Não consegui terminar a frase. Chorei também.

— Eu estarei com você até o fim. Até o fim!

— Que seja eterno enquanto dure.

Aquele dia foi magnífico. Em seu aniversário, a Menina veio até mim e me presenteou com a presença dela, seu amor, sua beleza. Tive esperança de que, finalmente, ficaríamos juntos. Tentei deixá-la, de todas as formas, mais confortável. Amei-a ainda mais, como se isso fosse possível. Claro que é. O amor não tem limites. E, considerando essa última reflexão, eu deveria aprender mais sobre o amor e praticá-lo. Não me importava com o tamanho do amor da Menina por mim, apesar de saber que era recíproco. Porém, eu desejava deixá-la plena, atender àquela feminilidade em sua integralidade, deixar um sorriso em sua alma, uma falta de fôlego a cada ato de amor, um nunca se permitir esquecer. Em mim ela realizou tudo isso. A imagem dela nua em minha cama, a vestir-se apenas com aqueles longos cabelos negros, a destilar o perfume natural feminino em meu olfato, a permitir-se as sensações de tocar seu corpo, sentir todo o seu relevo e o arrepio ao meu toque de mãos. De ouvir sua voz, em baixo agudo a murmurar para mim dizendo, ordenando: "*ame-me!*". Como eu posso me esquecer disso? Minha alma é infinita e nela cabe tudo o que há no universo. Mas a Menina é um infinito maior o qual derrota minha permanência e minha eternidade. Eu não poderia ter visto aquela fotografia. Minha Vênus. Minha Maja Nua. Minha Menina!

— Continue, Professor! Conte-me o que aconteceu à Sr.ª Salarz nesse dia — disse a Menina, deitando em meu colo.

Segui suas ordens e continuei contando a história do romance de Rafael e Isabela. Hoje eu estava feliz. A Aurora surgia mansamente em meu coração e eu amei você, Menina. Eu amei.

Libitina chegou à biblioteca onde Sr.ª Salarz trabalhava. Ingressou no ambiente rodeado de livros de todos os gêneros. Da Física à Metafísica, dos Comportamentos aos Fenômenos Psíquicos, da Terra e do Mar, dos Amores e Dissabores, da Guerra e da Paz. A imponência dos livros ali na biblioteca resgatou um pouco da centelha divina ainda presente em Abadom. Ele relembrou seu passado, a infância, quando tentou estudar e não conseguiu ir adiante por causa da fome. Sim, mesmo esses "Zumbis", eles têm uma história. E tudo, felizmente ou infelizmente, é compreendido ao final.

O único agente que restou a Libitina aguardou-o na entrada da biblioteca. Abadom caminhou lentamente, ouvia-se apenas o encostar de seus sapatos ao assoalho de madeira, que rangia a cada passada. Nenhum som era ouvido, a não ser esses, a respiração baixa de Libitina e, ao fim do ambiente, uma senhora tentando levantar alguns livros, sendo que um deles acabara de cair.

— Permita-me ajudá-la com esse peso — disse Libitina à Sr.ª Salarz.

— Os livros nunca são um peso, meu filho. Eles são a libertação — respondeu Sr.ª Salarz, retirando das mãos de Abadom *Os Miseráveis*.

— Claro, perfeitamente, senhora. Tens razão. Aprecio os livros, mas não tive tanto contato com eles. Minha infância foi interrompida quando precisei trabalhar para alimentar minha família. E desde então estou nesse ofício. Sou um agente do Estado — disse Abadom, olhando para Sr.ª Salarz, que tinha dificuldades de levantar os livros.

— Fico triste em ouvir isso, filho. Mas vejo que ainda é jovem, e sua vida não acabou. Poderás ler muita coisa e, melhor que isso, aprender. Caso queira, podemos conversar sobre o assunto. Só permita-me sentar-me. Sou bem idosa, como vês. E meus braços doem — disse Sr.ª Salarz, sentando-se devagar em frente a Libitina.

— Não precisa ficar triste, senhora. Sobre ainda ser jovem, vejo que apenas enxerga a superfície. Mas lhe garanto: tenho mais idade aqui dentro do que aparenta ser. Não tenho muitas ambições na vida, senhora. Faço apenas esse trabalho, pego meu soldo, repasso uma boa parte a minha mãe, e não tenho muito conforto ou riquezas. Tendo menos, tenho mais — disse Libitina, sentando-se também, próximo à Sr.ª Salarz.

— É verdade, meu filho, parece ser sábio. Essas palavras são verdadeiras. Se já tem sabedoria e inteligência, outras coisas são menores. A vida é complexa e possui diversas possibilidades. A leitura é uma delas. É rica e agradável, contudo, apenas uma das possibilidades das nossas existências — refletiu Sr.ª Salarz, apontando um pouco de Sêneca em suas palavras.

— Concordo, minha senhora. Vejo que é letrada. E confesso que é inspirador esse lugar. Mas estou morto para isso. Já sepultei muitas vidas, senhora — disse Libitina dando a entonação do que seria aquela conversa.

— Que suas vidas renasçam sempre. O ciclo é perene e quem somos nós para dizer que interrompemos alguma coisa se nem a nós mesmos conseguimos parar — disse Sr.ª Salarz, estabelecendo as regras do diálogo.

— Estou atraído por essa conversa que a senhora oferece. Imagino que foi um dia muito arguta nessa arte da retórica. E tenho as minhas suposições diante do que vejo a minha frente. Apesar da idade, a senhora conserva uma beleza — disse Libitina, elevando o humor da Sr.ª Salarz.

— Filho, não tente esse caminho. Esse eu conheço muito bem, garanto. Mas não estou nesse jogo mais. E acredito que o senhor também não esteja aqui por isso. Então me diga, filho, o que deseja? — perguntou Sr.ª Salarz, segurando Cristina por dentro.

— Preciso de informações de uma pessoa que acredito conhecer. Eu estou recolhendo todo tipo de elementos que possam apontar onde encontro Isabela Estefânia Oliveira. A senhora a conhece? — perguntou Libitina.

— Sim, claro, a minha menina. Ela trabalha comigo — respondeu Sr.ª Salarz.

— Ah, sim, ótimo. Se trabalha, por que não a vejo aqui? — perguntou Libitina.

— Ah, meu filho, Isabela está de férias. Ela viajou com os amigos para a praia. Ela é muito jovem, dedicada ao mundo da poesia, escreve cada texto lindo. Ela é a poesia. Nunca conheci uma mulher tão linda quanto ela — respondeu Sr.ª Salarz.

— Entendo, senhora. E sabe me dizer qual praia, lugar, para onde Isabela viajou? — perguntou Libitina, analisando toda a linguagem corporal de Sr.ª Salarz.

— Ela me disse que iria para Salvador. Agora não sei. Disse Boa Viagem. Não sei se Boa Viagem eram os dizeres ou a praia. Se for o litoral de Pernambuco, não sei dizer. Mas tem umas três semanas que ela viajou — respondeu Sr.ª Salarz.

— Muito bem. Imagino que ela retornará ao trabalho e aos estudos. Sendo assim, por ora me despeço, mas, em breve, retornarei — disse Libitina.

— Claro, meu filho. Fique à vontade e venha quando quiser. Quando retornar, preparar-lhe-ei um chá e faremos algum tipo de leitura — disse Sr.ª Salarz e levantou-se para apressar a despedida de Abadom.

Aquela conversa foi diferente. Abadom não ameaçou ou usou seu tom mais áspero com a Sr.ª Salarz. Será que Libitina teve empatia com Cristina? A lembrança de sua infância e sua mãe amoleceram o coração de Abadom? Tudo isso parecia se arranjar e fazer algum sentido? O intento de Libitina não era compatível com essas digressões. E Sr.ª Salarz? Ela estava tão segura de si. Parecia que sabia da visita dos agentes do Estado, do regime. Tratou-o com urbanidade, tentando estabelecer uma conexão humana. E essas atitudes da Sr.ª Salarz se justificaram quando, após Abadom sair da biblioteca e da universidade, um vulto surgiu no ambiente. A pessoa que ali ouviu toda a conversa. A Comunista.

— A senhora foi muito bem. Agiu de acordo com o manual de Havana — disse Marília.

— Aprendo rápido, minha filha. E tive namorados cubanos também — disse Sr.ª Salarz, após o que sorriu.

Marília tinha chegado a tempo para avisar Sr.ª Salarz da potencial visita de Libitina. Ela a orientou sobre todo o interrogatório e do porquê de estarem em busca de Isabela. Sr.ª Salarz ficou surpresa, preocupada, mas entendeu e agiu conforme. Seguiu a cartilha de Castro e livrou Abadom dali da biblioteca. Era uma pequena vitória, pensava a Comunista.

Em outra narrativa, estávamos eu e a Menina, ambos na cama e nus, após nos amarmos no dia de seu aniversário. Contava a ela essa história e me apaixonava por aqueles olhos fixos em mim. Ao terminar de explicar a sagacidade de Marília, e como Sr.ª Salarz saiu-se bem com Libitina, ouvi aquela voz que me encantou intensamente. Difícil ficar próximo a você, Menina, e não ter essas sensações.

— Meu amor, que história é essa! Aquele tempo foi muito difícil. E existem pessoas que dizem nada ter acontecido — disse a Menina, ainda na minha cama, ainda nua.

— Sim, linda, sim. Por isso precisamos estar atentos sempre. Estudar, ler, explicar e dialogar. Esses mitos e monstros a qualquer momento podem nos roubar novamente — disse para a Menina essas reflexões, a despeito da minha falta de concentração, uma vez que ela estava perfeita diante de mim.

Já estava quase no final da história e a Menina já esboçava uma despedida. Quando seu telefone tocou, ela procurou por seu celular e atendeu a uma videochamada. Ouvi ela dizer: *"Oi, Vó, tudo bem?"*. Sem qualquer preocupação e atenção, virei meus olhos para a tela de seu smartphone e vi a imagem que me congelou. Pele alva, cabelos já envelhecidos, mas além da alça, um sutil movimento. Fiquei assustado, surpreso e, assim, meus sentidos perderam a conexão com a minha mente. Deixei cair ao chão *A Ditadura Envergonhada*, o que causou um barulho e um susto na Menina. Com isso, chamei atenção daquela senhora no vídeo e de minha amada. Sem ao menos dizer nada, a Menina olhou para mim, sorriu e, após, jogou um beijo para que eu me restabelecesse, e voltou sua atenção para sua vó. Tentei reunir um pouco de discernimento e foco, olhei fixamente a tela do celular da Menina e pude ver perfeitamente quem era. Tem certas coisas que nunca envelhecem. O hábito é um deles. E aquele movimento e adereço eu já ouvira um amigo meu descrever de forma precisa, o que seria impossível confundir. Um amigo também professor. Uma amizade que possui um nome: Rafael Matronelli. Pois eu acabara de ver, ali na cama, diante da Menina nua, o rosto e a fotografia que roubou o coração de meu amigo. O adereço que ele tanto fez questão de contar para mim. Aquilo que definia a vestimenta da Coroada. Aquilo que deixei escapar sem querer no quarto, ao dizer assim:

— Uma boina francesa vermelha!

Capítulo 18

O amor é uma causa urgente

Padre Marcos conversava com certa apreensão com Rafael em um lugar ainda não compreendido pelos dois. Chegaram ali por meio de Marília, que os levara sem dizer detalhes do local. Estavam sentados, conversando os três sobre artes, música e um pouco de cinema. Sobre a música, Marília destacava composições líricas daquilo que ela entendeu ser.

— Música Popular Brasileira!? — perguntou a Comunista.

Todos os três estavam com semblantes carregados e preocupados. Disfarçavam isso com assuntos triviais, sem qualquer profundidade, querendo apressar os ponteiros do relógio. Rafael olhava o ambiente e percebia a casa como um lugar aconchegante e calmo. Tinha algumas flores, livros organizados em prateleiras e um colocado ao lado da poltrona aberto na página 58. Era *Orgulho e Preconceito*, "*um bom romance*", pensava.

Padre Marcos se concentrava e reunia energias para que seu espírito não ficasse atribulado. O pároco estava sem batina, vestindo uma roupa mais casual, recomendada por Marília. Sabia a Comunista que ele não conseguiria se controlar, pois nenhuma informação fora dada aos dois ali. E ela já conseguira um certo nível de intimidade e conhecimento de seu parceiro, tomando a medida sábia de sugerir vestimentas mais leves para acompanhar sua alma e seu coração. Ele obedeceu. "*Você inverteu minha lógica*", dizia Padre Marcos a Marília em seus momentos íntimos.

Rafael estava inquieto. Suas mãos suavam, e ele levantava e sentava na mesma velocidade. Caminhava no ambiente, tocava os objetos e procurava por algum sinal de Isabela. Havia três meses que não a via. Marília disse a ele para se separarem por algum tempo até se reunirem novamente na "*casa de não sei de quem*", como expressava o jovem estudante de Direito. As preocupações de Rafael se misturavam ao seu amor pela Coroada. Sentia sua falta, o tato de sua pele, a visão de seu corpo idílico e a sua voz poética, rouca e musical. Respirava na tentativa de recuperar os aromas de Isabela, o que ela exalava naturalmente. E nessas reminiscências, ali diante de Marília e Padre Marcos, na casa desconhecida, foi recordando o cheiro mais suave do primeiro encontro, o calor sentido quando mais próximo estava e respirava o hálito da Coroada. E, pouco a pouco, foi tomado de uma força, um arrepio de pele, um transe em solidão ao lembrar de quem se ama. Sabe, Menina, essas sensações que ocupam nossa alma vindo do mais profundo de nosso ser: meu coração por você. Rafael era só amor por Isabela.

E já estava ficando confuso e nervoso. Toda aquela lembrança foi formando a imagem em sua mente e ela estava misticamente linda. A Coroada olhava para ele em seus pensamentos e recordações. Rafael, ao imaginar, podia sentir seu cheiro, seu toque, o corpo encostado ao dele e a provocação do que ela vestia. Isabela ria sempre quando entendia que o amor de Rafael fora derrotado por sua beleza. Mas a Coroada entregava algo maior, como recompensa por um súdito que a reverencia. Entregava o feminino. E isso é divino.

Rafael já estava louco e ansioso. Não sabia mais o que fazer. Via Marília e Padre Marcos sentados, conversando, tentando os dois alguma calma e paciência, e ele só tensão e sofrimento. Começou a pensar que alguém lhe traria alguma notícia ruim, um afastamento de Isabela, o término de sua felicidade. O homem foi, pouco a pouco, cedendo espaço ao menino, ao coração sozinho, ao que um dia eu experimentei quando você se ausentou de mim, Menina. É uma dor que corta sem haver qualquer lâmina. Saudade é cruel, mas, muitas vezes, é o que ainda resta de uma pessoa, de um amor, de uma vida. Não vá mais embora, Menina. Fica comigo!

Acusavam 19 horas daquele dia misterioso e lá fora ouviam-se poucas vozes. As ruas estavam controladas por militares e a beleza do Rio de Janeiro era cada vez mais cinza com a presença do metal frio das forças bélicas. As prisões por detenção aumentaram significativamente, o regime começou a dar suas credenciais, e os protestos já eram mais presentes. Costa e Silva já dava sinais de que aquilo não permaneceria da forma como antes era, desde 1964. O cenário ficaria mais rubro. Um vermelho indigno.

Mas Rafael não pensava nisso. Não que ele fosse um indiferente ao quadro político atual e, muito menos, insensível à História. Sabemos que o jovem estudante de Direito não tinha nenhuma dessas características, muito ao contrário, ele possuía em sua genética a luta contra a opressão. Mas, além disso, seus genes traziam o elemento primordial da definição das paixões. Sim, Rafael era idealista, um Dom Quixote. Porém, ele também era um romântico, ciumento, alguém que não consegue silenciar diante do amor que se apodera de seu ser.

— Onde está ela? — perguntou Rafael.

— Calma, meu amigo. Precisamos aguardar e confiar — disse Padre Marcos.

— Ela vai chegar, Rafael. Te dou minha palavra — disse Marília.

— Não me peçam calma e paciência! Estou há três meses sem vê-la e não suporto isso. Estou preocupado, essas prisões, a perseguição às mulheres e o fato de ela ser do Partido Comunista é muito perigoso. Se acontecer algo a ela, não sei o que faço — disse Rafael transtornado.

— Não acontecerá nada, Rafael. Recolha seus sentimentos, sente-se um pouco, vamos conversar. Desvie seu pensamento — disse Padre Marcos tentando trazer paz a Rafael.

— Desviar meus pensamentos? Recolher meus sentimentos? Meu amigo, tu me conheces. Sabe que isso é improvável de acontecer. É a minha natureza. Depois que conheci Isabela, meu pensamento é ela, meus sentimentos pertencem a ela. Eu me perdi das reflexões políticas, do curso de Direito, de qualquer pensamento metafísico. Eu durmo pensando nela, acordo pensando nela, respiro ela. Eu...

Nesse momento, Marília e Padre Marcos foram surpreendidos pela fala de Rafael. Os dois, o casal, deixaram suas palavras de conforto de lado e o deixaram pronunciar todo seu discurso e desabafo. Não podemos, Menina, sufocar nossas emoções. Às vezes, queremos é nos expressar, como em uma obra de arte, na escrita de um livro, o amor que temos por alguém. E a fala, a dialética apaixonada, as palavras desorganizadas, aflitivas, cheias de tempestade, trazem o mais puro ser humano em perspectiva. Qual o crime disso? Qual a indignidade do homem deixar de sê-lo e ser o menino com seu coração desnudo? Meu infinito por você me leva de volta à criança em mim e fico perdido nessa beleza que você me apresenta. Essa sua nudez, seus olhos, esse sorriso me enfeitiçam. E esses elementos levam embora o homem letrado, o guerreiro, a autoridade, qualquer Deus que ocupe o lugar. Você é linda, Menina, e eu te amo. E é isso que Rafael é. Ele ama a Coroada.

— Sou ela. Não sou mais eu. Não pertenço a mim. Não tenho outros projetos a não ser a vida que ela pretende ser. Podem me acusar do que quiserem, da vilania que pode estar por trás disso, das renúncias que farei para me ajoelhar diante dela. Não sou mais o homem de antes, aquele foi morto ao beijá-la na biblioteca. Eu roubei o beijo, mas quem perdeu fui eu. E essa derrota é a graça e a transcendência. Eu perdi a prepotência, a arrogância, a altivez de entender que bastaria a mim mesmo para ser feliz. Não. Sinto-me como Adão ao comer o fruto dado por Eva, renunciando à imortalidade para viver com ela. Sinto-me como alguém que negou toda a sua história para viver a dela. E foi só um beijo. Eu a beijei, não disse meu nome, voltei meus olhos para o relógio e fui embora. Porém, à medida que me distanciava da cena, do lugar, de Isabela, a cada passo dado longe dali, mais perto meu coração ficava. Eu não tinha mais forças físicas para ordenar ao meu corpo que ficasse ausente dela. Por quê? Não sei, pois, se eu explicasse, se eu soubesse essa matemática, a razão disso tudo, se eu soubesse, não seria amor.

— Lindo! — disse Marília.

— Meu amigo, você ama! Ama essa menina. És Isabela! — disse Padre Marcos.

— Eu sou Isabela Estefânia Oliveira. Eu sou ela. Pertenço a ela. Sou o súdito da Coroada — disse Rafael.

Aquele discurso mudou o humor de todos ali. Convenceram-se de que o amor vale a pena. Seja o destino que for, amar é a jornada, a estrada, o percurso que ajuda as dores do itinerário. Amar é... Te amo, Menina!

E quando reunimos forças assim, desse tipo de magia, o Universo, o Oculto, Deus, parecem atender as nossas súplicas. E foi isso que aconteceu. Ao terminar suas palavras, Rafael, Marília e Padre Marcos avistaram duas mulheres entrando na casa. Uma senhora ficou à porta, enquanto a outra caminhava com passos firmes, batidas fortes ao chão e, misteriosamente, feminina. Pele alva, cabelos além da alça, um sutil movimento, adornada com uma blusa de lã preta, manga longa e apertada, o que definia a forma de seus seios. Vestia uma calça de couro, também preta, justa a toda a curvatura de suas pernas, o que trazia uma sensualidade sem igual. Calçava um coturno Gigil, estilo bota, salto grosso e baixo na cor preta, número que jamais pude saber. E, por fim, usava um adereço em sua cabeça que definiu a identidade de Isabela: uma boina francesa vermelha. Um olhar firme em direção ao centro da sala, chamando atenção de todos ali presentes. Era a majestade, a arte da mulher, o esplendor do estético, a poção mágica feiticeira que se chama amor. A Coroada chegou.

— Minha amiga, você está linda! — disse a Comunista.

— Eva! — disse Padre Marcos.

— Essa menina sabe ser bonita e olha que eu entendo sobre isso — disse a Sr.ª Salarz.

Marília, Padre Marcos e Sr.ª Salarz manifestaram suas visões ao surgir Isabela, perfeitamente mulher. Todos ficaram admirados da beleza, da sensualidade, das roupas que vestia, as quais combinavam com cada detalhe de seu corpo. A Coroada estava de um jeito que eu fiquei sem saber descrever de modo mais profundo, Menina. Mas Rafael estava em silêncio. Não dissera nenhuma palavra. Isabela chegou, cumprimentou a todos e estava conversando frivolidades, apesar de ter visto o jovem estudante de Direito e não dizer nada a ele. Ela estava ocupada de tantos elogios, de saudades, de querer conversar um pouco simplesmente. A Coroada era o centro das atenções e Rafael amava isso, não tinha ciúmes de tal coisa. Foi-se admirando da mulher diante dele, do amor nele, do pertencimento a ela e não a si mais. Reuniu forças, bateu as mãos em sua roupa, respirou forte e soltou o ar. Renovou-se, foi até Isabela, a chamou pelo nome e disse. Declarou-se:

"Eu gosto de você
Não é só um poema a escrever
A dizer, cantar ou falar
Palavras por aí ser ou ter

Eu gosto de você
Difícil para mim descrever
Não tenho capacidade para tanto amor
Apertado estou quando longe de você

Eu gosto de você
Que não consigo expressar a medida certa
Flores, poemas, lágrimas, são tantas as maneiras
Não maiores que minha dor, aqui, um desatino

Eu gosto tanto de você
Que meu pensamento já ultrapassa minha alma
Que meu coração bombeia mais do que pode
Que não consigo ser mais eu sem você

Eu amo você
Logo na primeira visão que tive
Mais que aquela fotografia perfeita que fez
Mais que seu discurso político que admiro
Lindo, Linda, não consigo resistir

Eu te amo
Porque um dia assim me respondeu
Escolheu a forma certa de se expressar
Elegeu essa sublime forma de amar
E eu correspondi

Eu te amo
Porque não sei ser outra coisa depois que te conheci
Porque não consigo abandonar o seu sorriso depois que vi
Porque não tenho todas as respostas ao tamanho da Mulher que és

Eu te amo
Porque é a verdade
É a saudade
Sou eu querendo você para mim"

Um silêncio se fez, acompanhado também da ausência de sons no mundo lá fora. As vidas que cercavam o ambiente, e todo o universo, voltaram-se para Rafael e Isabela, Adão e Eva, Olga e Prestes, Professor e a Menina. Toda a lógica posta e oferecida ao longo da História sucumbe a uma rendição do coração. Sem Teorema de Pitágoras, Números Complexos, Sonetos de Camões ou qualquer teoria que tente explicar o inesperado esperado: o amor sempre vem e vence.

Rafael declarou-se mais uma vez para Isabela. Ele era só amor, só coração. Esqueceu sua herança política ao ter em suas mãos a Coroada. E eu compreendo isso. Quando nossos olhos se prendem à imagem de uma pessoa, é como se existisse um campo gravitacional que nos faz orbitar em torno do ser amado. Seu sangue, seu pulso, a musculatura da sua estrutura corpórea reúnem-se e orquestram-se em um ritmo na cortesia de se amar cada vez mais. Quando se ama, fica-se mais inteligente, sagaz, pensamento veloz, mais forte, tudo elevado à enésima potência. Escreve-se, desabafa-se, mergulha-se no oceano da alma apenas e exclusivamente para se ver um rosto de novo. O seu, Menina. O seu rosto.

Isabela controlou seu espírito e segurou-se. Por dentro era uma erupção de emoções, seu coração pulsava em uma velocidade que o desejo da Coroada era desvestir-se a ela e a Rafael e consumar o amor mais uma vez. Gostoso, sensual, romântico, Eros, Cupido, tudo isso. Bil foi dando imperativos ao seu corpo para que aquela máquina triunfante obedecesse, ao menos hoje e naquele momento, à razão, porque o assunto merecia isso. Mas o olhar de Rafael enternecido por ela, os sorrisos dos presentes, a noite iluminada por uma lua indecente potencializavam a chance de ela se perder mais uma vez. Passou suas leves mãos em sua testa e desceu-as, pouco a pouco, por sobre seus seios, sentindo as batidas fortes de seu coração que exigia dela: ame! Era como se Rafael tivesse descoberto o mistério feminino, ao declamar uma poesia, a chave para, definitivamente, abrir as portas e, permanentemente, residir naquele Éden. Isabela estava em um calor descomunal. Suas mãos desceram mais um pouco, atingiram a cintura, iniciou o desabotoar de sua calça, e surpreendeu a todos ali, no que Rafael abriu um sorriso. O amor não pode esperar.

A Coroada estava em transe, no limite da loucura, porque a finalidade era discursar sobre os próximos passos rumo ao movimento que lideraria. Mas aquela poesia, o encantamento da natureza, e, novamente, os olhos de Rafael por ela, a fizeram enlouquecer. Um piano em sua mente começou a tocar de forma progressiva. Ela iniciou uma marcha já com um botão a menos em sua calça de couro apertada, já se podendo visualizar uma faixa da beleza oculta, retirando, também, a blusa preta de lã. As batidas do seu coturno no assoalho de madeira da casa de Sr.ª Salarz eram fanfarras de uma força bélica onde todos desejam ser derrotados. Ela apertou seus lábios, seus peitos inflaram, o feminino presente e manifestado. Desnudou-se de sua boina francesa, os longos cabelos esvoaçaram no ar e segurou Rafael junto ao seu corpo e disse.

— Sinta-me!

Rafael arrepiou-se todo. Sentiu uma energia correr como um raio, um choque elétrico, de excitação ao tatear tangencialmente o relevo do corpo feminino de Isabela. O encaixe perfeito de suas pernas, o conforto dos seios de Isabela, o ar quente de sua respiração em amálgama harmônica com o eriçar de peles, fez Rafael tornar-se menino, feliz, uma criança que acabou de receber o presente. Desabotoou ele o outro botão da calça da Coroada. Abriu-se, enfim, para a felicidade.

— Vamos dar licença à poesia — disse Padre Marcos e todos saíram da sala e deixaram o casal a sós.

A Coroada sorriu levemente e encostou sua cabeça no peito de Rafael. Ele a segurou e a levantou em seus braços, no que Bil cruzou suas pernas envolvendo o corpo de Rafael. Estava presa a ele. Os cabelos negros de Isabela batiam no rosto do jovem estudante de Direito, que tentava pegá-los de qualquer maneira, até com a boca, para degustar todos os sabores da Coroada. Ela maravilhou-se, viu sua calça cair mais um pouco, no que Rafael pôde sentir todo seu desenho feminino. "*Como eu amo essa Mulher!*" — pensava Rafael ao tocar Isabela.

Bil passeou suas mãos por trás de Rafael, sentindo seu ombro, a musculatura de suas espáduas, retirando a camisa que ele usava e jogando ao chão. Ele riu e a apertou mais forte junto a seu corpo. Ela não desistiu, continuou sua jornada na geografia do espaço masculino de Rafael e atingiu sua cintura, no que ele voltou seus olhos a ela. A Coroada estava imponente, era só ordens, e ele, o súdito. Apenas o olhar foi a mensagem a ele para que se rendesse ao divino feminino. Ela tateou suas calças, a retirou, e sua vontade fora cumprida. Sentiu Isabela inteiramente o êxtase do Eros masculino, a arquitetura de Adão, o prometido em Gênesis. Isabela foi no âmago, nas profundezas da criação, sentir a energia primordial da origem da vida, deliciar-se com as poções do sagrado. Estava feliz. Amaram-se mais uma vez. Poético.

A Aurora surgia mansamente na sensualidade de Rafael e Isabela. O pecado fora destruído ao se viver autenticamente, na plenitude do ser, não se curvando às convenções morais da sociedade. O amor não pode esperar, pois é urgente. Eu entendi muito bem isso e iniciei meu processo de encorajamento para tê-la, uma vez por todas, você junto a mim, em minha vida, minha Menina. Te amo!

— Te amo! — disse Isabela.

— Você é o meu presente, Coroada — devolveu Rafael.

— Não quero te perder. Quero viver o resto de minha vida com você. Você não existe! — disse Isabela, vestida apenas com a camisa de Rafael.

— Não perderá, pois não sou meu, sou seu — disse Rafael, que era só coração.

— Não brinque! Não brinque! — disse Isabela com olhos irresistíveis.

— Adoro ouvir você dizer isso. Diga de novo! — brincou o amante Rafael.

— Dizer o quê? — perguntou Isabela.

— Não brinque. Adoro ouvir você dizer: "*não brinque*". É lindo. Tudo em você é lindo, maravilhoso. Abençoado o dia em que busquei na biblioteca *O Espírito das Leis*. Dádiva de Deus colocá-la em minha vida, Isabela. Te amo tanto, Catita! Eu não sei mais de mim, sou menino. Você é mágica, imperial, senhora, menina, mulher. Esqueço de tudo quando estou com você. Fico louco se não está por perto. E me apaixono novamente a cada surgimento de sua imagem no espaço. E se diz "*Não brinque*", eu sou derrotado, amante e amado. Amo você é a lei que se lê — disse Rafael segurando a boina francesa e levando ao seu olfato para respirar todo o perfume da Coroada.

— Não brinque! Não brinque! Não quero chorar — disse Isabela, sabendo que o destino seria diferente.

— Repita, por favor, meu amor, repita.

Isabela levantou-se e deixou Rafael ainda deitado no chão. A Coroada vestia apenas a camisa do jovem estudante de Direito e nenhuma peça mais. A boina estava na respiração de Rafael, sua calça e blusa de lã jogados na sala, e as peças íntimas em lugares desconhecidos. Rafael pediu que ela repetisse uma frase com a qual se encantou. Isso acontece porque o coração vai pedindo recortes, detalhes, aquilo que define uma pessoa ao nosso amor, para que nunca mais se esqueça dela. As sensações empregam na mente as fotografias, as quais transformam em reminiscências teimosas, uma saudade perene, algo que no futuro é registrado de alguma forma. É isso que se lê.

A Coroada então no esplendor de sua beleza, seminua, olhou para Rafael e começou a dizer:

— Não brinque! Não brinque! Não brinque!

No que veio acompanhada de uma declaração de amor a Rafael.

"*Vou me levantar do meu destino*
A prumo caminharei sem pensar, sem escrutínio, embora
Um cambaleante sentimento me faz tropeçar nessa Aurora
E nada me preenche a alma a não ser você em meu estreito íntimo agora

Nas catedrais confesso os pecados que elaborei rindo
E todos os corações que deixei à míngua, sozinho
Mas fui roubada na noite sem esperar que haveria de ti um olhar direto
Que me consumiu toda, plena, louca, do jeito que quero

Fui furtiva aos planos que me levariam longe daqui
Deixei para trás romances escritos em poesias juvenis
Mas não neguei o amor proibido, escondido, daqueles que mais
Levam a Mulher a aspirar a paixão, o coração, e diversos outros ais

Senti tua pele em profundo êxtase em minha metafísica
Compreendi tua biologia, tua magia, os mecanismos da tua física
Nesse momento perdi a razão, o cérebro, a compreensão
E ganhei o mundo, o infinito, os livros, tudo que me faz Mulher, então

Corro direto para esse itinerário que eleva o meu feminino
Grito intensamente no estridente das escolhas, distante do ninho
Posto agora as leis que regerão a vida de nós
E entrego na hora todo o segredo que me impulsiona a ser feroz

Coroo a ti, o meu Rei, meu Déspota, minha Alegria
Deixo para trás meu Reino, meus territórios, minha sina
Elejo a você o governo, o desgoverno, a ideologia que veneras
Porque em ti serei sempre a Menina, a Rainha, a Coroada que te leva"

Rafael ficou paralisado ouvindo cada palavra pronunciada por Isabela. Ela ficou em silêncio por um tempo e fixou seus olhos no jovem estudante de Direito. Os dois entreolharam-se, indo em direção de cada alma, na tentativa de encontrar mais respostas no mais íntimo de um e outro. A Coroada parecia que escondia algo, revelaria uma intenção na sequência, uma mudança de rumo, talvez. Mas era perceptível que Bil estava confusa, em conflito com seus sentimentos e sua razão. "*Siga seu coração, mas leve sua razão junto*", repetia Isabela a si mesma por dentro, em constantes preces e orações, diante da devoção católica que possuía. Rafael não arriscou a dizer nada. Sabia que viria uma tempestade e ele não suportaria. O jovem estudante de Direito era só coração. E a Coroada sabia disso.

O que fazer diante de um cenário assim? Você em frente ao seu amor, da sua felicidade, porém, também próximo do destino, do fadado a ser, do cumprimento da finalidade existencial. O que fazer? A História estava pedindo os favores de seus atores, e um deles, Isabela, tinha tudo planejado e anotado em sua agenda. Havana aguardava apenas o sinal para entrar em ação. Contatos foram feitos, todos a postos e o movimento em curso. Isso era a razão em Isabela, exigindo dela a marcha do processo. Mas os olhos de Rafael, seu amor devocional, e a fragilidade de um coração que não suportaria um corte profundo assim. Isabela chorou.

— Catita, o que foi? — Levantou-se Rafael.

— Pare, fique aí! — gritou Isabela.

— O que eu fiz? Não entendo — disse Rafael.

— Você está me assustando! — Isabela estava perdida.

— Assustando, meu amor? Por quê? Diga. — Rafael ficou confuso vendo a Coroada assim.

— Você é exagerado! — Isabela não entendia as palavras que pronunciava.

— Exagerado? Eu? Não, meu amor, não sou. Exagerada é você. É linda de um jeito que não sei nem dizer. Você se apossou de mim, tomou conta de tudo que eu sou. Eu tento me aproximar do todo que representas e sei que não consigo. Não tenho excessos, pode ter certeza. Digo e faço o que vês porque esse é o meu máximo que me aproxima da sua realeza. Eu lhe devo, e muito. Te amo! — disse Rafael.

— Não brinque! — Isabela chorava, e o coração estava em conflito com a razão.

— Jamais. Eu respeito você em tudo que és. São só palavras. Se eu soubesse, escreveria um livro para você. Poesias, A Coroada! — disse Rafael indo na direção de Isabela.

— Não brinque! — Isabela era tempestade, tirou a blusa e ficou nua.

— Isabela Estefânia Oliveira, fica comigo! — Rafael também ficou nu diante da Coroada.

— Para, para, não aguento, você me assusta! — Isabela estava sofrendo.

— Isabela Estefânia Oliveira! — Rafael ajoelhou-se diante de Bil, ambos nus, pegou em suas mãos, a acariciou, e disse: — Case-se comigo!

Isabela surpreendeu-se. Não imaginava um homem dizer isso a ela. Havana foi muito forte, e esse espaço da fantasia não a ocupava mais. Casamento, filhos, uma vida de paz e amor para a Coroada era algo distante. E ter um amor pleno, entregue assim, era impensável para ela. Algo a feriu muito, uma serena tristeza sempre a habitava, e Rafael notava isso, mas não compreendia. Ele conversava a respeito, perguntava, mas Bil era muito esperta, desviando do assunto constantemente. Mas hoje, aquele momento, os dois nus na sala da casa da Sr.ª Salarz, após se amarem de uma maneira inesquecível, trouxe Isabela de volta. Ela começou a imaginar então sua silhueta mais alargada, seus seios inchados, os desejos e a montanha-russa de sentimentos, peculiares a uma gravidez. Pensou nos seus filhos com Rafael, correndo pelos jardins da liberdade, e eles sentados em um banco de praça vendo tudo aquilo e lembrando de suas trajetórias. Viu o rosto de Rafael envelhecido, mas seu coração ainda jovem, dizendo:

— Te amo! Te amo! És minha Coroada.

E ela ouviu novamente o jovem estudante de Direito dizer isso diante dela. Seu corpo ainda era o desenho idílico de uma beleza feminina jamais pensada. Deus foi no seu máximo de inspiração ao projetar Isabela. Admirar-se dessa magnitude é reverenciar o mistério da vida. Rafael sabia disso. E ele a amava. Amava muito.

— Case-se comigo, Isabela. Vamos embora do Rio de Janeiro. Esqueça tudo isso e venha viver nossa história. Eu lhe prometo ser o homem que merece ter. Eu abdico de mim por você. Eu serei o que deseja ser. Jamais duvidará do amor, porque terá ele pertencente a ti até os meus últimos dias. Não quero mais nada da vida, a não ser a possibilidade de em cada Aurora acordar antes de você e a ver dormindo. Olhar para o lado da cama e enxergar: ela é minha, está aqui. E meu coração repousar em paz e felicidade por ter o destino entregue você a mim. Mas o mistério está errado. Não foi dada a mim. Fui doado a você. Te amo, Catita! — disse Rafael, levantou-se e beijou Isabela.

A Coroada não raciocinava mais. Quando ela ficava em profusão de emoções, como hoje, não conseguia articular um pensamento e isso a deixava nervosa. Com esse quadro de sentimentos, ela tentava se afastar, ficava assustada, porque sabia que era coração também. Entendia que Rafael não aguentaria uma despedida. Um não vindo dela, ele não sobreviveria. Isabela reunia forças para ser forte pelos dois. Ela precisava ser a mulher para aguentar as dores de Rafael e a sua. E ela sofria. Claro que Bil desejava ver os dias dela se passando ao lado de Rafael até o minuto derradeiro em que o amor intenso, o calor, a volúpia se transformariam apenas em uma cumplicidade, um carinho, um fim de tarde abraçados. Porque o amor se apresenta como um recorte em que se faz compreender a entrega e o pertencimento. Um beijo e um abraço entregam o recado. Eu segurei sua mão naquela noite, Menina. E isso era o meu amor.

— Rafael, precisamos conversar — disse Isabela.

— Sim, Catita, vamos sim — disse Rafael.

— Rafael, é uma conversa séria. Você não vai gostar. Vista-se — disse Isabela, virando-se para pegar suas roupas.

— Tudo bem, vou me vestir — disse Rafael sentindo o peso do destino.

— Vou chamar a todos para ouvirem também — disse Isabela ao se vestir e saiu da casa na sequência.

A Coroada novamente estava em sua vestimenta e colocou a boina francesa vermelha. Foi até lá fora, onde Sr.ª Salarz, Marília e Padre Marcos estavam sentados, na praça em frente de onde morava sua chefe, e os chamou para entrar. Bil estava muito séria, seu olhar mudou, e voltaram as batidas fortes de seu coturno ao chão. Eles acompanharam Isabela, que foi à frente abrindo caminho para eles. Chegaram na casa de Sr.ª Salarz, e viram Rafael andando de um lado para outro, com semblante pensativo e ansioso. O jovem estudante de Direito esperava, ainda, a resposta da Coroada. Não viria hoje.

— Desculpem-me todos vocês pela espera. Os chamei aqui hoje para uma conversa muito séria. Todos sabem agora da minha identidade, que não sou apenas uma estudante de Letras. Desde o dia em que houve o golpe miserável desses porcos militares, eu venho mantendo contato com Havana. Tenho recebido informações do regime e dos generais que irão governar o Brasil. Esse Costa e Silva é perigoso, porém, o que virá depois será infernal. Marília também tem feito contato com alguns movimentos pelo país. Possivelmente iremos ingressar em algum deles. Eu e ela temos treinamento militar, já usamos armas e, se for preciso, usaremos de novo. A liberdade precisa voltar. Este país já sofreu muito e devolveremos a paz a este lugar. O Brasil... — dizia Isabela quando foi interrompida por Rafael.

— Você não respondeu a minha pergunta Isabela — disse Rafael com o rosto carregado de emoções.

Todos olharam Rafael dizer aquilo e voltaram suas atenções para Isabela. Esperavam explicações sobre qual pergunta era. A Coroada tremeu um pouco, mas estava decidida e não voltaria atrás. Ela lutaria contra a ditadura. A pergunta não seria respondida hoje.

— Como eu dizia, o Brasil não merece isso. Então, precisamos nos mobilizar, pois regimes autoritários não saem do lugar pedindo licença. Sei que alguns de vocês não tiveram treinamento militar, mas a ajuda de vocês pode ser de outra forma. E daremos o apoio, caso escolham vir conosco. Espero que venham. Hoje mesmo... — Isabela foi novamente interrompida por Rafael.

— Responda à minha pergunta! — disse Rafael com olhos quase em precipitação.

Isabela não se comoveu e segurou a menina dentro dela. Continuou seu discurso, sabia que precisava de coragem para ir adiante em seus propósitos. Voltou ao Brasil para que os rumos do país voltassem aos valores democráticos. Nasceu em um berço de liberdades, de lutas sociais, e respirava esses ares todos os dias. Mas a razão não entende os desígnios do coração. A lógica é planejada, arquitetada, metódica e esperada. O coração é caótico, impetuoso e tempestuoso, inesperado. A hora marcada, a luta se inicia e a resistência apresenta suas credenciais. É a razão em Isabela. O beijo roubado, os amores em lugares não agendados, a exploração dos recantos íntimos jamais pensados, e o pedido de casamento, isso tudo é inesperado. O que ela viu hoje é o coração de Rafael, ao qual Isabela, a menina, queria entregar-se. Mas a razão e o destino impediam. Isabela sofria.

— Responda à minha pergunta, Catita! — repetiu Rafael em desespero.

— Qual pergunta? — disse Marília.

— O que está acontecendo? — perguntou Sr.ª Salarz.

— Explique a eles, Isabela, do que se trata — disse Rafael.

Isabela não gostou da insistência de Rafael. Ele deveria entender que muitas coisas estavam em jogo. Não era o momento para o coração, eles tinham uma responsabilidade para com o país. A Coroada entendia que seu amor por Rafael deveria esperar até tudo se restabelecer. A luta pela democracia, a retirada dos militares do poder, eram mais importantes que a vida a dois, uma paixão, algo muito próximo da juventude. E eles eram, porém, Isabela não queria isso agora. Estava decidida, obstinada, determinada. A Coroada estava sofrendo. Mimetismo da paixão, Menina.

— Ele me pediu em casamento — disse Isabela.

— Lindo, lindo, que felicidade! — disse Marília.

— Parabéns, meu amigo, pela decisão. Felicidades a vocês dois — disse Padre Marcos.

— Estou tão feliz em saber disso, Menina — disse a Sr.ª Salarz.

Todos se alegraram pela notícia, mas não haviam entendido que Isabela não tinha dado uma resposta. Pelo amor vivido pelos dois, subentenderam como um sim, e o anúncio daquela conversa séria terminaria nos planos para o casamento. Padre Marcos já pensava na celebração e abraçava Rafael, que não desgrudava seus olhos de Isabela. Sr.ª Salarz e Marília foram abraçar, juntas, a Coroada, que também não desgrudava os olhos de Rafael, tentando passar a mensagem, "*não posso*". E já existia um clima festivo no ambiente, com cumprimentos e felicitações, e Rafael e Isabela separados nos cantos da sala, à direita e à esquerda, cada um esperando por uma fala ou resposta. Porém, Rafael já começava a congelar-se por dentro, e as lágrimas iniciaram sua tempestade, no que Padre Marcos notou. Isabela segurou todo o tempo fechado que havia por dentro, suas profusões de sentimentos, e todo o destino que desenhara em sua mente ao projetar a união com Rafael: os filhos correndo pelos jardins e eles envelhecendo juntos, de mãos dadas, sendo cúmplices até o fim. Tudo isso em sua imaginação foi crescendo, como se a alma desejasse se libertar do corpo e gritar, sim, eu me caso com você, pois sempre te amei. Mas a razão de Isabela era tenaz, firme, e trancou toda aquela festa e alegria em seu corpo e em seu íntimo, de forma que Rafael não conseguiu enxergar no rosto da Coroada nenhuma sinalização de um sim. E, no meio daqueles abraços, felicitações, o casal separado pela alegria em transe, Isabela foi balbuciando os dizeres em voz baixa. Dizia diretamente para Rafael, que entendia bem as palavras, mas não acreditava. "*Não posso, não posso, não posso.*"

— Não posso — dizia Isabela bem baixinho, no que ninguém, a não ser Rafael, entendia.

— Não faz isso — replicava Rafael.

— Não posso, não posso, não posso — repetia Isabela com ondas de lágrimas prestes a romper a fronteira da fortaleza de seus olhos.

— Não faz isso comigo. Te amo! — dizia Rafael, e ninguém notava.

— Não posso. — A Coroada estava resistindo.

— Não faz isso comigo! — gritou Rafael.

— Não posso! — gritou mais alto Isabela e todos ouviram, além do som de um telefone tocando.

Sr.ª Salarz ficou confusa com tudo aquilo, mas foi atender ao telefone. Os presentes estavam olhando Rafael e Isabela, que nem notaram o som da ligação. A chefe de Isabela apresentava preocupação com o interlocutor da conversa e foi rápida. Desligou o aparelho, voltou imediatamente ao grupo e disse.

— Precisamos sair agora. A polícia está chegando. Libitina nos descobriu.

— Como é possível? Estávamos todos seguros e fizemos de acordo com o manual — disse Marília.

— Não sei como aconteceu, mas tenho um contato no Estado. Uma amiga acabou de me telefonar e me disse que estão a caminho. Precisamos sair logo.

— Vamos rápido! Não podemos esperar. Eles agem com velocidade e já é tarde da noite — disse Isabela, quando ouviu sons batendo a porta e ouviu chamarem pelo seu nome.

— Isabela Estefânia Oliveira, sei que está aí. Abra a porta!

Todos congelaram ali e ficaram com medo. Ninguém quis se atrever a fazer algo. Marília desceu suas mãos até as pernas, de onde tirou uma nove milímetros escondida em suas meias. Isabela também pegou uma Bereta 22, que estava guardada na casa da Sr.ª Salarz, armamento vindo de Havana. Rafael e Padre Marcos juntaram-se à Sr.ª Salarz, que indicou um armário com mais armas, orientações dadas pela Coroada caso isso acontecesse. Todos se armaram e ouviram novamente a porta batendo e chamando por Isabela. A adrenalina começou a tomar conta de todos. Cada um se posicionou já para o pior e prontos para qualquer ato. Rafael não saiu de perto de Isabela, que fez sinal para ficar atrás dela, porque ela abriria a porta. Ele obedeceu, a seguiu de perto, na direção dos passos de Bil, que já ia destrancar a fechadura, quando a porta foi aberta com violência, o que deu um susto em todos. A Coroada caiu ao chão com Rafael, e os outros presentes apontaram suas armas para aquele visitante. Ninguém disparou, porque o homem na porta estava com um rifle Mosin-Nagant. Após ver a imagem daquele sujeito, Isabela o olhou, espantou-se e disse.

— Você aqui?!

Capítulo 19

Porto Seguro

— Tem certeza que é aqui? — perguntou um dos agentes do DOPS.

— As informações batem. Uma daquelas garotas disse para mim que ela estaria neste local — replicou o outro agente, um novo rosto.

— Olhem na casa como um todo. Prestem atenção em tudo — ordenou Libitina.

— Senhor, o lugar está vazio. Eles saíram antes de chegarmos. Perdemos eles — disse o militar fardado com diversas insígnias, inclusive com a medalha do pacificador com palma.

Abadom já chegara a essa conclusão antes mesmo de entrar na residência de Sr.ª Salarz. Percebeu a porta com danos, a fechadura frouxa por arrombamento, e os objetos revirados como de simulação de ingresso furtivo, "*algo profissional*", pensava Libitina. Caminhava lentamente no ambiente, analisando todos os cômodos em busca de algum sinal de erro que pudesse levá-los até Isabela. Não encontrou nenhum, o que o deixava em irritação, uma vez que os agentes ali em nada contribuíam para seu trabalho. Achava todos eles inúteis, entendendo que poderia realizar o trabalho sozinho. Contudo, o regime e ordens superiores determinavam à Libitina a companhia de outros soldados, policiais, para que o vigiassem e nada saísse do controle. Sim, a equipe de Abadom não era para auxiliá-lo. Eles eram seus fiscais, vigilantes, o freio de seu ímpeto para algo pior. Para a morte.

Na casa não encontraram nada. Realizaram buscas em todo o domicílio, reviraram cômodas e guarda-roupas, atrás de documentos, armas, bandeiras ou qualquer retalho de um passo rumo à direção da Coroada. Abadom tinha informações sobre suas caraterísticas físicas, idade, o que ela possuía em termos de conhecimento militar e suas origens. Criava em sua imaginação a figura de Isabela, como ela seria na verdade, suas habilidades e a razão de o regime desejar a busca incessante por uma mulher de vinte e três anos. "*O que ela tem de tão especial para ser um perigo?*", pensava Libitina sobre as ordens recebidas, desviando desse pensamento logo em seguida, pois não era de seu feitio e personalidade refletir sobre suas missões. Não desejava criar empatia por sua presa.

— Senhor! Senhor! Encontrei algo! — disse um dos agentes do DOPS correndo em direção a Libitina.

Aquele soldado apressou-se em apresentar o que ele entendeu ser revelador para as investigações. Como alguém que deseja ser reconhecido por seu trabalho, uma vez que acabara de ingressar na tríade, após Abadom, mais uma vez, provocar a desistência de um, o militar levou até seu chefe um grande papel colorido, a fotografia de uma mulher. Entregou-a para Libitina e este a observava em silêncio, paralisado, um arrepio de pele. Parecia que uma força estranha se apossara de Abadom, pois suas feições mudaram, alguma humanidade tomou conta de seu rosto, dando para ver o semblante de um homem, e não de um "casa vazia". Olhava para a foto sem pronunciar uma palavra, os agentes ainda buscavam mais pistas de Bil, em elétrica excitação, quando, para a surpresa daqueles homens, ouviram Libitina dizer.

— Ela é linda!

Os agentes assustaram-se com aquela frase. Foi uma surpresa sem precedentes. Tinham ouvido falar muito sobre Abadom antes de comporem a sua equipe. E, entre essas histórias, uma marca bem definida da personalidade de seu chefe era que este não expressava sentimentos, admiração e, muito menos, se encantava por uma mulher. Os dois soldados sabiam que Libitina era sozinho, não vivia com ninguém, sem amigos, tendo notícia apenas de que enviava seu soldo para sua mãe, não sabendo onde esta residia nem se isso era de fato verdade. Ao ouvirem ele falar aquilo, os agentes sentiram uma "docilidade" estranha aos ocupantes desse trabalho, não combinando em nada com esse ofício indigno. Mas gostaram daquelas palavras e entenderam que poderiam ficar mais à vontade com Abadom, tendo um deles arriscado a comentar, para a infelicidade deste, como iremos ver.

— Eu vi essa fotografia, eu que achei. Ela é uma escultura, corpo feminino sem igual, uma mulher incrível. Meu coração ficou mais acelerado e assanhado, o que me deu vontade de encontrá-la logo. Não vejo a hora de colocar minhas mãos nessa "majestade". Coroada, não é? Vou mostrar a ela quem manda! — disse o agente novato da tríade de Abadom.

Libitina olhava a fotografia de Isabela e algo mudou nele. A Coroada estava na imagem com um sobretudo preto longo, com abertura no meio e botões quádruplos. Vestia, por baixo deste, uma blusa de lã manga longa também preta, apertada, deixando em destaque seus seios. Vestia uma saia de couro, novamente preta, delineando muito bem suas curvas, acompanhadas de botas de cano longo, ultrapassando a faixa de seus joelhos. Olhava para o céu, para a Aurora, e sorria como se estivesse amando. E, em sua cabeça, o destaque de toda a estética feminina de Isabela, bem adornada em complemento com aquela arquitetura divina: uma boina francesa vermelha. E, por fim, em seus lábios, um batom discreto em tom também vermelho, apaixonante e sedutor. Abadom ficou extasiado ao ver Bil e uma confusão instalou-se em sua mente. Seu treinamento e anos de experiência com esse trabalho não foram suficientes para não ser atingido pela beleza da Coroada. Os agentes estavam empolgados com o silêncio e admiração de seu chefe pela fotografia, tanto que se arriscaram a dizer mais coisas. E essas palavras foram a chave para o despertar de Libitina, trazê-lo de volta, sair da hipnose daquele mistério feminino.

— Chefe, vamos nos divertir com essa Bil. Agora vejo que podemos fazer muita coisa antes de entregá-la para o regime — disse o novato da tríade.

Abadom ouviu aquilo e mudou para sua versão sombria. Guardou lentamente a fotografia de Isabela em seu bolso e, deste, retirou novamente a agulha que sempre usava como método de interrogatório especial. O agente mais antigo de Libitina entendeu o que iria acontecer e saiu da casa de Sr.ª Salarz, aguardando o desfecho do lado de fora. O novato não entendeu porque seu parceiro saíra e, nem mesmo, o silêncio e caminhar lento de Abadom em sua direção, já sem a fotografia de Isabela em suas mãos e, agora, com uma fina agulha entre elas. Passo a passo, batidas de coturno no assoalho de madeira, uma respiração leve e um suspiro na sequência. Libitina aproximou-se do novato e disse.

— Você sabia, meu caro, que as fêmeas são as espécies mais perigosas da criação? — perguntou Abadom.

— Duvido disso, Chefe. As fêmeas são presas fáceis, dominamos elas tranquilamente sem o menor esforço. Sei muito bem disso. Sabe, Chefe, já tive muitas mulheres. Todas sem dificuldades! — disse o novato e colocou suas mãos nos ombros de Libitina.

— Vejo que não está pronto, rapaz. Não entendeu nada aqui ainda. Você não percebeu que sempre foi a presa quando ingressou nesta equipe. E, agora, acabou de cometer dois erros. O primeiro, não conhecer o mundo e a natureza. O feminino é um mistério e é forte. Esse erro é grave, porém, seria perdoável. Mas o segundo erro foi compreender que tenho alguma empatia por você. Esse equívoco não posso deixar passar. Irá me agradecer um dia por isso que farei agora. Será seu batismo. — Libitina acabou de pronunciar aquelas palavras e cravou sua agulha na artéria do novato, que gritou de dor, vendo o ferimento transformar-se em uma sangria descontrolável.

— Você tem 30 minutos até desmaiar. Sugiro que corra para corrigir isso, um erro seu cometido agora. E entenda: essa ação foi para educá-lo. Hoje você teve sorte. Agora basta a si mesmo para sobreviver. Corra, corra, corra — disse Libitina, falando devagar e em voz baixa e rouca, vendo o rosto do aspirante empalidecer, o qual fugiu em seguida dali.

O outro agente, que aguardava Abadom do lado de fora da casa, viu seu parceiro correr em profundo sangramento, mas não o ajudou. No horizonte, um pouco distante, viu ele desmaiar. Teve o movimento de ir ajudá-lo, mas logo recuou quando Abadom chegou perto dele e disse:

— Vamos procurar Bil. Já tenho uma ideia de onde podemos encontrá-la. Precisaremos de recursos e pedirei ao regime. Ela não está mais no Rio de Janeiro.

— Sim, senhor. Vamos!

Abadom havia lido algo no verso da fotografia, após se encantar com o feminino da Coroada. Entendeu que poderia ser um refúgio ou algo semelhante, em ordenação com o que recebera de informações do regime. Naquele ano, surgiram diversas notícias de movimentos de guerrilhas pelo interior do país. Considerando isso, os dados que recebera do Estado, e o que estava escrito na fotografia, Libitina pensou em sair do Rio de Janeiro e ampliar suas buscas para evitar algo pior. O que o fez despertar para essa ação foi ler no verso da fotografia estas palavras: *Isabela, Porto Seguro, 1966*.

Os movimentos de esquerda se mobilizaram desde o golpe militar de 1964. Porém, até 1967, a ditadura era ainda, digamos, Menina, um processo gradativo de estabelecimento da crueldade, tornando-se, assim, passo a passo, como as batidas de um coturno imundo, a institucionalização da barbárie, como depois foi legitimado pelos atos institucionais. O que era pérfido tornou-se sórdido. Quando o General Costa e Silva assume em 1967, as coisas começaram a sair do controle. Suas mãos de ferro, o contexto internacional da guerra fria, e o crescimento de organizações paramilitares de cunho comunista deixaram o governo irritado e o rastreio e aniquilamento desses grupos era a finalidade e alvo dos militares.

E tais movimentos eram, muitas vezes, formados por estudantes envolvidos com a causa. Na luta por liberdade, melhores condições de vida e uma justiça social, interrompida pelo potencial governo de João Goulart, motivavam e encorajavam esses jovens a pegar, até mesmo, em armas. E a esquerda era o vértice do pensamento da guerrilha, alguns financiados por Cuba, outros apenas com os próprios esforços, assaltando bancos para recolher fundos para a aquisição de recursos. De qualquer maneira, foi um período difícil, do limiar do ser humano, entre o medo e o heroico, a estabelecer o épico, o fantástico e o extraordinário.

Menina, saiba de uma coisa: somos infinitos. Sim, a natureza humana é complexa, matemática, improvável possibilidade, imprevisível. Mas uma coisa podemos dizer: existe uma dignidade aí. Reside no espírito humano a coragem, a bravura, o não se conformar com a crueldade. E isso cresce na razão inversa da opressão que deseja silenciar essa força. E, no meio disso tudo, corações se amam. Como lutar contra isso? Razão e Emoção? Eu amo política, a história e a filosofia. Mas tudo vai embora quando vejo seus olhos. Te amo!

— Não irei mais embora, Professor — disse a Menina enquanto eu segurava suas mãos.

— Espero que seja para sempre — disse a ela temendo meu destino.

— Sim, será, mesmo eu estando longe. Saiba disso — disse a Menina confirmando minha tempestade.

Ontem eu vi uma fotografia sua, Menina. Meu coração ficou pesado, minhas lágrimas não conseguiram ficar em um lugar mais distante, e eu chorei. Sei que você tinha todas as razões para se afastar, sua vida inteira pela frente e eu querendo ser um Dom Quixote com final feliz. Mas nunca fui essa fortaleza toda que imaginou de mim. Conhecer as teorias políticas, os pensamentos puros dos grandes filósofos, saber articular palavras nas aulas e, especialmente, escrever, não me fortalece diante de sua ausência. Enfraquece.

E assim me refugiei nas letras a narrar a história de Rafael e Isabela. A cada encontro dos dois, era como se fosse um reencontrar com você. A cada peça vestida na Coroada, eu imaginava você olhando para mim, sensualizando e rindo, fazendo do amor uma brincadeira séria. E é. Mas eu podia enxergar tudo isso ao lembrar de cada palavra escrita sobre o romance daqueles dois. E, sabe, uma coisa estranha vou te contar: eles me confortaram. Ensinaram-me que eu podia ser feliz mesmo você não estando mais perto de mim. Por quê? Porque eu sempre amei você. E essa é a explicação.

A Aurora surgia em minhas lágrimas de um modo como nunca antes fiz. Minha vontade era correr, gritar, ficar louco, porque eu amava demais você. Jamais saiu do meu pensamento, das fotografias, dos meus sonhos, da minha saudade. Mas o destino é assim e impossível curvá-lo. A esperança permanece em mim, mas minhas contas não fecham a solução de seu retorno. Porém, saberá toda a história. Isso eu sei. O destino no lugar de sempre. No lugar de sempre.

Três horas antes de Libitina chegar à casa de Sr.ª Salarz, Rafael, Isabela, Padre Marcos, Marília e, claro, a chefe da Coroada ouviram bater à porta e chamar pelo nome de Bil. Ficaram com medo e preocupados, no que, imediatamente, se armaram para o que viria ou poderia ser. Concentrados e assustados, viram a porta se quebrar violentamente pelo sujeito que chamava pelo nome de Isabela. Caídos ao chão, Rafael e a Coroada viram o homem com o rifle Mosin-Nagant dizer a todos:

— Precisam sair agora daqui! Precisam ir embora do Rio de Janeiro — disse Pedrov.

— Você não era para estar em Moscou? — perguntou Marília.

— Não tive tempo para isso. Li todo o dossiê trazido de Havana, conversei com o General De Oliveira, e não consegui ficar longe de você, Isabela — disse Pedrov.

— Você conhece esse sujeito? — perguntou Rafael.

— Sim, meu amor, conheço. Treinamos juntos em Havana — respondeu a Coroada.

— Rafael, não é? É esse seu namorado, então? Preciso ensiná-lo como segurar uma arma? Sim, Rafael, eu e Isabela éramos namorados. Eu a amo! — disse Pedrov.

Rafael ouviu aquilo e ficou tonto. Estava em um cenário desconfortável, com um discurso que não queria ouvir de Isabela, e ainda sem resposta sobre seu pedido de casamento. Somado a isso, um passado resolveu visitá-lo exatamente no dia em que se preparou para receber, definitivamente, o amor da Coroada. Mas tudo saiu fora do roteiro programado. Outras coisas saíram também do controle. Rafael estava enfurecido.

— Então você tem um passado com esse sujeito, Isabela? — perguntou Rafael levantando-se do chão.

— Olha, vocês não têm tempo para discutir relações. O regime está para chegar aqui — disse Pedrov.

— Cale a boca, rapaz! — disse Rafael com fúria.

— Vejo que você até tem futuro, mas parece fraco — respondeu Pedrov.

— Fiquem quietos os dois! — disse Isabela já preocupada com toda aquela situação.

— Quem está nervoso é seu namorado, Bil. Parece que ele é ciumento. Meu amor, você sabe que eu não sou, não é? — disse Pedrov tentando desestabilizar Rafael.

— Não se dirija a ela dessa forma, seu canalha! — disse Rafael indo na direção de Pedrov.

— Ah, o comunista de apartamento quer vir brigar? Pode vir, vou adorar te treinar! — disse Pedrov, dando um golpe em Rafael, que caiu no chão.

— Pedrov Ilitch! Cretino! — gritou Marília, também enfurecida.

— Não me venha com essa, Marília, você é a mais libertina aqui! — respondeu Pedrov.

— Ah, meu rapaz, eu não te conheço nem você me conhece, mas você passou dos limites. Precisa aprender uma coisa. Precisa saber perder. E vai começar agora — disse Padre Marcos, que em um único movimento desarmou Pedrov e o levantou no ar, desferindo dois socos em seu rosto, o que o fez cair ao chão.

— Estou amando vocês! — disse Pedrov com os olhos inchados pela força recebida de Padre Marcos. — Mas quero dizer a todos aqui: precisamos sair logo e ir embora. Agora! — disse Pedrov estimulando a fuga da casa de Sr.ª Salarz.

— Por que eu iria com você? — perguntou Isabela.

— Isso mesmo, responde Pedrov — disse Marília.

— Pessoal, entendam: o regime está para chegar e vai prender Isabela. Já sabem de tudo. Tenho meus informantes dentro da polícia e um tal de Libitina, acho que é isso, tem todas as informações sobre Bil e o que pretendemos fazer.

— É verdade, o telefonema que recebi do meu contato no Estado disse isso — falou a Sr.ª Salarz.

Ficaram por alguns minutos discutindo todos ali na sala, com armas e sentimentos. Pedrov por Isabela, Marília por ela, Padre Marcos por todos, e a Sr.ª Salarz apreensiva com isso. Rafael estava encolerizado, enciumado e ferido em seu orgulho, uma vez que a resposta ao seu pedido de casamento não veio. Viu, sim, o antigo amor de Isabela, talvez presente, ali diante de todos e reivindicando mais uma vez a Coroada para si. Não conseguia pensar, reunir condições para falar, sua voz embargada por uma tristeza que tomou conta de seu espírito. De pé novamente, pensou direito, esqueceu um pouco seu coração, foi firme e destemido e pegou uma das armas no chão e disse.

— Vamos embora. Venha, Isabela!

A Coroada nunca viu seu amor assim antes. Sentiu uma excitação ao ouvir o vibrar da voz do jovem estudante de Direito, e ficou animada ali mesmo. Foi atrás dele e emitiu o vocativo para todos o acompanharem. Pedrov não entendeu, passou a mão em seu maxilar um pouco ferido e ouviu Padre Marcos dizer a ele de forma irônica que as dores iriam passar em algum momento. Mas algumas dores nunca passam, Menina.

Saíram da casa de Sr.ª Salarz e conseguiram ver uma Rural Wyllis na cor cinza diante de seus olhos. Pedrov saltou à frente e disse para o grupo que poderiam entrar, pois os levaria para fora do Rio de Janeiro. Ninguém havia se preparado para isso, com exceção de Isabela, ao entender perfeitamente as palavras que seu antigo namorado disse antes de dar a ignição no carro.

— Vamos para Porto Seguro.

Isabela já sabia disso, porque, nas cartas enviadas a Pedrov três anos atrás, combinou com este um encontro na cidade baiana em 1966. E esse encontro deixou esperanças no coração de Pedrov. Sim, ele tem um. Deixou porque, na praia de Coroa Vermelha, naquele ano, eles se amaram. Algumas coisas poderiam voltar? A Coroada sabia que não. Mas Pedrov não entendia isso.

22 de março de 1966, praia de Coroa Vermelha, Porto Seguro

— Você se assegurou de que ninguém te seguiu? — perguntou Pedrov.

— Não vou mais responder essas perguntas a você. Isso me irrita! — disse Isabela.

— Eu pergunto exatamente por isso. Seu rosto fica terrivelmente sexy quando está irritada. E eu não consigo me segurar — disse Pedrov, abraçando fortemente Isabela, dando-lhe um beijo.

— Você é baixo! — Isabela desvencilha-se de Pedrov e lhe dá um tapa.

— Adoro que me bata. Cada vez que sinto seu toque eu vivo você novamente. Suas palavras, ainda que ferinas, cortam a minha saudade e saboreio sua energia mais uma vez. Sabe que te amo! — disse Pedrov em um semblante de confusão entre o ousado e o amante.

— Nossa relação acabou! Você precisa entender isso. Fui embora de Havana por sua causa. Não temos mais nada, me esquece! Cansei desse seu jogo. Eu estou aqui por causa do movimento, desse regime porco e, claro, de meu pai — disse Isabela a Pedrov.

— Eu te amo, Isabela! Por que faz isso comigo? Não sou digno de você? Por que eu sou forte? Não sou um coração mole, alguém dado a emoções frívolas, isso não te seduz? Tenho as minhas qualidades e elas foram seu alento por muito tempo. Estás aqui pelo movimento e pelo regime? Pelo seu pai? Então saiba de uma coisa, Isabela Estefânia: eu estou aqui por você! — disse Pedrov com o rosto firme e algum sinal de paixão na face.

— Pode me poupar desses seus falsos sentimentos. Você é possessivo. O que quer de mim é me aprisionar, viver a sua fantasia comunista, a aventura de ser um guerrilheiro e uma história. Eu quero justiça! Depois disso, quero viver, sentir a vida, pois eu desejo amar — disse A Coroada e, após, começou a chorar.

Pedrov olhou para Isabela e não se conteve, a abraçou carinhosamente. Deu-lhe conforto, a acariciou enquanto Bil era só pranto. A levantou e colocou em seus braços, e caminharam pela praia de Coroa Vermelha, até uma casa de sapê. Entraram, deitaram-se e, sem mais diálogo, Pedrov desnudou Isabela. Retirou a boina francesa vermelha, colocou-a de lado, retirando, na sequência, seu terno preto de botão duplo. Vestia por baixo uma blusa de tecido leve na cor branca, que a Coroada permitiu-se desvestir, e logo deu para ver a geografia de seus lindos seios. Pedrov a olhou de forma apaixonada, sentindo-se menino novamente, o que o apressou a retirar a saia plissada, também na cor preta, bem como o coturno Gigil preto. Estava nua e Pedrov feliz. Esqueceu-se de tudo e a amou.

Começou a chover fortemente em Porto Seguro e os antigos namorados reviveram tempos de outrora. Isabela estava confusa, seu coração ficou apertado, pois tudo era um furacão de sentimentos em seu peito feminino. Ela amava Rafael, tinha uma forte obstinação pela luta democrática e o passado era um fantasma que não a abandonava, o que lhe dava uma serena tristeza. Cedeu ao amor de Pedrov naquela tarde de 1966, entregou-se para ele, mas não sabia o que fazia. Teve pensamentos insanos, durante o amor transcendeu do afeto ao selvagem, em uma explosão emotiva, e, em um dado momento, ela gritou.

— Pare!

Pedrov levantou e a olhou diretamente nos olhos. Viu seu rosto, a figura do arrependimento e de um adeus de tempos atrás. Ele percebeu que insistira sempre nisso, tentando resgatar o que um dia foi nobre. Escondeu-se por trás das armas, do treinamento de Havana, e tudo aquilo que não permite transparecer o amor. Antes de saber que você me amava, Menina, fingia seriedade a você. Depois fui saber que fazia a mesma coisa comigo.

— Vista-se — disse Pedrov.

— Desculpe — respondeu Isabela.

— Vista-se, por favor. Quero tirar uma foto sua — disse Pedrov, saindo da casa de sapê e indo para a praia.

Era fim de tarde, o céu já estava quase escurecendo, mas ainda havia luz, após a chuva. Os pássaros realizavam seus voos em busca de abrigo para a noite que se aproximava. Pedrov olhava tudo isso e, no horizonte, enxergava seu destino: *"preciso reconquistar meu amor"*. Entendeu que não foi o homem que Isabela merecia ter e compreendeu que sua chance havia acabado, mas não desistia. *"Ela será minha esposa um dia"*, refletia Pedrov em sua solidão na praia de Coroa Vermelha.

Após alguns minutos sozinho, Pedrov ouviu os passos leves de Isabela a aproximar-se dele. Resistiu a virar seus olhos para ela, como que com medo de se perder mais uma vez. Tentou se segurar, mas não teve jeito: olhou para a Coroada. E, claro, Menina, ela estava linda.

— Você é linda!

Pedrov segurou suas lágrimas, guardou-as em seu orgulho e pegou algo na sua bolsa verde-oliva. Isabela olhava seu movimento e identificou o objeto: uma câmera fotográfica. Antes de Pedrov fazer algo, ela disse:

— Nós já tivemos o nosso tempo. Aquilo foi verdadeiro, mas acabou. Precisa seguir sua vida, volte para Havana ou Moscou, o seu sonho de ingressar na KGB. Eu já sei o meu destino e a minha jornada. E vou lhe confessar: não farei nada até o dia em que aqueles sujos militares desocuparem o poder no Brasil. Eu apenas irei amar depois disso. Estou decidida e não mudarei de ideia — disse Isabela olhando para baixo e com a serena tristeza de sempre.

— Olhe para cima, nesse ângulo, não quero perder seu rosto assim. E seja feliz, meu amor — disse Pedrov e fez a fotografia de Isabela.

— Para que isso? — perguntou Bil.

— Quero eternizar você, não vou desistir — disse Pedrov.

— Está se matando por isso. Não serei sua mais. Esqueça — disse Isabela.

— Isso não sabemos hoje, Bil. Mas posso te pedir algo? Uma última coisa? — perguntou Pedrov.

— Depende, mas vou confiar em você. O que você quer? — perguntou Isabela.

— Sua boina francesa vermelha. Vou guardá-la até nos reencontrarmos novamente — respondeu Pedrov.

— Isso posso lhe entregar. Nos reencontrarmos? — perguntou Isabela.

— Sim, daqui um ano, nos encontraremos novamente no Rio de Janeiro. Levarei informações — disse Pedrov e sentou na areia da praia, sendo acompanhado pela Coroada, no que ficaram algum tempo conversando e contemplando o mistério da vida.

Pedrov amava Isabela, mas não conseguia ser a sensibilidade desse amor. Dedicava-se demasiadamente aos ofícios de Havana e às leituras comunistas, o que o impedia de enxergar além da Aurora desse sentimento. Sofria, é verdade, mas o destino irá, de certa maneira, retribuir o silêncio de um amor vivido. Viverá para Isabela e acompanhará seu sofrimento até o dia da revelação. E eu não sei por que isso aconteceu exatamente a mim. Serei o responsável pela solução desse enigma. E isso poderá, definitivamente, afastar você de mim, Menina. Mas terei de cumprir o encargo dado por essas forças ocultas da vida. Uns têm sorte, outros apenas vivem. Nas duas possibilidades, todos amam. Porém, apenas alguns têm a alegria de acordar ao lado de quem se ama. Espero que eu esteja com você aí onde sonha agora, Menina.

Após 15 horas de viagem do Rio de Janeiro a Porto Seguro, o grupo formado na casa de Sr.ª Salarz chega à cidade baiana. Ninguém levou nada, além de si mesmo e suas preocupações. Padre Marcos dissera que, ao chegar à Bahia, entraria em contato com a paróquia local e pediria um retiro. Sr.ª Salarz decidiu pedir sua aposentadoria, enviando uma carta, logo que pudesse, para a Universidade Federal do Rio de Janeiro. Rafael e Isabela não pensavam nos seus respectivos cursos, aquilo poderia esperar. Marília e Pedrov estavam mobilizados e sabiam, desde então, que o movimento iria acontecer. Estava acontecendo.

A logística da guerrilha seria o manual de Havana, que Pedrov explicou logo na manhã seguinte na praia de Coroa Vermelha. Já mais tranquilo e sereno, esqueceu-se do dia anterior e vestiu-se, tanto física como espiritualmente, para os eventos que se descortinariam dali para a frente. Estava com um quepe verde-oliva, com a estrela vermelha comunista no meio, e um fardamento também verde-oliva, trajes do exército de Cuba. Ao seu lado esquerdo, segurava um rifle Mosin-Nagant 1891/30, marrom e um metal brilhante, imponente. Dizia ele que essa arma ainda representava os ideais da revolução castrista e que ela ajudaria na causa socialista no Brasil. Porém, outras armas estavam a caminho de Porto Seguro, como AK-47, metralhadoras PPSh-41 e algumas Beretas 22. Teriam apoio de movimentos brasileiros, tendo tido contato com um importante grupo, o qual aguardava a chegada de sua líder, ainda no dia de hoje, em Porto Seguro.

O propósito de Pedrov era a conquista do Brasil e a instalação do regime socialista, com base nos princípios da revolução cubana de 1959. O pai de Isabela, o General De Oliveira, tinha a *expertise* necessária para orientá-los na guerrilha pelo interior do país, mobilizando as comunidades rurais, cooptando-os para a causa, até chegar à centralização do poder em Brasília.

Pedrov aprendeu todas as táticas militares com De Oliveira, e isso agradava o pai da Coroada, que desejava a união daqueles dois.

Isabela pensava diferente. Antes de 1964, desejava a revolução pela mobilização, porém, sem armas, peregrinando, também, por todo o país, como na Coluna Prestes. Dialogaria com as bases até o entendimento das lições de Marx e Lenin. Após um grande período de caminhada por todo o Brasil, estimularia, por meio de protestos, audiências públicas e todo tipo de comunicação popular, a instalação de uma Assembleia Nacional Constituinte em que seria discutida a instalação do regime socialista. Mas o golpe militar de 1964 interrompeu esse projeto e, assim, ela aderiu ao que Pedrov e De Oliveira pensavam: teria de ser pela via da luta armada.

Rafael não conseguia pensar de forma militar. As referências ainda eram as de seu avô. E as influências deste persuadiam o jovem estudante de Direito a "roubar" Isabela e fugirem dali. Não se importava mais com o regime militar e o futuro político e democrático do país. Ele a amava demais e não queria ter uma vida longe dela. Refletia sobre todos esses acontecimentos, mas não via outra maneira a não ser seguir de perto Isabela, até onde isso poderia chegar. Sabemos que a jornada dos dois será longa, Menina. Espero que tenham o seu final feliz.

Marília estava preocupada com Padre Marcos. Os acontecimentos foram repentinos, e o pároco não teve oportunidade de se despedir da Catedral do Rio de Janeiro e de seus fiéis. Olhou para ele e percebeu uma feição séria, carregada, afastando o rosto de paz que sempre teve. E, ao constatar isso, percebeu que seus amigos não tinham treinamento militar e que as coisas não seriam fáceis para eles. Teve um rápido pensamento, lembrando do seu amor por Padre Marcos, e então sentiu a necessidade também de fugir dali, para qualquer lugar do mundo, pois, onde estivesse ao seu lado, ela seria feliz. Porto Seguro era perigoso. O Brasil era em 1967.

Sr.ª Salarz estava ansiosa, porém parecia feliz. Dava a entender que curtia tudo aquilo, como uma grande aventura, um grandioso desfecho para a sua existência. Sim, Sr.ª Salarz, a cada dia que acordava, agradecia por mais um momento na vida. Sabia a chefe de Isabela que seu fim estava próximo, que já tinha vivido muito, destronando muitos impérios do coração e arruinado vários. E teve seu grande amor, após o que qualquer coisa é um detalhe sem importância. Então, decidiu acompanhar o grupo, porque amava todos ali e, especialmente, Isabela, a quem considerava como se filha fosse.

Os movimentos de esquerda na ditadura militar brasileira mantinham contato uns com os outros. Vários deles se fundiram, na tentativa de se fortalecerem, buscar mais recursos e, assim, ampliar as forças bélicas para enfrentar o regime. Mas este era sagaz e cruel e, em várias oportunidades, prendiam seus líderes, suspeitos, e os torturavam, quase sempre, até a morte. Mesmo aqueles que não tinham o menor interesse na causa, porém, conheciam algum membro ou tinham uma conduta considerada suspeita, como participar de grêmios estudantis, já era suficiente para a prisão. Tempos obscuros, de fechamento da humanidade, pelo qual jamais podemos ter a mínima nostalgia, Menina. Saudade tenho apenas de você.

— Sempre estarei perto de ti, Professor.

Essas lembranças me corroem, mas vou seguir em frente até o fim de meu destino.

Depois de algum tempo na praia de Coroa Vermelha, Pedrov resolve romper o seu silêncio e começa a discursar. Deixou de lado seu rifle Mosin-Nagant 1891/30, ao avistar a chegada de uma mulher com a aparência destemida, batidas firmes ao chão, indo em direção ao grupo. A mulher misteriosa acabara de chegar e dirigiu palavras a todos.

— Bom dia, camaradas! — disse a Mulher.

— Bom dia! — disseram todos.

— Estou muito feliz em, enfim, conhecer vocês. O camarada Ilitch me passou todas as informações de cada um de vocês e, especialmente, a coragem que possuem. Sei que teremos um caminho árduo até a vitória, mas precisaremos seguir em frente. E iremos, com a ajuda de todos — disse a Mulher ao grupo, e na sequência perguntou: — Vocês têm um nome para a guerrilha?

— Ainda não temos. Chegamos ontem em Porto Seguro e, na verdade, já estamos fugindo do regime — disse Pedrov.

— Verdade, não deu tempo de nos organizarmos. Foi tudo muito rápido, mas logo entraremos em ordem para o que precisamos fazer — disse Marília.

— Quem é você? Sinto que a conheço, algo em seu rosto me é familiar — disse Isabela, levantando-se.

A Mulher olhou a todos, deu um leve sorriso, viu o rifle de Pedrov, analisou todo o panorama e compreendeu que nem todos ali eram treinados. Tinham rostos assustados, alguns com ar de novidade e corações apertados. Entendeu um romance no ar também, especialmente por um jovem que não descolava seus olhos de Isabela. E não era Pedrov. Então, ao ver isso, dirigiu as palavras mais uma vez ao grupo e disse seu nome.

— Sou Stela.

E todos ficaram admirados por Stela. Ela era alta, corpo forte, usava óculos de grau com a armação preta, cabelos curtos e uma voz rouca, com certa dificuldade na dicção, porém, palavras bem articuladas. Era muito firme, decisões rápidas e uma coragem sem igual. Sabia o grupo, vou chamar assim por enquanto, que Stela vinha de Belo Horizonte, mesmo estado de Rafael e Isabela, sendo o primeiro do sul de Minas e a última de Céu Pequeno. Havia estudado economia na Universidade Federal de Minas Gerais e, ao que parece, estava envolvida em outros movimentos de guerrilha.

— Colina! — sussurrou Marília no ouvido de Isabela o nome do movimento de resistência de Stela.

E Stela disse a todos da importância de se mobilizarem, de não terem medo, porque o que estava acontecendo no Brasil não poderia continuar. Muitas injustiças já foram feitas, o povo nunca teve seu lugar na mesa das decisões políticas fundamentais, e já era hora de dizer um basta a toda essa covardia das elites. "*O povo precisa ter sua vez e terá!*", disse Stela.

— Camaradas! Camaradas! Este dia em Porto Seguro é a minha felicidade. Vejo corações jovens, assim como o meu, e espelho em todos vocês a esperança do Brasil ser feliz. A estrela vermelha chegará ao Poder e vamos lutar por isso. Chega de dizer como Deus quiser, porque Ele não nos criou para a indignidade. Esses dizeres são para nos silenciar. Mas não irão fazer isso mais. Acabou! Eu digo a vocês, meu peito incha, minha voz embarga, mas minhas ações se movimentam: irei até o fim ainda que eu morra. Não tenham medo. A vida de vocês será presenteada pela História. Serão imortais. E, assim, as gerações futuras, ainda que não nos compreendam, ainda que sejamos os vilões por narrativas impuras, ainda que haja mais injustiça sobre os fatos que iremos provocar, ainda assim será válido. E sabem por quê? Porque o povo estará no Poder. E é isso que importa. Eu, vocês, tudo isso, não faz sentido, a não ser pela devolução da dignidade ao povo. Viva o povo! Viva a causa e a bandeira vermelha! Viva a revolução! Viva o socialismo! — disse Stela, cujo discurso agradou a todos.

— Viva! — todos gritaram.

Isabela renovou seu espírito e ficou toda enérgica com as palavras de Stela. Seu feminino desabrochou-se novamente, como o florescimento de uma flor que acabara de receber a luz do sol. Seus olhos aumentaram a amplitude da visão, seus seios estavam bem mais rígidos e fortes, e ela levantou da areia da praia de Coroa Vermelha e caminhou, imponente, até Stela. Rafael e Pedrov a olhavam como duas crianças, desejando a atenção de um único olhar em direção a eles. Ela não fez isso. Marília viu sua amiga caminhar e lembrou do seu passado em Havana com a Coroada, quando esta tinha apenas 15 anos, a garota destemida que só pensava em política. Padre Marcos percebeu as forças do sagrado ali nas areias daquela manhã, e arrepiou-se ao lembrar do Evangelho e de Jesus. "*Porque, onde estiverem dois ou três reunidos em meu nome, aí estou eu no meio deles*", refletia o pároco sobre Mateus 18:20.

A Coroada então abraçou Stela e as duas mulheres ficaram na frente do grupo, naquela manhã em Porto Seguro. Stela olhou para Isabela e admirou-se da beleza da Coroada. Ficou perplexa com aquilo que viu diante de si e ficou algum tempo em silêncio. Todos ficaram curiosos, ouviam-se apenas os pássaros e as ondas do mar, e o vento forte que acabou retirando a boina francesa vermelha de Bil, caindo nas areias da praia a marca da Coroada. Os longos fios negros dos cabelos de Isabela começaram a tremular nas forças da natureza, o cosmos dedicou sua atenção à divindade da criação, e a escultura viva estava ali diante do mistério da vida. A Coroada é uma magnitude sem precedente. Ela se parece com você, Menina. Pude perceber isso agora.

— Você é linda, Menina — disse Stela.

— Seus olhos, obrigada — respondeu Isabela.

— Não, não, estou dizendo a verdade e não tenho nenhum pudor ao afirmar isso. Nunca vi uma mulher como você. E veja: conheço muita coisa do mundo e já vi muitos rostos e corpos. Mas você, como é mesmo seu nome? — perguntou Stela.

— Isabela — respondeu Bil.

— Coroada. Ela é a Coroada — disse Rafael e levantou-se também para ir em direção a Isabela.

— Isabela, Coroada, você tem muitos nomes — disse Stela.

— Bil — disse Pedrov, que também levantou e foi ao encontro de Isabela.

— Bil, Coroada e Isabela, tem mais algum? — disse Stela sorrindo.

— Senadora! — disse Padre Marcos.

— Muito bem, isso vai ajudar demais. Esses nomes podem confundir o regime. Eu também tenho os meus. Vai ouvir vários: Wanda, Stela, Iolanda. Mas saibam: todos eles representam não uma pessoa, e sim uma ideia e um movimento. A pessoa pode não ser mais e ir embora. Mas as ideias ficam. Matar uma ideia é praticamente impossível — disse Stela olhando para Isabela.

— Ótimo, então acabei de ter uma ideia! — disse Rafael.

— Isso mesmo, camarada, então compartilhe conosco sua ideia — disse Stela.

— Nosso grupo será chamado de Céu Pequeno e a nossa líder é a Coroada. Já vejo nos jornais das capitais a busca pelo seu nome, a influência em outros estudantes, e até mesmo a moda que ela vai determinar com seu jeito de vestir e, especialmente, agir — disse Rafael.

— Não brinque! — disse Isabela.

— Gostei! Céu Pequeno, maravilha! Adorei, camarada, vou espalhar para a Colina e outros movimentos. A Coroada é a líder e sua General — disse Stela.

— Ela é tudo para mim — disse Rafael.

Isabela olhou Rafael e sentiu-se feliz novamente. Amava o jovem estudante de Direito e tudo aquilo que ele representava: a ingenuidade, o idealismo, o amor devocional e, claro, sua ousadia de penetrar o território feminino sem pedir licença. Mas a Coroada jamais negou o acesso e não havia o que reivindicar: tudo pertencia a ele. Por isso ela sofria, temia o destino e a provável separação de seu amor. A ideia é impossível erradicar, como Stela disse. E Isabela não conseguia abandonar seu propósito político e escolher uma vida ao lado de seu amor e viver essa paixão. Anotava tudo em sua agenda e, ao final, o amor estava ali. Porém, sabemos que os planos elaborados por nós viram rascunhos esquecidos ao tempo, um papel na lixeira do destino. E ela iria arrepender-se mortalmente pelas escolhas que fez. Teve a oportunidade de realizar dois discursos diferentes após ouvir as palavras de hoje. Ir pelo caminho da vida com Rafael, casar-se com ele e ir embora do Brasil. Na outra estrada, ficar no país, liderar Céu Pequeno e destronar os militares. Uma e outra escolha sempre têm suas consequências. A minha foi permitir que você fosse embora, Menina. Escolha errada, espero ter outra chance.

— Que Céu Pequeno desperte o Gigante! — gritou Isabela.

— Que Céu Pequeno desperte o Gigante! — todos gritaram, no que se transformou um grito de guerra.

— Honrarei tudo que aprendi em minha vida com a política, a liberdade, os valores humanos, enfim, o que me foi ensinado. Com a ajuda de vocês, e o apoio de Stela, teremos ótimas chances contra esses canalhas em Brasília. Esses militares irão voltar para a escuridão da qual jamais deveriam ter saído. Dignificarei minha cidade, minha pátria, minha família. E, acima de tudo, elevarei o povo brasileiro. Venham comigo, camaradas e companheiros. Companheiros! Juntem-se a mim — disse Isabela em uma esplêndida energia e felicidade, no que todos a acompanharam proferindo no mesmo tom os vocativos ditos.

A manhã em Coroa Vermelha não poderia ser melhor. Tudo parecia ajustado para iniciar o movimento de resistência ao regime imposto pelas Forças Armadas em 1964. Começariam pelo interior do país, indo até as comunidades rurais, conversando com as pessoas e libertando outras, arrastando multidões, como na Coluna Prestes. Pouco a pouco, a mobilização tomaria força, seria notada em todo o país e, assim que a História desse o sinal certo de agir, se apossariam do poder e o devolveriam ao povo. Todas essas reflexões passeavam na mente de Isabela, que sorria vendo todos ali, envolvidos na esperança de um dia melhor. Pensou em Rafael e se ele iria acompanhá-la, no que não teve dúvidas quando ouviu ele de longe, abraçado a Padre Marcos e festejando aquele momento, dizer bem baixinho, compreendido na leitura de seus lábios.

— Te amo, Coroada!

Ela sentiu-se amada, completa, plena e feliz. A Mulher quando atinge esse nível de espírito, todas as lacunas do seu ser, em extensa harmonia com todas as forças do universo, tornam o feminino ainda mais belo e grandioso. Difícil Isabela ser ainda mais linda, porque era a Coroada a majestade do Mistério Feminino. Liderar um movimento de guerrilha, ser a mulher para Rafael e para o Brasil, são as evidências de quem é o sexo forte. E é exatamente isso que as mulheres são, Menina. Fortalezas invisíveis, em cuja imagem reflete-se apenas o aconchego e o sossego. Conseguem transformar pedra em maciez, grito em suspiro, tristeza em alegria, homem em menino, em eterno e repetido ciclo de vai e vem. Isabela é Eva, o arquétipo divino do feminino. E, você, minha saudade.

    Depois de algum tempo festejando a formação de Céu Pequeno e a liderança da Coroada, Isabela parou um pouco e caminhou para se distanciar dos presentes. Marília percebeu e acompanhou Bil, no que perguntou a esta se estava tudo bem. Isabela disse que sim, que poderia ser o calor do dia e suas roupas. Mas Marília notou algo diferente no seu rosto e nos seus seios. Pegou nas mãos da amiga e sentiu que elas estavam um pouco frias. Perguntou se havia se alimentado hoje, se hidratado, porque em Porto Seguro o clima é bem forte. A Coroada disse que sim, fez tudo isso, e era apenas um mal-estar causado pela euforia. Passou a mão no seu rosto, olhou para Marília e disse que estava bem. Não demorou muito, Isabela voltou a sentir-se mal, assustando a amiga Comunista, que entendeu o cenário e disse:

— Você está grávida!

Capítulo 20

A aula
Belo Horizonte, FAFICH, 20 de março de 2019

Acordei às sete da manhã e já me despertei para o dia que iria viver. Levantei-me da cama, coloquei meus óculos, calcei os chinelos e caminhei até o banheiro para jogar uma água no rosto e nas mãos. Fui até a cozinha, preparei meu café, liguei a TV e ouvi o noticiário dizer: *"o presidente Jair Bolsonaro pretende reformar em tempo célere a previdência. O corte de direitos reduzirá o déficit do governo, propiciando novos investimentos no futuro. Ele já tem a maioria nas duas casas legislativas e, assim, alterará a Constituição Federal, como prometido. Economistas divergem e a oposição afirma que tal mudança atingirá os mais pobres"*. Sempre atingiu, pensei.

Na manhã de março de 2019, olhei ao redor do ambiente de minha casa e percebi o quanto eu era sozinho. Estava acompanhado de muitas pessoas: Dan Brown, Elio Gaspari, Samuel Aun Weor, Dante Alighieri, entre outros. Porém, essas vozes, apesar de falarem muito alto, não conseguiam acalmar meu coração. E hoje eu precisava dizer algo que me feriria por dentro, mas seria necessário. Levantei-me da minha inquietude e tristeza, tomei meu banho e fui para o câmpus. Os alunos me aguardavam.

Chegando na FAFICH (Faculdade de Filosofia e Ciências Humanas), sabia o que diria hoje na minha aula de Ciência Política. E, no caminho, pensava: *"será que ela virá?"*. Sempre ia, não faltava a nenhum aprendizado, e perguntava, tanto durante as minhas explicações como no pós-aula, o que me rende, até hoje, as melhores saudades. Existe alguma boa?

Já dentro dos prédios da UFMG, os alunos me avistaram e começaram a me provocar. Uns, com a camisa da seleção brasileira, apesar de não ser ano de Copa do Mundo, vinham até mim dizer: *"O Brasil irá melhorar com Guedes, concorda Professor?"*, um desses anarcocapitalistas me perguntava. Eu sempre respondia a mesma coisa: *"precisam ler mais, meus caros"*.

— Petista doutrinador! Lula ladrão! — vociferavam.

E continuava minha jornada perante essas mentes ignóbeis, imaginação que guardava apenas para mim. Tentava manter a calma nesses tempos difíceis. Tudo era muito sisudo, cinza, sem o brilho de outros tempos. Os estudantes perderam sua essência e criaram esse tipo de coisa risível. Adorar mitos hoje é uma ode ao absurdismo.

Contudo, mesmo com esses cravos e espinhos durante meu passeio pelo câmpus, o que me reconfortava era esperar ver o rosto indignado da Menina. Ela sempre estava com seus olhos arregalados de insatisfação, em um universo em que praticamente nenhum estudante queria protestar por algo digno. As palavras eram desse liberalismo conservador (não me pergunte, deixo para a História um dia explicar esse fenômeno), MBL (Movimento Brasil Livre) e a extrema direita tomando conta do país. Mas a Menina era meu oásis em todos os sentidos. De corpo e alma ela me tomava. E o frio na barriga ia se apossando de mim, à medida que eu me aproximava da sala de aula na qual estava matriculada. Fechava os olhos, respirava fundo, ingressava no ambiente sem dirigir minha visão à turma, para me esconder dentro do homem, o Menino que desejava, simplesmente, abraçar a Menina. Cheguei, coloquei meu material por sobre a mesa, dei meu bom-dia e, em instantes, vi um movimento se aproximar. Devagar, hipnose da minha paixão, ela se descortina diante de mim. Meu coração acalmou e acelerou. Paradoxo do amor.

— Bom dia, Professor! Como você está? — perguntou a Menina.

— Difícil estar bem perante esse cenário. Desculpe meu pessimismo, bom dia — respondi tentando mostrar seriedade.

— Concordo com você. Eu não suporto esse governo e esses idiotas. Olha, a sala está cheia deles. Estão mesmo matriculados em Ciência Política? Não creio — disse a Menina, demonstrando irritação, cruzando os braços e olhando diretamente para mim. *"Não faz isso comigo"*, pensava.

— Ficaremos bons longos anos convivendo com isso, meu bem. Essas pessoas estão aprisionadas em seus preconceitos e uma visão distorcida do mundo, vivendo o seu universo paralelo. Bolsonaro empoderou isso. Erros do PT nos trouxeram até aqui — disse para a Menina, que ficou ainda mais irritada. Ela era petista também.

— Não diga isso! Estamos sendo perseguidos. O processo do Lula está cheio de erros, provocados por aquele juiz sem moral. Sua prisão é política, tiraram ele do jogo e isso é um crime. Tudo isso é uma injustiça e eu não suporto — disse a Menina para mim o que eu concordava com tudo e, especialmente, com aqueles olhos gigantes.

— Ei, estamos do mesmo lado. Li todo o processo do Lula. Sou petista também, esqueceu? Mas preciso ser crítico para avançarmos. O Partido errou em algumas coisas. Mas esses equívocos são bem menores do que estão fazendo conosco. Estamos do mesmo lado. Nunca se esqueça, meu bem: estou do seu lado — disse para a Menina e, por um descuido, a toquei.

— Eu sempre estarei ao seu lado, Professor — disse a Menina e, na sequência, me abraçou e continuou a dizer: — Ao terminar a aula, quero conversar com você.

Senti toda a energia da Menina. Eu a amava desde sempre. Sim, eu a vi nascer, como já entenderam quem me leu até agora. E fui negando esse amor, em razão, obviamente, de tudo o que vocês já podem imaginar. Mas quis o destino colocá-la novamente em minha vida. Exatamente na minha sala de aula, na minha turma, na minha existência. E eu estou aqui a ver sempre a Menina. Vivendo o meu amor, sozinho. Sigo meu caminho. Torçam por mim! Vamos para a aula.

"Bom dia, pessoal. Hoje vou felicitar a vocês o feliz ano de 1968, o ano que não terminou. Sim, 1968. Esse ano talvez seja o mais representativo daquele período no Brasil. A ditadura militar completava quatro anos e as perseguições, torturas e a repressão eram marcas indeléveis de um regime torpe. O governo Costa e Silva revogava direitos fundamentais, a liberdade era uma utopia e o contexto internacional não favorecia os ventos da mudança. Os dias eram cinzas como os metais bélicos das fanfarras do generalato indigno, e as leis eram criadas para fortalecer as práticas nos porões da caserna. Viver era perigoso.

Naquele ano, nem tudo era medo e silêncio. No mundo, as mulheres se fizeram presentes e levantaram sua voz por mais presença, ações e participação em todas as áreas do que o ser humano pode ser. Estávamos prestes a pisar o solo lunar, porém, o feminino ainda vivia nas cavernas dos preconceitos e valores inglórios de uma sociedade machista e patriarcal. Isso era em todo o planeta, e não apenas no Brasil. Mas o Maio de 1968 em Paris deu novo rumo a essa realidade. As mulheres iriam mudar esse quadro.

O movimento feminista na França exigia a liberdade para a mulher, sua autodeterminação, construção de seus próprios valores e o domínio de seu corpo. Era a concretização da carta de Beauvoir, que, pouco a pouco, ganhou o mundo, e em outros lugares no globo o grito feminino reverberou.

O que se iniciou como um movimento por reformas no sistema de ensino francês logo transformou-se em demandas da classe operária, greves por exigências de direitos sociais, protestos contra uma sociedade de consumo, o que fragilizou o governo de Gaulle. A liberdade sexual das mulheres carregou todos os gritos entalados e interrompidos nas gargantas dos povos da Terra. O punho erguido dessa vez era do mistério feminino. E ele se revelou. Elas se apresentaram.

Os primeiros passos desse fenômeno histórico se deram em março de 1968, nos arredores da universidade em Paris. Debates, reflexões e enfrentamentos à polícia francesa, protestando contra os valores de um núcleo familiar, a moral, questões relacionadas ao gênero, sexualidade, dinheiro, leis, enfim, contra os valores de uma sociedade global. Os estudantes exigiam outros axiomas, como a democratização, defesa das liberdades individuais ou coletivas, e o fim das guerras.

No dia 10 de maio de 1968, pelo menos 20 mil estudantes franceses ergueram barricadas feitas de carros virados, carteiras e outros móveis destruídos no Quartier Latin, a região central de Paris. Esse acontecimento ficou conhecido como Noite das Barricadas. Os anseios eram por uma modernidade, em que se permitisse a expressão máxima do ser humano. A existência precede a essência, pessoal. Isso é Sartre! É Sartre, pessoal!

Havia, à época, uma confusão de acontecimentos — conquistas e derrotas entre diversas classes sociais, os discursos políticos e ideias revolucionárias —, mas todos acabavam com um ponto em comum: mudar a sociedade. Nem os capitalistas nem os socialistas deram conta do significado e dos efeitos das revoltas, que se tornaram um símbolo da esperança de que um movimento popular poderia transformar o cenário mundial.

E no mundo isso teve ecos de vários tons, de múltiplos outros povos que desejavam seu lugar à mesa social. Nos Estados Unidos, a luta por direitos civis, dos negros e homoafetivos aumentou após o assassinato de Martin Luther King.

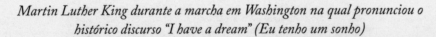

Martin Luther King durante a marcha em Washington na qual pronunciou o histórico discurso "I have a dream" (Eu tenho um sonho)

Wikimedia Commons (2022)

No México, greves e luta por maiores liberdades civis, contra a opressão policial, reuniram mais de 180 mil pessoas contra o PRI (Partido Revolucionário Institucional), que governava o país desde 1929. Na China, no período, houve o fortalecimento da Revolução Cultural Chinesa. Na Alemanha, a reivindicação estudantil foi organizada pelo SDS (Sozialisticher Deutscher Studentbund), cujo líder Rudi Dutschke sofreu um atentado em abril de 1968. O movimento fez uma crítica ao sistema educacional. Dessa forma, ofereceu propostas de uma universidade crítica debatendo problemas como o imperialismo, as revoluções socialistas, psicologia e sociedade (sexualidade e dominação, medicina desumana, crítica à psicologia acadêmica).

Na Tchecoslováquia, a Primavera de Praga, durante o governo de Alexander Dubcek, tentava dar contornos mais humanistas ao socialismo soviético. Reformas sociais, econômicas e culturais foram colocadas na ordem do dia para humanizar o comunismo stalinista, uma vez que Dubcek era crítico voraz do regime de Moscou. Em agosto, tropas da URSS invadiram a Tchecoslováquia na intenção de reprimir o movimento.

Imagens da invasão soviética à Tchecoslováquia (1968)

Wikimedia Commons (2022)

Nos Estados Unidos, ainda em 1968, precisamente no mês de abril, na Broadway, estreava o espetáculo Hair, símbolos do período, com elementos da contracultura hippie. Contestava o musical os valores daquela sociedade mundial e, especificamente, a Guerra do Vietnã. A apresentação chocou o público, pois a encenação foi feita em nu explícito e fez referências a diversas drogas ilegais. Várias dessas músicas viraram hinos dos movimentos pacifistas.

Manifestantes da Guerra do Vietnã (1968)

Wikimedia Commons (2022)

No Brasil, mesmo diante desses "porcos" de Orwell, os estudantes foram às ruas protestar naquilo que ficou conhecido como Passeata dos Cem Mil. Tudo começou em razão da morte do estudante secundarista Edson Luís de Lima Souto, por um policial militar, durante a invasão de estudantes ao Restaurante Calabouço, contestando o aumento de preços das refeições.

Durante o velório do estudante, vários confrontos ocorreram entre membros da classe estudantil e policiais, no Rio de Janeiro. Nos dias seguintes, manifestações sucederam-se no centro da cidade, todas reprimidas com violência, até culminar na missa da Igreja da Candelária em 4 de abril de 1968, quando soldados a cavalo investiram contra estudantes, padres, repórteres e populares.

Corpo de Edson Luís foi velado na Assembleia Legislativa, na Cinelândia

Wikimedia Commons (2022) / Acervo Arquivo Nacional

No começo de junho de 1968, uma passeata que terminou no Palácio da Cultura resultou na prisão do líder estudantil Jean Marc von der Weid. No dia posterior, o movimento se reuniu na UFRJ (Universidade Federal do Rio de Janeiro) para mobilizar novos protestos e solicitar a libertação de Jean e de outros estudantes presos. Mas o resultado foi a prisão de 300 alunos, ao final da assembleia.

No dia 21 de junho, uma manifestação estudantil em frente ao edifício do Jornal do Brasil gerou um confronto que terminou com três mortos, dezenas de feridos e mais de mil prisões. Aquele dia ficou denominado como "Sexta-feira sangrenta".

Diante da repercussão negativa do episódio, o comando militar acabou permitindo uma manifestação estudantil, marcada para o dia 26 de junho. Segundo o comando militar, dez mil policiais estariam de prontidão para entrar em ação, caso fosse preciso.

Chegado o dia 26 de junho, os estudantes viram-se reunidos em conjunto com artistas e intelectuais, que aderiram ao movimento pedindo o fim da ditadura. Porém, ao passar próximo à Igreja da Candelária, a marcha interrompeu para ouvir o discurso inflamado do estudante Vladimir Palmeira, que lembrou a morte de Edson Luís e o fim da ditadura.

Manifestação estudantil contra a Ditadura Militar (1968)

Wikimedia Commons (2022)/Acervo Arquivo Nacional

Artistas Eva Wilma, Tônia Carrero, Odete Lara, Norma Bengell e Cacilda Becker protestam contra a ditadura militar brasileira na Passeata dos Cem Mil, em fevereiro de 1968

Domínio público (2022) / Acervo Arquivo Nacional

O mais notável foi a presença da militante Isabela Estefânia Oliveira, estudante de Letras e integrante da GCP (Guerrilha Céu Pequeno), obviamente esse fato era ainda desconhecido dos militares. A conheciam por outro nome: Bil. E, entre os admiradores de seu movimento e discurso, era lembrada pelo nome de A Coroada e por um adereço que determinou a moda naquele ano de 1968 como símbolo do movimento feminista e da esquerda voltada a todos os valores múltiplos do ser humano: uma boina francesa vermelha. Era o visual de Isabela, A Coroada! Era o feminino autodeterminando-se.

Após o discurso de Vladimir, ela surge imponente em meio à multidão, atraindo os olhares de todos, inclusive dos militares, acompanhado de um jovem e um Padre. Ao chegar na elevação, defronte aos estudantes, Isabela iniciou sua fala dizendo a frase: "Ousar lutar, ousar vencer!". Reproduzo o áudio para que ouçam e entendam o limiar do ser humano. Isso é esplêndido!

"Ousar lutar, ousar vencer! Com muita dificuldade cheguei aqui. Sou apenas uma menina, mas sou Mulher. E tenho todos os desejos do mundo enquanto vivo a alma feminina: quero viver. E quem determina o meu destino sou eu, os amores que terei, os livros que lerei, as lutas que vencerei. Sim, vencerei mesmo diante de todas as improváveis matemáticas frias do silêncio. Não haverá um cálice de vinho tinto a beber, pois, caminhando e cantando, seguirei em plena alegria, alegria. Sou tropical, popular e brasileira. Sou Mulher. A bailarina chorou e borrou a maquiagem, não descuidou de ser o que é e apenas foi. E, apesar de você, amanhã teremos um novo dia, mesmo com jardins pisados por solados da covardia, serei destemida, com orquídeas e begônias recebidas de um amor meu, para não dizer que não falei das

flores. A jovem guarda não fica no ritmo de fanfarras. A juventude fica no ritmo da justiça, brada seus hinos e devolve a paz. Sou Mulher, brasileira, de Céu Pequeno, minha terra. Sou Isabela, A Coroada! E estou grávida! Estou aqui contra essa Ditadura Armada, por meu país, minha vida e meu bebê."

Isabela fez seu discurso à multidão presente na Candelária e o que foi registrado foram os gritos de liberdade, força feminina e, naturalmente, o nome Coroada. A imagem da militante comunista, vestida em seu estético feminino, apresentando todas as formas da gestação, diante de uma probabilidade quase inexistente para o que ela estava vivendo — ter um filho na guerrilha — comoveu os estudantes, tomou o mundo, e não se falava em outra coisa a não ser: quem era essa Coroada?! A saliência da gravidez, combinada com aquela voz rouca que acabaram de ouvir, palavras fortes, é verdade, e a beleza de Isabela deixaram os militares incomodados, pois A Coroada representava a derrocada de todos os valores medíocres que a sociedade brasileira ainda cultivava naquele tempo.

A Mulher pode ser o que ela quiser, alunos e alunas. Não há impeditivo algum para isso. Amar, lutar, viver e ser mãe é uma das diversas e infinitas possibilidades que podem oferecer o feminino. Isso mostra como aquele período levou o espírito humano ao seu máximo, testificar suas possibilidades, saber exatamente o que é capaz essa engenhosidade do mistério da vida. A vida autêntica é isso: ir em cada recanto do seu ser e experimentar desde a mínima célula em sinapse com outra, até o bradar forte de uma voz que ecoa na eternidade. E, por meio do feminino, isso ainda fica mais encantador, problemático e misterioso, pois todos os grilhões da História acorrentaram suas forças, os quais, pouco a pouco, foram sendo quebrados até o grito de liberdade. É uma prova de que podemos mais, que precisamos fazer mais, levantarmos da nossa letargia, destruir o medo que nos impede de avançarmos e construir um mundo mais justo, digno e feliz. Não há um Deus para que seja determinada uma providência a nós. Somos os deuses de nosso destino. E Isabela é a filha e mãe de seu próprio destino. Sigamos o seu exemplo. Lutem! Ousem lutar, ousem vencer!

Aquela aula foi mágica para mim. Eu era 1968, a História, a Política e a vida. E esta me tocou naquele dia, ou melhor, reformulando, a Menina me tocou dessa vez. Fui perceber, mais tarde, que a inspiração da mágica não fora apenas a narrativa dos fatos contados aos meus alunos de Ciência Política. Não foi a decisão da Coroada, grávida, ir na Passeata dos Cem Mil, e discursar, também, à multidão de estudantes contra o regime militar. Tudo isso eram ingredientes que se misturavam em minha alma, preparando-a para o que eu seria um dia: um final feliz.

Terminei a aula e os alunos foram se dispersando. O semeador sabe que nem todos os frutos irão frutificar. Percebe o Professor em que momento esse florescer ocorre quando, lá da frente, em frente, assiste ao espetáculo da vida a cada palavra pronunciada das verdades da História. A sensibilidade fertiliza e fecunda o espírito humano, reconecta com o divino (*religare*), mais que a liturgia dos dogmas eclesiásticos. E esse instante em que nasce a indignação, a rebeldia, a vontade de mudar tudo, isso é o testemunho do milagre. Não precisam ser todas as sementes a dar o fruto. Uma árvore já muda todo o ecossistema. E eu tinha o meu bosque.

Fui guardando meus materiais e pensando sobre o que disse hoje. Mas, intencionalmente, eu me atrasava, pois sabia que a Menina viria, novamente, atrás de mim por mais perguntas. Na verdade, ela disse que queria conversar comigo. E isso me deixou um pouco nervoso e preocupado. Mas preciso enfrentar o meu destino.

— Professor, que aula hein? Estava inspirado? — perguntou a Menina.

— Amo História e esse período é muito rico. Então, esses elementos me ajudaram. — Tentando disfarçar o Menino em mim.

— Não é verdade, suas palavras foram ditas em outra vibração. Isso não é um estudo ou a narrativa histórica. É paixão. Foi amor aquilo, não foi? — disse a Menina olhando diretamente para mim como que esperando uma resposta.

— Você disse que queria conversar comigo — disse para a Menina querendo dizer outra coisa.

— Sim, sim, mas pode ser aqui mesmo ou prefere outro lugar? — perguntou a Menina.

— Não vejo problema ser aqui. Estou no meu lugar de trabalho e...

Ela me beijou.

— O que foi isso? — perguntei para a Menina sem entender nada. Aliás, compreendi tudo.

— Isso foi um beijo. Essa sou eu. E eu te amo — disse a Menina.

— Já conversamos sobre isso. Sabe que não podemos. Eu te expliquei que...

Ela me beijou de novo.

— Mas você está inspirada hoje? O que foi isso de novo? — estava ficando tonto e já esquecendo de mim.

— Você parece lento em entender, mas vou te explicar. Isso foi um outro beijo, diante de você existe uma Mulher e ela apenas quer ser amada por você. É simples — disse a Menina olhando para mim de uma maneira como nunca a vi antes.

— Tem muita coisa que me impede de amar você. Seria contra tudo o que as pessoas esperam. Eu te vi nascer, seu pai foi meu aluno e a nossa diferença de idade é grande. Sua vida está começando, seus sonhos ainda em formação e o que tenho a lhe oferecer não é muito. Eu...

Ela me beijou mais uma vez e eu retribuí.

— Professor, vou te chamar assim, esquece isso. O que aconteceu no passado já acabou. Não sou o meu pai, tenho minha vida e decisões. E estou esperando por esse momento já há algum tempo. Tudo o que me disse não é verdade. Meus sonhos já se realizaram, estou vivendo e, mais importante de tudo, estou amando. Amo você. Então as diferenças se diminuem às irrelevâncias, pois o notável é o sentimento por quem se tem. E o meu sentimento é verdadeiro e sei que o seu também é. Está vivendo esse sofrimento não por minha causa, mas por suas escolhas. Todos os dias, a existência lhe dá uma nova chance para vivenciar o destino que deseja para ti. Todas as manhãs, quando acorda, é mais um capítulo de um livro em que você pode reescrever da maneira como escolher e desejar. Todo o seu conhecimento, ao que parece, não lhe tem ajudado na busca da construção de si mesmo. Acabou de falar de 1968, da liberdade, do movimento feminista e da Coroada, sendo que esta é um exemplo para mim. Quem me dera conhecê-la. Mas posso ser uma fração do que ela representa, decidindo agora amar você. Por que não faz o mesmo? — fez o discurso a Menina, persuadindo-me a ser feliz.

É verdade, fui covarde. Ela sempre me amou e eu tentei escrever algo para mim como um sofrimento que justificasse sua ausência. Esse martírio foi criado, artificialmente, para que ela reinasse no meu coração solitário porque só aprendi a ser sozinho. Entender que um amor me ama é complicado. A Menina era a realização do meu sonho de criança: ver um rosto dizer que me queria ao seu lado. E, pensando bem, deixando o aspecto moral em segundo ou terceiro plano, observando a jornada da vida sem esses percalços frios das convenções, o que mais importava era a realização desse sentimento. E quem sabe a idade que tem? Você se vê no espelho, mas ele não reflete a alma, os desejos, os medos e as tristezas que ocupam o lugar. Então, a razão não pode operar uma equação em que a subtração indica uma diferença etária que impede a felicidade. Nada pode impedir a sensação e a concretização de ser feliz. O que me mudou naquele dia foi ela dizer: *"aqui tem diante de você uma Mulher que deseja ser amada por você"*. Eu não era digno desse amor. Quisera eu ser Rafael, pois a Menina era A Coroada. Ela era. É.

— Espere um pouco, tenho algo a lhe dizer também. Sente aqui — disse para a Menina.

Ela se sentou e ficou com um semblante de curiosidade, nervosismo e esperança. Ali, diante de mim, a Menina estava aguardando ser feliz. E eu era o objeto de sua felicidade. Reformulando, Professor: eu era o sujeito da felicidade dela. Sendo assim, busquei na minha bolsa um caderno com anotações. Um velho caderno. Algo que escrevi para ela. E, enfim, eu disse. Declarei:

"Ah, se eu soubesse
Que essa Menina seria uma Mulher
Que aquele olhar seria uma saudade
E que o que restaria seria apenas um borrão em minha mente

Ah, se eu soubesse
Que a voz dela era música
Que seu corpo era poesia
Uma fotografia ao entardecer na praia

Ah, se eu soubesse
Que ficaria aprisionado nesse sentimento
Que esse sentimento poderia me libertar
Que o veneno é remédio
E isso é paixão

Ah, se eu soubesse
Que amaria novamente
Que a vida me daria mais essa oportunidade
Que ela foi embora, mas ainda está aqui

Ah, se eu soubesse
Não seria eu
Pois eu não tinha essas chaves
Que essa porta estava trancada
E foi ela quem abriu

*Ah, se eu soubesse
Dizer para ela a verdade
Aquela não dita
Na simplicidade da vida
Entre conversas sem pretensões*

*Ah, se eu soubesse
Terminar o que comecei
Porque terminar eu não quero
E começar ainda não fiz*

*Ah, se ela soubesse
De tudo isso que está aqui
Do tudo que não tenho
Daquilo que tenho e não tive
Que tudo isso é ela, não eu*

*Ah, se eu soubesse
Todos os segredos da vida
Todas as respostas das dúvidas
Daquilo que ela esconde por trás da roupa
Seria pleno apenas nesse último instante*

*Ah, se eu soubesse
Não seria eu
Não teria escrito
Sofrido ou Chorado
Caído e levantado
Mas teria amado
Seria amado, vivido
Teria sido feliz"*

Formou-se um silêncio na sala de aula. A ciência confirma os fatos que o coração descobriu: eu amava a Menina. E ela me amava. E por que esperar? Viver é preciso e amar é urgente. Os panos de fundo históricos, a política dos governos, os retratos nas paredes, e a Aurora mansa em um dia de sol frio, são apenas elementos para que você corra, se dispa dos pudores cruéis, abandone o velho e abrace o novo. E a arrogância das frivolidades não pode impedir o hiato da existência. Somos pequenos intervalos no cosmos, no mistério, em Deus. Mas esses recortes podem ser fotografias eternas ao se ter a coragem de assumir o que é, amar o que seja, ser para o outro a felicidade que se espera ter. Eu não posso mais ser o que não sou. A fotografia de mim é você.

— Eu te amo! — disse para ela.

E ela me beijou mais uma vez.

A Aurora surgia devagar em meu coração solitário e, pouco a pouco, fui sendo feliz. A Menina estava me ensinando a lição que jamais consegui ler nos livros das cátedras. Meus títulos acadêmicos eram de papéis e ela era a aula viva, em carne, osso e amor. Ela me tocou, beijou, abraçou, tirou meus óculos, meu terno, minha prepotência e medo e, como que cavando em busca de um tesouro perdido, encontrou o Menino novamente, ao me ver, sorrindo. Eu ri.

— Você riu! — disse a Menina para mim.

— Só não quero chorar hoje — disse para ela.

E não haveria razões para chorar, pois o aguardado chegou. Não tive mais motivos para esperar. Já estava pensando em como seria dali para a frente. Contaria para o corpo discente, a direção pedagógica, para alguma tia do Norte que não via há anos, enfim, diria ao meu coração que a Menina era minha. A felicidade foi habitando meu ser de uma forma intensa, comecei a sentir a juventude novamente, meu sangue correndo em outra velocidade, minha visão não mais embaçada, e o meu vigor como de um adolescente, pois o coração já era. E a Menina estava simplesmente linda. Parecia feliz, porém, algo estava prestes a ser revelado. Existia ainda algo contido, a ser contado, a conversa não tinha chegado ao fim. Comecei a ficar preocupado, vivendo o momento, mas tentando compreender do que se tratava. Fui deixando-a mais à vontade, estávamos ainda na sala de aula, correndo todos os riscos de sermos descobertos, quando, então, ela começou a me falar.

— Professor, consegui um intercâmbio em Praga — disse a Menina.

— Que ótima notícia, e é sobre o quê? — Dom Quixote voltou a mim.

— É sobre o socialismo tcheco e a Primavera de Praga. Você sabe que minha família é de lá — disse a Menina.

— Claro, lembro de Wagen, seu pai. — A felicidade começava a ir embora.

— Então, será por três anos. E, nesse tempo, acho difícil voltar ao Brasil. Nem posso dizer sobre você, mas teria possibilidade de ir também? — perguntou a Menina a mim, no que fiquei surpreso.

Fiquei feliz por tudo que aconteceu hoje e, ainda mais, com a pergunta que a Menina fez. Mas sabia que eu não poderia ir para Praga. Estava com muitos compromissos no Brasil e na UFMG. Porém, viajar até a capital Tcheca, para viver o meu romance, sim, era possível. Então, comecei a pensar uma forma de dizer a ela como seria. Mas ela me interrompeu mais uma vez.

Ela me beijou.

— Olha, ir para Praga é uma realização para mim. Sempre gostei da Primavera de 1968, como disse na aula de hoje, e aquela arquitetura medieval, nas ruelas e canais da cidade, apreciando as águas do rio Moldava, ao seu lado ao fim da tarde, é tudo o que mais quero. Mas eu não posso ir. Posso te encontrar, viajar, ficar por algum tempo em minhas licenças da faculdade. Mas morar, agora, não — disse para a Menina, que ficou um pouco desapontada com a resposta.

— Tudo bem, Professor, eu entendo. Mas vou te esperar e, quando terminar meu intercâmbio, irei voltar ao Brasil. Volto em 2022! Quero ver o Lula livre e presidente! — disse a Menina e se jogou em mim em mais um abraço que jamais pude esquecer.

— Claro, Lula será solto e voltará a ser presidente da República. Voltaremos a ser felizes — disse para a Menina e a beijei.

Esse dia foi mágico. Jamais esqueci o jeito como a Menina se aproximou de mim, os beijos que me deu, o perfume exalando de seu corpo e essa magnífica criação da natureza. A metafísica daqueles sentimentos se perpetuara na minha alma, não consegui mais me enxergar como um poeta solitário. Era um Menino feliz com o seu amor correspondido. Duas crianças de mãos dadas. A distância do Brasil para a República Tcheca era só um detalhe. Não havia mais distância entre mim e a Menina. E três anos passariam rápido.

Depois de ficarmos ali, eu e a Menina, amando e se deleitando a ver um e outro, um velho amigo passou em frente à sala e nos viu. Achou graça ao ver a cena romântica e feliz, por saber da minha solidão. Não se conteve e entrou, interrompendo a conversa sobre Praga. Muitas outras coisas se interromperiam também, para a alegria do meu velho amigo, como eu saberia depois.

— Olha, olha, meu amigo, enfim, encontrou seu destino — disse o velho amigo.

— Sim, ele encontrou, enfim, fiz que isso tivesse um final feliz — respondeu a Menina ao meu amigo.

— Que alegria saber disso. Aproveitem o romance e sejam felizes — respondeu o amigo esboçando um adeus para que eu e a Menina pudéssemos ficar mais um tempo a sós.

Quando meu velho amigo já fazia a curvatura de ir embora, a Menina viu um livro em suas mãos que despertou sua curiosidade. Tratava-se, também, de um livro envelhecido, uma edição antiga, capa dura, com etiquetas de uma biblioteca, não sendo da UFMG, pelo que pude notar das cores do etiquetamento. A Menina conseguiu ler nas laterais da brochura o nome do livro, tendo em seguida feito a pergunta ao velho amigo, para confirmar sua suspeita.

— Esse livro é *O Espírito das Leis*? — perguntou a Menina.

— Sim, pequena, é *O Espírito das Leis*. É um livro que carrego desde sempre comigo. Ele tem muita história. Não consigo abandoná-lo — disse o velho amigo.

— Deixe-me fazer a gentileza de apresentar vocês. Este é o Professor Matronelli, decano de Ciência Política, e foi meu professor também, meu bem. Foi militante da GCP, a guerrilha da Coroada — expliquei para a Menina, que percebeu uma mudança de humor no Professor Matronelli.

— Ah, meu caro, eu não era militante. Ela era — suspirou forte o Professor Matronelli e dirigia-se para ir embora, já cansado um pouco da vida, quando ouviu a Menina dizer.

— Não brinque!

O Professor Matronelli paralisou ao ouvir aquela frase. Seu corpo foi novamente eletrificado ao escutar as palavras ditas muitas vezes pela Coroada a ele. Ele respirou, tentou voltar ao seu equilíbrio após alguma vertigem, virou seu rosto para a Menina e perguntou:

— O que disse?

A Menina não compreendeu a pergunta, pois fora apenas uma expressão, e não uma declaração ou afirmação. Mas eu sabia do que se tratava. Eu fui aluno do Professor Matronelli e, quando ficamos mais íntimos, ele me contou toda a sua história e, claro, sobre Isabela. E entre tantas coisas que dizia sobre ela, uma o encantava de forma excessiva: ouvir A Coroada dizer "*Não brinque*" era a sua fragilidade.

— Não disse nada, apenas falei "*Não brinque*" — respondeu a Menina.

— Diga de novo, por favor! — pediu Professor Matronelli com os olhos arregalados.

— Não estou entendendo nada. Por que devo dizer isso? O senhor está bem? — perguntou a Menina ao Professor Matronelli, que se transformou em ira.

— Por que deve dizer? Se estou bem? Menina, não me conhece para ter essa audácia de perguntar como estou. Sabe de nada essa juventude! Eu lhe pedi apenas para repetir uma frase, e não meu estado anímico — respondeu Professor Matronelli para a Menina.

— Diga, meu bem, a frase, por favor — pedi para a Menina.

— Você está me deixando assustada! Vou embora — respondeu a Menina.

— Diga novamente! — gritou o Professor Matronelli.

— Eu vou embora, não estou gostando disso. Seu Professor está com problema — disse a Menina, indo embora, quando foi segurada pelos braços por Professor Matronelli.

— Onde você aprendeu essa frase? De quem ouviu essas palavras? Diga logo! — gritou Professor Matronelli para a Menina.

— Seu velho louco, me larga! Você, me ajuda, seu amigo é louco! É tarado?! — disse a Menina.

— Meu bem, repita a frase, por favor — disse para a Menina.

Ao ouvir meus pedidos, a Menina não compreendeu e ficou desapontada pelo meu comportamento. Olhou para mim com tristeza, pois não era daquela forma a maneira como queria se despedir de mim. Não manteve contato comigo por três anos, o que instalou a ferida mais dolorosa a cicatrizar lentamente: uma saudade. Eu não sabia se ela havia ficado com raiva, se nosso amor acabara, e fiquei letárgico, não indo visitá-la em Praga, nem mesmo tendo algum contato. Na sequência da história, uma pandemia acometeu o mundo, e mais enclausurados ficamos. Nos anos seguintes, vi suas fotos na capital Tcheca, pelas redes sociais, e entendi como ela estava realizada e feliz. Novas amizades, novas relações, novos amores. Então, tudo isso me inibiu de ir adiante. Porém, em uma dessas fotos, ao entardecer, às margens do rio Moldava, vi a Menina em trajes de banho: um biquíni. Nesse dia não pude evitar: enviei uma mensagem dizendo a ela — "*você é linda!*". Não me respondeu.

Contudo, ainda naquele dia na sala de aula diante de mim e do Professor Matronelli, ao ver este transtornado e ouvir minhas súplicas por repetir a frase, ela me deixou estas últimas palavras:

— Deixa eu ficar apenas com a imagem do Professor em minha mente. Esquece tudo. Vou atender seu último pedido e cumprir o que esse velho idiota pediu em seu fetiche: "*Não brinque!*".

— Tudo bem. Fica bem — respondi a ela.

E foi embora sem me dizer adeus.

Após alguns minutos chorando por dentro, percebi que o Professor Matronelli ainda estava na sala e em lágrimas. *O Espírito das Leis* jogado ao chão, um silêncio ensurdecedor regia a trilha daqueles dois corações ali, solitários novamente. Eu não conseguia falar mais nada, mas meu velho amigo interrompeu aquele vazio e se levantou, dirigindo a mim uma constatação que o rejuvenesceu em sua esperança.

— Ela está viva!

Capítulo 21

A maternidade
Feliz ano novo, Porto Seguro,
janeiro de 1968

O grupo, enfim, se formou, como planejado há anos por Isabela, em suas cartas a Pedrov. As condições para a guerrilha, o movimento de cooptação e mobilização nas bases urbanas e rurais, estavam reunidas. Havana dera o sinal e, em breve, as ações tomariam rumo pelo interior da Bahia, iniciando em Porto Seguro.

O que não estava nos planos da Coroada era se apaixonar e, além disso, trazer um padre para a luta armada. Eles não tinham treinamento militar e, a começar por Rafael, este preocupava-se demasiadamente por amor a Isabela. E amar nesses tempos era supérfluo, desnecessário e, acima de tudo, arriscado.

Porém, a amiga Comunista de Bil não via as coisas assim. Entendia dos riscos, é claro, mas a vinda de Rafael e Padre Marcos para a GCP seria de grande valia. O pároco era a voz suave e de tranquilidade essencial para os dias que viriam, e Marília o amava. O amor ajudava a unir o grupo e isso fortalecia a causa, pensava a Comunista. O que deixava Marília em alerta era Rafael. A personalidade explosiva do jovem estudante de Direito poderia causar sérios problemas nas ações, pois Pedrov era um dos líderes militares e sabia deixar alguém irritado. E deixaria Rafael, porque o militante de Havana lutava não apenas pelo Brasil, mas, também, pelo coração de Isabela. Um triângulo das relações afetivas se formava na resistência.

Quem estava se divertindo com tudo isso era a Sr.ª Salarz. Via esse quadro como que uma grande diversão e aventura. No auge da autenticidade heideggeriana, Cristina só se preocupava em viver todos os instantes, sem perder de vista o saborear de cada momento. E a GCP entregaria isso à chefe de Isabela.

No último dia do ano de 1967, quando o grupo se formou em Coroa Vermelha, após a visita de Stela e o discurso de Isabela, esta sentiu-se mal e se afastou da aglomeração, o que foi notado por Marília. A amiga Comunista a acompanhou e perguntou o que estava acontecendo. Bil apenas disse que era o momento, a euforia e o calor em Porto Seguro. Mas Marília era bem experiente, tinha visto muita coisa na vida, e aqueles sinais não enganam nenhuma mulher. Sabia exatamente o que era aquilo. Uma criança estava sendo gerada.

— Você melhorou? — perguntou Marília.

— Já estou me recuperando — respondeu Isabela.

— Há quanto tempo está atrasada? — perguntou a Comunista.

— Do que está falando? — perguntou A Coroada.

— Não precisa fingir comigo, sou sua amiga e não sou menina. Responda! — perguntou Marília olhando a silhueta de Isabela.

— Não sei dizer, não notei isso, estava muito envolvida com os planos de Porto Seguro — respondeu Isabela, abaixando a cabeça, fingindo que nada daquilo estava acontecendo com ela.

— Não faz isso comigo, minha amiga, sabe que não acredito nisso. É melhor ser sincera como sempre foi nas nossas conversas. Está com medo de mim? Não estou entendendo. — disse Marília.

Isabela fez sinal para ir a outro lugar mais reservado, longe da praia e de todos ali. A Comunista fez um gestual para Padre Marcos, fazendo-o entender que precisavam ficar a sós, compreendido imediatamente pelo pároco. Caminharam até próximo a uma casa onde estavam acomodados, onde Isabela sentou em um banco, acompanhada de Marília. Ao se verem longe do grupo, mais segura e sem nenhum ouvido ou voz para participar da conversa, a Coroada chorou e disse.

— Três meses! — respondeu Isabela.

— O quê? Como assim? — exasperou-se Marília.

— Fala baixo, alguém pode notar nossa ansiedade. Sim, três meses — reafirmou Isabela.

— Mas como você escondeu isso até agora? Como pôde não notar que estava grávida e não comentar com ninguém? — perguntou Marília.

— Eu sabia — respondeu A Coroada.

— Sabia e escondeu?! Estou perplexa! — expressou indignação a amiga Comunista.

— Tive meus motivos — disse Bil.

— E Rafael, ele ao menos desconfia? — perguntou Marília.

— Não, nem ele e tampouco Pedrov — disse Isabela.

— Pedrov? Não entendo. Por que ele deveria saber? — perguntou Marília já nervosa com a situação.

— Estivemos aqui em 1966 e nos amamos mais uma vez. Disse a ele que estava acabado e até interrompi o que estava acontecendo. Ele parecia ter entendido. Porém, há dois meses encontrei com ele novamente — disse Isabela.

— Mas você está grávida há três meses, então é de Rafael?! — disse Marília.

— Sim, é ele — respondeu A Coroada.

Isabela levantou-se e chorou. Não acreditava que estava acontecendo aquilo com ela. Rafael não suportaria nada disso. Pedrov jamais poderia saber, pois diria ao General De Oliveira, que, imediatamente, a retiraria do Brasil. E a Coroada não desejava alterar seus planos. Seguiria em frente com a GCP e atuaria fortemente contra a ditadura militar. Mas uma gravidez dificultaria as coisas. E isso a deixaria perturbada.

— Conhece algum médico, Marília? — perguntou Isabela.

— Para que você quer médico, Isabela Estefânia? — Marília perguntou já com irritação.

— Estou pensando apenas, minha amiga. Preciso considerar todas as possibilidades. Não posso...

— Cale a boca! — interrompeu Marília.

Marília não imaginou que Isabela poderia considerar qualquer possibilidade como aquela sugerida nas entrelinhas. Ficou muito irritada com Bil e, pela primeira vez, pensou sair de si e agir com mais energia. Mas a Comunista era só coração e, pouco a pouco, o sangue foi voltando a sua velocidade, e a mente tranquilizou-se ao ver o rosto de Padre Marcos se aproximando. Entendeu que era o sinal dado pelo destino. Ele precisava saber e teria uma reflexão sobre tudo isso. Sem ao menos pensar mais uma vez, disse ao pároco.

— Isabela está grávida.

Padre Marcos assustou-se com a notícia. Não ficou alegre no momento em que ouviu aquelas palavras. Conseguiu sopesar todos os elementos desse drama e não pôde sorrir. Pelo que conhecia Isabela, entendia que esta não desistiria do seu projeto socialista. Então, também se recompôs, percebeu a necessidade de uma palavra amena e rezou para Isabela.

— Abençoada seja a criança em teu ventre. Glória nas alturas pela vida a habitar a mãe que será um dia. Que o Pai Celestial a acompanhe em toda a sua jornada e leve contigo os anjos a guardar a ti e ao filho que carregas. Amém.

— Amém!

— Amém!

— Rafael sabe, filha? — perguntou Padre Marcos.

— Não, ele não sabe — respondeu Isabela.

— E o que você deseja fazer? — perguntou Padre Marcos.

Isabela estava perdida, a mulher obstinada havia desaparecido, nenhum sinal da Coroada. Ao ouvir a pergunta de Padre Marcos, ela se atirou nele, em seus braços e chorou, dizendo:

— Abrace-me!

Padre Marcos a abraçou e disse algumas palavras ao ouvido de Isabela, dizeres incompreensíveis, mas, ao que parece, ela entendeu. Bil se acalmou, enxugou as lágrimas, sentou novamente no banco e ficou pensativa por alguns minutos. Marília e Padre Marcos a aguardavam. E ela, então, falou:

— Serei mãe!

Marília então chorou. Abraçou Padre Marcos, que a reconfortou com um abraço mais forte e a beijou na fronte. Isabela viu sua amiga em prantos, sentiu-se culpada por tudo aquilo e pediu desculpas. A Comunista não se conteve, transformou-se em tempestade e foi até Bil a abraçar mais uma vez. Elas estavam imersas em emoções jamais vividas e, no caso de Isabela, tal sentimento era ainda mais forte. Uma sensação sublime e divina chamada de maternidade.

— Minha amiga, não precisa pedir desculpas — disse Marília.

— Perdão, minha amiga, perdão — disse Isabela.

— Não diga isso. Fica bem, iremos todos ajudar você. Essa criança será uma alegria no nosso grupo — disse Marília.

— Meu amor, apenas uma correção. Essa criança será uma alegria em nossa família — disse Padre Marcos.

Ao ouvir as palavras de Padre Marcos, Isabela foi tomada de uma força que, em gradações significativas, mudou seu semblante, sua força e, mais vez, sua razão. Entendeu todo o cenário, o que ela representava, e ser mãe não poderia ser, em nenhuma hipótese, um obstáculo. Esse filho nasceria em um berço de liberdades, de quebra de paradigmas, de toda uma ordem de valores antigos e vis que deveriam ser abandonados. "*Família*", pensava a Coroada, e foi correr em direção a Rafael.

O jovem estudante de Direito ainda estava conversando com os outros na praia de Coroa Vermelha. Isabela o viu empolgado com as lições de Stela sobre as ações militares e o comunismo leninista. Pedrov já havia se afastado do grupo e estava na beira do mar contemplando o dia e as ondas do mar. Sr.ª Salarz era só energia positiva. Isabela foi se aproximando de seu movimento, grupo e família. Sentiu uma excitação ao ver Rafael com sorrisos e não se conteve. Em uma ação impetuosa, atirou-se nele e já o convidou para o que ele sabia exatamente. O amor é urgente.

— Quero você agora!

— Uau! — disse Stela e deixou o casal a sós nas areias da praia de Coroa Vermelha, sendo acompanhada pelos outros.

Isabela era só amor naquele momento. Esqueceu-se de tudo, de suas agendas, planos e planejamentos e foi apenas mulher. Já estava sem a boina francesa vermelha, retirou seus outros trajes, no que ficou espetacularmente nua à frente de Rafael. O jovem estudante de Direito não conseguia ver repetição nas ações repentinas da Coroada. Amava seu jeito e assistia a tudo devagar, cada movimento de uma peça a menos em seu corpo, e não deixava nenhum detalhe em segundo plano. Os longos cabelos negros ao vento, a pele alva reluzindo ao brilho do sol, os seios em conforto de um amor onírico, as curvaturas da Coroada em encaixe perfeito com o eros masculino e, enfim, o amor a reger aquela harmonia do mistério de Deus. Isabela estava com a voracidade de uma paixão urgente, que exigiu todas as energias de Rafael, e deu ordens a ele para seguir suas diretrizes, o itinerário de um sentimento de elevação da alma. As areias da praia de Coroa Vermelha conseguiram captar toda aquela profusão de forças e os acolheram, testemunhando esse evento da natureza. Amar você assim é o que espero ser, Menina.

— Ame-me, sinta-me, eternize-me!

Rafael arrepiou-se todo. Rasgou suas roupas, a trouxe junto ao seu corpo com mais força, e Isabela sentiu essa batida ao peito do jovem estudante de Direito, tangenciando sua pele. Ela olhou para ele bem de perto e sorriu. Rafael não esperou e consumou o ato de amor, no que a Coroada exigia ainda mais dele.

— Sinta-me, ame-me, quero ser mulher!

O jovem estudante de Direito ficou louco. Nunca viu sua amada dizer ou fazer algo parecido com isso. As relações amorosas daqueles dois nunca foram monótonas. Eram impetuosas e tempestuosas. Isabela era uma fera ali na praia, a aquecer seu corpo e dar mais energia para o que ela queria: amar Rafael e gravar nele a saudade, a transcendência, o místico e o impossível. Viver o sagrado e o misterioso, o divino e o pecado, ser o amante e a amada. Era isso apenas. Eu a lembrar de você, mais uma vez, Menina. Mais uma vez.

— Você jamais irá me esquecer! — disse Isabela.

— Claro, meu amor, jamais — disse Rafael.

— Não diga nada. Quero que continue! Hoje serei uma memória eterna até o fim dos seus dias — disse a Coroada.

— Meu amor...

— Ame-me em todos os recantos. Sou sua!

E Rafael amou. Difícil eu descrever exatamente o que aconteceu ali na praia. Não existem palavras para isso. Mas tentarei para que aí sintam as sensações do puro amor. Aquilo foi mágico. Vou explicar. Sou o Professor!

Místico: sabe quando você olha para alguém que nunca viu na vida e sente algo sem ao menos entender? E, sem qualquer fundamento, age inopinadamente, causando surpresa e estranheza em uma pessoa? Foi isso o que aconteceu na praia de Coroa Vermelha. Um *déjà-vu*!

Erótico: entende que as convenções impedem a nossa humanidade de se autorrealizar, pois, trancafiada no aspecto moral, eliminam nossa autenticidade? Compreende que esses "freios" retiram nossa natureza e, assim, fragilizam nossa felicidade? Agir no extremo êxtase, movido pelas batidas do coração a, simplesmente, amar sem qualquer condicionante, entregando a alma ao corpo e este a você. Coroa Vermelha foi isso. Isabela amava Rafael. Um filho ela estava gerando. Crescei e multiplicai. Humano, demasiadamente, humano.

Poético: amar é indefinível. Não existe filosofia, liturgia ou qualquer "ia" a descrever a força da criação. É racional e irracional, mágico e monstruoso, eu e você. A mecânica da biologia do corpo humano são linguagens a traduzir, quando em conexão e encaixe perfeito, aquilo que se vivencia na metafísica do sagrado. Claro, os deuses amam. Se o físico lhe entrega essa sensação, imaginem vocês a explosão elétrica a percorrer todo o trajeto da extensão divina, em infinita corrente, a criar uma grande explosão de sensações: *big bang*!

Eu te amo: três palavras e um sentimento, três entidades e uma unidade. Três pessoas e uma família. Tudo começou porque um livro caiu. Tudo não terminou, porque o amor nunca termina. É infinito e isso não se mede. Eternizada! Eternizada em mim está, Menina.

— Por que agiu assim? — perguntou Rafael.

— Não me pergunte agora. Fica comigo — respondeu Isabela.

As palavras ajudam, mas, na maior parte das vezes, atrapalham. Meu ofício aqui é difícil, pois busco transcrever aquilo que se vivenciou apenas uma vez. Por mais que goste das letras, eu as amo, sei que elas não são nem o retrato, a fotografia, a imagem de você nua na minha frente, algo impossível de descrever, Menina, diante de tanta beleza jamais vista por mim. E o sentimento não é captado pela fonética dos símbolos de um alfabeto comum. A codificação do corpo fala melhor, flui a sua linguagem e indica precisamente a descrição de se estar apaixonado. Eu posso escrever cem poesias e ainda não terei a semântica suficiente para dizer que te amo. Mas aquele dia, quando foi embora e não viu meu rosto, se tivesse virado um pouco e visualizado o cenário, voltaria para mim. Veria que nos meus olhos havia abundância, um pertencimento e uma entrega. E nada mais a convenceria do contrário. Ainda estou aqui, Menina. O rosto envelheceu, mas ainda sou eu. É você.

Isabela não contou naquele momento, nas areias de Coroa Vermelha, a sua gravidez para Rafael. Entendeu que deveria aguardar suas emoções se assentarem, arranjar o discurso adequado e corrigir a rota de seus planos. A maternidade viria, assim como a guerrilha, os amores repentinos e a derrota do regime. Bil se revigorou com o dito por Marília e, especialmente, por Padre

Marcos, o ponto de equilíbrio da GCP. Sua oração e o conforto de seu abraço deixou a Coroada confiante nela mesma novamente. O corpo recebeu o chamado do espírito e este nunca foge a uma batalha. Seriam muitas.

Enquanto Isabela estava na companhia de Rafael, Padre Marcos e Marília ficaram a sós na casa na praia. Os outros integrantes do grupo foram fazer coisas distintas, no que o pároco percebeu uma privacidade oportuna. Inicialmente, respirou e tranquilizou sua mente. Sentou-se um pouco, e apreciou o mar e Marília. Enxergou duas grandezas diante de si, ambas em seu mistério e ele a se deliciar com Deus e suas criações. As ondas do mar iam e voltavam num ciclo harmônico, como as batidas nas teclas de um piano, o ritmo sinuoso do coração, e o cosmos como um todo em uma perfeita sinfonia. "*Deus é músico e maestro de tudo isso*", pensava Padre Marcos, relembrando suas lições pitagóricas.

Mas o pároco estava preocupado. Isabela era muito jovem e carregava um filho em seu ventre. A jornada que percorreriam era muito perigosa, os militares não teriam misericórdia com gestantes e com ninguém. Cautela tornou-se ainda mais essencial nessa empreitada louca de desafiar o regime. Pensou que poderia haver outros caminhos, escolhas diversas a direcionar Rafael e Isabela para uma vida de paz. A Coroada teria a proteção do pai, poderia ir o casal para Havana e ter sua criança lá. A GCP poderia continuar, as lutas não se interromperiam, até o nascimento do bebê. Teria uma vida mais calma, tranquila e com riscos diminuídos, pois viver, de qualquer maneira, é perigoso.

E ele também começou a pensar sobre si mesmo. Viu-se e percebeu que não estava na igreja e não usava batina. Voltou a ser um homem? Sempre fora, pensava, mas agora parecia que se livrara do sacerdócio, ao menos a rotina de ser. E visualizou um outro quadro, uma nova vida, um destino: Marília. A Comunista estava ali diante dele, em sua pele morena, os cabelos negros e encaracolados, umedecidos pelo calor de Porto Seguro. Seu olhar era distante, mas Padre Marcos conseguia ver, na janela da alma, o amor correspondido. Via também a sensualidade de Marília, o cuidado com Isabela, e a maciez das palavras quando as dizia. Então ele pensou: "*por que não a levo comigo agora?*".

Seria pouco altruísta pensar nisso nesse momento, diante de tantas coisas acontecendo. Mas era autêntico. Nada o impedia de dizer, porém, ao falar, sabia que instalaria na mente de Marília a dúvida e, talvez, a mudança de planos para todos ali. Cada um tinha seu papel na GCP. "*Era uma família*", refletia.

E, apesar de todas as dificuldades, a vida não nos diz que não podemos realizar diversas coisas ao mesmo tempo. Amar, lutar e vencer são linhas próprias, porém, sobrepostas e concomitantes. A engenhosidade humana está pronta para a ação e aguarda apenas o comando da alma. Letargia não combina com o sagrado. "*No início era o verbo, e Ele se fez carne*", meditou Padre Marcos, que, na sequência, rompeu seu silêncio.

— Eu amo você, Marília.

A Comunista sabia disso, mas não esperava ele dizer para ela naquele momento, o que tornou especial a declaração. Marília também estava preocupada, viu uma desestabilização em Isabela sobre a gravidez. Nem imaginava a Comunista que isso estava se passando, pois sempre viu sua amiga com um pragmatismo metódico em todas as suas condutas. Isabela era só razão e algo a fez mudar. "*Estava amolecendo*", concluiu Marília. E essa conclusão fez Marília sentir-se feliz, esboçando um sorriso enquanto pensava em seu íntimo. Rafael era o motivo desse "amolecimento". O jovem estudante de Direito, mesmo com seu modo de ser ciumento, explosivo, atrapalhado e idealista, sabia tornar Isabela uma mulher plena. Coroada, porque somente com ele Bil tornou-se a majestade de um reino. Rafael era súdito desse amor e tinha prazer nisso. Atendia a todos os rompantes de amores urgentes, mesmo nos momentos mais inapropriados, diante de todos. Isabela não se preocupava com isso, porque, como ela dizia para Marília: "*sou mulher*".

E a Comunista também conseguiu ver um outro futuro para os dois. Teve a intenção de entrar em contato com o General De Oliveira, mas entendeu que não seria ideal para a Coroada. O pai era muito enérgico e isso atrapalharia tudo. E Rafael poderia não sobreviver a essa cartada, dando chances, assim, para Pedrov, o escolhido do General.

Ao pensar nessas escolhas hipotéticas, surgia uma para si mesma: "*por que eu não vou me embora agora com Marcos?*", pensava Marília. Sim, já não era um padre para ela, e sim um homem. Marcos, *Marcus*, nome cujo significado é guerreiro. E era exatamente isso que representava o pároco para ela. A Comunista o viu diante dela, em sua cor preta, alto, cabelos crespos e reluzindo ao brilho do sol de Porto Seguro, um suor descendo de seu corpo e umedecendo a camisa branca que usava, grudando-a junto ao seu peito, no que Marília percebia cada detalhe daquele relevo que a fazia apaixonar-se. Enxergou um futuro hipotético, uma casa para os dois em algum lugar no mundo: Porto Rico, Miami, Londres, Veneza. Conseguiu ver os cabelos de Padre Marcos embranquecendo, sua voz diminuindo o tom, e o amor deles desenvolvendo-se a cada minuto da existência. Seria ainda mais feliz, pois a Comunista era só amor por ele. E ela tinha essa condição de sair dali, das areias da praia de Coroa Vermelha, do limiar de 1967-1968, e ir ao futuro em uma só viagem: "*uma vida com meu amor, enfim*", refletia Marília vendo o rosto de Padre Marcos.

— Abrace-me — pediu Marília.

— Não, meu amor, lhe darei mais. Amarei você agora — respondeu Padre Marcos, levantando Marília em seus braços e entrando na casa da praia, fechando a porta na sequência, sem oportunidade para ver o que aconteceu lá dentro.

Era 31 de dezembro de 1967, um movimento na praia começou a se estabelecer por volta de 20 horas, céu bem estrelado e um calor além do comum em Coroa Vermelha. Era véspera de ano novo, famílias, crianças, casais e pessoas em busca de um destino chegavam nas areias da praia e se acomodavam para presenciar mais uma virada de ano. O ser humano mantém a esperança de renovação nesse dia, aguardando mudanças profundas em suas vidas, acreditando que a felicidade está cada vez mais próxima de acontecer. Roupas brancas, alimentos em fartura, perdão concedido aos corações, e pedidos, muitos deles feitos ao desconhecido, acompanhados de simpatias, na expectativa de tais serem realizados o mais rápido possível. Eu tinha apenas um: responda minha mensagem, Menina.

Sr.ª Salarz foi a primeira da GCP a chegar em Coroa Vermelha. A chefe de Isabela estava com um longo vestido branco, um sapato Anabela também claro, salto baixo, discreto, usando um colar com topázio azul. Os cabelos estavam presos, em coque rosquinha, dando elegância a Cristina, pelo que ela primava. Estava feliz.

Pedrov veio após, vestindo uma camisa de linho na cor bege-claro, com a manga dobrada como se fosse uma *muscle tee*. Usava uma calça um pouco folgada e curta, tipo *cropped*, o que o deixou atraente. Calçava um chinelo de borracha de tiras grossas, dando uma conotação rústica que combinava com seu rosto. Chegou com uma expressão de poucos amigos em Coroa Vermelha.

Padre Marcos não demorou muito e também apareceu para o fim de ano. Vestia uma camisa de algodão em branco total, delineando bem a musculatura de seu peitoral, o que apresentou uma sensualidade ao pároco. Usava uma bermuda de sarja, na cor cinza discreta, estampada, estendendo-se até o meio da coxa, na linha do início do joelho. Usava sandálias com tiras de couro marrom e, no pescoço, um escapulário de Maria o adornava. Chegou em paz e levando a paz.

Alguns minutos mais, Rafael chega à praia com uma energia contagiante. Vestia uma camiseta regata de algodão na cor branca, acompanhada de uma jardineira jeans, deixando em destaque seus braços e uma pequena imagem inédita naquele corpo: uma tatuagem. Aquele desenho não existia na manhã de 31 de dezembro de 1967, quando amou Isabela nas areias de Coroa Vermelha. O jovem estudante de Direito estava com uma expressão jamais vista, muito mais jovial e leve. A figura em seu ombro esquerdo marcava, para sempre, o amor que ele tinha por Isabela, coisas da juventude. A tatoo vinha com uma frase em latim: "*Diligo Coronam*", que significa: amo a Coroada. O símbolo marcado na pele de Rafael era uma boina francesa vermelha. Calçava um chinelo *slider*. Rafael chegou na praia amando. E continuaria por toda a vida.

E, por fim, chegaram acompanhadas as amigas Marília e Isabela. A Comunista chegou com o penteado em *sleek bun* (coque polido), algo que viu uma vez de uma amiga marroquina em Paris. Vestia um macaquinho jeans branco, decote em V, insinuante e inocente, combinação fatal. Calçava uma rasteirinha bege-clara. Escondia sua preocupação em sua beleza. Olhava para Padre Marcos em busca de equilíbrio. Pisou na areia e sentiu o calor da noite.

Isabela estava linda. Quando a Coroada chegou, chamou atenção da GCP e dos outros presentes em Coroa Vermelha. Pude notar um casal de idosos, em que o marido ficou mais atento ao feminino de Bil, o que despertou a ira da senhorinha que o acompanhava. Um menino de doze anos estava correndo na praia atrás de uma bola e parou para ver Isabela: "*você é bonita, moça!*", disse o garoto, despertando o homem que viria a ser. Um vento mais forte passou quando Isabela chegou, e seus longos cabelos negros tremulavam, dando a harmonia certa para a noite. Seu penteado era um *double bun*, ou coque duplo, um estilo moderninho e despojado, visual consistente em dois coques, altos e próximos ao topo da cabeça, deixando sua nuca livre, o que a deixou espetacularmente sexy. A Coroava usava um vestido branco, curto, um pouco acima de seus joelhos, com as costas livres, peça que circundava seu pescoço e a deixava com um jeito mais menina. E as correntes de ar em Coroa Vermelha insistiam em esvoaçar o vestido de Isabela, o que a deixava ainda mais feminina. Estava descalça de sapatos e preocupações. Chegou amando. Não sei se seria para sempre.

— Você está linda! — disse Rafael.

— Você é lindo. Como pode ficar ainda mais lindo? — perguntou Isabela.

— A cada vez que me ama eu fico feliz. Isso deve ser a fórmula ou o segredo dessa beleza que vês — disse Rafael, sorrindo.

— Convencido, não é? — brincou Isabela e o mordeu.

— Sim, sou convencido. Tenho a convicção, certeza, a pureza eterna que te amo. É para sempre — disse Rafael e a beijou.

Isabela estava amando. Tudo vale a pena se o amor está na gente. As dores, as dificuldades, o sofrimento, escapam logo a essa força estranha. E aqueles dois sabiam amar. Cada um entregava tudo o que poderia ser. E, quando é assim, dificilmente termina. Os anos podem passar, mas o amor não. Ele nunca vai.

— Tenho algo a te contar — disse Isabela olhando para Rafael.

— Diga, meu amor, pode falar o que quiser — respondeu Rafael.

— Precisa se controlar, entender que a vida continua, nossos planos estão em andamento e precisamos lutar. Hoje mais do que ontem ou em 1964, quando nos conhecemos — disse Isabela, pegando nas mãos de Rafael e o conduzindo até as águas da praia de Coroa Vermelha.

— Controlar? Mas por quê? É algo ruim? — perguntou Rafael.

— Não, meu amor, é algo extraordinário. É lindo — disse Isabela, sentando nas areias da praia.

— Diga, meu bem, se é algo lindo e extraordinário, então não preciso me preocupar com controle. Olha, tenho tudo comigo. Essas águas, esse mar, as areias, nossos amigos, fora o Pedrov, essas coisas, você, estou feliz. Coroada, meu amor, linda, Catita, não sei o que dizer. Te encontrar foi reencontrar minha vida. Você me fez nascer mais uma vez. Não consigo me ver longe de você. Eu sei que tenho minhas explosões, mas não posso me permitir a isso mais. Tê-la é o que me completa. Não, vou reformular: eu me doar a você é o que completa. Entende, Catita?! Eu não sou mais meu. Sou seu. Eu não me pertenço mais. Sou Isabela. Eu sou o homem que deseja ser, o governo que pretende governar, o reino para ditar suas leis. E isso para mim é presente. Entende, linda? Eu, quando não sou mais, sou mais do que antes. No momento em que renunciei a mim, ganhei tudo o que não tinha antes. Ao não me pertencer, e entregar-me a ti, sou pleno, ameno, feliz. Ver seu rosto todos os dias é o meu sol, a minha chuva, o calor e o frio, claro, mais calor do que frio. Você é a minha história, a jornada, o caminho, as letras que se escrevem aqui agora, a lágrima do poeta. Eu sou menino, homem, humano, Deus, não porque eu tenho essas coisas, mas porque você as tem para si, porque eu me doei a você. Sabe, Isabela — Rafael se levanta, olha para o mar, pensa um pouco, Coroada já em lágrimas, volta os seus olhos para ela e se ajoelha para dizer. — Eu sou seu. Não sei mais viver sem você. Vou a qualquer lugar da existência, no mar, no inferno, no quartel-general, em Havana ou Brasília, porque onde você estiver eu aí estarei. Serei seu par até o fim dos meus dias, quando não mais tiver forças em meus braços, porque hei de ter forças para amar você. Eu me entrego, me rendo, me jogo por você. Eu não sei mais o que estou falando, porém, você sabe o que eu estou dizendo. Eu quero para você o feminino pleno, a mulher sorrindo, o êxtase incomensurável, porque esse é o meu destino. Eu me apresso para lhe ver, acordo para lhe ver, vivo por você. Eu te amo, Catita. Amo, eu...

— Feliz ano novo, meu amor. Estou grávida!

Capítulo 22

O Pão da Vida
Três meses depois, Porto Seguro,
abril de 1968

Os movimentos de esquerda que se desenvolveram contra a ditadura militar no Brasil adotaram táticas de guerrilha urbanas e rurais. Essa última vinha sendo pensada já há algum tempo, antes mesmo do golpe de Estado em 1964. A inspiração vinha da experiência castrista e maoista, de cooptação das bases camponesas, de um alargamento da concepção da união proletária, necessária para a revolução socialista. A reforma agrária, ventilada minimamente no governo João Goulart, foi um pretexto para a derrubada do regime democrático, perante uma hipotética ameaça comunista, falácia histórica. A terra, o latifúndio, a opressão pelo poder econômico, são marcas da construção da sociedade brasileira, cujo *modus operandi* remonta ao período colonial. Cenários como esse levam gerações para serem percebidos e, especialmente, substituídos por um modelo mais humanizado, digno e isonômico. A luta continua, Menina.

Mas as guerrilhas dos grupos de esquerda também se deram nos centros urbanos. Muitos deles não tinham recursos financeiros para a revolução e, assim, usavam de metodologias para ter tanto a atenção do Estado brasileiro como, também, dinheiro para estruturar a resistência. Assaltos a bancos e sequestros de personagens ilustres moviam os agrupamentos de esquerda. Estudantes universitários formavam esses movimentos, por um ideal de justiça social, no apogeu do espírito humano. O que é viver?

Mas esses guerrilheiros eram categorizados pelo governo militar como agentes terroristas. A propaganda dos milicos tinha por finalidade causar pânico na população de maneira a mudar a opinião popular a seu favor. Desse modo, a morte desses estudantes seria legitimada e afastaria o perigo de uma subversão. O lema de proteção à família é antigo e convence quem não está acompanhando de perto a História, Menina. Todos pertencem a uma família, seja ele pobre, rico, negro, branco, índio, latifundiário, homem, mulher, estudante e a própria resistência. Todos pertencem ao gênero humano, fantástica obra do mistério cósmico. E, nessa medida, apenas uma família reside na Terra: a humanidade. Mas, como irmãos que não se entendem, as brigas, conflitos e, a mais vil violência, a guerra ocorrem entre nós. Solitários em uma grande ilha, percorremos o sofrimento que nós mesmos causamos. Paradoxo?

Vários movimentos de esquerda se destacaram no período, como a Ação Libertadora Nacional (ALN), de Carlos Marighella, fundada em 1968, o Comando de Libertação Nacional (Colina), fundado em 1964 e composto por estudantes universitários mineiros, como Dilma Rousseff, e a organização mais emblemática delas, a VAR-Palmares, composta por remanescentes da Colina e grupo que se destacou na famosa Guerrilha do Araguaia. Esse último movimento lutou e estabeleceu-se na região conhecida como Bico do Papagaio, situada na fronteira entre os estados do Pará, Maranhão e Tocantins (então Goiás). A guerrilha levou esse nome pelo fato de essa região ser entrecortada pelo rio Araguaia. Os membros da Guerrilha do Araguaia eram vinculados ao PC do B (Partido Comunista do Brasil), partido revolucionário dissidente do antigo PCB (Partido Comunista Brasileiro), e seguiam a linha estratégica maoista, isto é, a linha adotada por Mao Tsé-Tung na China após a Segunda Guerra Mundial. O objetivo dessa estratégia era instaurar um estado de "guerra popular prolongada na região Norte do Brasil" e, a partir disso, tentar tomar o poder no país. Durou de 1967 a 1974, quando foi cruelmente dizimada pelo regime militar, na presidência de Emílio Garrastazu Médici.

A GCP (Guerrilha Céu Pequeno), composta pelos nossos heróis aqui, estabeleceu-se na região de Porto Seguro e avançou pelo interior da Bahia em um espaço de três meses. Marília tinha o conhecimento da mobilização pelas bases campesinas e Pedrov auxiliava na manutenção desse "pequeno Estado" que se formava. Padre Marcos levava a palavra do Evangelho, o que era bem aceito pela população local. Rafael ensinava História e Filosofia para as crianças e Isabela adorava ver isso. A Coroada, líder da GCP, mapeava as necessidades de cada povoado, para mostrar às pessoas que havia uma alternativa àquela opressão impelida pelo regime de 1964 e, obviamente, pelo capitalismo. Estavam tendo um relativo sucesso nessa empreitada. Em abril de 1968, em apenas três meses, um raio de 70 quilômetros a partir de Porto Seguro era regido pela GCP. E isso foi notado pelos militares.

Isabela estava com uma silhueta bem diferente. Estava cansada, algumas vezes ofegante e os pés inchados. Vestia roupas mais leves, para aliviar o peso de sua gestação, que já estava avançada: sete meses, segundo uma consulta médica feita localmente. Mas não abandonou a boina francesa vermelha, uma vez que as crianças dos lugarejos em que passava adoravam ver a Coroada com aquele adereço que a marcou. E Rafael amava vê-la assim. Amava, simplesmente.

O General De Oliveira ainda não sabia sobre o quadro de Isabela. Ela não queria que ele soubesse por agora, pois, ao ter ciência, o pai da Coroada a retiraria do país de qualquer forma. Marília apoiava a decisão que fosse vinda de Isabela, seja ela qual for. Porém, Pedrov estava incomodado com isso. Não passava por sua cabeça a possibilidade de ele ser o pai da criança. Estava tão imerso em dois sentimentos passionais que não se ocupou dessa chance do destino. Pensava Pedrov na guerrilha e em seus ciúmes do jovem estudante de Direito. *"Sujeito lento esse Rafael"*, pensava em sua ira o militante de Havana.

Rafael era só cuidado com Isabela. A cada passo da Coroada, queria se certificar de que ela estava bem. Não retirava suas mãos das dela e ela, também, retribuía o carinho. A Coroada já apresentava um coração mais aberto aos sentimentos, apesar de a sua razão temer tudo o que acontecia. A gravidez mudou seu corpo e seu espírito. A maternidade é uma esperança que se apresenta. Como seria você grávida, Menina?

Mas nem tudo eram flores. Pedrov, como dito, apresentava irritação e, a qualquer ação, levantava armas para aquilo que entendia ser o inimigo. As bases formadas pela GCP já contavam com 70 pessoas, aderidas ao movimento durante o processo de cooptação local. As comunidades rurais se desenvolviam e, praticamente, todos entendiam a ideia de uma sociedade comum. O fim da propriedade privada era o primeiro passo para a dignidade do ser humano. Porém, nem todos compreendiam assim. E Pedrov estava sem paciência.

— A terra é nossa e não de ninguém. O trabalho é rico e pertence a cada um de nós. Trabalhamos esse espaço para as riquezas em comum, nem a mais nem a menos. Nenhum de nós precisa ser o oprimido para que se garanta a existência feliz de poucos. Todo esse tempo, a humanidade aprendeu a conquistar pela força e, diante da violência, temos medo. E, assim, cedemos nossa dignidade àqueles que se autoproclamam os fortes. Mas sabe por que eles nos parecem grandes? Eu digo, amigos e irmãos, eles nos parecem grandes porque estamos de joelhos. Levantemo-nos! — discursou a Coroada em um pequeno vilarejo a 15 quilômetros de Porto Seguro.

— Levantemo-nos! — gritou a população local.

— Eu tenho uma pergunta. — Levantou a mão e a voz um senhor com uma aparência sofrida.

— Claro, pode perguntar, o que o senhor precisa saber? — perguntou Isabela.

— Você acha mesmo que uma mulher jovem e grávida vai garantir a essas pessoas a segurança? Você acha mesmo que uma mulher como você, que não conhece nada aqui, pode chegar com palavras bonitas e ganhar o povo? Você acha mesmo que os coronéis não chegarão logo e te matarão? Eu não sou obrigado a seguir você, menina. Seu grupo pode ir embora daqui! — disse o senhor com suor no rosto e as mãos calejadas.

Isabela ouviu atentamente as palavras daquele senhor. E, enquanto as ouvia, conseguiu refletir bem sobre o que ele dizia. E ela concordava, pois eram anos, uma vida vivida naqueles moldes: opressão, indignidade e seja tudo o que Deus quiser. Aquelas pessoas não tinham direito a ter uma opinião. Talvez, pela primeira vez, o senhor fez uma pergunta, pois sentiu-se à vontade ali na comunidade. "*Era uma primeira experiência democrática*", pensava Isabela. No povoado, no campo, no latifúndio, os senhores da terra, os barões e coronéis não permitiam tal ousadia. Tudo era segundo a vontade do senhor da Casa-Grande, e a Senzala não tinha voz nem vez. E, ao viver uma existência assim, o estranhamento da liberdade e do respeito pode causar medo e insegurança. Como alguém que se liberta da escuridão, ao abrir os olhos, não consegue ver a luz do sol, porque esta é muito forte e pode cegar momentaneamente. Mas logo vem a razão e a sensatez. E nada como um bom diálogo para resolver isso, Menina.

— O senhor tem razão, sou jovem, mulher e estou grávida. Mas imagino que o senhor já deve ter ouvido histórias de mulheres como eu, ou seja, narrativas de pessoas que lutam contra a injustiça. E nada melhor que as mulheres para compreender isso, porque a nossa luta é diária. É como se saíssemos atrás na corrida, mesmo estando na frente. Enfrentamos os preconceitos, a virilidade brutal masculina, a violência doméstica, mas estamos aqui do mesmo jeito: fortes, belas, amando e com o filho de vocês no ventre. Veja isso aqui. — Abre a roupa Isabela e mostra sua barriga de gravidez. — Veja, senhor, isto aqui: poderia ser o senhor em meu ventre. Falaria assim com sua mãe? Gostaria que ela fosse tratada dessa forma? Será que ela não é forte também e, assim como eu, sofreu a violência do preconceito, da desconfiança, da ignorância daqueles que não querem ouvir? Sou mulher, jovem e estou grávida. Todos nós aqui nascemos da mesma forma e, por isso, somos iguais. Somos iguais! É isso que vim dizer a vocês. A terra é nossa mãe e ela não oprime. Quem faz isso é outra coisa: o medo — disse Isabela ao senhor, que ouviu as palavras e voltou a dizer:

— A senhora não sabe de nada! — pronunciou aquele senhor e levantou uma arma, ao que parecia uma garrucha 22.

Houve pânico entre os moradores daquele povoado e uma gritaria. Ao ver aquele senhor armado, Pedrov usou seu Mosin-Nagant e deu um tiro ao alto. Todos paralisaram. E o militante de Havana, com uma expressão intensa e irasciva, foi se aproximando aos poucos do senhor, que também paralisou. Pedrov viu o medo em seus olhos e continuou seus passos. Encarou o senhor, puxou a arma de suas mãos e deu uma coronhada em seu rosto. O senhor caiu ao chão, humilhado diante de todos ali. Pedrov olhou o homem no solo e disse:

— Seu verme, rasteja aí nessa terra. Por isso vive como escravo. Não tem autoridade ou moral para falar a ela assim. E se se mover, morrerá aqui mesmo — disse Pedrov tomado de uma raiva assustadora.

O militante de Havana, ao falar desse modo, despertou uma adolescente que correu na direção daquele senhor e o abraçou no chão. Passou suas mãos delicadas na fronte do homem, tentando acalmá-lo e disse, chorando:

— Não faça isso com meu pai! Ele é uma boa pessoa. Não temos nada! Fazemos o que quiserem. Mas deixem meu pai viver — disse a adolescente.

A Coroada viu toda a ação de Pedrov e ficou indignada com aquilo. Os outros integrantes da GCP também reprovaram a conduta do militante de Havana e cercaram-no. Isabela caminhou até o senhor e sua filha, aproximou-se dos dois, ainda com suas vestes abertas, dando para ver inteiramente a circunferência da gestação, e lhe dirigiu a palavra.

— Toque-me — disse Isabela para os dois ali no chão, sentando-se também junto a eles.

— Toque-me! — disse novamente Isabela, permitindo tocar seu ventre.

O senhor não havia entendido aquilo que Bil pedira para fazer. A adolescente entendeu imediatamente e a tocou. Sentiu a energia da maternidade, a alegria feminina de carregar um filho, o fantástico humano acontecer diante de si. A adolescente olhou Isabela e se viu como Mulher. A transcendência metafísica ocorria pelo entendimento. O toque era o diálogo, pois, melhor que palavras, são as sensações, uma compreensão instantânea. Pele a pele, a dor, o sofrimento, a alegria e a felicidade são compartilhados e transmitidos. A adolescente foi saindo das lágrimas ao sorriso no rosto e uma força apossou-se dela. Ela levantou-se e a Coroada repetiu o gesto. Uma frente à outra, duas mulheres a observar entre si o mistério feminino. A correr toda uma história íntima, de lágrimas, dores, vários nãos e um amor perdido. Uma olhou para a outra e viram-se nelas mesmas. Um espelho a revelar a alma, o sagrado, a mágica da vida: "*eu sou você*", pensavam mutuamente. A Coroada foi sentindo sua pele eriçar, excitando-se por aquele momento, viu todos observando as duas ali, e decidiu tomar uma atitude. Pouco a pouco, passou suas mãos no rosto da adolescente, acariciou-a e, na sequência, a abraçou. Sentiu o suor da garota, o cheiro da terra impregnada em seu vestido, a poeira do trabalho aderida na pele da adolescente. Sentiu, também, seu corpo tremular de emoções, o soluço provocado pelo pranto, construindo, assim, um abraço daqueles que ninguém jamais esquece. Cada uma aqueceu a outra por um calor inesgotável e Isabela chorou, deixando suas lágrimas umedecerem os cabelos da adolescente, que, no seu feminino, correspondeu à emoção: também chorou.

E durante esse instante singular, de união e de empatia, Deus comunicou ali as duas a vontade do que Ele sempre pretendeu desde o início. Abraçadas, juntas, fortalecidas, a vida se manifestou. No ventre de Isabela, o bebê se mexeu. E elas sentiram. O mistério se revelou e o Criador gosta desse tipo de assinatura. Ele comunica. Nós que não ouvimos. Entendeu, Menina?

— Mexeu! — disse a adolescente.

— Sim, mexeu. Sinta! — disse Isabela.

— Que lindo! É maravilhoso — disse a adolescente.

— É, sim. É lindo, é assustador, e é extremamente magnífico. É amor! — disse Isabela e olhou para Rafael.

— Não imaginava que fosse tudo isso — disse a adolescente.

— Será mais quando for sua vez. É infinito! — disse Isabela.

— Amei — disse a adolescente.

Isabela estava em transe. Seu corpo vivenciava o extremo das emoções. Amor, guerra e paz, a revolução caminhava diante da Coroada e suas mudanças eram perceptíveis. Pouco a pouco, Bil foi deixando seu coração tomar conta dela. Não era mais cem por cento razão. Ela "amoleceu". As agendas, planos e sua metodologia continuavam. Mas o princípio a reger tudo isso era o amor, e este chamava-se Rafael. Isabela teria um filho com ele e seria mãe. Será difícil, mas será. Tentem compreender.

Após alguns minutos ali conversando e abraçando a adolescente, Isabela virou-se para o pai da garota, que ainda estava no chão, e lhe deu a mão. O senhor se levantou, olhou para as duas, e sentiu uma vergonha. Ensaiou dizer algo, mas foi interrompido pela Coroada ao fazer algo inesperado.

— Pedrov, entrega a arma a ele — ordenou Isabela.

— Bil, é perigoso, não vou fazer isso — disse Pedrov.

— Eu não pedi, Pedrov. Entregue! Não somos assim — disse Isabela.

Pedrov, muito a contragosto, entregou a arma ao senhor e se afastou do grupo. Isabela não deu importância a essa conduta do militante de Havana, e voltou sua atenção ao pai e à filha. Olhou os dois e percebeu o sofrimento do povo brasileiro, o esquecimento das nossas raízes, o roubo hediondo do futuro de diversas gerações. O Brasil não recebeu a oportunidade de ingressar no futuro, vivendo as castas de uma elite colonial que apenas muda de nome e roupa, mas continua a cometer os mesmos crimes, entre eles, a indiferença. Um simples caminhar pelas ruas, uma visita aos palácios de poder, e a percepção de que boa parte da população vive escondida, afastada, sem qualquer acesso a essa pátria amada. A revolução socialista não é um capricho de corações estudantis. É necessária. E não se pode pensar apenas em armas e conflitos, pois isso é a guerra, último recurso daqueles sem sensatez. Não. A revolução é a mudança, a troca das vestes, do modo de agir, de devolver o que foi subtraído: a dignidade. É preciso ter coragem para mudar, olhos para ver e ouvidos para ouvir: o povo sofre diante de nós. E a mudança necessariamente será socialista, uma vez que a transformação é social, ampla, inclusiva, de todas as cores e tons. O milagre a ser realizado nesse tipo de metafísica é se utilizar da foice e do martelo não para separar, mas para trabalhar. Lavrar a terra, fazer o pão, cuidar dos filhos e escrever um livro, várias das possibilidades das faculdades humanas que estamos perdendo ao aprisionar as pessoas em sua miséria, vivendo a frivolidade dos ricos. Basta! Precisamos mudar e iremos. Trabalhadores de todo o mundo, uni-vos. Menina, me emocionei. Vamos viver! Te amo!

Isabela entendia tudo isso, e foi conversar com o senhor, a adolescente, e os presentes no vilarejo próximo a Porto Seguro. O pai e a filha estavam mais calmos e já apresentavam uma simpatia pela Coroada. Padre Marcos aproximou-se e abençoou a família. Marília também veio e entregou um livro para a garota: *O Conde de Monte Cristo*. Sr.ª Salarz dirigiu-se até o senhor e, inesperadamente, disse:

— O senhor é simpático!

Isabela soltou uma gargalhada tão gostosa que Rafael se apaixonou mais uma vez ao ver o sorriso da Coroada. Todas as crianças, homens e mulheres riram também. O senhor "simpático", com sua garrucha guardada, não se conteve e riu. A adolescente se sentiu, pela primeira vez, valorizada e pertencida. "*Pessoas boas*", pensava a garota, e resolveu entrar naquela festa. Eram muitas pessoas, uma multidão, houve uma tarde e uma noite e compartilharam o que tinham: liberdade, igualdade e fraternidade.

Antes de se despedirem do vilarejo, a Coroada novamente se dirigiu ao senhor e à adolescente, para últimas palavras, no que, após, voltariam para Coroa Vermelha. Estava bem cansada, dores nas pernas e, às vezes, sentia falta de ar. Mas estava linda, um feminino singular, o que a deixava mais atraente. A gravidez para Isabela permitiu a plenitude da mulher e tudo nela multiplicou, o que inclui a beleza. Olhou para o pai e a filha, tocou nos dois, e disse:

— Sejam felizes.

E retirou a boina francesa vermelha e colocou-a na cabeça da adolescente. A garota sentiu-se maravilhada com aquele gesto, empoderou-se, imaginando-se lendo os livros, ganhando horizontes e o mundo. Sairia de Porto Seguro e permitir-se-ia a oportunidade de atingir seu máximo, libertando-se de correntes invisíveis, construindo a própria essência em sua existência, sendo um outro sexo: "*Mulher, seria mulher*", pensava. E isso não se mede. Imensurável és, Menina.

A GCP foi embora do vilarejo e voltou para Coroa Vermelha. Passariam a noite na casa da praia e continuariam seus passos rumo à revolução. Tudo caminhava muito bem. A esperança habitava todos os corações da guerrilha. Sempre habita, até um porém. Viria este, contudo.

Já na casa da praia, todos foram para seus quartos, com exceção de Pedrov, que foi para a beira do mar, e a Sr.ª Salarz, que parecia estar apaixonada pelo senhor simpático. Cristina reencontrou-se com a sua natureza ao ingressar na GCP. A bibliotecária deixou a casca da burocracia e começou a viver os tempos de outrora. Estava feliz.

Padre Marcos não apresentava um conforto em seu humor. Não tinha ira ou algo parecido, mas uma preocupação o adornava, mudando aquele rosto de paz. Marília percebeu e, isolados no quarto, em sua privacidade de casal, perguntou ao pároco o que estava acontecendo. Muitas coisas residiam no espírito de Padre Marcos.

— Meu amor, estou notando em você um semblante de preocupação já há algum tempo. Poderia me dizer o que se passa? — perguntou Marília.

— Já dá para notar? — perguntou Padre Marcos.

— Sim, ao menos eu notei, pois jamais deixo de te reparar — disse Marília, sentando-se no colo de Padre Marcos e o abraçando.

— Meu amor, você me desequilibra e me harmoniza com isso. Sou o alfa e o ômega com você, o início e o fim, o princípio e o derradeiro — disse Padre Marcos e, após, beijou Marília.

— Meu amor, não fuja. Essas palavras eu conheço e sei onde estão. Acha que não sei, mas sei. Vivi na Espanha com um seminarista que desistiu do celibato por minha causa. Disse a ele que era um erro, porque não pertenço a nenhum lugar nem a qualquer pessoa. Porém, você não pediu, mas eu me entreguei. Então, diante de você, está a mulher que o ama e é sua. Seja para mim. Diga o que está acontecendo — disse, mais uma vez, Marília, desnudando-se parcialmente de sua camisola vermelha.

— Difícil eu me concentrar, mas irei. — Riu-se um pouco Padre Marcos e continuou. — Tenho tido sonhos. Antes de ingressar para a Igreja, não dava importância a isso. Mas, quando estive em Bogotá, conheci um teólogo muito respeitado nas esferas mais profundas de Roma, no esoterismo iniciático. Apenas algumas pessoas tinham acesso a ele e ele não pertencia a nenhuma paróquia ou hierarquia. Soube que o Papa João XXIII assinou um decreto episcopal, permitindo a Victor Manuel Gómez Rodríguez livre acesso em qualquer igreja do mundo. E foi com ele que tive uma conversa mais séria — disse Padre Marcos, vendo a nudez completa de Marília que estava atenta àquela conversa.

— Continue, meu amor — disse Marília, percebendo que o pároco se distraiu um pouco pela beleza da Comunista.

— Sim, continuarei. Victor era um gnóstico. A gnose é difícil de definir, mas vou tentar ser didático: é um tipo de conhecimento místico que existe desde o início dos tempos. E esse saber revela todos os mistérios, sobre o homem, a natureza, o universo e, claro, sobre Deus. Segundo Victor, várias personalidades da história eram gnósticas, como Shakespeare, Leonardo da Vinci, alguns papas e, até, Jesus. Mas eu dizia que estou tendo alguns sonhos. E sobre isso falou a mim Victor. Sobre os sonhos — disse Padre Marcos, acariciando Marília, que retirou as mãos dele de si, dizendo:

— Continue! — ordenou Marília.

— Está bem. Victor então me explicou sobre os sonhos. Segundo me disse, o onírico é um mundo, uma outra dimensão, aquilo que percebemos quando não estamos no mundo físico, ou seja, ao adormecermos. Existem diversas dimensões em Deus. Nós conseguimos entender, por enquanto, apenas três: altura, largura e comprimento. Contudo, não significa que outras não existam. Apenas não compreendemos, como uma minhoca não entende a dimensão altura, apesar de caminhar sobre ela. O sonho, assim, é uma dimensão. Jesus, quando caminhou pelas águas, andou no mundo onírico, e não físico. O milagre da visão, operado por Cristo diversas vezes, não se tratava do olhar físico, e sim do terceiro olho, o da clarividência, ou seja, o mundo dos sonhos. Entende por que esse tipo de conhecimento é restrito? — perguntou Padre Marcos, vendo Marília, agora, deitada na cama.

— Entendo e continue. Não pare! — disse Marília, provocando Padre Marcos ao passar com suas mãos no relevo feminino.

— Tudo bem. Ele me explicou que todos nós sonhamos, visitamos essa dimensão sempre, porém, sem consciência, nos esquecemos de quase tudo. O sonho é uma linguagem, não podemos interpretar literalmente. É necessário um esforço para traduzir o que está sendo dito. E, quando isso acontece, o sonho se repete. E essa repetição acontece por três vezes. Caso haja esse "*loop*", algo está para acontecer. Eu tenho sonhado, como eu disse. E esse sonho já me ocorreu por três vezes — disse Padre Marcos, um pouco perturbado e se levantando da cadeira.

— Por que esse sonho está te deixando assim? — levantou-se Marília da cama e foi na direção de Padre Marcos.

— Porque esse sonho revela algo terrível para que precisamos todos nós estar preparados. No sonho estamos eu, Rafael e Isabela. Você não está. Rafael só fica gritando, mas não se ouve a voz dele. Eu estou em silêncio e de olhos fechados, mas consigo captar todas as sensações e energias do ambiente: uma igreja. E Isabela olha no espelho por horas e horas, infinitamente, dizendo "sou a Coroada", mas a imagem no espelho não reproduz o movimento de sua boca e, tampouco, as palavras ditas por ela. E, vendo Isabela que seu reflexo não a imita, ela grita mais forte. Isso faz Rafael e eu sentirmos seu desespero, e, nesse instante, o espelho trinca. Quando isso acontece, eu acordo com o coração apertado e um gosto amargo na boca. Fico triste e uma agonia toma conta de mim — disse Padre Marcos com olhos carregados, precipitando uma tristeza.

— Meu amor, isso é apenas um sonho. Estamos todos nós bem. Isabela está grávida, amando Rafael e ele é só felicidade. Estou aqui com você, nua e inteira para te amar. A Revolução está em curso e as pessoas estão simpatizando com a causa. Precisamos ter cuidado, é verdade. Mas estamos vivendo — disse Marília e abraçou Padre Marcos, no que o pároco sentiu todo o corpo da Comunista.

— Eu sei, eu sei. — Respirou um pouco e repetiu. — Eu sei — disse Padre Marcos ainda reflexivo, desvencilhando-se de Marília, caminhando um pouco no quarto e ajoelhando-se em seguida. Fez uma oração, suplicando na forma de poesia, assim:

"Pai, cuida de mim
Aconchegue minha alma
Entregue a mim a tua calma
Cuide deles dois por mim
Não estarei sempre aqui
Mas sei que serão felizes
O amor habita ali
O Verbo se fez carne
É o teu Milagre
A cura e a consagração
A paixão e a salvação
O amor que escreveu no fim"

E fechou seus olhos, umedecidos pela tempestade que saiu de sua alma. Marília foi até ele, ajoelhou-se perante seu amor e ficou em silêncio naquela confluência de sentimentos. Pela primeira vez, a Comunista sentiu medo. Entendeu o sonho, mas não se atreveu a comentar a respeito. Anteviu os acontecimentos que se descortinariam inevitavelmente, o sofrimento que carregaria em seu ser até o fim dos seus dias, a morte em vida, dor que não tem fim. Pensou em Isabela e Rafael e chorou. Não acreditou no sonho de Padre Marcos, no destino visualizado por ele, tentando manter a sobriedade de seu pensamento, racional a reger sua vida, como sempre fora. Cogitou todas as possibilidades, e as equações não fechavam a conta daquilo visto no adormecer do pároco. Mas o inesperado vem. É uma constante presente nas fórmulas sagradas do mistério. E isso não pode ser negado. Não pode ser, Menina. Eu não desisti de você. Não desisti.

— Ame-me agora! — disse Marília.

— Meu amor, não consigo — disse Padre Marcos.

— Ame-me agora! — ordenou Marília, inteiramente nua e desejando ser mulher.

— Estou triste, não consigo — disse Padre Marcos, acusando seu destino.

— Ame-me agora, Marcos! Você não é assim! Exijo de você o homem que sempre foi. Apenas isso. Seja, sinta-me, ame-me. Sou sua, para sempre. O alfa e o ômega, o início e o fim, o princípio e o derradeiro. Ame-me! Não é um pedido, é seu destino — disse Marília e atirou Padre Marcos na cama e tomou a iniciativa de lhe entregar amor mais uma vez, pois este sempre vence.

E amaram-se novamente. Houve uma noite e um adormecimento e as preocupações ficaram para depois. Voltariam.

Enquanto isso, em outro quarto da casa em Coroa Vermelha, Rafael e Isabela eram só festa. Viviam o apogeu de seu amor, vendo a criança quase chegando ao planeta Terra. O jovem estudante de Direito estava entusiasmado, feliz, uma alegria sem medida, perene e permanente. Nada o atribulava. Era só a Coroada. Percorria com seus olhos todos os espaços e geografia do corpo de Isabela, como que memorizando cada detalhe para nada, absolutamente nada, ficar sem o registro daquilo que amava. Rafael ama Isabela e teriam um filho. O destino sabia disso.

A Coroada era exaustão, porém, havia um sentimento ameno e tranquilo em seu coração. Sua felicidade era grandiosa, mas uma sabedoria temperava suas emoções, pois muitas delas ainda haveriam de chegar. Estava com um vestido leve e longo, sem a boina francesa vermelha, que dera de presente para a adolescente no povoado que visitaram, e precisava de um banho. Foi isso que fez. Despiu-se.

Retirou seu vestido e estava em seus trajes íntimos. Rafael aproximou-se e tocou Isabela. A Coroada fechou seus olhos e permitiu ser o que o jovem estudante de Direito desejasse. Rafael retirou suas últimas peças, lentamente, permitindo uma excitação a Isabela. Ao ver seu amor em uma perfeita nudez, também repetiu o gesto nele. Despertou Bil para que os olhos da militante comunista visualizassem seu esplendor masculino. Desvestiu-se de uma camisa branca, suada e suja de areia, mostras do dia de hoje, ao que seu peito se mostrou aberto para a Coroada, vibrando nas forças de seu sentimento. Isabela apresentou um sorriso malicioso ingênuo, daqueles que presenciamos nas brincadeiras sérias a dois, interpretando Rafael muito bem os sinais dados por sua amada. Desabotoou suas calças, desceu-as e, após, a última máscara a revelar o esperado ali, ficou nu. *"É seu, o que tenho para você, sou eu"*, disse Rafael estampando aquele sorriso particular dos apaixonados. Isabela soltou uma gargalhada gostosa mais uma vez, e perguntou:

— Tudo meu?

— Tudo.

E ela veio devagar até Rafael, que a interrompeu. Disse a ela para ficar onde estava, pois hoje, como sempre, ela é a majestade, a Coroada. O amor dele por ela era de um servo, súdito de um reino em que ele jamais seria infeliz. As ordens eram presentes, o trabalho, uma diversão, os sons emitidos por Isabela, música. Foi na direção de Bil, ajoelhou-se perante ela, olhou em seus olhos com sede, fome, uma inesgotável vontade de ser paixão, e foi. Passeou suas mãos na maternidade, beijou-a naquele lugar sagrado, e ofereceu carícias aos seus seios, como retribuição à vida. Mas foi dual nos sentimentos, como deve ser, e permitiu-se o pecado das sensações. *"Nenhum crime"*, pensava Rafael. Sorriu para Isabela mais uma vez, ela já em pleno êxtase por uma expectativa não anunciada, e viu o jovem estudante de Direito realizar algo que a eletrificou em toda sua natureza de mulher: ele tocou seus lábios em seu íntimo feminino. A beijou.

— Rafael, amor!

E ele continuou. Não se permitiu nenhuma distração. Desejava amar Isabela para que ela jamais esquecesse o que exatamente significa esse sentimento. O Eros, Cupido, Shakespeare, as flores que te enviei e as poesias escritas, tudo isso, em um ato a ser registrado na alma. Amar alguém assim era o projeto, o autêntico plano de Deus. Cada poro na pele, pelo no corpo, terminações nervosas a atingir a mente e levar ao espírito a seguinte expressão que, em palavras, acalma todas as feras. A dizer assim ali, entre suores e odores, expiação do Paraíso, a mágica frase:

— Eu te amo!

E Rafael foi impulsionado ao ouvir novamente "*eu te amo*", pela Coroada. Deixou sua amada em plena alegria ao sentir sua sexualidade em harmonia com seu coração. O amor dos dois era platônico, metafísico, idílico, amigo, mas era real, carnal, quente, atrevido e o mais belo e poético que o ser humano permite ser. Era lindo. Saudades de você, Menina. Muita!

— Te amo! — disse Isabela.

— Você é minha mulher! — disse Rafael.

— Sou? — perguntou a Coroada.

— Vou reformular: sou seu homem. — Mudou o significado Rafael, e a beijou.

— Sou sua, sim. Você é uma graça! Contigo, tenho zero impedimentos — disse a Coroada.

— Nunca vi tamanha beleza. És linda, Catita! — Voz de um apaixonado, Rafael Matronelli, abril de 1968.

— Você é exagerado! — disse Isabela deitando-se sobre Rafael.

— A culpa não é minha, meu amor. É sua. Esse seu feminino, sua força, essa voz rouca, seus cabelos negros e longos, essa pele alva, seu discurso político, tudo isso me anima. E quando estamos apenas nós dois, esses sons que faz... — interrompido por Isabela.

— Pare! — disse a Coroada rindo.

— Ah é, isso é seu ponto fraco? Gostei de saber disso. Adoro ouvir esses sons. É música para mim, a minha sinfonia, o meu acústico, voz e violão de uma paixão só. Linda! — disse Rafael não se cansando da beleza da Coroada.

— Não brinque! — disse Isabela.

— Adoro ouvir isso de você. Repete! — pediu Rafael.

— Não brinque! Não brinque! — Isabela estava feliz.

— Sou um homem realizado. Nada me deixará infeliz enquanto eu estiver com você. Isabela Estefânia Oliveira, nunca irei abandoná-la. Onde for eu estarei. Não conseguirá escapar de mim. Em qualquer parte do mundo, da vida, do universo, eu estarei contigo. E se, por algum motivo, ficares longe, o propósito da minha existência será encontrá-la de novo. Amo você — disse Rafael assistindo a toda aquela Mulher.

Isabela levantou-se, foi até sua escrivaninha no quarto, ainda nua, e retirou da gaveta um caderno pequeno. Abriu, passou algumas páginas e encontrou o que queria. Foi até Rafael, de frente a ele, e disse ao jovem estudante de Direito:

— Se um dia eu me esquecer de você, busque em mim esse caderno. Fale dele. Não se esqueça: este caderno é você. É a chave para eu me despertar mais uma vez nesse amor que tenho por ti. É o caderno. É meu segredo. Pertence a você! — disse Isabela e, após seu pronunciamento, declarou-se:

*"Meu corpo revela o tom de pele alva
A cabelos longos além da alça
A envolver curvas que se põem
E a submeter corações a uma ordem que se impõe*

*O meu discurso é duro sobre as leis
Meu governo distribui a justiça de uma só vez
Mas você me entrega a aula que me encanta
Que não me sinto mais a déspota que não ama*

*Meu desenho é perfeito, sim
Mas não viste o outro segredo mais elaborado, enfim
Permitirei a ti lançar-te nesse plano político de me conquistar
Pois já não há mais em mim uma bastilha a se tomar*

*Já conquistei tantos territórios que não conto mais
E abandonei todos eles sem um pensar tenaz
Mas você me fez reunir todos os conselhos da república
A derrotar a tirania em mim ao me tornar única*

*Jamais desejei ser a Princesa dos Contos
Nem ser a Mulher frágil dos contrapontos
Sou o Segundo Sexo de Beauvoir
Um quadro em sua mente, uma pintura de Renoir*

*Concedo, enfim, a posse do feminino que te enlouquece
A magistratura das decisões delicadas que enaltece
Mas a ti serei a Menina dos íntimos desejos proibidos
Porque não mais quero para mim as razões de não ter você comigo"*

Após ler a poesia, Isabela viu Rafael transformado, uma vez mais apaixonado, como se isso fosse possível. Olhou-o, inteiramente nu diante dela, passou a mão em sua gestação, suspirou e disse para o jovem estudante de Direito, obstinada, como costuma ser:

— Esta poesia chama-se Porto Seguro e escrevi para você. E, sim, aceito o seu pedido de casamento.

Capítulo 23

Jokana Baixu
Praia de Coroa Vermelha,
1º de maio de 1968

— Essas flores podem deixar aqui. Avisem para a entrega do buffet que podem colocar naquela mesa todas as refeições. Eu e Cristina iremos já — disse Marília ao Senhor Simpático.

— Sim, senhora! Irei agora. Um beijo, meu amor. — Olhou para Cristina o Senhor Simpático, que se chama Renato.

— Beijo, meu amor! — respondeu Sr.ª Salarz.

Na manhã de primeiro de maio de 1968 em Coroa Vermelha, havia uma agitação fora do comum. O Dia Internacional do Trabalho fez jus à data comemorativa, porém, esse labor era justificado por outra razão ainda mais nobre. Enfim, chegou a confirmação daquilo que os corações sempre aguardam. Rafael e Isabela seriam um só.

Marília ficou incumbida de toda a organização da festa de casamento dos militantes da GCP. Padre Marcos foi até Arraial D'Ajuda, conversar com um outro pároco, no intuito de lançar o registro religioso no civil, o que também providenciou no cartório. Estava feliz, mas suas preocupações continuavam, pois os sonhos eram persistentes. Agora, no meio dos pesadelos noturnos, acordava no trincar do espelho, em gotas de suor por todo o corpo, em um sentimento de aperto no coração, eliminando sua paz. Ao despertar, repetia seu ritual de orações e meditações, para o retorno do equilíbrio do espírito. Pouco funcionava, porém, era o que possuía. Tentava afastar esse pensamento, especialmente pelo que estava vivendo hoje. "*Vou me permitir ser feliz*", pensava Padre Marcos.

Pedrov estava inquieto. Ao ouvir a notícia, há algumas semanas, sobre o casamento de Rafael e Isabela, o militante de Havana transformou-se em uma pessoa ainda mais irritada e sem paciência. Não conseguia concentrar-se mais nas atividades da GCP, descontrolava-se com os camponeses e demonstrava uma fúria sem sentido ao ver os erros dos lavradores da terra. Frequentemente ia para a beira da praia, no mar, deitar-se na areia, ficando por horas a contemplar o horizonte, na esperança de a Aurora ser algo diferente do que ele visualizava. Por dentro da casca sisuda, rude e metódica do guerrilheiro, havia um coração. Ele foi se escondendo atrás das camadas de saudades de um amor que não soube cuidar. Perdeu a jovem Isabela e a si mesmo ao não perceber que a felicidade estava diante dele. Hoje, a Coroada pertencia a outro coração. E ele não se permitia aceitar isso. Conversava com Marília para tentar compreender o que poderia fazer para conquistar, novamente, o amor de Bil. Sabia que tinha errado, mas não se sentia confortável em admitir. A racionalidade é uma pedra e a emoção é fluida, escapa rapidamente e não se encaixa em blocos fortificados e sólidos do orgulho. O mistério feminino foi perdido pelo militante de Havana, cicatriz que demorará a se fechar em Pedrov. A minha não se fecha, mas tenho esperança de vê-la novamente, Menina.

— Ele não a merece — disse Pedrov ao ver Marília se aproximar dele.

— Você teve sua chance no passado. Precisa esquecer isso e seguir em frente. Ela sofreu muito com você, essa relação roubou a juventude dela. E quis o destino devolver a Isabela a docilidade de antes. E foi Rafael o responsável por isso — disse Marília, sentando-se na areia da praia de Coroa Vermelha.

— Docilidade? Isso é fraqueza. Eu fiz a fortaleza da mulher presente em Bil. Essa que vês é um escombro do feminino que elaborei. Isabela não é essas "princesinhas" tolas que precisam de abrigo em abraços e flores, as quais ela detesta, porque morrem. Eu entreguei a medida do amor que ela desejava. Fui o homem que desejou para si, pois, se fosse o contrário, sei também ser uma paixão descomedida. Mas não foi isso que ela me pediu — disse Pedrov, esboçando uma frustração.

— Meu amigo, passou e acabou. Seu coração não pode ficar aprisionado nesse sentimento. Permita-me uma lição: são as mulheres que escolhem. Não existe conquista, e sim a concessão e permissão. O salão das paixões é um lugar seleto e suas portas têm chaves difíceis de se descobrir o segredo. Muitos tentam arrombar essas portas, quebrar as fechaduras, criar chaves falsas, mas, como todas as mentiras, caem rápido ao castelo fortificado da verdade. A mulher sabe quando alguém descobre seu íntimo. E isso é um mistério sem precedentes. Não se consegue escrever a respeito, codificar nos alfabetos a simbologia dessa mágica divina. O feminino lhe dá sinais, como o clima anuncia a tempestade ou o verão que se vem, sem gritar, falar ou preencher em letras. Isabela permitiu que você ingressasse nesse salão, mas tu não conseguiste permanecer nele. Por alguma razão, o coração da minha amiga selou-se novamente, e quem violou esse lacre foi Rafael. Quem descobriu o segredo foi esse jovem. Olhe para ele. — Marília aponta para Rafael, que conversava com pessoas locais. — Veja, ele é só amor. Rafael sente a Isabela sem ela estar presente. É uma vibração permanente que resiste, até mesmo, a distância e ao tempo. Esse jovem aguarda pacientemente, em uma perseverança que jamais vi, a imagem da minha amiga surgir a sua frente mais uma vez. E para ele tudo é como se fosse a primeira vez. O encantamento que tem por ela é único. Rafael conseguiu ser a expressão singular do amor a preencher todo o coração de Isabela. Não por menos ela "amoleceu", e não sem esquecermos o essencial de toda a autenticidade de um sentimento, ele fez um filho nela — disse Marília sorrindo, ao ver a alegria de Rafael.

— Mentira e verdade, não é? Filho, isso mesmo? De Rafael? — perguntou Pedrov.

— Sim, filho, ou você nega o que vê em Isabela? — disse Marília, espantando-se com a pergunta de Pedrov.

— Não nego, muito ao contrário. Isabela está linda de uma maneira que nunca vi antes. A gravidez a deixou ainda mais bonita. Mas essa criança, esse bebê, é desse sujeito lento? — disse Pedrov, perguntando de forma vil.

— Não tenho dúvidas e Isabela também não — respondeu Marília com uma certa apreensão.

— Ah, sim, Isabela também não. Então, me responda, Marília. Ela te contou que nos encontramos por duas vezes, uma aqui em 1966 e outra em 1967, um pouco antes de partirmos do Rio de Janeiro para Porto Seguro? Sabe disso, Marília? — perguntou Pedrov.

— Sim, Pedrov, eu sei. Isabela me contou. Mas ela sabe que o filho é de Rafael. E você não vai estragar nada. Recomponha-se, seja homem, e siga em frente — disse Marília e levantou-se dali para organizar o casamento.

— Sim, serei homem, Marília. Serei — respondeu Pedrov.

Marília deixou o militante de Havana sozinho nas areias da praia. Ao sair, percebeu que Pedrov pegou uma garrafa e começou a beber. Não sabia qual era a bebida, mas aquilo a deixou preocupada pelo que poderia acontecer a ele, a Rafael e a Isabela. Permitiu-se pensar nisso depois. Tinha mais tarefas a fazer.

Enquanto isso, Rafael conversava com as pessoas do povoado próximo a Coroa Vermelha. Auxiliava Marília e tentava espantar um pouco sua ansiedade. Não acreditava que aquela menina da biblioteca seria sua esposa e, ainda mais, carregava em seu ventre um filho dele. Pensou no futuro, na casa em que eles viveriam, os três, dividindo todas as experiências e aproveitando a vida da melhor maneira possível: ao lado da felicidade. As coisas simples passaram a ter mais sentido para o jovem estudante de Direito. Cuidava das roupas de Isabela, do levantar da cama, do caminhar levemente nas areias da praia, e a ler e revisar todos os discursos políticos da Coroada, que o fazia a amar ainda mais. É possível expandir esse sentimento além do que pode ser? Entendi que sim, Menina, ao conhecer você.

E sobre o filho que Isabela estava prestes a ganhar Rafael começou a pensar no seu rosto, no jeito e no sexo. "*Menino ou Menina*", imaginava. Pensou até nos nomes que se poderia dar a um ou outro. Lembrou-se dos livros essenciais a ler para a criança, deitada em seu colo, deixando Isabela ver a cena para ampliar as sensações nela, uma imersão sem medidas. Então, o jovem estudante de Direito foi se estendendo em emoções, e já não conseguia domar esse animal selvagem. Então, sem qualquer razão, nas tolas atitudes vindas fortuitamente quando se é feliz, Rafael simplesmente grita em Coroa Vermelha:

— Te amo, Coroada!

E as pessoas que viram isso começaram a rir. Todos foram contagiados pela alegria de Rafael. Para ele, não haveria mais nada a ser preenchido, a não ser viver com Isabela, sentir seu cheiro, tocá-la em todo o seu corpo e, o que mais apreciava: o modo como se movimentava. Sim, Rafael conseguiu se apaixonar, também, pela forma que Bil caminhava, um movimento sutil, delicado, que o enfeitiçou para sempre. Ele simplesmente gostava de assistir Isabela caminhando, vendo todo seu deslocamento, pois isso era uma espécie de arte que permitia ao seu coração pulsar mais do que deveria. "*Deus foi perfeito*", pensava Rafael sobre Isabela.

E outra coisa que o jovem estudante de Direito amava na Coroada era sua voz. Rouca, forte e aguda, mas suave, sensual e apaixonante. Ele tremia ao ouvir Isabela. Deixava-a conversar por horas, pois isso era sua lista de músicas a escutar por todo o dia, o que permeou sua vida, como iremos descobrir. "*Não brinque, repita para mim, Catita*", pedia, em sua saudade, Rafael.

Não tenho muita ideia sobre o que pensou Deus quando escreveu nossa história. Simplesmente, quando iniciei esta que estás a ler, fui impulsionado por um sentimento trancafiado dentro de meu ser de que poucos sabiam. Eu pude ver seus olhos, Menina, a primeira vez que eles abriram para mim e, ali, já pude enxergar todo o meu destino: estava perdido. Quais olhos Deus viu para ter a inspiração de Gênesis? Qual foi o catalisador que fez explodir a partícula densa e sermos essa poeira cósmica romântica? Qual o elemento primordial, a partir do qual esse seu sorriso que me faz ser menino novamente? As respostas para tais perguntas ainda permanecerão escondidas, os papéis se cobrirão de tinta pela expressão da arte do existir humano, você permanecerá longe de mim e perto do meu coração, e a Aurora continuará a surgir mansamente em minha agonia, porque amar é sofrer também. Sorte de Rafael receber um sim de Isabela. O destino não costuma ser tão generoso. Tenho esperança, mas a dúvida me abraça fortemente.

— Sim, eu digo sim, meu amor — responde Isabela e torna uma pessoa feliz.

— Esse sim, que a mim entregaste, pertence a ti. Não sou mais quando entrou em minha vida. Sou você, Catita, sou você! — responde Rafael.

— Não brinque!

— Jamais!

Em outro ponto de Porto Seguro, Isabela estava se arrumando em uma oca, na comunidade indígena Pataxó da Jaqueira, a pouco mais de seis quilômetros de Coroa Vermelha. Chegou bem cedo, por volta das sete da manhã, sendo que a celebração foi definida para as onze horas, um pouco antes do almoço. Ela encantou-se com as mulheres indígenas, e todo o cuidado dado a ela, desde que ingressou na tribo para receber os adornos do matrimônio. A beleza da mulher Pataxó a deixou em uma profunda admiração, a contemplar a diversidade e riqueza que é o Brasil. "*Nós somos abençoados*", pensava Isabela, enquanto as mulheres preparavam seu banho.

A Coroada despiu-se, e sua gestação despertou entre as indígenas a fascinação pela vida e pelo mistério feminino. Isabela percebeu isso e disse a elas para se aproximarem e sentirem sua gravidez, tocando em seu corpo. Uma jovem que aparentava ter por volta de dezesseis ou dezoito anos chegou mais perto, olhou a barriga de Bil, cheirou seu corpo e tocou suas mãos no ventre de Isabela. Esta sentiu-se bem, calma e em paz com aquelas mulheres. A jovem Pataxó fixou seus olhos em Isabela, em toda a geografia de sua beleza, na sua nudez e em seu íntimo feminino. Ficou um tempo paralisada, o que a Coroada não entendeu, mas as outras mulheres pareciam compreender. Após esse momento de hipnose e silêncio, a jovem expressou-se e disse:

— Jokana! Jokana!

Isabela não entendia aquelas palavras. O Pataxó é uma língua do tronco Macro-Jê e da família linguística Maxakalí. Sabia que existia um idioma antigo, uma linguagem que denominavam de Patxohã, que significa linguagem do guerreiro. Na faculdade de Letras, a Coroada fez uma disciplina eletiva referente ao idioma Tupi. Era o que possuía. E algumas palavras ela compreendia, permitindo uma possibilidade de comunicação e diálogo com a jovem Pataxó. Tentou conversar na linguagem deles.

— Auiry! — disse Isabela.

— Auiry! — respondeu a jovem Pataxó.

— Eu não sei dizer muitas coisas, mas me esforçarei. Conhecem Tupi? — perguntou Isabela.

— Jokana Baixu! — disse a jovem Pataxó.

Tentarei traduzir para vocês. Auiry é bom dia em Patxohã. E Baixu é bonita, Jokana, Mulher, ou seja, Mulher Bonita. Seguimos com nossa fantástica cultura brasileira.

— Não compreendo. — Riu-se Isabela, entrando em uma banheira com sais e muitos aromas.

— Watxatxũ Jokana! — disse a jovem, fazendo sinais para que ela se banhasse, pois Watxatxũ é banho.

— Ensine-me sua língua — disse Isabela, sinalizando que desejava aprender a língua do guerreiro.

— Imakâyé! — respondeu a jovem Pataxó, significando Professora.

— Imacai! — tentou dizer Isabela.

— Imakâyé! Imakâyé! — corrigiu a jovem Pataxó, fazendo gestos de quem estava ensinando.

— Imakâyé, professora! Entendi — respondeu Isabela, quando outras mulheres Pataxós aproximaram-se dela e começaram a banhar a Coroada.

— Werimehy! Werimehy!

— Erimi? — pronunciou Isabela.

— Werimehy! Werimehy! Werimehy! — expressou a jovem Pataxó, abraçando a si mesma e dando beijos em suas amigas, no que todas riram.

— Amor?! — perguntou Isabela.

— Werimehy! Werimehy! — confirmou a jovem Pataxó, balançando positivamente sua cabeça.

— Werimehy! Rafael, Werimehy. — Tentou comunicar o amor que tem por Rafael para as mulheres Pataxós.

— Ihê Jokana Mê'á Nitxí Baixú — as outras mulheres pataxós comentavam, significando "*aquela mulher é bonita*".

— Ensine-me a dizer "eu te amo". Vou-me declarar em Patxohã, no meu casamento — pediu a Coroada, enquanto seus cabelos estavam bem molhados em uma mistura de alecrim e babosa.

— Ahnã ehtõ! Ahnã ehtõ! — Eu te amo em Patxohã, conforme expressou a jovem Pataxó que conduzia a preparação da noiva.

— Ahnã ehtõ! Lindo — disse a Coroada, imergindo naquele universo distinto.

— Ãtxuab! Ãtxuab! Ãtxuab! — as mulheres Pataxós disseram em um coro poético.

— Atuxabi?! — Isabela tenta pronunciar e ri de seus próprios erros.

— Ãtxuab! Ãtxuab! — a jovem Pataxó que banhava Isabela apontou para ela, tentando explicar o significado: linda.

— Ãtxuab! Linda. Mas lindas são vocês, estou amando minha preparação de noiva aqui na oca. Obrigada! Jamais esquecerei — disse Isabela, com seus longos cabelos negros molhados a envolver seus seios.

— Awery, awery — disse a jovem Pataxó, fazendo o gestual de agradecimento, no que Bil entendeu.

— Awery! Obrigada.

E continuaram todas aquelas Jokanas a fazer o mais belo casamento para a Coroada. Estavam todas as mulheres Aponãhy (felizes), e realizadas nessa mistura de culturas, particular ao povo brasileiro. As Pataxós amaram cuidar de Isabela, preparando a noiva para o dia mais feliz de sua vida. Havia uma cumplicidade feminina, a expectativa e a concretização de se tornarem plenas, felicidade espiritual e carnal, pois o ser humano é além daquilo que se pode ver. A escolha de Bil em casar-se segundo as tradições Pataxós significava muito para ela. Amava Coroa Vermelha, as raízes brasileiras, a nossa verdadeira identidade, segundo pensava. A revolução socialista devolveria a terra a quem de direito e todos nós poderíamos desfrutar dessa grande nação, cheia de cores, flores e amores.

Após o banho, Isabela passou para a arrumação do casamento. As Jokanas começaram a pintar o rosto e o corpo da Coroada. Traçaram uma linha densa em sua face, na cor vermelha, tinta à base de urucum, um pouco abaixo dos olhos, percorrendo a metade do nariz, alcançando as orelhas. Essa faixa vermelha foi delimitada por uma linha preta, com elementos extraídos do jenipapo, tanto na parte superior como na inferior. E, em cada maçã de seu rosto, a Coroada foi pintada com imagens quadriculares. Em seus seios e ao meio do peito, também foi pintado na cor vermelha, alcançando a faixa da beleza oculta. E, ao longo de seus ombros e braços, listras horizontais tingidas de preto, dando contornos estéticos para Isabela e deixando-a ainda mais bela.

Após tingir o rosto e o corpo de Isabela, as Jokanas trouxeram os adornos, as roupas e um Cocá. Envolveram seu pescoço mignon com várias camadas de colares de pérolas nas cores vermelha, preta e branca. Em cada orelha, colocaram brincos com três penas brancas, cujo significado é afastar as energias negativas. Para os Pataxós, inclusive, as penas são um verdadeiro símbolo de poder e liberdade e por isso sempre as utilizaram para seus ritos e montagem de visual. Vestiu seus seios com um top indígena, também perolado, na cor branca, e uma saia de palha. E, por fim, a boina francesa vermelha cedeu o lugar a um grande Cocá, com penas de aves silvestres, nas cores vermelha, verde e amarela. Os longos cabelos negros de Isabela estavam jogados e alinhados à frente de seu corpo, a cada faixa de sua escultura feminina, respectivamente do lado esquerdo e direito, a ultrapassar a alça, a contrastar com o tom de pele alva, e cobrir seus seios. Jokana Baixu! Jokana Baixu, Menina.

— Jokana Baixu! — disseram as mulheres Pataxós ao ver a Coroada assim vestida.

Isabela estava muito feliz. Segurava-se para não chorar, pois não queria desmanchar suas pinturas. Aproximou-se de um espelho e viu como estava linda. Seu corpo vestido como uma Jokana, sua barriga de gravidez, a atmosfera gentil dos Pataxós, e seu Kakiçú (noivo) Rafael. A Aurora surgia no horizonte de Coroa Vermelha com uma luz intensa, raramente vista nos últimos tempos por aqueles lados. Deus existe e Ele é foda, pensei. Perdoe o Professor por isso, Pai. Perdoe-me.

Enquanto finalizava sua preparação para a celebração de seu casamento, Isabela viu uma anciã ingressar na oca onde estava com as outras mulheres Pataxós. A senhora foi dando passos lentos, as Jokanas silenciaram, aguardando a Pajé falar algo e se expressar. A anciã viu de perto Isabela, a cheirou, tocou e, após, olhou diretamente em seus olhos por alguns minutos. Houve uma troca de olhares, a Coroada percebeu que ela tinha visto algo, mas não sabia dizer o que era. A Pajé voltou-se para a frente de Isabela e disse:

— Atön, etä, niongnitochingá! — proferiu a anciã, que significaria algo como seu filho nascerá.

— Não compreendo — disse Isabela.

— Nionaikikepá, enghäm — continuou a Pajé a dizer, significando combate com sangue.

— Sou de Ybáka! — disse Isabela em Tupi de onde é, Céu Pequeno.

— Taru! — respondeu a Pajé.

— Sim, Taru! — confirmou a Coroada.

— Aponem, Aporã, Aponem! — disse a Pajé, que ela será feliz, chorará e, depois, feliz novamente.

— Niamissum! — disseram as Jokanas, ou seja, Deus.

— Há-ru-rê, Há-ru-rê, Há-ru-rê canan! — disse a Pajé e todas as Jokanas riram muito.

— O que ela disse agora, não entendi? — perguntou Isabela, tentando compreender o que a anciã dizia.

— Ela disse para você namorar, namorar e namorar muito, mas acho que já faz isso bem. Menina, você está linda! — disse Padre Marcos ao entrar na oca.

— Estou feliz, meu amigo. Muito feliz! — disse Isabela.

— Estou vendo. Seu noivo também está. Ele te aguarda. Vamos? — disse Padre Marcos e segurou nas mãos de Isabela, a conduzindo para fora da oca.

Tudo já estava pronto. Os Pajés benzeram com bastante incenso e ervas todo o Quijeme (oca onde é realizada a cerimônia) para purificar as almas, espantar os maus espíritos e fortalecer a união entre o casal. Quando Isabela saiu da oca e foi vista por todos, os cânticos então começaram a ser entoados. A Coroada passou seus olhos em volta na busca por Rafael. E ele surgiu vestido como um Pataxó. Seu corpo estava todo tingido em listras pretas, à base de açafrão, tinha em sua cabeça um grande Cocá vermelho e carregava uma enorme lança, como mostra de sua valentia. Antes, ele foi até a mata, com outros Pataxós, para o ritual masculino. Trouxe de lá um tronco de madeira com o peso equivalente a sua Jokana, pois, segundo a tradição Pataxó, o Kakiçú (noivo) precisa carregar o tronco com o peso da noiva. Isabela riu um pouco, pois não sabia se ele daria conta. Olhou para ele rápido, falou baixinho e o jovem estudante de Direito fez a leitura labial. Ele respondeu:

— Te carregarei por toda minha vida.

Isabela compreendeu e silenciou. Seu coração de mulher era um vulcão que acabara de despertar. A força era intensa, desejava explodir, jorrar seu calor diretamente em seu amor. Teve um controle descomunal para passar por toda a liturgia e ritual do casamento. E lembrou-se que levava um filho em seu ventre. Então, tudo foi se acalmando em seu ser e espírito. A Pajé que agora há pouco havia falado com ela dirigiu-lhe uma última palavra.

— Aponahy, Aponahy! — Seja feliz.

Todos reunidos e a celebração assim se iniciou. Padre Marcos e um Pajé conduziram o casamento. Rafael carregou o tronco de madeira, com um peso leve que a vida lhe entregou, e alcançou sua Jokana. Segurou em suas mãos, entreolharam-se, e ouviu Padre Marcos iniciar a cerimônia. Marília estava próximo a eles, com a Sr.ª Salarz e o Senhor Simpático. Pedrov ainda não tinha aparecido.

— Em nome do Pai, do Filho e do Espírito Santo — disse Padre Marcos.

— Amém — responderam.

— Estamos aqui hoje reunidos, nessa festa da amizade, com nossos amigos Pataxós, na celebração e alegria do casamento de Rafael e Isabela. Esse casal, eu tive a felicidade de conhecer e acompanhar todo o namoro, a amizade e a cumplicidade que cada um tem com o outro. Ainda me lembro do nosso desajeitado Kakiçú — todos riram — chegar até a minha paróquia e perguntar o que era mais importante: a vida ou seus mistérios. Naquele momento, não sabia exatamente o que ele queria enquanto resposta, porém, disse a ele que a vida sempre é mais importante. Não existe escolha quando esta está na mesa. A vida é uma dádiva, um mistério também, mas o seu deleite supera qualquer necessidade de uma filosofia mais acurada, apesar da minha predileção pelas reflexões. Viver é passo a passo, minuto a minuto, risos e lágrimas. É como se todos nós estivéssemos em uma grande viagem, sem saber aonde chegaremos, pois o importante não é o destino, e sim a jornada. Durante nossos planejamentos, as agendas, a rotina, não colocamos no papel que hoje encontraremos Rafael, Isabela, A Coroada, um amor e um filho. Não planejamos isso. O fortuito providencial surge porque a vida, a todo tempo, nos quer ensinar que é o percurso o mais importante, e não o ponto de chegada. A diversão é durante o carrossel, e não quando o brinquedo para. A alegria é a mesa atrapalhada, com vozerio, taças caindo ao chão, e crianças correndo com gritaria de suas mães, e não a mesa arrumada, farta, porém, vazia. Calor é agitação, frio é paralisia. Fluxo é corrente, inércia é solidão. Todo o universo vibra, como os acordes de um violão a encantar e embalar a música nessa praia linda, a convencer os enamorados que devem se amar. As ondas do mar vão e vem, como as batidas do meu coração agora, mais acelerado, porque vejo a beleza do amor desses dois, e me inspiro a ser melhor. — Olha Padre Marcos para Marília e ela retribui. — Jesus nunca parou. Ele nasceu na manjedoura vindo de uma viagem. Arrastou multidões na fase adulta e, mesmo morto, ainda caminha entre nós, pois onde dois ou três estiverem reunidos em meu nome, eu estarei ali, no meio deles, como está escrito (Mateus 18:20). Cristo queria o movimento, a agitação, a rebeldia sagrada para elevar a vida. Seus discípulos entenderam o Evangelho e foram adiante, mesmo após sua morte. Porque a vida é mais que o corpo, a carne e as dores sentidas pelos malhos que até nós insistem em vir. Somos eternos, à imagem e semelhança do Pai e, assim, permaneceremos para sempre, pois o que fazemos na vida ecoa na eternidade. Daqui a pouco mais de cinquenta anos, nosso jovem casal atingirá a melhor idade e, mesmo diante da senilidade, do mau entendimento, das dores do mundo, impossível não reconhecer um jeito tímido de se aproximar de uma mulher, como Rafael és, apesar do beijo roubado que sei ter acontecido. — Todos riram. — Isabela saberá quem é Rafael, não esquecerá, gravou ele na memória feminina da Coroada, para sempre o seu amor. E isso não se esquece. Da mesma forma ele, apesar de que nem seria necessário, pois sei que fez uma tatuagem no braço esquerdo com o nome dela. — Gargalhadas na cerimônia. — Já antevendo sua teimosia, mas precavido, fez a tattoo. Porém, mais que alguns pigmentos na pele, é a fotografia. Sim, o retrato que se chama saudade, persistente, nítida, forte, como uma flecha a atravessar o coração, porque a dor e a vivacidade da lembrança que marca jamais se esvanecem. Permanece. Esquecerá Rafael essa mulher de pele alva, de cabelos além da alça, com um sutil movimento? Esquecerá esse mistério feminino que, ao seu jeito, conseguiu entrar no lugar sagrado e decodificar todos os segredos da mulher que é Isabela? Perderá a sensibilidade do toque de mãos que ela tem, leve e suave, a envolver as suas? Por acaso é possível esquecer essa voz, rouca, aguda, suave e forte? Acredito que não, pois tudo que falei são palavras suas, Rafael. E eu não esqueci. Meus amigos, sejam felizes, com as bênçãos do Pai, do Filho e do Espírito Santo, desejo longa vida ao casal. Amém.

— Amém! — todos repetiram.

Após a fala de Padre Marcos, Rafael e Isabela preparavam-se para dizer seus votos de casamento e, assim, dar prosseguimento à celebração. Haviam combinado os dois o que fariam, sem saber o que cada um diria. E, nada melhor que uma poesia, escrita por Rafael, ao imortalizar uma frase de Isabela que o inspirou e jamais esqueceu: *"Não brinque"*. Não brinque, Menina, não brinque. Rafael começou:

— Sabe, Catita, que aquela correria que tive ao buscar *O Espírito das Leis* foi minha travessia mais importante, a aceleração acertada, o encontro que não planejei e determinou o que eu sou hoje: feliz. Tenho uma herança política, mas aprendi que maior que as decisões fundamentais de um país, e da própria história, é ajoelhar perante você. — Rafael ajoelha-se perante Isabela e ela chora, dizendo:

— Não brinque!

— Era isso que eu queria ouvir. Foi essa música, vinda de uma poesia que é você, a causa da minha transformação. Sou seu aqui, ali e por todo o sempre. Preparei alguns rascunhos, onde está mesmo, não sei — Se atrapalha Rafael propositalmente, para encenar como bobo ficava diante dela, e as Jokanas acharam aquilo lindo. — Ah, sim, encontrei no meu Cocá, o amor que escrevi para ti. É uma poesia. Chama-se *"Não brinque"*. Vou ler:

"Não brinque
Por Rafael

Você não pode estar falando sério
Não brinque assim com meus sentimentos
Não sou essa fortaleza que imagina
Sou apenas um homem a sua frente, Menina

Não fique aí dizendo que é sério
Convidando a mim, aqui, a ser feliz
Pulando na minha frente, me tornando aprendiz
De um amor intenso, imenso, tudo que sempre quis

Você não imagina o quanto a quero
Abraçar, deitar, beijar, fazer Mulher
Escrever o indefinido, ir ao infinito, ser impossível
Um minuto contigo, meu Éden perdido

Estudo a ti desde o primeiro instante
Vou nas fórmulas sagradas, não acessadas, constante
Tento compreender o mistério feminino que me cerca
Tento compreender seu desenho perfeito, sossego que me leva

Você é o meu presente, Menina
É o meu zero impedimento, linda
Minha Nuvem de Lágrimas, paixão
A aula escondida em meu coração, razão

Não brinque assim, Catita
Não sabe como me faz feliz
És senhora de uma posse antiga
És a música que escuto no rádio, sim
És A Coroada, a poesia que escrevo aqui"

— Te amo, Isabela. Te amo, minha esposa, minha Jokana Baixu, minha vida — disse Rafael e, após, a beija.

Mas ainda não havia terminado o ritual do casamento. Rafael imaginou que ficaria reservada apenas a ele a particularidade de uma declaração apaixonada. Não foi. Isabela era muitas coisas, uma mulher plural, que tinha entre outras paixões a escrita. Por isso foi ao universo das Letras expressar, de modo sublime, o que ela e esse amor representavam. Os códices dos alfabetos não conseguem atingir aquilo que sentimos, mas, ao falar, o despertar de um gigante adormecido acontece. E, como Padre Marcos falou em sua liturgia, a vida é um fluxo, calor é agitação, Jesus sempre caminhou e passou a lição. Ele estava no meio daquele casamento. Ele está no meio de nós. A Coroada, então, falou.

— Achaste mesmo que apenas você falaria, meu amor? — As Jokanas riram com essa fala de Isabela. — Subestimou o poder feminino? Já lhe disse que não sou a princesa dos contos. Ainda dá tempo, se queres mesmo continuar ao meu lado por toda a vida.

— Sim, eu quero. Por toda a vida, Catita — disse Rafael.

— Tuke Tukerê, que aprendi ser boa sorte em patxohã. — Todos soltaram gargalhadas que contagiaram o povoado da Jaqueira, e ela continuou. — Meu amor, a sua correria aquele dia foi o meu presente. A Sr.ª Salarz pedir para levar os livros foi me entregar o favor da vida que foi te conhecer. Repito em minha mente todos aqueles instantes fugazes em que, simplesmente, me perguntou onde estava *O Espírito das Leis*, viu os livros caírem, e, por uma ousadia sua, pela qual meu coração agradece, você me roubou um beijo. O que mais roubaste? Te entreguei ali a Isabela, os meus segredos, o que me fez tornar-me a Coroada, o reino que construíste para mim, porém, sou eu a entregar todo o tesouro. Você é o súdito desse amor, mas nego ser a majestade, pois quero ser a plebeia que se arrasta, suplica, vive a sua vida, porque me entrego, eu me rendo. O império pode existir, a ser o cenário a cobrir toda a nossa existência, pois te amo. Mas não sou a déspota que não ama. Sou a tirana que desejas dominar, e eu permito que seja, pois serei mulher para mim e para você. Então, também escrevi algo para ti. Uma poesia. Chama-se "Não brinque". Jamais te esquecerei — disse Isabela e, assim, declarou-se:

"*Não brinque*
Por Isabela

Ainda sou Menina
Na juventude e na vida
No gesto e no descuidado
De sem querer fazer alguém se apaixonar

Ainda sou Menina
Minhas perguntas sem intenção
Minha voz sem música, rouca
Uma inocente em meio à escuridão

Ainda sou Menina
Tenho medo de muitas coisas
Dessas que cravam o meu peito
Dessas que roubam meu coração

Ainda sou Menina
Mas o sorriso esconde muita coisa
Você vê a superfície
Linda, você diz
Mas ainda não entrou aqui
Cedo, não permiti

Ainda sou Menina
Mas os sonhos não são menores
Desenhados, planejados, anotados
Para que nada saia ao controle
Menos meu amor por você, incontrolável

Ainda sou Menina
Escondo na minha beleza
Na minha esperteza com as palavras
Demonstro força que não tenho
A tempestade que me ocupa
A saudade que me mata
Você que não está aqui

Ainda sou Menina
Você não me conhece
Nenhuma Mulher é conhecida
Essa natureza infinita
Que você ousou tocar
Que eu desejei que fosse
E foi

Ainda sou Menina
Disfarçada de seriedade
De maturidade, agendas
De planos, passos, viagens
Profissões, roupas, política, sapatos
Esses que você me calça

Ainda sou Menina
Choro escondida
Escondo a serena tristeza
Segredos que não se revelam
Mas que você notou ao me ver

Ainda sou Menina
Você me descreve
Mas palavras não me roubarão
Porque nada que está aqui é meu
É seu, e ainda não reivindicou

Ainda sou Menina
Linda, esperta, boba também
Daquelas que guardam as importâncias sem sentido
Em uma caixa de vidro, onde todos percebem
Menos você, que na sua frente não viu

Ainda sou Menina
Não quero ir embora
Preciso ir embora
Na esperança do inesperado acontecer
Na probabilidade impossível
Da razão que não me deixa esquecer
Que quero você

Ainda sou Menina
Sou pequenina, grande
Intensa, contida
Amada, por amar
Mulher, assim
Para você e para mim"

Aquilo foi lindo, poético autêntico e vivo. Lindo, lindo, Menina. Linda, te amo!

— Muito bem, então responda para mim, Rafael, aceita Isabela Estefânia Oliveira como sua legítima esposa, para amá-la e respeitá-la, na saúde e na doença, na riqueza e na pobreza, até os últimos dias de sua vida, até que a morte os separe?

— Sim, eu aceito — respondeu Rafael.

— Isabela, diga a mim, aceita Rafael Matronelli como seu legítimo marido, para amá-lo e respeitá-lo, na saúde e na doença, na riqueza e na pobreza, até os últimos dias de sua vida, até que a morte os separe?

— Sim, eu o amo e aceito, para além da eternidade — respondeu Isabela.

— Sendo assim, pelo poder a mim concedido, diante de todos aqui, eu vos declaro...

Rafael e Isabela, marido e mulher.

— Agora, pode beijar a noiva, sua Jokana. — disse Padre Marcos.

Rafael e Isabela se beijaram, pediram as bênçãos mais uma vez a Padre Marcos e, também, aos Pajés, pelo seu casamento. Beberam cauim, uma bebida feita da fermentação da mandioca, tradição Pataxó. Rafael a levantou em seus braços, juntou-a levemente ao seu corpo, com o cuidado requerido, uma vez que ela carregava um filho dele, e disse:

— Hoje é o dia mais feliz de minha vida.

— É o meu também.

E eu queria dizer que foram felizes para sempre, porém, a história não termina aqui. Aguentem, tem mais a se contar, muita coisa a acontecer, e corações fortes a resistir. A aventura de amar e viver nos torna fortalezas por todo o sempre. Como eu disse, não sei o que pensava Deus ao escrever o livro da vida. Não entendo meus passos, a minha respiração e esse meu sentimento por você, Menina. Contudo, sei que, se soubesse, não seria mistério, não teria a beleza da magia, e não seria amor, pois este é inexplicável. Você me perguntou uma vez, Menina, por que eu era assim com você e, pelas poucas vezes que tal coisa aconteceu a mim, sem resposta fiquei. Admirei-me mais uma vez ao vê-la, esses olhos gigantes, essa boca gostosa, a saudade que me corrói. A sensação é de que entendeste a resposta antes mesmo do meu silêncio, porque eu sei que me amavas. Eu insistia em lhe pedir para me dizer sobre seu sentimento, mas entendia que não queria, pois não era necessário. Você demonstrava amor sem dizer, como Deus apresenta a vida sem ser biologia. E assim eu caminho, envelheço, as dores do mundo me acometem, mas ainda sou o Menino aqui. Qual homem não é diante de seu amor?

Qual homem não é Menino diante de seu amor, Menina?

Imaginando que tudo caminharia para uma festa mais tranquila na Jaqueira, em Coroa Vermelha, de repente surge um garoto Pataxó correndo e gritando em meio à festividade, desesperado, com suor e assombro de pânico em seu rosto. O jovem tentava explicar, dizer, fazer-se entender, mas ninguém dava atenção ao menino, pois o casamento estava na mente de todos. Vendo tudo aquilo, entendendo que ninguém lhe daria atenção, o garoto compreendeu que era necessária uma outra abordagem. Talvez falar nomes, dois substantivos próprios, e um verbo, e, assim, a atenção seria dada. Foi o que fez e a festa precisou ser adiada. Por muitos, muitos e longos anos. Eu não sei se vou aguentar contar isso, Menina. Não sei. Mas quis a história que fosse eu a narrar toda essa epopeia do coração. Que fosse a pessoa no lugar de sempre, das coincidências programadas, coisas da vida. O agente no destino a reparar essa dívida. Sou eu, Menina, eu. Enfim, o garoto que corria então disse:

— Libitina, Pedrov, capturado!

Capítulo 24

A escolha
Alguns minutos depois do casamento, Porto Seguro, maio de 1968

O coração é indomável. Todos os outros órgãos do corpo humano são domesticáveis, a incluir o cérebro, dono da nossa razão. As metodologias, agendas e planos encaixam-se na solidez de uma racionalidade fria e inocente, pois nunca antevê o inesperado. Um cientista não entende quando o fortuito acontece, porém, o poeta descreve perfeitamente a sensação da surpresa gostosa que é ver o milagre acontecer. Versos são maiores que as fórmulas matemáticas da natureza, porque decodificam o sagrado, algo não categorizado nos códices criados pelos alfabetos das convenções pragmáticas. A ciência espera a repetição para anotar o padrão. A poesia aguarda um momento único para se eternizar a beleza oculta de um amor que se esvai. A cátedra é teimosa e descrente. Esta, ao ver várias vezes, diz ser possível algo em determinadas condições. Já a poesia é singela, delicada e esperançosa, pois necessita ver uma vez para ter o padrão que jamais se repetirá, a não ser na saudade a corroer esse pulsador da vida que insiste em ser. Amo você, Menina. Tu és poesia e eu, esse coração que não sabe viver sem ti.

Isabela não quis acreditar na frase desesperada dita pelo garoto Pataxó, no dia de seu casamento. Ouviu várias vezes, é verdade, mas desejou que aquelas palavras estivessem equivocadas, um erro do menino ao ouvir uma similitude, uma confusão em sua mente jovem, tradução errada do que talvez tivesse ouvido ou visto. A Coroada congelou-se por dentro, viu seu futuro se desmanchar, como um castelo de areia que uma criança acabara de construir, e uma brisa leva embora sem ao menos dar uma chance de desfrutar o deleite da brincadeira. Todos os presentes entenderam o recado dado pelo menino Pataxó, e já o interrogavam na busca por mais pistas do que deveria ser. Marília saltou em direção ao centro da cidade, certamente onde Pedrov foi capturado, segundo a descrição do jovem indígena. Padre Marcos deu algumas palavras aos convidados, solicitando um momento de privacidade, porque o caso era sério. Rafael ficou observando Isabela, entendendo as ações de sua amada, porém, na esperança de que esta fizesse uma escolha mais segura. Confiava, demasiadamente, na razão da Coroada, na sua logística e experiência, tanto que não passou por sua cabeça qualquer aventura que pusesse em risco a criança prestes a nascer. Assim, o jovem estudante de Direito ficou calmo, foi até sua noiva, agora esposa, e perguntou se estava tudo bem. Nenhuma resposta veio.

— Catita!

Isabela estava confusa. Bil era uma mistura de felicidade, arrependimento e culpa. Sentiu-se culpada pelo que aconteceu a Pedrov e, desse modo, responsável pelo seu resgate. Como Marília disse, a Coroada estava "amolecendo", e seu juízo não era mais regido pela razão, e sim pela emoção. Lembrou-se de seu passado com o militante de Havana, da cumplicidade que um dia tiveram e de tudo o que ele representava para ela. "*Não era apenas um passado*", pensava Isabela ali na praia de Coroa Vermelha, diante dos acontecimentos que acabara de saber.

Porém, ao mesmo tempo em que refletia sobre sua relação com Pedrov, viu Rafael tentando estabelecer um diálogo com ela. Entendeu a angústia do jovem estudante de Direito, este que não entenderia a sua decisão. Os ciúmes de Rafael interpretariam a atitude da Coroada como uma "recaída", uma dúvida de seu amor, pois, para ele, a única decisão sábia seria seguir em frente, e que os outros cuidassem de resgatar Pedrov. E, não que estivesse errado Rafael, porque, em certa medida, não estava. Isabela estava grávida, faltava um mês para a criança nascer, e riscos nesse momento não eram recomendados e, tampouco, bem-vindos. Mas o que fez Isabela dar outra direção a essa história, a deixar todos nós aqui aflitos pelo que poderia acontecer? Ainda tinha sentimentos por Pedrov e somente os sentiu ou percebeu quando falta dele teve? Era certo ela ter algum pensamento diverso daquele projetado e, melhor, consolidado, ao se ver casada com a pessoa que sabia amar verdadeiramente? Sim, meus amigos e amigas, não se enganem: Isabela ama Rafael. Porém, o destino tem seus caprichos.

— Precisamos voltar ao Rio de Janeiro — expressou-se a Coroada.

Rafael não quis entender a frase dita por Isabela. Para ele, a Coroada disse alguma coisa sem sentido, sem pensar, no ímpeto das emoções vividas. Desejou ouvir outra coisa mais sensata, prudente, algo alinhado ao que eram hoje: marido e mulher, uma família em breve. Começou a fazer perguntas, ponderações, e até mesmo estratégias para os planos de resgate de Pedrov, que não envolveria os dois, obviamente. Deixaria tudo aquilo, a empreitada perigosa de ir até o Rio de Janeiro e visitar Libitina, para Marília, Padre Marcos, e outros guerrilheiros da GCP. Em seus planejamentos, Rafael disse para Isabela que se refugiassem, subir um pouco mais ao Nordeste do país, sair de Porto Seguro e da Bahia, mudar seus nomes, roupas e até suas feições, como os cabelos, e não deixar rastros. Ter um contato, sim, com a GCP, mas de tempos em tempos, de modo a ter segurança para eles e o movimento. Mas Isabela não reagia, não dizia nada, apenas pensava em Pedrov e como faria para retirá-lo da prisão do regime militar. E nada a faria mudar de ideia, não o deixaria para trás, pois, sim, Pedrov era importante para ela. Resta saber se essa importância dizia respeito à razão ou ao coração. A decisão veio, porém, as motivações ainda não. Viriam um dia, aguentem.

— Iremos ao Rio de Janeiro — disse Isabela mais uma vez.

— Meu amor, é muito perigoso. Sua condição, o bebê que está quase nascendo, colocará tudo isso em risco? Pedrov é experiente e saberá sair dessa, além do que outras pessoas podem cuidar disso. Vamos embora daqui, eles nos descobriram. Podemos ir mais ao norte do país, para o interior, nos resguardar em outros lugares menos suspeitos. Não deixaremos a GCP, mas agora pode ser temerário ao movimento e, especialmente, a nós — disse Rafael, tentando dissuadir Isabela, quando Marília então chegou e se aproximou.

— Ao que parece, foi ação do Libitina. Moradores viram Pedrov bastante alcoolizado, discursando e falando alto, coisas referentes ao movimento. Ele nos colocou em risco também, mas ainda não sabemos o quanto. Três homens o capturaram e colocaram em uma Veraneio na cor preta, placa do Rio de Janeiro. Foi o máximo de informações que pude apurar sem levantar suspeitas sobre mim. Se vamos agir, precisamos fazer agora — disse Marília para Isabela, vendo Padre Marcos aparecer, com a Sr.ª Salarz.

— Conversei com todos os convidados do casamento e expliquei que Pedrov é da família. Foram embora, alguns desconfiados e outros sabendo o que poderia ser, diante do que representamos para eles. Uma garota chegou próximo a mim e perguntou se iríamos embora, no que eu disse não, porque ficaríamos por muito tempo aqui. Mas, sinceramente, não sei dizer — disse Padre Marcos, com um ar de dúvida e aquela agonia noturna, após vivenciar os pesadelos.

— Nós iremos para o Rio de Janeiro. Marília, precisamos que alguém fique aqui cuidando das pessoas e do movimento. Eu resgatarei Pedrov, mas não podemos ir em um grande grupo. Prefiro que fique aqui. Rafael, você também pode ficar, é arriscado para você. Vou conversar com os outros guerrilheiros que chegaram de Havana. Eles irão comigo. Vamos em cinco pessoas — disse Isabela, sentindo muito calor naquele início de tarde em Porto Seguro.

— Não, eu irei com você. Entenda uma coisa, Isabela, não vou me separar de ti, a não ser pela morte. E carregas um filho meu, então, esqueça seu planejamento metódico e me inclua nele. Sou seu marido agora e pai do bebê no seu ventre. O resto você pode fazer da maneira que quiser, apesar de não concordar com o seu plano de ir ao Rio de Janeiro. Vou te apoiar, não me distanciarei de você, mas não concordo com sua atitude. Pense melhor, antes de se arrepender, Catita. Mas, a insistir nessa loucura, me inclua nela — disse Rafael, olhando diretamente nos olhos de Isabela, que então se expressou.

— Muito bem, Rafael, você irá. Marília fica, com os guerrilheiros de Havana e os outros que aderiram ao movimento. Sr.ª Salarz cuida também dos postos já conquistados, assim como o Sr. Renato, o Simpático. Padre Marcos permanece também, para auxiliá-los aqui no que for preciso — disse a Coroada, com uma sensação apertada no coração.

— Isabela, eu também irei. Estou dentro — disse Padre Marcos, causando surpresa em Marília.

— É arriscado para você! Não faça isso — disse Marília gerando, agora, surpresa na Coroada.

— Irei sim, meu bem. Sei me cuidar. Vou acompanhar esses dois de perto. É um ofício meu agora, uma vez que os casei hoje. Não tenho a sua experiência militar, mas já consegui sobreviver a muita coisa. Tenho esperança de que tudo correrá bem e, logo mais, estaremos de volta. Precisamos nos certificar de que Pedrov beberá menos — disse Padre Marcos, esboçando um sorriso, tentando disfarçar sua preocupação pelo que poderia acontecer.

Marília inicialmente não concordou, porém, depois entendeu que era necessário alguém como Padre Marcos acompanhar Rafael e Isabela nessa jornada até o Rio de Janeiro. Tentou afastar suas preocupações e maus pressentimentos, tendo positividade, como sempre teve em sua vida. *"Não seria agora que as coisas dariam errado"*, pensava a Comunista. Apoiou a decisão do pároco e, especialmente, de Isabela. Conversou com Rafael e indicou a ele que tudo sairia bem, porque *"a sua Coroada sabe das coisas"*. Disse ao jovem estudante de Direito que tinha alguns contatos no Rio de Janeiro e isso contribuiria para o sucesso daquela operação militar. Padre Marcos acenou sua cabeça para Rafael, encorajando-o e, após isso, olhou Isabela, que ainda estava vestida como uma noiva Pataxó. Viu seus longos cabelos negros a cobrir seus seios, a boca na coloração de um vermelho indecente que jamais viu, as pernas de Isabela descobertas a reluzir ao brilho do sol claro de Porto Seguro, dando uma certa morenice ao tom de pele alva da Coroada. A circunferência da gestação intensificando a feminilidade de Bil, e aqueles olhos firmes convidando-o sempre a amá-la, fez o jovem coração de Rafael erigir-se em emoções pouco usuais durante uma conversa como aquela que travavam. Racionalmente pensando, com tais assuntos em andamento, o melhor seria perguntar quais armas levaria, onde se esconderiam e como ingressariam no calabouço que mantinha Pedrov em cárcere. Os cuidados que tomariam, as ações a levar em consideração, e todos os riscos calculados. A matemática das ações frias levaria a esse entendimento, porque isso era o prudente e correto. Mas quem disse que a razão é sempre eficaz? Onde está escrito que é essa orientação sináptica a regência de todos nós, natureza humana, demasiadamente humana? Somos imagem e semelhança do Criador e quem nos afirmou, epistemológica e categoricamente, que Deus é razão? Até onde sabemos, e a ciência é pobre a respeito, o verbo se fez carne. A ação do sujeito da oração materializou, nasceu e viveu. Não construiu equações gélidas das relações humanas. Foi paixão, entregou-se e amou. E, ao amar, morreu. Renasceu três dias depois e tornou-se eternidade. Maior que o infinito virou-se: foi humano, uma finitude improvável. Eis que estamos aqui a refletir essa luz.

— Vou te amar agora, Isabela. Tire a roupa! — disse Rafael em um imperativo corajoso jamais visto no jovem estudante de Direito.

— Nossa, que vontade é essa!? — disse Marília se espantando e sorrindo pela ação de Rafael. O agir do verbo reluzente manifestava-se nele.

— Você é surpreendente! — disse Padre Marcos.

— Não temos tempo para isso, Rafael — disse com rispidez Isabela.

— Eu não pedi. Hoje será minha, a última vontade, o desejo que se transformará na sua lembrança mais vívida, a sua saudade. Entregue seu reino a mim, submeta-se ao meu amor, que é seu, e me permita amá-la como se fosse o fim — disse Rafael aproximando-se de Isabela e vendo os outros dispersarem após sua fala.

— Não é o fim. E, não, hoje não. Preciso ir embora e aguardar o inesperado. Eu... — Foi interrompida por Rafael, que retira seu Cocá, o top indígena e a deixa seminua, vestida apenas com uma saia de palha e um calor, esse mesmo que eleva outras temperaturas as quais nos queimam, porém, nos fazem renascer. Fênix!

— Você enlouqueceu? Não faça isso, não podemos agora. O tempo está contra nós, e... — Foi interrompida por Rafael mais uma vez, que a desnuda completamente, permitindo o mistério feminino ser revelado, a magia acontecer, os corações a se amarem, porque nada é mais importante na vida do que amar. Esse é o segredo, Menina. O segredo.

— Você é teimosa! — disse Rafael e levantou Isabela em seus braços, a beijou e, com lágrimas prestes a romper a fronteira do coração, ele disse:

— Eu te amo, Coroada!

Ao ouvir isso, algo despertou em Isabela. Sua outra natureza, dentro da infinitude do universo de mulher, a fazia chamar, ouvindo uma voz interior que reverberou em seu ser, desligando suas racionalidades. Viu sua nudez, sua pele agora morena pelo sol de Coroa Vermelha, seus cabelos úmidos pelo suor de todo aquele clima, desmanchando-se no peito de Rafael, grudando ali. Seu íntimo feminino exigindo o amor, seu coração pulsando para que a ordem do jovem estudante de Direito fosse cumprida, e seu sangue tornando-se ainda mais rubro pelo desejo intenso e elétrico de ser amada. Sem mais fronteiras a fechar e permitindo-se a felicidade, eles se amaram mais uma vez.

Isabela, então, lançou Rafael ao chão, deu sinais para que ele segurasse em sua cintura e cuidasse de seu equilíbrio, enquanto arquitetava a forma perfeita para experimentar as sensações captadas por seu corpo. O jovem estudante de Direito cumpriu como determinado pela Coroada, envolveu suas mãos na faixa do feminino, passeou por entre suas formas e relevos, ampliando as carícias, e impulsionou Isabela para o ato: ela foi feroz e cravou suas mãos nas costas de Rafael, que se surpreendeu com essa ação. Ele a trouxe junto ao seu corpo, cuidando de sua gravidez, e a deitou em seus braços. Ela não cedeu, voltou à forma anterior e exigiu: "*ame-me assim!*". Rafael fez como pedido por sua amada, vendo seu rosto de prazer explícito, em um êxtase progressivo, entregando tudo de si a ela, no que recebeu. Sentiu-se mulher, apaixonada e eternizada. Ele se viu homem, pleno, e construiu o que queria: uma doce saudade. As areias da praia de Coroa Vermelha testemunharam o sagrado e o permitido, um Éden feliz e realizado. Consegui imaginar você assim, Menina. Eu consegui.

Sabendo dos riscos da jornada que enfrentariam, as núpcias do nosso casal de heróis foram urgentes e fugazes. Apesar de o tempo correr velozmente, e da dramaticidade da prisão de Pedrov, nas mãos do regime torpe de 1964, houve momento para o amor. Rafael e Isabela sentiram algo diferente no ato de hoje. Um sentimento de angústia percorreu seus corpos, o que os levou a vivenciar de modo mais enérgico toda aquela paixão. O futuro era uma incógnita, a saudade precipitou-se muito cedo, e a Aurora não concedeu mais nada além dessa troca de palavras agora. Se soubéssemos como seria o daqui para a frente, retardaríamos naquilo que decidimos ser eterno. Eu não me esqueço das perguntas que fez, Menina. Sem resposta a te dar nas vezes em que me indagou, propositalmente, atrasei o instante e, dessa forma, gravei seu rosto em minha mente. Jamais pude esquecer você. Te amo!

— Isabela, serei seu por toda a vida.

— Eu sou sua hoje e sempre.

— Tenho algo para você, permita um último ato de romantismo.

— Não será o último, mas permito, o que é?

— É você, minha poesia. Chama-se Vermelho. Escrevi ontem.

— Leia!

E, assim, Rafael declarou-se novamente para Isabela, perpetuando seu romance. O jovem estudante de Direito, com os suores de Porto Seguro e da Coroada em seu corpo, levantou-se perante ela e disse:

"*Você se oculta nessas roupas*
Bandeiras, armas, coisas
Tramas que estás a elaborar
Fanfarras que soarão tremores quando você passar

Vejo seu rosto impetuoso em um discurso voraz
Seu corpo perfeito em sintonia fugaz
Paixão que preenche a alma de uma só vez
Alimento que sacia o corpo na insensatez

Tomo a ti em mim na amálgama singular
Plural me torno ao teu lábio tocar
Sonho de um paraíso perdido embriaga a minha mente
Sorte do jogador, impostor, me entrego sabiamente

Soldados caem na sua batida em retirada
Hinos se afinam na regência Coroada
Ritmo de um tango em vinho contigo
Amor divino que não respiro sozinho

Estátuas caem ao seu desfile
Leis revogadas ao seu palpite
Espírito que se eleva ao seu perfume
Louco sou quando estou em ti, ciúme

Liberdade que corre pelas ruas desnudas
Cores que se apresentam, todas elas, nuas
Letras gravadas em um coração rubro que vive
Senadora que és, legisla o sentimento que em mim persiste"

Após ouvir o jovem estudante de Direito, Isabela olhou ternamente para Rafael, maravilhada pelo sentimento então elaborado naqueles versos, e nos beijos que recebeu. Amar assim é único e inesquecível. Não se esqueceu do que estava acontecendo ao grupo: Pedrov raptado. Mas permitiu-se ser amada daquela forma. E retribuiu em todas as formas e forças. Amou Rafael e disse:

— Você não existe!
— Eu existo sim e te amo!
— Tenho algo para você também.
— Ah, é? O que mais? — riu Rafael, insinuando mais uma brincadeira séria.
— Bobo, não é isso. Uma poesia também. Chama-se Coroa Vermelha. Vou-me declarar para você — disse a Coroada, muito próxima à respiração do jovem estudante de Direito.

"Invadi seus pensamentos e alojei-me em sua alma
Descobri seus segredos e desequilibrei sua calma
Desbravei seus mistérios que me deixaram em euforia
Colonizei seus desejos que me devolveram a harmonia

Prendi meus olhos aos teus enquanto falaste
Perdi-me em longos devaneios enquanto ficaste
Sonhei com este momento durante minha viagem
Que acordei em ataraxia ao lembrar tua imagem

Naveguei em mares tormentosos antes de ti
Perdi o compasso que afastou meu eu de mim
Ao aportar nessas terras recordei a mim mesmo
E tive a compreensão de jamais te deixar a esmo

Na enseada do teu abraço encontrei o caminho da descoberta
Explorando os pontos de uma geografia que me fez esperta
Esqueci a Mulher que se determinava nas razões dos planejamentos
Para ser a Mulher que vive o dia, uma vida de sentimentos

Nenhuma Mulher se limita a um espaço
Nenhum feminino se contenta com um único ato
Ao ganhar o mundo e chegar aqui neste momento
Só quero ter a certeza que serás para sempre o meu sacramento

Fiquei entre a Cruz e a Santidade, entre Corais e Mares
Entre a Razão e a Emoção, entre a Paixão e a Paz
Mas decidi reservar-me a ti logo ao amanhecer da primeira liturgia
Para lembrares em tua história que fui a Mulher que mudou tua vida"

A Coroada estava a milímetros dos lábios de Rafael e ouvia seu coração em batidas velozes. Ficaram os dois assim por alguns instantes, um a contemplar o outro. E a única palavra que Isabela ouviu de Rafael após ler Coroa Vermelha foi uma que permaneceu para sempre em suas lembranças. Reminiscências frágeis, dolorosas, que, ao avivar, lhe permitiam uma lágrima, essa depuradora da alma. E essas letras em fonética de um som grave, baixo e angustiado, vinham do jovem estudante de Direito. Era uma súplica, uma última tentativa de lhe dizer "*desista*", uma forma diferente de escrever essa história. Mas não foi suficiente. A Coroada ouviu Rafael, guardou em seu coração de mulher todo aquele sentimento, e seguiu em frente. O sexo forte silenciou e a Aurora foi-se mais uma vez, adiando a felicidade. Não sei se conseguirão terminar de ler isso, estou com dificuldades de escrever. Preciso e muito de seu abraço agora, Menina. Abrace-me!

Rafael fixou os olhos em Isabela, viu todo o seu feminino, na esperança de ela ser menos fortaleza hoje e disse:

— Fica!

A Coroada levantou-se dali, virou as costas para o jovem estudante de Direito, e pegou suas peças de roupas nas areias de Coroa Vermelha. Já estava um pouco distante, Rafael ainda sentado no mesmo lugar, e ela não se conteve e chorou. Ele não viu as lágrimas de Bil, pois esta não queria que Rafael a visse dessa maneira. Seu coração começou a bater mais forte, suas mãos suavam, e tentava controlar-se daquelas emoções que tomavam conta de si. *"Ficar, por que eu não fico?"*, perguntava-se Isabela. E caminhava a passos lentos, mas já suficientemente distante de seu amor e próxima do seu destino. Sabe quando você entende que não deveria dar alguns passos, sente o peso das passadas, as pernas pesadas, uma voz interior dizendo a si mesmo para não seguir em frente, e sim voltar, abaixar o orgulho, e permitir-se ser feliz? Aquele momento da vida, não sei se o oculto, as forças cósmicas, o próprio Deus colocando suas mãos, criando a resistência, de modo a ter-se uma ação mais lenta, condições propícias para a dúvida, a mudança, um voltar atrás e dizer, simplesmente, assim: *"Sim, eu fico"*, esse instante da escolha? A Coroada sentia-se desse jeito. Foi se esforçando para vencer a jornada de alguns metros, os quais transformar-se-iam em longas estradas, que a deixariam perdida nos labirintos da existência, um esquecimento de si mesma. Essa imagem de Rafael atrás de si, sentado nas areias da praia de Coroa Vermelha, foi uma fotografia marcante, uma moldura a perpetuar-se em Isabela, guardada profundamente e secretamente em um espaço tangível a poucos: o segredo de mulher. Essa chave a libertaria um dia. Um dia. Amar é guardar-se também. E a Coroada amava muito.

Na casa da praia, Marília conversava com Padre Marcos sobre sua ida ao Rio de Janeiro. Não conseguia esconder sua preocupação, e tentou, também, convencê-lo de que não era prudente ir para o resgate de Pedrov. A Comunista tinha outros contatos, pessoas treinadas de Havana as quais fariam tal empreitada sem muito custo. A ditadura militar estava ainda mais rígida, notícias de tortura e mortes já circulavam entre os membros dos movimentos de esquerda pelo país. Um fechamento do Congresso e das últimas liberdades se aproximava, segundo a vontade de Costa e Silva, em outro ato institucional, o mais sórdido e sujo de todo o período. Porém, mesmo com essas palavras e argumentos, o pároco não mudou sua decisão, parecendo que estava determinado a cumprir uma possível profecia. Lembrou a Marília de seus sonhos, ou pesadelos, e disse que deveria passar por aquilo para pagar algo que não sabia, até então, dever. A Comunista não compreendia essas reflexões, a tal dívida com o mistério, sendo que o mais sensato ali era continuar a guerrilha, avançando seus postos de conquista, para além dos setenta quilômetros já consolidados. Sentiu o peso da escolha de Padre Marcos. E isso a mudaria para sempre.

— Você não deveria ir — disse Marília a Padre Marcos.

— Meu bem, eu irei. Estou tranquilo quanto a isso. Seja o que for, aceitarei — disse Padre Marcos, limpando seu corpo e trocando de roupa.

— Você precisa aceitar outra coisa. Aqui estou eu e lhe pedindo que fique. Por que deseja ir nessa aventura suicida? Pedrov já lutou e foi preso antes em outros Estados de Exceção e nem por isso deixou de viver. Ficou mais forte. Temos pessoas para esse trabalho. Gente treinada e pronta para morrer, se necessário — disse Marília, abraçando Padre Marcos por trás, colocando as mãos em seu peito hercúleo.

— Eu entendo essa sua preocupação, meu amor — disse Padre Marcos, voltando-se para Marília, colocando suas mãos em seu rosto e a beijando na testa. — Mas a vida é infinita. Não terminamos aqui nossa jornada. Ela continua, continua e continua, em uma vastidão sem fim. Estive por muitos momentos em minha vida perto do fim, pode ter certeza. Esse anjo que ninguém deseja receber esteve ao meu hálito em diversas ocasiões e, por algum motivo, não consumiu meu sopro. Mas, ao conhecê-la, da forma como foi, impetuosa e inesperada, isso me fez refletir sobre tudo que se passou até então no meu viver. Foi uma busca que fiz sem saber, caminhava em um itinerário e não sabia aonde chegaria. Mas, naquele dia no Rio de Janeiro, ao vê-la na praça com Isabela, essa sua morenice, seus olhos, esse seu corpo indecente, perturbou minha paz. Uma intranquilidade gostosa, dessas que aceleram o tempo quando se está ao lado de quem se ama, ou retarda os ponteiros quando a distância é sua companheira de solidão, percorreu todo o meu corpo e fui feliz. Ao conhecê-la, Marília, parecia que havia despertado de um grande sonho e sono, pois eu tive a sensação de sermos homem e mulher desde tempos antigos. Nada foi surpresa e, sim, um *"oi, novamente"*, ao tocá-la. Sua pele aderiu a minha, seus lábios nos meus, o íntimo de cada um em um, sem mais saber qual a origem de um e outro. Esses últimos anos vivi para você, porque, ao assim escolher viver, tive a oportunidade de ser a autenticidade de mim mesmo. Essa dádiva, que é você, quis o destino cobrar de mim agora. E, para que não haja um desequilíbrio no mistério que nos cerca, nesse vaivém das ondas do nascer e morrer, chegou o momento de cumprir o que esperam de mim. Não sei o que acontecerá, mas ouço essa voz inquieta a dizer: *"vá e os acompanhe"*. Então, eu irei — disse Padre Marcos, retirando a blusa branca que Marília usava e a conduzindo para um outro quarto, no que a Comunista acompanhou o movimento.

— Fique! — disse Marília, já nua na frente de Padre Marcos.

— Já estou, para sempre, em ti. Lembre-se, ninguém morre, a vida não para. Então, presta atenção por onde caminhares. A cada rosto, olhe mais de perto. A cada palavra trocada, tente uma que nós conversamos. E, principalmente, a cada toque, como esse que faço agora... — Deita a Comunista em seus braços e a envolve em toda a sua circunferência, passeando pelo relevo feminino, a atingir uma sensação mais forte ao alcançar seu íntimo, inteiramente desnudo. — Não esqueça: pode ser eu novamente com você. Quando isso acontecer, irei te sorrir. E você ficará completamente fora de si ao ver essa revelação — acaba de dizer Padre Marcos e entrega carícias jamais experimentadas por Marília.

— Não aguentarei viver sem você, irei ser tempestade e tormento, Raboni. — Olha para Padre Marcos com lágrimas e uma angústia.

— Irás me reconhecer. Depois desses homens de branco, ao descer da pedra, irá me reconhecer. Procure por mim — disse Padre Marcos, tateando a sensibilidade feminina da Comunista.

— Não compreendi! — disse Marília vendo o pároco em seu descoberto corpo.

— Conhece o mundo, mulher. Não será difícil — disse o pároco, com voz firme e continuou. — Permita-me amar-te de uma maneira como nunca fiz. E lembre-se: sou seu.

— Sou sua! Ame-me! — disse a Comunista e se entregou ao Pároco.

Marília não esqueceu essas palavras, apesar de não entender muito bem do que elas se tratavam. Deixou fluir a conversa, pois não era o momento de muitas perguntas. Porém, mesmo sem entender inteiramente a conversa, sentiu uma leveza pela fala de Padre Marcos. A Comunista não tinha religiosidade, mas não se poderia afirmar que ela era ateia. Possuía uma espiritualidade incrível, rica, que a confortava sempre nas atribulações da vida. Esteve um bom tempo na Ásia, em países com cultura confucionista e hinduísta, conhecendo de perto alguns lamas. E a Comunista se permitia a todo tipo de cultura, o que a ajudava em seu ofício de militante e, especialmente, espiã da inteligência de Havana. Sim, vocês sabiam disso. Não me finjam surpresa, não é, Menina.

Algumas horas mais tarde, após os casais de Coroa Vermelha trocarem intimidades e cumplicidades, para que o fardo fosse mais leve, decidiram partir para o Rio de Janeiro. Além de Isabela, Rafael e Padre Marcos, juntaram-se dois guerrilheiros cubanos, que há pouco haviam ingressado no país, por meio da Floresta Amazônica no Pará. Levaram na Rural Wyllis cinza armas diversas, entre elas quatro AK-47, duas metralhadoras PPSh-41, três Beretas 22, as quais a Coroada amava usar, granadas e outros armamentos soviéticos. Partiram por volta de quatro horas da tarde e gastaram aproximadamente quinze horas até chegar na capital fluminense. Estavam de volta ao Rio de Janeiro.

O destacamento da GCP não agiu de imediato. Ao chegarem, buscaram informações sobre como estava a vida no Rio e as ações do governo diante dos grandes protestos que vinham ocorrendo desde a morte do estudante Edson Luís. Isabela falou a todos que precisariam estudar as ações para que obtivessem êxito. Além disso, disse a Coroada que participaria dos protestos, e que se tornaria uma figura pública, acenando aos estudantes e ao povo brasileiro, a imagem da resistência, encorajando alguns ou todos, como desejava. Fizeram um intervalo de duas semanas, até as primeiras providências.

Já no fim do mês de maio de 1968, a GCP tinha poucas informações sobre Pedrov. Os elementos apurados por seus integrantes, em apoio à Coroada, instruíram esta sobre o fato de que o regime mantinha pessoas presas em casas de torturas pelo Rio de Janeiro. Aparentemente, tais residências eram comuns, sem nenhum tipo de característica que indicasse ser um órgão de governo, demonstrando que as ações da ditadura militar ocorriam, evidentemente, na clandestinidade, na calada, no subterrâneo, para que ninguém cogitasse a possibilidade de que algo sujo estivesse acontecendo. *"Era um país seguro"*, como diziam algumas vozes que não sabiam ou não ouviam os gritos de vilipêndios aos direitos humanos. A ignorância se manifestava de todas as formas, e a razão perdeu sua vez por um longo inverno. Menina, nunca deixe de discutir a política e, especialmente, a História. Ela cobra caro aos incautos. Um preço alto demais.

Isabela estava aflita pela falta de informações que levassem a Pedrov. Sua gravidez aproximava-se do fim, dores na lombar, falta de ar e pés inchados davam os contornos dessa jornada da maternidade. Rafael viu a Coroada e sentia que ela estava tentando resistir, segurando-se em sua força, a espiritual, a qual era mais forte. Isabela era católica, devota de Maria, e sua fé a fortalecia diante de todos os problemas que surgissem. Por trás da mulher forte e obstinada, havia uma religiosidade que a construía, fortificava, tornava a pessoa que é: uma heroína.

Bil acordava pela manhã e se olhava no espelho, ouvindo deste uma persuasão íntima que a levava a refletir sobre uma desistência. Virava seu rosto para a cama, e via Rafael dormindo, e o amava ainda mais, pensando no que seria seu futuro se decidisse ir embora com ele dali. Mas seu senso de responsabilidade, de justiça, de liberdade, fazia com que seu sangue fluísse mais, atravessando as correntes de seu corpo, delineando melhor a fortaleza feminina que era Isabela. Lembrou-se das lições de seu pai, ainda na infância, e sua força renascia a cada reflexão que a fizesse lembrar a ela a mulher que era. *"Sonha e serás livre de espírito... luta e serás livre na vida"*, disse a si mesma e ao espelho, e colocou a boina francesa vermelha[1]. Era a manhã de inverno, 26 de junho de 1968. Haveria uma passeata e um discurso no Rio de Janeiro.

— Acorde, Rafael, meu amor, levante-se! Hoje teremos um dia grandioso. Levante! — disse Isabela

Rafael espreguiçou-se e esfregou seus olhos, na busca por Isabela. A viu de frente a uma janela, bebendo um café quente, aroma que logo percorreu suas narinas, com o perfume natural

---

[1] *Apesar de ter dado uma boina para a adolescente em Porto Seguro, Isabela tinha uma coleção de boinas francesas vermelhas. Este adereço definiu sua identidade estética, especialmente quando se apresentava para a História e para a Política. É o símbolo da Coroada.*

da Coroada. Ela estava com a boina francesa vermelha, vestia uma blusa de manga longa na cor amarelo bebê, uma saia godê em tom vinho tinto, e uma sandália marrom de couro com faixas mais largas e salto baixo, dando conforto e segurança a sua gestação. Carregava seu antigo caderno de poesias e discursos políticos, o qual guardou em uma bolsa verde-oliva. Sua expressão voltou a ser de mulher obstinada e decidida, não expressando nenhuma dúvida. Pensava no discurso e no resgate de Pedrov, mas, como antes dito, as informações eram parcas, ao menos até aquele momento, quando um dos guerrilheiros de Havana chegou de inopino e disse para Isabela:

— Descobri onde Ilitch está! — informou o guerrilheiro.

— Onde, como soube, fale! — disse Bil, despertando de vez Rafael, que se levantou.

— Parece que está em Petrópolis, numa casa estilo colonial, grande, com dois pavimentos e situada em um lote extenso. Temos o endereço e notícias de uma movimentação singela, especialmente à noite. O local não é de fácil acesso e ainda não sabemos como ingressar. Teremos de estudar mais e saber quantas pessoas tem na casa, principalmente guardas. Vamos fazer isso — disse o guerrilheiro.

Isabela ouviu as palavras do guerrilheiro de Havana. Enquanto ele falava, ela já articulava em sua mente como iria ser a investida naquele cárcere, uma "Casa da Morte", como imaginou. Rafael via a Coroada pensativa e já entendia que ela não esperaria mais. *"Agiria hoje mesmo"*, concluiu Rafael em seu íntimo. Não errou quanto a essa conclusão. Não demorou muito, antes de sair o guerrilheiro que levara a notícia, e Isabela se pronunciou.

— Será hoje! Avisem a todos. Farei o discurso na passeata, em frente à Candelária e, após, iremos para Petrópolis. Hoje resgataremos Pedrov! — disse Isabela e saiu do quarto em um avanço progressivo para a rua, deixando o guerrilheiro falando sozinho.

Rafael viu Isabela sair do quarto e logo se arrumou para acompanhá-la. Vestiu-se rápido, meio atrapalhado, mas eufórico com aquela determinação da Coroada, e seu medo de antes foi sendo ocupado pela alegria espontânea em ver seu amor se realizar. *"A Política estava ali, minha Coroada e minha Senadora"*, disse a si mesmo no reflexo do espelho, passando as mãos em seus cabelos, arrancando um pedaço de pão e engolindo um copo inteiro de leite. Já estava pronto, ao lado de Isabela e seu filho, ainda no ventre materno. Estava feliz, apesar de tudo.

Padre Marcos foi avisado, por um dos integrantes do destacamento da GCP, de que sairiam agora. Estava ajoelhado em seu quarto, fazendo orações e acalmando seu coração. Vestiu sua camisa preta clerical, calça social e sapatos negros que brilhavam. Levou em seu pescoço o escapulário de Maria e em suas mãos a *Bíblia de Jerusalém*, que não abandonava. Na iminência de sair com o grupo, viu um vulto no espelho. Não deu atenção àquilo, pensando ser efeito das noites mal-dormidas, devido aos pesadelos. Virou-se novamente para sair do lugar, mas o vulto apareceu novamente. Padre Marcos ficou em alerta, fechou a porta e disse as seguintes palavras em latim: *"Jakim adest"*, que significa Jakim está aqui. Ao se expressar assim, sentou-se na forma de lótus, rezou novamente o Pai Nosso, e disse:

— Em nome de Júpiter, Pai de todos os Deuses, eu te conjuro! Te Vigos Cossilim!

E repetiu aquele mantra até que sentiu seu corpo leve, como que em estado de vigília, e percebeu que saíra de seu próprio templo. Antigos conhecimentos esotéricos, nas altas castas da Igreja Católica, estavam se expressando ali. Padre Marcos conhecia esse ensinamento. Ao insistir nos mantras, após seu adormecimento, ele viu a figura de um ser que rapidamente disse a ele.

— Será hoje!

Ao ouvir isso, Padre Marcos despertou com o coração acelerado, um gosto amargo na boca, e um suor descendo pelo seu pescoço, acusando a ansiedade e nervosismo em sua alma. Olhou rapidamente o relógio, viu que estava atrasado e correu. O grupo estava na Rural Wyllis o aguardando. Rafael deu um grito e o pároco entrou no veículo. Foram para a Candelária.

Durante o percurso, a GCP viu centenas de milhares de estudantes em movimento na direção da igreja. Todos estavam obstinados, semblantes cerrados e cartazes contra o regime, a censura e clamores pelas liberdades e a democracia. Em volta da marcha dos estudantes, tinha um corpo de aproximadamente dez mil militares, a acompanhar todo o protesto. Porém, a presença dos coturnos e do metal frio não inibiu a classe estudantil, muitos deles militantes e integrantes do Partido Comunista, como Isabela. A Coroada via aquilo, foi se envolvendo naquela atmosfera, e aprimorando seu discurso, pensando nas frases que diria, como anotado em seu caderno. Entendeu ser um dia importante em sua vida, pelo que vivia, a maternidade que estava prestes a acontecer. Uma elevação de sentimentos ocupava o jovem coração de Isabela, pulsando nas vibrações dos atos políticos e de seu amor por Rafael. Não resistiu e disse ali mesmo, perante todos, no carro.

— Te amo, Rafael!

O jovem estudante de Direito era só coração. Olhou para a Coroada e disse na forma de linguagem corporal, todo o ânimo vindo subitamente após a declaração de Isabela. Esta sorriu, sentiu-se envolvida novamente, mas não era o momento. Acabaram de chegar na Candelária.

Desceram da Rural Wyllis todos do destacamento da GCP. Viram que Vladimir Palmeira estava discursando, e Isabela acenou para ele, no que foi notada. Então se apressou, fazendo o mesmo movimento Rafael e Padre Marcos, deixando os outros guerrilheiros para trás, no posto de proteção. Aproximando-se de Vladimir, este anunciou Isabela assim:

"*Queridos amigos e amigas estudantes do Rio de Janeiro. Amados cidadãos fluminenses que aqui estão comigo nesse dia histórico. Passaremos para as páginas da história como personagens que não se calaram diante da opressão vil que esse regime nos imprimiu. Nossos irmãos foram mortos por armas que deveriam nos proteger. Somos jovens, mas não somos inocentes. Sabemos bem o que tudo isso pode causar a nós, caso não façamos nada. Então digo a vocês todos aqui: lutemos! Lutemos! E, assim, vendo o rosto de uma amiga aqui junto a mim, anuncio a vocês a presença de uma das mulheres mais fantásticas e fortes que já conheci. Aqui está Isabela Estefânia! A Coroada!*" — disse Vladimir Palmeira, um dos mais icônicos personagens da resistência contra a ditadura militar brasileira.

"*Obrigada, Vladimir, é uma honra para mim participar desse ato com você. É uma grande alegria ver essa multidão inconformada com a situação de nosso país. Roubaram a nossa democracia, nossos direitos, nossa liberdade. Podem ter certeza que a mudança virá. E ela trará ao povo não só o direito ao pão, mas também à poesia. É preciso sonhar, mas com a condição de crer em nosso sonho, de observar com atenção a vida real, de confrontar a observação com nosso sonho, de realizar escrupulosamente nossas fantasias. Sonhos, acredite neles. Esses ignotos podem me acusar, me levar, pois não tenho medo. Acusam-me de terrorista? Condenem-me, não importa, a História me absolverá. Sou mulher, serei mãe em breve, e amo este homem que está aqui.*" — Aponta Isabela para Rafael. — "*Ninguém determina o que seremos. Ninguém! Que nada nos limite, que nada nos defina, que nada nos sujeite. Que a liberdade seja nossa própria substância, já que viver é ser livre. Porque alguém disse, e eu concordo, que o tempo cura, que a mágoa passa, que decepção não mata. E que a vida sempre, sempre continua.*" — Aponta para Padre

Marcos como autor da citação que acabara de fazer. — *"Mas somos condenados apenas a uma coisa: a sermos livres. Liberdade!"* — discursa a Coroada, com uma voz rouca, e grita a palavra Liberdade em punho cerrado, sendo acompanhada pela multidão, que gritou também:

— Liberdade!!!

Porém, após gritarem "liberdade", ouviu-se outra coisa como palavra de ordem. Na verdade, não apenas um conjunto de letras, mas um nome, um símbolo, uma ideia: uma mulher. A multidão, após gritar por liberdade, ecoou fortemente, o que causou tremores nos militares.

— *Coroada! Coroada! Coroada!*

Com o avanço desse coro, as pessoas começaram a se insuflar mais e os policiais não esperaram e agiram. Deram tiros de advertência, prenderam estudantes simplesmente porque perguntavam sobre tal ação, e, no meio daquele pandemônio, surge uma figura fria, metódica e calma, dando passos fortes de coturno ao chão e sem expressar qualquer emoção ou sentimento. Foi caminhando na direção de Isabela, que se perdeu de Rafael e Padre Marcos, em razão do movimento de pessoas após os tiros dados pela polícia. Essa imagem medonha aproximou-se de Bil e disse.

— Olá, Senhora Oliveira, prazer em conhecê-la. Sou Abadom de Libitina.

E, ao se apresentar para a Coroada, Libitina colocou um lenço em sua boca, ela tentou se desvencilhar, mas logo desmaiou pelo efeito da substância presente no tecido. Libitina agiu rápido, com a ajuda de sua tríade, levou Isabela para a Veraneio e foi embora sem serem notados. Rafael procurou por sua amada e não a viu, do mesmo modo Padre Marcos. A agonia começava a se instalar no coração do jovem estudante de Direito, quando um estudante chegou e disse para ele:

— Levaram a Coroada!

E isso foi o início de uma tragédia que tenho receio de contar. Aguardemos pelo melhor. Espero que venha, Menina. Espero. Vou interromper agora. Preciso digerir tudo isso.

Porém, enquanto me resolvia em minhas emoções, em outro lugar do mundo e do tempo, meu amor visitava sua avó. Pelo que vi, a Menina estava feliz e linda, como sempre. Eu ouvia sua voz e isso me causava mais saudades. Chamava pela avó e esta a atendeu. Como sempre digo, o destino no lugar de sempre. No lugar de sempre. Irão entender.

Praga, 23 de novembro de 2022

— Vó, vó, onde a senhora está? — perguntava a Menina.

— Estou aqui — respondeu a senhora sentada em frente ao espelho.

— Vó, você cortou os cabelos. Ficou linda, ainda mais linda, como pode? — disse a Menina.

— Nada disso, são seus olhos, Zaya — respondeu a senhora, olhando sua neta entrar no quarto.

— Posso saber por que está se vestindo assim? Está tão elegante. Uma Mulher Catita! — disse Zaya, vendo sua avó e percebendo um arrepio na pele da senhora, após ser chamada dessa forma, ao que respondeu a sua neta, olhando em seus olhos:

— Ele vem aqui hoje.

Capítulo 25

Ai, ai, ai
Céu Pequeno, 18 de março de 1954

— Pai, pai, paiê!!! — grita uma Menina de pele alva, de cabelos muito além da alça, correndo por um chão de terra vermelha.

— Estou aqui, Bil, venha! — disse um homem com semblante sério e voz muito grave.

— O que está fazendo, papai? — a Menina olha o homem e vê um sabiá em seu ninho.

— Psiu! Baixinho, silêncio, Bil. A mãe Sabiá está vindo no ninho. Chocou agora. Venha devagar — disse Oliveira, deixando suas armas de lado, a foice e o martelo.

— É o Cocó! Cocó! Bonitinho, amo Cocó! — disse Isabela, pulando nos braços de seu pai e vendo o Sabiá abrir asas e voar.

— Sim, Bil, é o Cocó, o Sabiá. Acabou de ter seus filhotinhos. A mãe foi buscar alimento, conseguiu algumas minhocas e farelos, que joguei no terreiro. Mas você pulou e a mãe assustou-se e voou. Precisa ir devagar, filha. Acompanhe o voo. Isso é a liberdade! — disse Oliveira a Isabela, que não conseguiu se conter e gritou.

— Liberdade! Liberdade! Liberdade!

O pai de Isabela sentiu orgulho de sua filha, ao vê-la gritar liberdade. Aquele chão em Céu Pequeno já era de um rubro único e o sentimento que se sentia naquela terra era por voar, asas abertas para alcançar lugares impossíveis, ir além do limite humano. A natureza vai nos dando dicas de como agir, ser e viver. Ler além das letras, compreender acima dos códigos dos alfabetos e da linguagem dos idiomas. O mundo diante de si grita a todo tempo e somos surdos aos seus apelos. O voo do Sabiá é uma demonstração de que podemos decolar rumo a destinos que determinamos a nós mesmos. Não há correntes, prisões, qualquer tipo ou espécie de resistência que impeça o ser humano de atingir o que ele deve ser. Esse tecido que nos reveste, as camadas que nos encobrem, o íntimo profundamente escondido, a alma que não cabe em lugar nenhum só deseja uma coisa: ser livre. E nada, terminantemente nada, pode impedir isso. O corpo se aprisiona, mas ideias ninguém enclausura. E uma se desenvolvia hoje: a ideia de mulher. Isabela, demasiadamente, mulher.

— Paiê, voltou!!! O Cocó voltou. A mamãe dos filhotinhos — diz Isabela ao seu pai, que a levanta nos braços para alcançar o ninho na árvore.

— Sim, meu amor, ela voltou. E sabe por quê? Porque os pais nunca abandonam seus filhotes. Não existe dificuldade no mundo a impedir a força da natureza de agir quanto a sua cria. Somos filhos da terra, e ela nos protege, é nossa mãe. Esse Cocó, a Sabiá, voou por medo, mas voltou por amor aos seus filhos. A distância pode ser alta, longa, porém, nenhuma quilometragem é suficiente para afastar o amor dos pais aos filhos. Um dia será mãe e compreenderá melhor isso. Hoje é minha filhotinha e te amo. Venha, logo irei embora — disse o pai de Isabela e esta pulou de alegria em Oliveira.

— Papai, te amo! — disse Isabela.

— Também te amo, filha. Vamos até a cidade comemorar seu aniversário, antes que eu viaje, tá bom, Bil — disse Oliveira.

— Não, não. Quero ficar em Pega Bem! Eu gosto daqui! — disse a menina Isabela, querendo ficar na sua terra, o povoado Pega Bem, em Céu Pequeno.

— Justo, meu amor, e me orgulho disso. Jamais esqueça de onde veio. Jamais — disse Oliveira e abraçou Isabela, dizendo:

— Feliz aniversário!

Aquela manhã em Céu Pequeno poderia parecer como mais um dia na vida de Isabela. Porém, essa lembrança a marcou, pois, depois que seu pai foi para Cuba, o via muito pouco, devido à mobilização para a revolução socialista que aconteceria naquele país em cinco anos. Oliveira não viu sua filha se desenvolver, crescer, e não assistiu de perto à mulher obstinada que se tornaria. Mas, ainda distante, depois que se assentou nas bases castristas e se aproximou de Moscou, levou a adolescente Isabela para treinar em Havana. Foi quando conheceu Pedrov. Nova fase. A Aurora surgia mansamente por trás da adolescente de pele alva, de cabelos além da alça.

Havana, 26 de julho de 1959

— Ilitch, muito bem, rapaz. Você atira bem — disse o General De Oliveira.

— Obrigado, senhor. Recebi uma ótima instrução — responde o jovem Pedrov.

— O mérito é seu, garoto. Mas, já que pensa assim, retribua a mim o favor, ensinando minha filha. Isabela, venha até aqui. Vou lhe apresentar um excelente rapaz — disse o General De Oliveira.

Isabela se aproxima do pai e de um jovem que vestia uma farda parda bem suja e surrada, com um quepe verde-oliva e uma estrela vermelha ao meio. Tinha uma pele branca, cabelos pretos e olhos claros, azuis. Apresentava uma alta estatura, não parecendo latino. Segundo De Oliveira, Pedrov Ilitch era de uma região pobre em São Petersburgo, União Soviética (Rússia). Mal conseguia se expressar em espanhol, muito menos em português, idioma esse que foi aprender com Isabela, além de muitas outras coisas. Pedrov chegou a Havana depois de perder seus pais na Revolução Húngara de 1956. Órfão, foi deixado ao exército soviético, que, após a instalação do regime castrista, o enviou para treinar em Havana. Foi quando conheceu De Oliveira.

— Ilitch, treine minha filha Isabela — disse De Oliveira.

— Sim, senhor, amanhã já começo o treinamento — disse o jovem Ilitch.

— Não, comece agora! — disse De Oliveira, no que Pedrov atendeu.

O jovem militante de Havana fez um sinal para que Isabela o acompanhasse até um lugar mais reservado, onde ele ensinaria sobre as armas. Descreveu todas para Bil logo que chegou, e ela ficou maravilhada diante de tantas informações. Isabela estava com quinze anos, e já havia lido o *Manifesto Comunista, O Capital, O 18 de Brumário*, de Luís Bonaparte, além de livros relacionados ao socialismo cristão. Porém, ainda não havia tido contato com armas. As conheceu, todas, com Pedrov. E ele estava encantado com a beleza de Isabela. Tentou disfarçar, mas não conseguiu. Em algum momento, o coração toma conta de nós. Nos paralisa, apesar de não ficar quieto.

— Esta aqui é uma AK-47. É uma arma pesada, mas bem eficiente. Terá mais dificuldades, contudo, quando souber manusear, não usará outra — disse Pedrov, apontando para o armamento que estava diante deles.

— Continue a explicação — disse Isabela, amarrando seus longos cabelos negros e deixando seu pescoço nu, o que foi notado por Ilitch.

— Tudo bem. Aqui temos uma metralhadora PPSh-4. Esta arma é uma variante da Pistolet-Pulemet, concebida por Georgii Shpagin, sendo uma das pistola-metralhadoras mais produzidas em massa na Segunda Guerra Mundial, utilizada pela União Soviética durante a guerra. Temos um bom estoque aqui e ajuda muito na guerrilha urbana ou rural — disse o jovem Pedrov, não se aguentando de calor e tentando manter a concentração, pois a beleza de Isabela o deixava agitado.

— Você está se sentindo bem? — perguntou Isabela.

— Sim, vamos continuar, precisa aprender. Este aqui é o morteiro pesado M-43. Conhecido como "Samovar", usado durante a Segunda Guerra Mundial, é destruidor e fatal, então, tenha cuidado ao usar. Vou lhe ensinar como funciona e as cautelas necessárias — disse Pedrov, vendo Isabela anotar tudo em seu caderno.

— Está certo. Tem mais alguma que prefere? — perguntou Isabela, e desabotoou sua blusa, em razão do calor de Havana.

— Sim, o Mosin-Nagant — disse Pedrov, e virou as costas para Bil.

Pedrov controlava-se para não se atrever a qualquer movimento em relação a Isabela. Era a filha do General, e ele um agregado do movimento, vindo de São Petersburgo, sem qualquer futuro ou origem que se pudesse considerar digna. Tinha seu orgulho ferido, poucos amigos, mas gostava do De Oliveira, considerando-o um pai para ele. Mas Bil o atraía e ele não poderia resistir por muito tempo.

— ты и красавица! (Você é linda!) — sussurrou Pedrov em russo para Isabela.

— Não entendi, desconheço russo. Meu pai disse que é da União Soviética. É isso mesmo? — perguntou Isabela e sentou-se ao lado de Ilitch.

— Sim, sou — respondeu Pedrov.

— O que você disse para mim em russo? É sobre nosso treinamento? — perguntou Isabela.

— Sim, é sobre o treinamento. Eu disse que você está crua. Vamos trabalhar — disse o jovem militante de Havana, levantando-se do lugar onde estava, e deixando Isabela sozinha.

Mas esse coração frio logo se descongelaria. Isabela foi se aproximando cada vez mais e, em um tempo muito rápido, já dominava as técnicas militares e as armas das forças castristas.

O General De Oliveira estava orgulhoso do rápido desenvolvimento de Isabela e do empenho de Pedrov em ensiná-la. Porém, não sabia o pai de Bil que ela e Ilitch estavam se relacionando. Logo saberia, para alegria do General. Ele aprovaria um casamento entre os dois.

Havana, um ano depois, 1960

— Изабелла, ты удивительная женщина! (Isabela, você é uma mulher incrível!) — disse Pedrov, vendo Bil em seus braços.

— Любовь, кто ты, я люблю тебя! (Amor, você que é, te amo!) — Isabela acaricia os cabelos de Pedrov e o beija.

— Tenho um presente para você — disse Pedrov.

— O quê, meu bem? — perguntou Isabela.

Pedrov retira de uma bolsa de couro, a qual carregava sempre em suas investidas pelo interior de Havana, um adereço que parecia um chapéu, ou algo assim. Na verdade, eu sei muito bem o que é, guardando o suspense para entenderem que o coração é imenso e ninguém o conhece por inteiro. Foi ideia de Pedrov "coroar" Isabela com isso que a adornaria para sempre, ampliando, ainda mais, o feminino espetacular que ela possuía. Ele conseguiu enxergar isso em Bil, delicadezas que vamos coletando ao longo da vida. Ilitch, após alguma hesitação, e quase uma lágrima nos olhos, mas com um coração agitado e apertado, ao ouvir muito próximo a ele a respiração de Isabela, retira uma boina francesa vermelha de sua bolsa e veste Bil. Ela ficou linda! Muito linda! E ele, apaixonado.

— это выглядит красиво на вас (Ficou lindo em você!) — disse Pedrov, ao ver Bil com a boina francesa vermelha.

— не играй! (Não brinque!) — disse Isabela.

Esse romance começou muito bem, com trocas de declarações, afetos e beijos. Em um espaço de um ano, Isabela e Pedrov estavam se amando e conhecendo-se profundamente. Muitos nas forças castristas já sabiam do romance, e Isabela preferia ainda não dizer ao seu pai. Pedrov não entendia isso, o que lhe causava irritação. Mas quis o destino, de forma inesperada como é a sua assinatura, fazer com que o General soubesse do amor entre os dois. E isso mudaria, profundamente, a relação do casal.

— Isabela, como está seu treinamento? — perguntou o General.

— Pai, estou muito bem. Domino as armas e táticas de guerrilha. Interessei-me rapidamente — respondeu Bil.

— Ótimo. O que acabou de dizer significa que abandonou as letras? — perguntou De Oliveira.

— Não, não. Ainda amo as letras. Escrevo muitos discursos políticos e arrisco, não raramente, a anotar alguns poemas. Amo Florbela Espanca, tenho lido muito suas poesias — disse Isabela e sentou-se ao lado de seu pai.

— Muito bem, poesias. Então, por que não estuda Letras na Universidade de Havana? Faça o curso e, após, poderia ingressar na KGB, tenho meus contatos em Moscou — disse o pai de Isabela, sorrindo para a filha.

— KGB, verdade, não brinque! — Isabela pulou de alegria com a notícia.

— Sim, verdade, eu não brinco. Poderia ir com Pedrov para Moscou — disse De Oliveira.

— Pedrov? E por quê? — perguntou Isabela.

— Porque seria bom se casasse com ele — respondeu o General.

Isabela não gostou do que ouviu. Não porque não amava Pedrov, mas pela imposição de seu pai, arquitetando aquilo para que se unissem. Não gostava de ser manipulada, menos ainda quando se referia a sentimentos. A ideia de estudar em Havana e, futuramente, ir para a KGB a agradava, porém, não nessas condições. Isso arruinaria sua vida em Havana e, especialmente, seu romance com Pedrov. E este também mudaria seu comportamento em relação a Isabela. Os ciúmes, a insegurança de Ilitch, ao ver Isabela crescendo cada vez mais, o perturbou. Ele não conseguia controlar o voo da Menina, que logo cedo aprendeu com a natureza a liberdade, vendo os Sabiás em sua casa, no povoado de Pega Bem, em Céu Pequeno. O comportamento de Pedrov deixaria uma ferida em Isabela, e o destino a levaria a um descontentamento, porém, depois, uma nova Aurora lhe surgiria. Ela amaria novamente e intensamente, como nunca antes imaginou. A vida é um mistério, e nunca sabemos aonde nossos passos irão nos levar. Ai, ai, ai, eu só quero você, Menina.

Havana, janeiro de 1964

— Você é muito inocente, uma tola! — gritava Pedrov com Isabela.

— Por que sou inocente e tola? Será o motivo de ter-me tornado independente e não desejar o mesmo que você e meu pai? — Isabela devolve o grito para Pedrov.

— Não é sobre concordar com alguém ou não, e sim entender o mundo, Menina. Entenda, você sempre teve uma vida boa e não sabe como é a pobreza. Dizer que precisa esperar o povo compreender a necessidade da revolução é um luxo o qual não nos podemos permitir. Existem urgências! — disse Pedrov, com muita exasperação, aproximando-se de Isabela.

— Então, se for preciso, pode matar alguém? Pessoas podem morrer? — pergunta Isabela.

— Se for preciso, sim. A história é maior que qualquer pessoa. E uma vida não pode ser valorizada excessivamente em desfavor da mudança, da revolução, da possibilidade de, uma vez por todas, concretizar a justiça — fala Ilitch em um tom de voz alto.

— A vida vem sempre em primeiro lugar e isso jamais abandonarei. É um princípio para mim, e um valor absoluto. Sou capaz de perder a minha vida em troca de outra. Mas não trocaria nada menos que a vida por ela mesma. Isso que disse é sórdido! É cruel. E desconheço esse homem que está aqui, e aquele na porta, ao qual chamo de pai — disse Isabela, quando viu o General De Oliveira surgir no ambiente.

— Pedrov está certo, Isabela. Se for necessário, precisamos matar. Existem outras coisas mais importantes que a vida. A humanidade continuará, a despeito de algumas pessoas deixarem de existir. E toda mudança requer sacrifício. Enquanto não compreender isso, jamais será uma mulher adulta. Talvez essas poesias a tenham deixado assim. Deseja ser a princesa dos contos? Lirismo não coloca a mesa e não afasta nossos inimigos. Eu não reconheço essa menina diante de mim. Não é minha filha. Esperava mais de você, ao conhecer o mundo e a realidade. Talvez, algum dia, enfrentando algo brutal, medonho, tu despertes para o que deve ser. Hoje é fraca e isso os Oliveira não são — disse o pai de Isabela e saiu do lugar, indo embora.

A jovem Isabela não aguentou ouvir aquelas palavras e sentou-se no chão e chorou. No quarto onde estavam ela e Pedrov, havia armas, granadas, livros e mapas, e um sentimento se desmanchando. Não imaginara que seu pai falaria assim com ela, mas, mesmo sendo palavras duras, ela teria resiliência suficiente para seguir em frente ali em Havana. O que a fez mudar de ideia foi algo ainda mais sério, um inesperado desagradável. Em vez de ser acolhida por quem ela amava, foi expulsa de qualquer proteção e sentiu-se vazia e sozinha. Isso a fez mudar profundamente e tomar uma decisão. Voltaria para casa. Regressaria para Céu Pequeno.

— Seu pai está certo. É muito mimada — disse Pedrov.

— Cale-se! — grita Isabela, chorando compulsivamente.

— Ninguém me manda calar, Menina. Cresça! — disse Pedrov.

— Você é estúpido! Cretino! — responde Isabela.

— O que disse? Repete! Repete, criança — enfurece-se Pedrov.

— Repito, você e meu pai são estúpidos. Você é estúpido! Ignorante, brutal, sem alma, vazio. Você não tem coração! Não tem... — Foi interrompida por Pedrov, que, ao ouvir Bil gritar com ele daquele jeito, não se controlando, desferi-lhe um tapa, deixando Isabela sem reação.

Bil se encolheu inteiramente porque não esperava isso de Ilitch. Este, ao ver o que fez, sentiu-se arrependido no mesmo instante, mas seu orgulho impediu de dizer qualquer coisa, não se desculpando. Foi se embrutecendo aos poucos, materializando-se em outras urgências e esquecendo-se de si mesmo. Amava muito Isabela. Contudo, o jovem militante de Havana não sabia cuidar desse nobre sentimento. Ao assim fazer, perdeu-se de si, da felicidade e da vida. Tentaria recuperar tudo isso de modo trágico, algo que será difícil de compreender.

— Faço o que eu quiser! — disse Isabela com o coração apertado e perdida.

— Levante-se! Levante-se! Agora!!! — grita Pedrov com Isabela.

— Imbecil! — grita Isabela.

Pedrov ficou enfurecido com a ação de Isabela e foi até ela. Puxou-a pelos braços, levantando-a à força, jogou-a na parede e a segurou forte. Olhou severamente em seus olhos, viu as lágrimas de Isabela e seu medo, o comovendo até certa medida, porém, sua raiva ainda era maior. Não compreendia a inocência de Isabela naquele instante de sua vida. Ao ver o rosto de Bil daquela forma, desistiu de outra conduta pela qual pudesse se arrepender ainda mais, e foi embora também, deixando-a sozinha, triste e chorando. Ao sair do quarto, Pedrov dirigiu as seguintes palavras a Isabela.

— Você é fraca!

Isabela ficou algum tempo sozinha. Pensou no que havia acontecido e em como fora tratada por seu pai e seu namorado. Entendeu que não era aquilo que desejava para sua vida. Tinha suas ambições, o sonho de ingressar na KGB, e ter uma participação relevante na História e na Política, a qual amava. Mas queria ir além disso, expandir seu universo, vivenciar toda a plenitude de mulher, fonte inesgotável de ser. Uma força foi tomando conta de si, as lágrimas começaram a secar, e levantou-se. Com a roupa do corpo, deixando tudo para trás, sem mais pensar, saiu do quarto, de Havana, da vida planejada por seu pai para ela. Encontrou com sua amiga e lhe contou o que faria. Marília entendeu e a apoiou.

— Sei que em breve nos reencontraremos, minha amiga — disse Marília e a abraçou.

— Sei disso, minha amiga. Amo você! — disse Isabela e a abraçou.

— Amo você também, minha amiga linda! — disse a Comunista, e viu Isabela ir embora.

Após se despedir de Marília, Isabela pegou o próximo voo para o Rio de Janeiro, de onde partiria para Minas Gerais. Voltaria a suas raízes, em Céu Pequeno. Tudo parecia ter chegado ao fim para ela. Mal sabia que, em poucos meses, encontraria com seu verdadeiro destino. E isso a marcaria para sempre. Um amor verdadeiro. Inesquecível.

Céu Pequeno, fevereiro de 1964

Isabela, enfim, regressa a Céu Pequeno e a Pega Bem, povoado antigo e local mais ao interior da cidade, uma comunidade rural. Reencontrou sua mãe e seu irmão, mas quis reservar-se à solidão no campo, com a natureza, em suas reflexões. Estava com o coração em tempestade, seus sonhos jogados ao ar, como as areias da praia que o vento leva. Decepcionou-se com seu pai, com a frieza encontrada nos treinamentos militares e, principalmente, com seu romance com Pedrov. O que mais lhe trouxe alegria foi a amizade com Marília, a qual permaneceria para sempre. "*Aprendi muita coisa com ela, amar a todas as coisas foi a melhor lição*", pensava Bil.

Já há algum tempo sentada próximo a uma mangueira, próximo a sua casa, a mãe de Isabela a viu e se aproximou para conversar. Sentou-se ao lado da filha e iniciou o diálogo. Muita coisa Bil entenderia hoje. Ela iria amar. Sabemos disso.

— Filha, o que está acontecendo? Desde que chegou de Havana não falou muita coisa. Está muito calada. Pode me falar o que se passa? — disse Amal, mãe de Isabela.

— Estou muito cansada, mãe. É muita coisa para pouca Isabela. Treinei, estudei e escrevi e, nesse tempo todo, não fiz nada para mim. Esgotei e senti saudades suas — disse Isabela e abraçou a mãe.

— Ah, minha filhinha, venha cá, abrace-me forte. Quero sentir esses cabelos longos e esse seu cheiro de novo, Menina. Também estava com muitas saudades — disse Amal e abraçou sua filha.

— Te amo, mãe! — disse Isabela.

— Também te amo, mas não adianta me esconder as coisas. O que aconteceu? — disse Amal, passando suas mãos nos cabelos de Isabela, a qual deitou-se no colo da mãe.

— Ah, mãe, muita coisa. Havana não era o que eu pensava. Tudo é muito forte, metódico e intenso. Amei as táticas de guerrilha, o conhecimento das armas, e as pessoas que conheci. Os cubanos são muito amáveis. Mas estava endurecendo ali, meu coração embrutecia e não conseguia conciliar minha razão e emoção, então resolvi voltar — disse Isabela e suspirou alto.

— É um amor? — perguntou Amal.

— Mãe, não é. Nada disso — respondeu Isabela em tom melancólico.

— É, sim, qual o nome dele? — insistiu Amal.

— Não, mãe, não é um amor. Para não ficar curiosa, vou dizer que foi um romance que não deu certo. Então, já ficou no passado. Estou decidida a renovar minha vida e não olhar para trás. Vou renascer! — disse Isabela olhando o sol por trás dos montes de Pega Bem.

— Aurora! — disse Amal.

— Como assim, mãe, não entendi? — perguntou Isabela, levantando-se e olhando para sua mãe.

— Aurora é a manhã, o nascer do sol, o início do dia. É o começo dele, mas, também, é um recomeço. Todas as vezes que eu tive problemas, decepções, fiquei triste ou algo assim, eu recomecei. E o fiz porque eu entendia que, apesar das dificuldades, um novo amanhecer é uma nova possibilidade, uma esperança, a possibilidade de se fazer diferente. Na derrota e no fracasso, no desalento e no amor perdido, quando o frio ocupa os corações, somos tentados a acreditar que não teremos mais chances de sermos felizes. Errado. A cada segundo que se passa, um grão de areia a se mover, as nuvens a mudar de lugar e lhe oferecer a sombra, é a chance de uma nova vida, um destino diferente traçado, a jornada inesperada, a Aurora que nos visita. Você pode descansar, renovar suas energias, sentir que é o momento de agir novamente e de viver. Mas vou lhe dizer, filha: irá amar. E esse próximo amor vai te tornar plena, feliz, uma mulher. E sabe por que isso vai acontecer? Porque o amor busca quem se ama. E isso você faz muito bem. És só amor. Te amo, filha.

— Não brinque, não brinque! — disse Isabela e chorou.

— É tão lindo você dizer isso. Alguém vai te amar só por isso — disse Amal e chorou também.

— Dizer o quê, mãe? — perguntou Isabela.

— "*Não brinque*". Acho tão lindo você dizer isso. É linda, minha filha. Merece ser feliz. E será.

Mãe e filha se abraçaram e choraram a ver a vida como ela é: pode trazer alegria, tristeza, lágrimas e sorrisos, mas viver é isso, as histórias que vivemos pouco importam. A essência da vida é quem você vai encontrando durante a jornada, os olhares que entregam mais que palavras, as despedidas demoradas, a saudade que corta e não há lágrima suficiente a eliminar essa dor. Nada faz sentido e tudo é compreendido. Nenhuma letra explica, mas um toque de mãos é redundância de sentimentos. Um dia de orgulho é uma eternidade de sofrimento. Porém, um minuto de vexame, um deixar a vergonha de lado, um assumir desesperado "*sinto falta de você*", pode durar alguns segundos, mas vale a felicidade. Porque ser feliz é ser bobo também, ingênuo, permitir-se a altivez perder seu espaço. Acha mesmo, Menina, que eu não diria a você que te amo, mesmo diante de todas as improbabilidades de ser ou dar certo esse romance? Pensa que não tentaria, passaria pela negação, e deixaria o que construí ser abalado pelos olhares daqueles que julgam e se furtam à oportunidade de ser feliz? É claro que eu diria, como eu disse e você sabe. Então ouça, Menina: te amo! E não brinque. Sou só coração por você.

Rio de Janeiro, maio de 1964

— Você é bobo! — disse Isabela a Rafael, perdidamente apaixonada.

— Você é meu trevo de quatro folhas! Fico pra cá e pra lá, pra lá e pra cá, quando aqui tu tá — disse Rafael, mais bobo como nunca vi ou sei explicar, pois Isabela era a sua música, a sua vida e, quando isso acontece, a bobeira toma conta de nós. O amor toma conta. Ai, ai, ai.

— Você quer chocolate? — perguntou Isabela.

— Depende? O recheio acompanha o quê? — lá vem a brincadeira séria.

— Você escolhe. Tenho todos os recheios que quiser. Mas posso brincar com você. Eu escolho um e, se adivinhar, te dou o dobro. Porém, se errar, vai tirar uma peça de roupa e dançar para mim — disse Isabela para Rafael, e este se animou todo.

— O recheio é de abóbora, porque sei que é algo grande — disse Rafael e soltou um sorriso daqueles que jamais esquecemos, ou seja, a expressão feliz de quem ama.

— Errado! Errado! Tira a camisa agora! Vai perder! — disse Isabela, que era só felicidade.

— Nada, já comecei ganhando. Com você nunca perderei — disse o jovem estudante de Direito, retirando a primeira peça de roupa e dizendo: — Olha como sou para você. Tudo seu.

— Mas você é muito bobo, e lindo. Diga de novo, qual recheio tem aqui comigo? — pergunta Isabela, passeando suas mãos em seus seios.

— Ah, esse aí é fácil de falar. Já saboreei muito e é um dos meus preferidos. Não canso de.... — Foi interrompido por Isabela.

— Olha só o que vai dizer hein! — Ri-se Isabela, e fica ainda mais bonita.

— Você é boba, Coroada. Eu ia dizer que é aquele chocolate de Páscoa, como mesmo se fala dele? Sei que o tamanho é número...

— Cale a boca, seu bobo! — Solta uma gargalhada gostosa Isabela, e pula em Rafael.

— Você é linda, muito linda. Sou bobo mesmo. Quem não seria diante de ti? Ah, só quero o leve da minha vida a me levar. Pode tirar a peça de roupa que quiser. Sou seu — disse Rafael, o apaixonado.

— Não brinque! — disse Isabela.

— Jamais! — disse Rafael, tocando as mãos da Coroada e a beijando.

Ai, ai, ai.

Pega Bem, junho de 1965

— Então esse é o meu genro? — pergunta Amal e abraça Rafael.

— Sou o que sua filha quiser. Já disse para ela que sou dela — responde Rafael.

— Ah, esse menino é bom. O que vocês estão esperando? Fiquem juntos para sempre logo — disse Amal.

— Mãe?! — expressa-se Isabela com surpresa, porém, também com alegria.

— Concordo, sogra, se posso falar assim. Eu estou pronto, trouxe umas roupas para isso e, se o cartório estiver aberto, podemos ir agora. O padre eu já conheço — responde Rafael, contagiando Amal com sua alegria e, especialmente, o amor que demonstrou por sua filha, a Coroada.

— Pode me chamar assim, pois sinto que serei sua sogra mesmo. O cartório está fechado, mas eu conheço o tabelião e ele abriria para mim. Tenho um vestido ali para Isabela que vai ficar muito bonito nela. Então vamos anunciar ao povoado de Pega Bem, vou preparar as coisas — disse Amal toda empolgada com a visita dos dois.

— Mãe e Rafael, podem parar. Hoje não. Viemos passear e visitar a senhora, mãe. Esse doido aqui não é para levar muito a sério. Você, fica quieto! — disse Isabela, rindo para Rafael.

— Esses "doidos" te amam por toda a vida, Isabela. Deu sorte! — disse Amal, no que Rafael continuou:

— Deu mesmo, mas, para ser sincero, quem foi o sortudo fui eu, sogra. Eu acordei atrasado para uma aula e, no meu caminho para a universidade, mudei de ideia e fui para a biblioteca buscar um livro. Essa minha mudança, a troca de itinerário, mudou meu destino. Ao buscar um livro, encontrei minha vida. E, ao encontrá-la, conheci o meu amor. Esqueci tudo, para ser o todo que ela merece ter. Sogra, obrigado. Você trouxe o meu presente a mim. Te amo! — disse Rafael para Amal, foi em sua direção, a abraçou e encheu-a de beijos, no que Isabela ficou mais apaixonada.

Ai, ai, ai.

Amal estava com o coração expandido ao ver Rafael falar assim com sua filha. Isabela não tinha mais para onde ir, pois ali estava tudo que amava: a mãe, Céu Pequeno e Rafael. A Coroada não acreditava naquilo, como a mudança veio rapidamente. Não imaginava que amaria novamente. Quis o destino inserir na vida de Isabela a demonstração de que a mágica pode acontecer, que a razão é legal e nos ajuda, mas nada melhor que um amor que não se esperava, de repente, acontecer. Rafael tirou um papel de seu bolso, voltou seus olhos para Isabela, chamou atenção de Amal para o que ele diria agora. Esse jovem era só coração, ele era a Coroada. Essa é a razão de toda a sua felicidade.

— Esta eu escrevi para você, meu amor. Chama-se Treze, porque, hoje, são treze meses de namoro. Amo você! — disse Rafael.

Ao falar assim, declarou-se para Isabela mais uma vez.

"Não saberia te descrever
Impossível fazer com algum lápis
Arte, fantasia ou ilusão
Paixão que não se estende em uma única bandeira

Não saberia te escolher
Nenhuma Mulher é escolhida, escolhe
Pois esse jogo não tem duas partes
Apenas você, minha Senhora, dona de mim

Não saberia me conter
Diante de ti sou uma criança
Um homem em seu pleno sentido, amigo
Amor infinito, sou seu assim até o fim

Não saberia ser
A não ser com você
Sem nenhum mistério
Ao seu lado sou um plano, meu único jeito

Não saberia fazer
Contas, regras, agendas
Governos, programas, desejos
Porque o que sei é ser para você o que sempre quis

Eu saberia fazer
A marcha da sua posse
O cortejo da sua ordem
O protesto por sua volta
Amar você como nunca antes viu"

— Lindo! — disse Amal.
— Você não existe! — disse Isabela.
— Existo, sim, e te amo! Está apenas começando. Vou te fazer muitas coisas. Será mulher em todos os sentidos, do jeito que quiser, porque não permitirei, jamais, uma nuvem de lágrimas em ti — disse Rafael e abraçou Isabela, a beijando.

A Coroada era só paixão. Ela estava feliz de uma maneira que é difícil descrever, porque, quando atingimos esse nível de ser na vida, ultrapassamos o infinito, e este é impossível conceituar. Amar de verdade é amar sem medidas. É inexplicável.

Isabela olhou para Rafael e também desejou declarar-se para ele. Pegou seu caderno em sua bolsa verde-oliva e se dirigiu ao jovem estudante de Direito. Amal observava os dois e, em sua alma feminina, entendeu que o amor ali era verdadeiro. "*Os dois serão para sempre*", pensava a mãe de Isabela, quando esta refletia sobre o "*para sempre*".

— Tenho uma poesia para você também. Venho escrevendo algumas já há algum tempo. Chama-se O Livro, e você sabe o porquê do nome da poesia — disse Isabela, vendo Rafael sorrir. Em seguida, declarou-se.

"*Vou lhe contar um segredo*
Bem baixinho ao seu ouvido
Para nunca mais esquecer
Que sempre amei você

Essas palavras ecoarão para sempre
Em sua mente masculina inocente
O feitiço que se apossou de ti elimino do teu sofrimento
Pois estou aqui, a ti, a qualquer momento

Vou te falar de amor
Não precisa ter nenhum rubor
És desde então o meu amado
Sem saber que eras olhado

Não há nenhum mistério
O feminino me empodera
Mas o feminino te espera
Porque não há o que se conquistar quando já é entrega

Vou te abraçar agora
Mas não será um afago da amizade
Não terás que ter saudade
Pois estou aqui para ser tua Senhora

Vou te beijar agora
Fora dos livros, fora de hora
Longe da poesia, da música, de outrora
Longe da vida que não esquece tua vida...
Beijar em minha vida, que clama por tua vida
Sem demora"

E não parou por aí. Ai, ai, ai.

Porto Seguro, dezembro de 1967

— Você cheia de areia fica ainda mais linda — disse Rafael.

— Como é exagerado! Não sou tudo isso — disse Isabela.

— Olha, é sim, e posso ver mais para me certificar, se permitires — Ai, ai, ai.

— De novo! Não cansa, Menino!? — Sorri Isabela ao ver Rafael assim, amando.

— Canso nada, eu dou conta facilmente. Sou seu, Senhora, então não posso decepcionar — disse Rafael, e deu aquele sorriso que diz muito.

— Será mesmo que dá conta? Sei não. Está muito convencido. Isso é perigoso! — disse Isabela, e torna a conversa ainda mais interessante.

— Como consegue ser tão bonita? De onde veio essa beleza, meu Deus? Vida, obrigado por ter dado ela a mim. Deus, obrigado por me fazer entender a renúncia que fiz, pois, ao me doar, só ganhei. Eu agradeço todos os dias por ter te conhecido, Isabela. Eu te acho linda, sim, mas, se fossem apenas os atributos físicos, que são tantos, não teria a mesma magia. Eu não sei explicar, mas foi algo tão imediato, um fogo que me consumiu, ao te conhecer. Eu não consigo conceituar, me fazer entender, porque, muitas vezes, me pego fazendo tais coisas, falando de ti, pensando em ti, beijando você, e tudo isso que faço, não sei como consigo. Quando te vejo, sou atraído, como a lua pelo sol, as forças do magnetismo que criam o seu campo e trazem tudo ao centro, o verso da letra a encadear o ritmo da dança e embalar os namorados. Eu não sei dizer.

Tenho a capacidade de falar o que eu vejo: uma mulher de pele alva, de cabelos negros e longos, além da alça, um perfume natural, um movimento sutil, uma voz rouca que é música, um corpo que é poesia, uma fotografia ao entardecer na praia. Mas não é apenas isso, pois tal é o finito, e tu és imensidão. Quando te ouço, eu paraliso. No momento em que tu te aproximas de mim, fico trêmulo, como se fosse a primeira vez. E quando me tocas, ainda que seja apenas a minha mão, um suor percorre meu corpo, o coração fica acelerado, minha mente esquece tudo o que estudei e fico bobo, pois és minha Rainha, a Coroada. Ai, ai, ai. Deves achar que sou infantil, um menino mesmo, desses que fica jogando bola, todo suado, cansado, sujo e, ao ver uma Menina, leva uma bolada na cabeça e fica tonto, não pelo impacto advindo da partida, e sim por outro choque proporcionado por um jogo ainda mais delicado. Eu confesso, sou esse menino. E admito: és a mulher que vi ao longe e não acredito seres tu o meu destino. Porque a felicidade quando acontece para a gente é difícil de acreditar. Você é a minha felicidade. A minha felicidade. És... — disse Rafael, e eu não consigo me controlar aqui. Chorei também, Menina.

— Você precisa se controlar com as palavras, meu amor. Eu não tenho força para ouvir tudo isso. E a vida já me mostrou que tudo é efêmero, fugaz e, quando menos se espera, as coisas mudam drasticamente. Não suportaria ver você sofrer. Eu estarei, até onde o destino me permitir, ao seu lado. Não me vejo com outro homem, outra pessoa. O amor aqui é seu e terá seu fim quando não estiveres mais comigo ou eu contigo. Porém, não quero que encerre ao me ver partir. Entenda, tens uma mente masculina inocente, e eu amo isso. Mas deves te permitir ser feliz. Tento me equilibrar entre a razão e a emoção, tento seguir meu coração, mas levo meu cérebro junto. E logo esse arquiteto das frias relações me diz que devo calcular, anotar e planejar, pois nada pode sair do controle. E, aí, este mistério de Deus, o imponderável e improvável, você, vem até mim buscando um livro. E não conseguimos segurá-lo, pois, pelo que sei, aquele escapou das nossas mãos, como foge a felicidade na jornada de nossas vidas. Aqui é a Isabela racional falando, mas ainda é a mulher que te ama. Amarei para sempre. Para sempre — disse Isabela olhando Rafael e bem reflexiva, ao entardecer em Porto Seguro.

— Coroada, jamais irei deixar-te. Como podes pensar isso? Minha meta é fazer Isabela feliz. Meu destino é ver a Senhora Oliveira sorrir. A jornada dos meus passos tem um itinerário rumo ao seu reino. O ofício que aprendi com meus pais, e a história de meus avós é: amar é o que vale a pena. Então entenda... — Levanta Rafael das areias de Coroa Vermelha, olha para Isabela de biquíni e linda, e pede para ela ir até o mar, ao entardecer da praia, pois ele pediu algo. — Entenda, sou seu fã! — Rafael sorriu da forma mais apaixonada, que permite amar mais uma vez. Ai, ai, ai.

— Não brinque! — disse Isabela.

— Vá, caminhe nessas areias, estou logo atrás de você, vendo seus lindos pés, número que não sei calçar, segredo que guarda, mas ali quero registrar o meu amor para sempre. Fica de frente para mim, nas águas de Coroa Vermelha, vendo a última luz do dia. Coloque suas mãos na cintura, seja a minha escultura, e solte esses longos cabelos negros ao vento. Seja a mulher diante do pôr do Sol, pois quero captar a sua beleza feminina, como o fez Caspar David Friedrich, em sua arte romântica. Seja! — disse Rafael, vendo Isabela fazer exatamente o que pedia, perguntando em seguida o que era aquilo.

— O que é isso tudo? — perguntou Isabela.

— Fotografia.

E aquela imagem Rafael jamais conseguiu desfazer-se dela. Era o borrão em sua mente, o que fez inspirar e viver, sobrevivendo às atribulações a visitar sua vida. Manteve a fé, a esperança e a obstinação que aprendeu com Isabela. Aguentem, não sei se conseguirei narrar tudo isso. Vou precisar da ajuda de vocês. Abracem-me.

Petrópolis, em uma casa colonial sem a menor suspeita, 26 de junho de 1968

— Senhora Oliveira, enfim está acordando. Levei muito tempo até lhe conhecer. Está confortável? — pergunta Libitina, vendo Isabela a sua frente, sentada em uma cadeira, amarrada e aprisionada.

— Onde estou? Quem é você? O que estou fazendo aqui? — pergunta Isabela, após acordar de seu entorpecimento.

— A senhora está segura, fique tranquila. Na sua condição, não é bom, nem recomendável, atrever-se a uma ousadia. Pelo meu conhecimento, a criança pode nascer a qualquer momento. Temos todo o aparato médico aqui e isso será de muita ajuda — disse Abadom e sentou-se diante de Isabela.

— Você é um cretino! Sua laia é de gente torpe, vil, não merecem a dignidade do mundo. Acreditam que são poderosos, mas vencem pelo medo, e não pela bravura. Ninguém os reconhece. Não serei eu a ficar com receio de você. Aqui é seu território, porém, não avançará uma só peça. O destino não ajuda a escória. Voltará ao seu lugar, seu imundo. O Brasil voltará a ser livre! — disse Isabela para Libitina, tentando reunir forças diante do medo que se apossava dela.

— Sou a escória, é? Não sabe de nada, Senhora Oliveira. Acha que seu idealismo a coloca como a paladina da moral, uma pessoa rica de escrúpulos e virtudes, uma heroína de fato? Porém, a realidade da vida é outra coisa. As pessoas sofrem, não têm o que comer, morrem cedo e muitos nem conseguem ver a luz do sol ou o brilho de viver. Julga o regime atual, dizendo que retiraram a liberdade do país, porém, até onde eu sei e fui informado, a tentativa de instalar um governo totalitário aqui, com influências comunistas, veio antes e catalisou o estado de coisas atual. E esses grupos de esquerda, formados por jovens como você, caem no canto da sereia e romantizam tudo, sendo que as mãos por trás das marionetes não se atrevem a colocar os pés, ou os dedos, no trabalho sujo. E, sim, existe um ofício imundo — disse Libitina, e retirou de seu bolso a agulha longa e fina que costuma usar nos interrogatórios.

— Qual o problema do idealismo? Onde está o erro em romantizar a vida? Tudo já é muito frio e cinzento, o trabalho do dia a dia, a rotina que vai retirando, furtando, nossa luz, as energias que se movem em direção a algo grandioso, tudo isso se perde no pragmatismo imposto pelo regime posto. Nascer, crescer, estudar, trabalhar, ter uma ocupação, procriar, e viver até o dia em que as leis ordinárias permitam um descanso a um corpo já desgastado, oprimido, violado por essa violência institucionalizada que se chama de civilização, é digno? E, aqui, ainda se tem o mínimo dignificante, o suficiente para não termos o esquecimento de nossa humanidade, porém, bem parco. Mas o governo dos militares, essa ditadura de vários porcos, a incluir a sua figura nesse chiqueiro de vaidades, acelera o processo de mortificação. Sim, nascemos e morremos. Contudo, poucos vivem — disse Isabela, vendo Libitina olhar para seu corpo como que estudando por onde começaria seu método.

— Ah, então você tem toda a sabedoria do mundo para explicar como deveriam ser nossas vidas? Já viveu todas as culturas, experimentou os dramas singulares aos que se silenciam ou não aprendem a falar, por questão da obediência aprendida a pancadas, e não pelas palavras? Compreende o suor no rosto, o corte na mão, a perda dos pais, e ouvir que precisa seguir em frente, entregar o fardo, dar o passo, ser a peça que gira a roda do sistema, porque este não tem piedade? Não existe idealismo para isso, nem poesia a escrever o retrato fiel da vida. Sentimentos são bonitos, mas o que é real de verdade é a comida, a mesa farta, o esperar de alguém, a brevidade de ser. Movimentos de guerrilha, conflitos armamentistas, ideologias nos livros, são frivolidades para muitos, um capricho aos que podem escolher. Ser guerrilheira, militante comunista, usar essa boina francesa vermelha é um luxo, um mimo, isso não a transforma em alguém forte, muito menos na pessoa a salvar o país — disse Libitina, passeando sua agulha nas pernas de Isabela.

— Você não me conhece! — grita Isabela, espantando-se Abadom com essa reação da Coroada.

— Agora sim, estou vendo vida. Esse seu grito diz muito, meu trabalho será árduo hoje. Pode ter certeza: não desejava fazer isso, mas preciso pagar algumas contas e manter minha mãe, únicas coisas que tenho para mim. Mas sou cuidadoso e farei que não tenha dor. E apreciarei nossa conversa, pois, apesar de achar muito do que você faz algo patético, gostei da sua presença — disse Libitina, espetando a agulha na perna de Isabela, causando um sangramento, no que ela grita mais alto de dor.

— Cretino! Pode fazer o que quiser com este corpo. A dor que supostamente pensa que pode me infligir não causa cicatriz no que eu sou. Não cheguei até aqui para sucumbir a um homem como você e, mais do que isso, a um governo cruel que paga seu soldo e sustenta sua mãe. Então me olhe, seu miserável. Veja a ferida que fez agora e a que projeta na sua mente doente. Fixe essa imagem no que lhe resta de humanidade, seu porco imundo, e entenda: está alimentando sua mãe com o sangue de outra. E isso quem faz são as criaturas mais medonhas da natureza, as que se escondem em escombros da covardia, como você e esse regime de generais inescrupulosos. As "honrarias" de metais que carrega no peito são insígnias de sua insignificância, medalhas e braceletes com que homens doentes se presenteiam, como uma ode a sua ignorância. Gosta de sangue de mulher? Sente prazer nisso, perverso ser? Esta aqui sou eu: Isabela Estefânia Oliveira. Se banqueteie, facínora! — disse a Coroada, e viu Libitina cravar a agulha de forma mais profunda, rasgando sua perna.

— Essas ofensas não me causam tremores, Senhora Oliveira. A forma como alimento minha mãe não importa, pois o que é importante é ela estar nutrida, alimentada e morando bem. O modo como esse dinheiro chega até seu prato de comida é irrelevante, porque a relevância é a mesa posta. Só me preocupo com ela. Sua maternidade não me causa nenhuma empatia. Deve ser filho de um outro sujeito fraco, desses idealistas que morrem ao primeiro disparo do fuzil. E, após a morte desses homens sem forças, as páginas da história os retratam da pior maneira possível: imagens de cadáveres, sem o entendimento do que eles pensavam, sem o lirismo que tanto veneravam. É a morte. E ela é feia para todos, mocinhos ou bandidos. E a sua será Coroada hoje, como assim é conhecida, não é? Seu cadáver estará nos livros de história. Vou me certificar de uma bela fotografia, Senhora Oliveira — disse Abadom, que se levanta e busca outra ferramenta que utilizaria em seu trabalho indigno.

— Eu vou garantir que sua fotografia esteja nos anais da justiça e sua condenação nos livros de História, seu sujeito atroz. Seu tempo passará, sua morte honrará o sofrimento gratuito de muitos, e não sobrará mais nada seu a inspirar outros a seguir tal caminho. Sua mãe sentiria um peso no coração ao saber como você é, seu selvagem. O mundo mudará! E eu farei parte dessa transcendência. Sou a História, vagabundo! — disse Isabela e começou a sentir dores até então desconhecidas.

— Olha, olha, achei algo interessante aqui, Senhora Oliveira. Esta é uma ferramenta que acredito gostar profundamente, uma vez tratar-se de um símbolo das bandeiras que defende. E este que está em minhas mãos tem muita história para contar. Ele não é principiante nesse ofício, testemunhando gritos e mudanças de coragens, a cada ação sua. Este instrumento é mais eloquente que muitos políticos e estadistas que existem pelo mundo. E ele vai persuadir você a dizer coisas que preciso. Já conheceu minha agulha, a Akantha. Agora, vai conhecer o martelo, o Êtsem — disse Abadom, que atinge os joelhos de Isabela com várias marteladas.

— Ai, ai, ai, miserável!!! — grita de dor Isabela.

— Agora parece que vamos ter um outro tipo de diálogo, não é, Senhora Oliveira? Sua bravura vai dar lugar à sensatez e dirá para mim onde encontro todos os integrantes da GCP. Sei também do seu contato constante com Havana, sobre o qual me interesso muito em saber. E tive informações de que, em Porto Seguro, você encontrou com a militante da Colina, Stela, uma mulher muito perigosa. Quanto mais rápido você disser, menos trabalho dará a Êtsem. Mas lhe digo: ele adora ossos — disse Libitina, esmagando a mão direita de Isabela com o martelo.

— Ai, ai, ai, demônio, pode fazer o que lhe dá prazer, entidade. Não direi nada. Teremos nós dois muito trabalho hoje e, digo-lhe rápido, cansará antes de mim. Imundo! — disse Isabela, reunindo forças para controlar todas as dores, inclusive de suas contrações, que se iniciaram. Em seguida, cospe em Libitina.

— Ah, eu adoro isso. Estou sentindo seu gosto agora, esse sabor do medo. Você acha que está resistindo, porém, estou apenas no começo e não me canso facilmente. Isto aqui é uma diversão para mim — Libitina enxuga-se, engole a saliva de Isabela, a qual coleta em seu rosto, e esbofeteia Bil.

— Então a diversão hoje é garantida, maldito. Quando decidi fazer o que propus, pensei em tudo, inclusive nessa possibilidade, com este cenário: uma casa sem suspeitas, um abutre, uma carne podre, e hienas no poder. A imbecilidade pode vigorar por um tempo e reinar. Mas ela tem um fim, pois sua natureza é limitada, fraca e pobre. Sua persuasão é a violência. A minha é maior e não cabe aqui nem em mim — disse Isabela, com sangramento nos lábios, e transpirando muito, porque as dilatações começaram.

— Sim, eu gosto de persuadir, a retórica é fascinante e esses sons provocados por Êtsem me dão euforia, a energia que me sustenta por horas e horas. Mas estou decidido a parar com isso, a chamar os médicos para cuidarem de você e da criança, desde que me fale onde estão seus parceiros, como são mesmo os nomes deles? Padre Marcos, Marília, Sr.ª Salarz, Rafael e Pedrov.

Isabela recobrou sua atenção ao ouvir o nome do militante de Havana. Não compreendeu bem, pois, pelo que tinha de informações, Pedrov fora capturado pela tríade de Libitina. E todo o esforço de Bil e da GCP foi para retirá-lo das mãos da ditadura militar. Assim, o nome de Ilitch, dito por Abadom, não fez sentido para ela. As dores causadas pela tortura de Libitina, as contrações do parto que se iniciaram, e a notícia de que Pedrov não estava ali causaram confusão em sua mente e ela deu início a sua derrota.

— Pedrov?! Não entendo, ele não está aqui? — perguntou Isabela.

— Senhora Oliveira, estou concluindo que a GCP não tem um serviço de inteligência à altura de seus integrantes. Ter vindo ao Rio de Janeiro foi um favor que fez a mim. Os militares entretinham-se com os estudantes, e eu percebi que não era necessário subir ao Nordeste e me ver no interior da Bahia, onde sabia que estava. Logo, algum de vocês apareceria na passeata programada pelo regime e minha equipe agiria. Só não sabia que ganharia logo o maior prêmio: prender a Coroada. E permiti seu nome ser ecoado na multidão daqueles jovens, pois eu teria depois um troféu para ostentar. Agora está aqui, cometeu um erro de cálculo, um ato inesperado na sua agenda. Será que temos um traidor na GCP? — insinuou Libitina e buscou um outro instrumento um pouco mais longo, e que, ao que parece, tinha terminações elétricas.

— Não, Pedrov não é um traidor. Confio nele! Você está mentindo. Onde está Ilitch? Exijo que me fale agora, homem nefando. Diga logo, ai, ai, ai — disse Isabela, interrompida por suas dores, ao perceber que seria naquele momento o nascimento.

— Ótimo, agora tenho tudo o que desejava. Dirá tudo a mim, porque vejo que sua criança está nascendo. Ajude-a, me informando sobre tudo que diz respeito à GCP, e só um sinal meu, a equipe médica estará aqui. Não atrase, você não tem muito tempo — disse Libitina, aproximando da genitália de Isabela um emaranhado de fios elétricos, ligados na força.

— Maligno, malfeitor, desalmado. Não farei nada que pede. Você... Ai, ai, ai. — Isabela não consegue terminar a frase, em razão das fortes dores do parto.

— Não está sendo uma boa mãe. Mas vou lhe apresentar um método que a fará mudar de ideia rapidamente. Vai ser uma vez agora. As outras dependerão de você — disse Abadom, e introduz os fios elétricos na vagina de Isabela, causando os choques.

— Ai, ai, ai, mãe!!!!! Rafael!!!!! — grita Isabela, chorando, conseguindo rasgar as cordas que prendiam seu braço esquerdo, puxando os fios elétricos que estavam em seu corpo, e os atira nos olhos de Libitina, que cai ao solo.

Abadom caiu, bateu a cabeça em uma maleta metálica cheia de seus instrumentos de trabalho e desmaiou. Isabela ainda estava amarrada no outro braço e nas duas pernas. Sua mão direita esmagada por Êtsem, o joelho quebrado e as pernas feridas pela Akantha deixaram-na com muitas dificuldades de se mexer e, especialmente, locomover-se. Mas sentia a maternidade chegando, a lembrança de sua mãe e de Rafael a despertaram para uma força incrível e, em um átimo, vociferou alto, bradou fortemente e arrebentou as últimas cordas que a prendiam, causando um corte em seu braço direito. Levantou-se, apoiando-se em objetos e nas paredes da casa e, caminhando lentamente, ouviu um som de carro chegando. Era a Rural Wyllis da GCP.

Do lado de fora da casa da morte, em Petrópolis, Padre Marcos, Rafael e dois guerrilheiros da GCP haviam acabado de chegar. Estudaram o local, viram duas pessoas na frente da casa, que entenderam serem os guardas, e analisaram o terreno e a edificação, tentando descobrir uma maneira de entrar. Quando Rafael viu um alçapão próximo a uma árvore, teve a ideia de tentar uma investida por ali, mas os guerrilheiros e Padre Marcos não aprovaram.

— Mas como entraremos? — perguntou Rafael.

— Precisamos ter cautela para nada sair do controle — disse Padre Marcos.

— Eu sei, mas Isabela pode estar ferida e, se isso se confirmar, a gravidez está em risco.

— Sim, eu sei, mas vamos com cuidado. O que vocês acham? — perguntou o pároco para os dois guerrilheiros cubanos.

Quando Padre Marcos fez a pergunta, Rafael notou um outro movimento vindo do lado oposto da casa. Reconheceu os sons daqueles passos, o brilho do Mosin-Nagant que conhecera na GCP, o fardamento familiar, com o quepe verde-oliva, com a estrela ao meio. Não entendeu de imediato a imagem, mas o minuto seguinte fez toda a mudança de curso na vida do jovem estudante de Direito. Ele reconheceu Pedrov, junto a outros guerrilheiros, e gritou para ele:

— Seu miserável! — esbravejou Rafael.

— Cale-se, silêncio. — Sinalizou gestualmente Pedrov.

Padre Marcos tentou segurar Rafael e fazer com que silenciasse. Os outros integrantes da GCP esforçaram-se para isso também, mas nada de efetivo ocorreu. Rafael correu, gritou e socou Pedrov. Ao gritar mais uma vez, ambos os militantes, diante da casa da morte, ouviram esses gritos.

— Rafael, me ajuda!!!! — o grito rouco de Isabela.

E na sequência houve uma explosão na casa, destruindo a edificação, não sobrando pedra sobre pedra.

~ Parte III ~

Capítulo 26

Um encontro com o destino
Seis anos depois, Rio de Janeiro, 1974

O mundo assistia a uma mudança em suas configurações políticas, de modo intenso, como não houve antes, desde a Segunda Guerra Mundial. A crise de forças teve o impacto do aumento dos preços do petróleo, causando uma redistribuição das riquezas mundiais, proporcionando, assim, uma alocação de poder para um pequeno número de países que monopolizavam os recursos petrolíferos. O "ouro negro" ditava os rumos do planeta e como seria dali para a frente nas mesas de negociações nas nações, especialmente na ONU.

Os países do Oriente Médio, onde se concentra boa parte das jazidas de petróleo do mundo, tinham acabado de viver um conflito marcante entre judeus e palestinos. A Guerra do Yom Kippur foi um dos vários conflitos entre árabes e judeus envolvendo os territórios da Palestina. Discordando da ofensiva judaica, as nações árabes vizinhas, produtoras de petróleo, organizaram um boicote contra toda nação que apoiasse a causa dos israelenses. Não suportando a elevação do barril para a casa dos US$ 40,00, vários países abandonaram a guerra. Em Viena, em setembro de 1974, a reunião da OPEP (Organização dos Países Exportadores de Petróleo) realizou-se com a finalidade de solucionar a crise do petróleo que durou desde o ano anterior, em consequência da Guerra do Yom Kippur (1973).

Na Europa, Portugal vive a deposição de mais uma ditadura de cunho fascista, que vigorava desde 1933, período entreguerras. A Revolução dos Cravos, em abril de 1974, iniciou um processo que viria a terminar com a implantação de um regime democrático e com a entrada em vigor da nova Constituição em 25 de abril de 1976, marcada por forte orientação socialista. Os povos foram às ruas por mais justiça social, direitos humanos, democracia e liberdade. O regime implementado pelo fascismo de Salazar, enfim, caiu.

Já no Chile, o General Augusto Pinochet levanta o estado de guerra que imperava desde há um ano, mantendo, porém, apertadas medidas de emergência. A ditadura chilena perdurou por décadas, registrando um momento nefasto na História.

Na Argentina, María Estela Martínez de Perón, conhecida como Isabelita Perón, eleita vice-presidente nas eleições de 1973, assume a presidência em 1974, após a morte de seu marido, Juan Domingo Perón. Porém, seu governo duraria até 1976, quando os militares assumiram o poder por meio de um golpe de Estado enquanto ela era presidente, colocando-a em prisão domiciliar por cinco anos, antes de exilá-la para a Espanha em 1981. Anos de chumbo na América do Sul.

No Brasil, chegava ao fim o governo do General Emílio Garrastazu Médici, um dos mais sanguinários da história brasileira. O país vivenciou um grande desenvolvimento de sua economia. Durante todo esse período, a nação brasileira experimentou níveis de crescimento que variavam entre sete e treze por cento ao ano. Vários recursos foram destinados à expansão da infraestrutura, a indústria se expandiu e novos postos de trabalho surgiram.

Por outro lado, essa mesma época de euforia também foi marcada pelo auge da violência empregada contra os opositores do regime. Prisões, torturas e assassinatos se avolumaram contra os guerrilheiros. No campo e nas cidades, o aparelho repressivo se sofisticava com o desenvolvimento de centros de informações e operações que comandavam o levantamento de investigações contra tais movimentos. Além disso, órgãos clandestinos como a Operação Bandeirantes (OBAN) e o Comando de Caça aos Comunistas (CCC) davam apoio a essas ações. Com o objetivo de amenizar essa violência institucionalizada, o governo contou com ações de mídia que reafirmavam o espírito nacionalista e o desenvolvimentismo. A vitória da Seleção Brasileira na Copa do Mundo do México, em 1970, foi usada como uma ótima propaganda nacionalista no governo Médici. Brasil: ame-o ou deixe-o, era o lema propagado pelos militares. Ao mesmo tempo, os instrumentos de censura, garantidos pelo Ato Institucional n. 5, estabeleciam o impedimento da publicação de matérias de jornal ou qualquer tipo de manifestação artística interessada em denunciar tais abusos. Era de tal modo que milhares de cidadãos eram silenciados ou alienados dos abusos que sustentavam tal situação, Menina.

Ao fim do governo, a euforia causada pelo crescimento econômico já começava a dar sinais de fraqueza. A extrema dependência com o quadro econômico internacional e a concentração de renda do período determinaram a fraqueza da nossa própria expansão. A crise do petróleo no mercado internacional, a elevação dos juros na economia global e o agravamento das desigualdades socioeconômicas foram decisivos para que o milagre econômico tivesse curta duração.

Mesmo que o milagre econômico começasse a dar sinais de fraqueza, Médici aproveitou-se de seu prestígio na cadeira presidencial para indicar o seu próprio sucessor. O escolhido foi Ernesto Geisel, que já havia ocupado cargos de elevada importância nos governos Castello Branco e Costa e Silva. Não sendo uma figura ligada à "linha-dura", Geisel seria o responsável a arquitetar, em meio à vindoura crise da economia brasileira, o processo de desarticulação "lento, gradual e seguro" da ditadura militar. Mas o regime ainda era autoritário, e o estrago feito por Médici reverberaria por muitos e longos anos. A história saberia descrever todo esse cenário para que, uma vez aprendido, não se repetisse o mesmo erro, Menina.

Enquanto esses eventos ocorriam no mundo e especialmente no Brasil, no Rio de Janeiro, em uma manhã de domingo à toa, Hesed Alende faz sua corrida de dez quilômetros ao longo da orla de Copacabana. A Avenida Atlântica assiste à jovem jornalista fazer sua rotina de exercícios físicos para "*aproveitar o máximo da vida*", segundo pensava. A meia-lua de mais de quatro quilômetros entre areia branca e fina, pedras e palmeiras ondulantes, acariciada pelo vento e pelo cheiro de coco com o característico calçamento preto e branco atrás dela, permitia a Hesed um aprofundamento de seu ser, sintonizando-se com suas energias, o que sempre necessitava na busca por informações em um momento histórico não favorável à transparência dos fatos. Mas Hesed tinha uma criatividade incrível em buscar tais elementos, criar conteúdos, permitindo-se ir longe, quebrar barreiras, correr riscos e se aventurar em desbaratar os segredos do Estado. Seu objetivo era sempre a verdade.

A jovem jornalista foi premiada internacionalmente por cobrir as manifestações contra a Guerra do Vietnã, nos Estados Unidos, e por entrevistar, ainda no país norte-americano, a ativista Angela Davis, e conhecer melhor o coletivo Panteras Negras e o *Free Angela*, movimento organizado por artistas e sociedade civil, responsável pela libertação de Davis. A história permeava sua vida. E, logo descobriremos, o destino também.

Hesed ainda transpirava em Copacabana, apresentando sua bela pele morena, cabelos encaracolados umedecidos pelo calor do Rio de Janeiro, o que dava o tom de sua feminilidade e brasilidade. Tinha os olhos claros, verdes, e um desenho mignon na sua geografia de mulher. A personalidade destemida de jornalista escondia um coração vulnerável ao sentimento e à sensibilidade humana, ingredientes que a auxiliavam a ouvir melhor as histórias que coletava. Mas sua ocupação no jornal O Globo não lhe dava a oportunidade de conhecer alguém e amar desmedidamente. Não se preocupava com isso, pois a paixão pela notícia, pelo desvelar da verdade, a narrativa das linhas históricas do mundo a impulsionavam mais. A jornalista de vinte e quatro anos ainda não amava alguém. Porém, eu sei que isso vai acontecer.

— Ah, que calor descomunal. Max, por favor, duas águas hoje — disse Hesed.

— A senhorita está a todo fôlego, hein?! Aqui, minha dama, suas duas águas — disse Max, na praia de Copacabana.

— Sempre gentil comigo, Max. Você é uma graça! — disse Hesed, olhando o sol firme naquela manhã de domingo.

— Preciso ajudar quem me ajuda. E, como hoje está linda, vou lhe dar esse coco. Cortesia da casa! — disse Max, e entregou um coco verde para Hesed beber o líquido do fruto.

— Ah, para, viu, adoro vir aqui — disse Hesed, e dá um beijo no rosto de Max.

Hesed pegou seu coco, dado de presente por Max, e foi sentar-se nas areias da praia de Copacabana. Ficou ali por algum tempo, sentindo o vento bater em seu rosto, refrescando-se do clima matinal do Rio de Janeiro, e pensando no que faria no dia de hoje. Logo estaria na redação do O Globo, e precisaria se concentrar no que vinha pesquisando. Várias guerrilhas tinham sido desfeitas pelo governo Médici, e a tortura tomava conta do país. Mas ela não poderia noticiar isso, ao menos não abertamente. Então, ela cuidava dos obituários e dos desaparecidos, com o intuito de ajudar as famílias, como registrava em sua coluna no jornal. Contudo, na verdade, ela registrava a história e já tinha um grande compilado dessas informações. Em algum momento, viajaria pelo mundo para denunciar a ditadura brasileira. "*Não tenho medo*", pensava Hesed em Copacabana, sentindo as carícias dos ventos em seus cabelos, caracóis esses que tinham uma história para contar de um mundo muito próximo.

— Max, já me vou! Um beijo, lindo! — Hesed se levanta e vai embora de Copacabana.

— Meu amor, já estou com saudades! Um beijo! — despede-se Max com um coração leve e pesado.

A jovem jornalista continuou seu percurso até a sua casa, que não era tão distante assim. Ao chegar na sua residência, passou rápido por sua sala e viu seu gato brincando com seus livros, quase os despedançando. Agiu rápido, salvou o *Casa-Grande & Senzala*, e deu um grito de advertência para o bichano.

— Sirius!

Após o que o acariciou e deu leite e ração para o animal se alimentar.

— Seu menino malvado, vai querer voar uma hora, não é?!

Deixou Sirius mais confortável e alimentado e foi se banhar. Retirou sua roupa de maratona, a qual estava grudada em seu corpo, devido à transpiração, dando os contornos de sua beleza, a deixando sempre atraente e, obviamente, atraindo os olhos de quem a via. Tirou a roupa, arremessou em um cesto, logo atrás de Sirius, e foi ao banho. Estava sozinha e as águas testemunhavam, mais uma vez, o lindo corpo de Hesed. Ela amará!

Enquanto se deliciava com o frescor de seu banho, a jovem jornalista ouviu seu telefone tocar. Tomou um susto, pois estava em divagações sobre sua próxima viagem ao exterior, mas logo recobrou-se em suas atenções e foi atender à ligação. Saiu do banho nua, molhada, os cabelos úmidos até a altura de seu pescoço, contornando seu rosto delicadamente sexy. Seu coração acelerou um pouco, dando um ritmo as suas batidas, criando uma respiração mais forte, no que seus seios ficaram ainda mais em destaque. A casa olhava a beleza de Hesed em sua autenticidade e o destino apressava-se em se apresentar para a jovem jornalista. Um telefone tocou. O que mais a tocaria a partir de então?

— Alô! — disse Hesed.

— Amiga, é você mesmo? — perguntou uma voz feminina.

— Claro que sou, ué, sabe que sim — disse Hesed.

— Os cadernos chegaram e você fica só olhos para eles — expressou-se a voz feminina do outro lado da ligação.

— E cuidarei deles antes do diretor pegá-los! — riu-se Hesed, sabendo que Lúcia usava seu código para disfarçar os ouvintes ilícitos do regime.

— Ainda bem que é você. Está tudo bem contigo? — perguntou Lúcia.

— Sim, amiga, tudo bem. E por aí, como vão as coisas? Tudo caminha bem? — perguntou Hesed.

— Sim, sim, tudo bem. Você vai para o jornal hoje? — perguntou Lúcia.

— Vou, sim, acabei de chegar da minha corrida, já alimentei o Sirius, e agora estou tomando banho — disse com naturalidade Hesed.

— Está nua, minha amiga? — riu Lúcia.

— Sim, só tem eu e Sirius na casa. Sem olhos por aqui — respondeu Hesed, suspirando.

— Sem olhos porque você quer. Fica nesse trabalho, ocupa seu dia, preenchendo a vida e esvaziando a existência. É jovem hoje, mas o tempo é fugaz. Tem muitos olhares que desejavam estar aí agora, e você sabe disso — disse Lúcia, criando a reflexão em Hesed.

— Minha amiga, nenhum olhar me despertou. E estou programando uma viagem para Londres e, após, Dublin, no intuito de acompanhar de perto as eleições gerais e o que isso pode acarretar — respondeu Hesed, olhando a fotografia de seus pais no móvel a sua frente.

— Você é uma mulher incrível, Hesed. Em algum momento, teu coração será ocupado por um amor intenso. Esteja preparada para isso. É inesperado. O destino está sempre no mesmo lugar. No lugar de sempre — disse Lúcia.

— Pode deixar, minha amiga, vou ouvir meu coração quando essa pessoa surgir. Por enquanto, o jornal ocupa minha vida e, de certa forma, estou feliz com isso. Além do mais, corro sempre para espantar essas coisas da paixão — disse Hesed.

— Pode correr, mas isso de amar vem na nossa direção, não tendo como escapar. Mas não vou mais ocupar seu tempo. No fim da tarde, te encontro na redação. Um beijo, amiga. Fica bem — despediu-se Lúcia.

— Um beijo, fica bem também.

Hesed se despediu da amiga e foi se vestir. Antes, se alimentou de frutas, pão integral e um copo de leite magro. Folheou algumas páginas de revistas e dirigiu-se para seu quarto, nua durante todos esses pequenos atos. Em frente ao espelho, viu seu corpo, a forma como este estava sendo delineado a partir da atividade física, e o tom de pele morena marcada pelo sol do Rio de Janeiro. Os cabelos em caracóis eram na cor castanha, até a altura do pescoço, como antes dito, e os olhos verdes eram a mistura da seriedade e docilidade, sincretismo perigoso. Viu sua agenda e leu: "*marcar Londres*", a viagem que programava fazer para cobrir os eventos políticos entre o Reino Unido e a República da Irlanda. Passeou suas mãos pelo seu abdômen, tangenciou seus seios e foi até os lábios, como sempre fazia antes de se vestir, um ritual para começar o dia de trabalho. Admirava seu mistério feminino e isso a empoderava.

Vestiu-se, inicialmente, com suas peças íntimas, as quais sempre preferia na cor branca. Após, colocou uma calça encomendada em alfaiataria, um corte bem definido, em tecido leve na cor preta, roupa que acompanhava suas longas pernas, realçando as formas de seus glúteos, apresentando elegância e sensualidade. Para cobrir-se, usou uma blusa estampada, florida, porém, com discrição e harmonia com o conjunto, o qual se fechava com um blazer claro bege, denotando profissionalismo. Pegou sua bolsa de couro, colocou nela um livro de Clarice Lispector, do qual não consegui ler o nome, e foi para *O Globo*.

No caminho, pensou um pouco no que sua amiga disse a respeito do coração. No momento, Hesed não amava ninguém, nenhuma pessoa a havia despertado para tal sentimento, e acreditava que tão cedo isso não aconteceria. Concentrava-se em seu trabalho jornalístico e histórico, reunindo informações para que, um dia, pudesse publicar um livro. Abertamente, dizia que sua vontade era escrever biografias de personalidades as quais entrevistou ou entrevistaria no futuro. Porém, em seu íntimo, o desejo era escrever sobre a ditadura brasileira e a sordidez do regime militar. "*Quero revelar ao mundo a imundície dessa parte de nossa história*", pensava.

Chegou, então, ao endereço situado na Rua Irineu Marinho, 35, Rio de Janeiro, sede do *O Globo*. Hesed logo se apressou, pois, apesar de ser domingo, a redação e o jornal estavam a toda polvorosa, em ritmo frenético, como é habitual no mundo do jornalismo. Deu bom dia ao Sr. Pedro, que logo a cumprimentou, passando rapidamente pelas prensas antigas, maquinário de imprensa que remonta a 1925, ano da fundação do jornal, e deu um aceno rápido a uma colega de profissão que sofrera no regime agora há pouco.

— Um beijo, Miriam, quero conversar contigo — disse Hesed.

— Vou para Brasília e te ligo. Um beijo — disse Miriam.

Hesed ainda estava atrasada, correndo um pouco mais e já transpirando um pouco. Subiu as escadarias, porém, com cuidado, pois calçou um scarpin preto e não poderia se desequilibrar. "*As mulheres são fortes e não se desequilibram*", pensava Hesed quando chegou na sua redação e viu o ambiente escuro. Não entendeu o que se passava, tateou alguns móveis, os quais sabia onde se localizavam, para atingir o interruptor de luz. Foi fazendo isso com maestria, devagar e, com sucesso, atingiu o botão. Acendeu a luz. E o que viu e ouviu na sequência foi:

— Parabéns, Hesed!!!! Feliz aniversário!!!

Era seu aniversário, 19 de setembro de 1974, vinte e quatro anos. A jovem jornalista não acreditou no que visualizou a sua frente. A redação do *O Globo* toda decorada, comidas e bebidas, sorrisos espalhados pelo ambiente e uma música tocando ao fundo assim que ligou a luz e o público ali deu os parabéns.

— "*I'll gonna rap on your door, tap on your window pane.*" — todos na redação entoaram *Until You Come Back To Me*, de Aretha Franklin, a preferida de Hesed.

— Vocês não existem, não quero chorar — disse a jovem jornalista.

— Você merece mais que isso, minha amiga — disse Lúcia e a abraçou.

— Diga, Hesed, vai mesmo para Londres semana que vem? — perguntou um dos jornalistas, já com um pedaço de bolo entre as mãos.

— Ainda não sei, não marquei a viagem e não comprei passagens — disse Hesed.

— Ela vai ficar no Rio de Janeiro até conseguir um amor. — Todos ouviram Lúcia dizer isso e gritaram.

— Uhu!!!

— Nada disso, Lúcia, nem estou pensando nessas coisas. Muito trabalho, estudos, um livro estou escrevendo agora, todas essas atividades estão me consumindo. Então, não posso me dedicar a alguém da maneira que eu gostaria. Eu... — Foi interrompida por um amigo do jornal.

— Hesed, meu amor, a hora que quiser eu estarei pronto para você — disse o amigo da redação.

— Claro, eu sei, meu bem. Quando meu coração estiver aberto, essa porta se abrir, eu te falo. Por enquanto, permito a você tocar a porta, atacar! — Riu-se Hesed e deixou o amigo animado, no que ele a abraçou.

— Ah, você sabe que me leva assim.

— Deixe minha amiga em paz, seu louco — disse Lúcia, brincando com o amigo de Hesed e a chamando em particular para conversar.

— Ele é fofo, Lúcia, mas não tem chance — disse a jovem jornalista.

— Eu sei, minha amiga, eu sei. Mas você não dá chance a ninguém. Cuidado com isso, hein. Quando alguém chegar, será como um ladrão na noite. E, aí, estará perdida — disse Lúcia.

— Pode deixar, vou me cuidar. Mas acredito que não era isso que queria conversar. Diga, qual é a questão? — perguntou Hesed.

Lúcia puxou Hesed pelos braços e foi até um gabinete da redação do *O Globo*, para conversar a sós. Tirou de sua bolsa um envelope pardo, com um pequeno volume de documentos e repassou para Hesed. Lúcia trabalha no governo, sendo funcionária pública de carreira do Itamaraty, no Rio de Janeiro, e, assim, tinha acesso a informações privilegiadas. Aquele envelope foi entregue com um ar de preocupação, pois Lúcia havia lido as páginas e achou-as assustadoras, tomando um pavor a cada linha datilografada. Eram papéis do DOPS e estava escrito no verso "*Casa da Morte, 1968*". Hesed abriu o envelope, ia começar a ler algumas páginas, quando foi interrompida, abruptamente, por Lúcia.

— Não aqui, é muito perigoso. Leia com cuidado e guarde para o momento certo — disse Lúcia.

— É sobre o que eu estou pensando? — perguntou Hesed.

— Sim, é sobre 1968. É sobre a GCP. É um documento oficial sobre a Coroada — disse Lúcia.

— Oficial? Mas isso tudo aqui já foi publicado? Não tive conhecimento disso — disse Hesed.

— Sabe como é o governo desses generais. Estão revisando tudo para que pareça um incidente. Então, muito do que está aí pode não ser verdade. Porém, já é um rastro para perseguir — disse Lúcia.

— Revisar?! Que torpes e vis esses militares. Já tem seis anos e não conseguiram limpar a sujeira. Que ódio tenho desse governo. Ódio! — disse Hesed e socou a parede do gabinete da redação.

— Tenha cuidado ao se expressar. Não conhece todos aqui profundamente, então, podemos estar correndo riscos. Muitos ouvidos têm essas paredes. Guarde esse documento de forma segura e leia em casa, é o que eu recomendo — disse Lúcia, no que Hesed concordou e guardou o envelope, voltando para sua festa de aniversário.

A jovem jornalista dirigiu-se para a celebração de seu aniversário e tentou sustentar um pouco de normalidade, diante da ansiedade que surgiu após saber do documento guardado em sua bolsa. Olhou no relógio da parede, calculou quanto tempo ficaria por ali, e pensou no que diria ao seu chefe para se despedir mais cedo do local. "*Tenho uma matéria para cobrir no Leblon*", disse para o diretor da redação. Foi liberada, despediu-se dos amigos, e saiu do *O Globo*.

No caminho, antes de chegar a sua casa, passou para ver seus pais. Quando chegou na residência destes, ambos insistiram para que Hesed ficasse um pouco para um café de aniversário. A jovem jornalista hesitou, porém, sua mãe insistiu muito e ela ficou.

— Filha, é só um café! Depois, volte ao seu trabalho — disse a mãe de Hesed.

— Sim, mãe, eu sei. É porque tenho muito o que ler hoje, então ficarei reclusa com Sirius em casa — disse Hesed.

— Ela não aguenta, meu amor — disse o pai de Hesed e a abraçou.

— Papai, você que me ensinou a ser assim, elétrica e dinâmica. Não reclama! — disse Hesed e abraçou o pai.

— Feliz aniversário, filha. Te amo! — disse o pai de Hesed e a abraçou.

A jovem jornalista ficou algumas horas na casa dos pais, tomou o café e comeu algumas guloseimas particulares aos aniversários e, depois, foi embora. Não conseguia pensar em outra coisa a não ser no documento entregue por Lúcia. "*Seis anos!*", pensava Hesed quando, enfim, chegou em sua casa.

Ao entrar em sua residência mais uma vez, Hesed viu Sirius comendo outro livro, no que o espantou rapidamente, mas não deu a devida atenção, permitindo ao gatuno devorar as páginas dos sonetos de Gregório de Matos. "*Perdoe-me, Boca do Inferno, mas hoje será um longo dia*", disse em alta voz Hesed, despindo-se de sua blusa e blazer, ficando apenas de sutiã e calça no sofá da sala.

A jovem jornalista logo se instrumentalizou de uma caneta e abriu o envelope. Como dito, no verso estava escrito "*Casa da Morte*", e nas páginas, nas primeiras, um título: *Coroada, terrorista, 1968*. Hesed logo mergulhou na leitura daquele dossiê clandestino, obtido sorrateiramente por sua amiga Lúcia, permitindo-lhe entender o que de fato aconteceu em 26 de junho de 1968, em Petropólis. O governo de Costa e Silva, na época, apenas relatou que houve uma explosão e civis foram feridos, sem mencionar que ali estava presa Isabela Estefânia Oliveira. Na nota divulgada em 1968, foi dito também que dois soldados foram mortos pela explosão e um sobreviveu, sendo este de alta patente. Nomes não foram divulgados.

Mas Hesed não acreditava na história divulgada pelo governo. Aquilo a despertou para a investigação dos crimes cometidos pela ditadura militar brasileira. A jovem Hesed era apenas uma estudante de jornalismo quando tal evento aconteceu. Porém, conhecia o movimento político de Isabela e o discurso feito por ela na passeata dos cem mil, também em 1968. Tinha poucas informações da GCP, contudo, sabia dos avanços de uma comunidade criada e em expansão em um raio de setenta quilômetros, a partir de Porto Seguro, a qual, até o momento, ainda existia. Reunia o que era possível em termos de fatos, para o livro que um dia desejava publicar. Seu ofício secreto era esse.

A primeira página do dossiê era sobre a Coroada, descrição física, atributos, personalidade, e formação acadêmica e militar, além de sua origem. No documento, a informação dizia que Isabela era de Céu Pequeno, do povoado de Pega Bem, no interior de Minas Gerais, nascida em 18 de março de 1944. Aos quinze anos, mudou-se para Havana, onde aprendeu táticas militares com seu pai, o General De Oliveira, o qual auxiliou Fidel Castro na Revolução Socialista de 1959. Dizia, também, o mencionado documento que Isabela voltou ao Brasil em 1964, quando iniciou o curso de Letras, na Universidade Federal do Rio de Janeiro, faculdade que cursou até 1967, quando desaparece da capital fluminense. Sabia falar inglês, espanhol, russo e tupi-guarani. Sobre armas, a Coroada tinha conhecimento sobre o manuseio da Bereta 22, do Mosin-Nagant, entre outras utilizadas no regime castrista. Ao ser presa, estava grávida de nove meses, acusada de ser líder do grupo terrorista GCP, cuja atuação se dava em Porto Seguro. Aproximadamente setenta pessoas integravam a GCP, todos liderados por Isabela.

Nas páginas seguintes, havia descrição de outros integrantes importantes da GCP. Pedrov Ilitch, militante comunista, de origem russa, treinou Isabela em Havana de 1959 a 1964. Padre Marcos, pároco da Catedral do Rio de Janeiro, ingressou na guerrilha em 1967 e estava nos escombros da explosão da Casa da Morte. O corpo não foi identificado, contudo, o regime colocou, oficialmente, o status de falecido para Padre Marcos. Ainda existia o registro de um estudante de Direito e duas mulheres, sendo que, em nenhum deles, havia outra informação.

O incidente na Casa da Morte em 1968 causou, segundo o dossiê nas mãos de Hesed, cinco mortes, dois desaparecidos e um sobrevivente. As quatro mortes referem-se a dois soldados do regime e dois guerrilheiros da GCP. O quinto falecido foi oficialmente reconhecido como sendo Padre Marcos, como antes explicado. O sobrevivente era um agente de Estado, Abadom de Libitina. Os desaparecidos eram Pedrov Ilitch e a própria Isabela. Sobre esta, Hesed, ao ler isso, levantou-se do sofá, viu Sirius adormecendo e começou a caminhar por sua casa, pensando alto, no que se expressou:

"Dificilmente eles admitiriam que Isabela estava desaparecida. Seria melhor afirmar que estava morta, resultado de um acidente, a explosão que ocorreu na Casa da Morte. Se dissessem que simplesmente estava desaparecida, haveria o risco do fortelecimento de sua imagem, e a GCP ganharia ainda mais força com isso, obtendo novos adeptos para a guerrilha. Porém, já haviam se passado seis anos, ou seja, tempo suficiente para o esquecimento, uma vez que a ditadura militar era mestra nisso, criando propagandas falsas a legitimar a barbárie e seus atos atrozes. O que será que aconteceu?"

Hesed tentava estabelecer uma linha de raciocínio que alinhava todos os elementos daquele dossiê. Como ela mesma disse, passaram-se seis anos desde o incidente na Casa da Morte e, no entanto, o relatório não havia sido concluído. Informaram mortes de ambos os lados, porém, os líderes não foram confirmados, salvo o caso de Padre Marcos. Este, ainda que não identificado o corpo, foi dado como morto. E, sobre Isabela, não tinha outras informações mais apuradas sobre seu destino. "*Estava morta ou desaparecida*", pensava a jovem jornalista ainda deitada no sofá.

À medida que refletia sobre o documento em sua posse, Hesed percebeu que já havia passado um bom tempo ali no sofá, lendo o dossiê de quase trezentas páginas. Então, ao ver no relógio que era início de noite, lembrou que em seu gabinete tinha uma lista com nomes de desaparecidos do regime militar. Concluiu que, se comparasse a tal lista com o dossiê, talvez extraísse mais conclusões sobre o que de fato aconteceu na Casa da Morte. Estava com o espírito inquieto, pensando apenas sobre isso, no que levantou rapidamente do sofá e disse:

— Não consigo pensar, preciso correr! — disse Hesed, que logo trocou de roupa e foi fazer mais uma corrida na orla de Copacabana.

Hesed saiu de sua casa e foi correr na Avenida Atlântica mais uma vez. Já era noite, por volta de 19 horas, com um céu estrelado sobre ela e uma inquietação dentro de si. A imagem de Isabela não saía de sua mente, pensou como poderia ter acontecido tudo isso, e o que levou a Coroada a ter essa decisão de lutar contra o regime. Ela estava grávida, possivelmente vivia um amor e, ainda assim, ocupou-se com a História. "*Mulher corajosa*", pensava Hesed em meio a sua corrida em Copacabana.

Depois de sua atividade física, a jovem jornalista retornou à redação do jornal. Entrou e foi até seu gabinete olhar umas anotações que havia feito e tinha deixado em sua mesa, na gaveta, especificamente. Era a lista de desaparecidos do regime, o que ela queria confrontar com o documento ora recebido, para saber se algum outro integrante da GCP estava ali também e não no dossiê. Logo encontrou o que queria, guardou a lista de nomes, e já se pôs a retornar para sua casa. Não queria demorar muito e entendeu que a noite seria longa. "*Café e café, meus amigos da madrugada*", pensou Hesed.

— Até mais, Sr. Pedro, boa noite!

Despediu-se dos poucos funcionários do turno da noite, estava na iminência de sair do jornal, quando um homem, com cabelos grandes e desalinhados, barba volumosa, e uma aparência cansada e angustiada, surgiu a sua frente. Ela paralisou, viu aquele rosto, o que lhe deu um espanto inicialmente, porém, logo conseguiu enxergar uma docilidade em suas feições cansadas. Foi entendendo o cenário, ficou diante do homem, e aguardou ele dizer algo. O homem perguntou para Hesed:

— A senhora é Hesed Alende, jornalista? — disse o homem na frente de Hesed.

— Sim, sou eu. E quem é você? — perguntou a jovem jornalista.

— Sou Rafael Matronelli! E preciso da sua ajuda.

Capítulo 27

Um ladrão na noite

Hesed viveu o dia de seu aniversário em intensidade e emoções, pelos eventos que então ocorreram em sua vida. Não imaginaria que receberia um documento tão importante como aquele dado por Lúcia, sendo um presente singular, como pensava. Desde que ingressou no *O Globo*, vinha reunindo informações sobre a ditadura militar, especialmente sobre os movimentos de guerrilha, de resistência, grupos esses formados, na sua maior parte, por estudantes e membros do Partido Comunista do Brasil. Não queria, simplesmente, escrever um livro de história, mas, sim, registrar os fatos e realizar uma espécie de "julgamento" diante do quadro ali anotado nas linhas a escrever. Entendia que era essencial fazer tal obra para que, nas próximas gerações, o autoritarismo fosse identificado de plano, e não corrêssemos mais riscos com um novo regime autoritário. Mal sabia ela que o poder, ou ao menos sua saciedade por ele, está presente na natureza humana, atributo que não se remove com papel.

As páginas lidas do dossiê deram a Hesed uma boa visão sobre a Coroada. A jovem jornalista já a admirava, pois, enquanto ela estudava jornalismo, via a mulher de pele alva, de cabelos além da alça, discursando palavras de ordem e justiça, mesmo com a circunferência saliente de sua gravidez, a acompanhar sua trajetória. Hesed entendia que o feito de Isabela era único, singular, e de uma força imensurável e incrível. Não conseguia a jovem jornalista imaginar a si própria no lugar da Coroada, especialmente se estivesse vivendo um amor, o qual não conseguiu identificar pelos registros do documento que lera, e, nem mesmo, nas apurações que fez no seu trabalho do *O Globo*. "*Mas haveria alguém*", pensava Hesed.

Diante de tantas inquietações, ela se punha sempre a se ocupar com algo e, na maior parte das vezes, com trabalho e corridas. No dia de seu aniversário, fez duas pequenas maratonas, leu um documento de 300 páginas, trabalhou, visitou os pais, e pensou sobre a GCP. Hesed era de uma energia particular, inesgotável, pois, segundo sempre dizia, "*se estou viva, preciso viver*". E a jovem jornalista sabia muito bem aproveitar todas as faculdades humanas, além de ser uma linda mulher, como alguns olhos conseguirão enxergar. Aguardem.

Ao sair do *O Globo*, após ir buscar a lista com os nomes dos desaparecidos do regime, obviamente, um apanhado de nomes não oficial, Hesed já se programava para o que seria seu fim de noite e a longa madrugada: "*café, leituras, anotações e conclusões, na companhia de Sirius*", pensava a jovem jornalista. Porém, o documento dado por Lúcia e sua ansiedade e curiosidade em descobrir a verdade colocaram em marcha um processo cujo itinerário colocaria Hesed em um novo destino. Esses pequenos eventos da vida, aos quais não damos importância, são os mais determinantes para o curso, o caminho, a jornada que então percorreremos. Hesed correu duas vezes em seu aniversário. Mas somente um caminho lhe foi traçado naquele domingo. Um homem na porta a procurava, e ela atendeu. O destino no lugar de sempre. No lugar de sempre.

— Sim, sou Hesed Alende. E você, quem é? — disse a jovem jornalista.

— Sou Rafael Matronelli, e preciso de sua ajuda — respondeu Rafael.

— Você precisa de um banho! Não está no seu melhor dia, imagino — disse Hesed e observou Rafael mais atentamente.

— Não se preocupe com isso, tem sido assim minha vida. Foi difícil chegar até aqui. Minha jornada não foi fácil, pois não tenho com quem conversar, acreditando eu estar à beira da loucura. Você é a minha última cartada, a chance única de que seja devolvido o que foi retirado de mim — disse Rafael, exalando um cheiro horrível, incomodando e muito Hesed.

— Esse seu cheiro não está agradável, para começar nossa conversa. E eu não o conheço, estando quase convencida de que preciso chamar a segurança, pois esse seu palavreado, discurso, está me assustando — disse Hesed, hesitando em chamar Sr. Pedro ou alguém para auxiliá-la.

— Não precisa ter medo de mim, pode acreditar, sou inofensivo. Sou um homem destruído, se é que posso me chamar ainda de homem, esse miserável de carne que vê a sua frente. O meu cheiro a incomoda? Se me permite, senhorita, a minha vida me incomoda. Tenho caminhado nesses passos de infortúnios, uma vez que tudo o que eu tinha foi-me roubado. Perdi os amigos, a inspiração, a juventude e o idealismo. Porém, o bem mais valioso que perdi foi meu amor. Esse era único, intenso, algo que jamais pensei em ter na minha vida. Eu a perdi. Perdi. Então, o cheiro, meu visual, o que eu sou, são os escombros da pessoa que fui um dia — disse Rafael, com uma expressão melancólica forte, abaixando a cabeça e olhando para o vazio, o nada.

— Olha, não sou psicóloga. Se o seu problema é um amor perdido, um coração partido, o meu trabalho não lhe ajudará. Sou jornalista e não uma pessoa que trabalha com os sentimentos, ou as atribulações da psicologia. Posso fazer a gentileza de indicar profissionais, porém, já é tarde, estou em trajes de corrida, vim até aqui apenas para buscar alguns documentos, e estava de partida para minha casa, pois trabalharei ainda hoje. Se me der licença, vou embora — disse Hesed, sinalizando que sairia, quando foi tocada em seus braços por Rafael.

— Ela morreu — disse Rafael.

A jovem jornalista mudou seu semblante ao ouvir aquilo. Tudo é possível quando ainda estamos por aqui. Orgulhos e vaidades podem ser destruídos para pavimentar um caminho para a felicidade. Porém, quando não se tem mais a casa, a porta, o seu paraíso para se deleitar, não existe mais a chance de vivenciar o que se imaginou ser. Hesed ouviu aquela frase e isso a sensibilizou. Mas, além disso, o toque físico de Rafael em Hesed a fez sentir algo que há muito não experimentava. De algum modo, uma corrente elétrica passou por seu corpo, ao sentir as mãos fortes de Rafael em seu braço, de tal forma que a jovem jornalista foi cedendo espaço ao coração e se deu a ter paciência para ouvir aquele homem, ao qual não conhecia. Começou uma empatia, uma sinergia, sincronização de sentimentos. O ladrão na noite parece ter subtraído um bem muito valioso: um coração de mulher. Mal sabia Rafael o que acabara de fazer.

— Pode me soltar, por favor — disse Hesed.

— Desculpe, perdoe-me por isso. Era um velho hábito que há muito tempo não fazia — disse Rafael.

— Olha, como eu disse, não sou psicóloga. Mas senti que precisa conversar mais sobre isso. Eu posso lhe fazer companhia por alguns minutos, mas não serei eu a lhe salvar. Pelo que vejo, precisa ser curado, talvez até por Deus. Esse amor que você perdeu, a pessoa a qual amava, não está mais entre nós. Essa pessoa... — Foi interrompida por Rafael, que disse:

— O nome dela é Isabela. Isabela Estefânia Oliveira.

Hesed não acreditou no que ouviu. Não era possível tantas coincidências em um só dia. Inicialmente o documento do governo, a leitura dos papéis, e várias interpretações do que teria acontecido na Casa da Morte, em 1968. Sua agitação tinha um nome e era Isabela. Quando Rafael falou "*Isabela Estefânia Oliveira*", Hesed paralisou, sentiu um frio em seu corpo, ficou um pouco confusa e tentou voltar a si, para enfrentar a realidade que estava se descortinando diante dela. O espírito jornalístico veio. Uma outra animação viria também.

— Isabela Estefânia Oliveira é a sua pessoa? — perguntou Hesed.

— Sim, a Coroada era meu amor e minha esposa. E estava esperando um filho meu. Tudo me foi roubado e, hoje, sou nada — respondeu Rafael.

— Deixa eu entender direito antes que faça conclusões precipitadas: a Isabela que dizes é a Coroada, a líder da GCP? — perguntou Hesed, espantada pelo destino a sua frente.

— Sim, é ela mesma. Foi Isabela que criou a Guerrilha Céu Pequeno, uma homenagem a sua terra natal, lugar que ela amava e o qual eu já visitei. Articulou isso por muito tempo e estava indo bem, até ser capturada pelos militares. Minha vida acabou ali. Sou nada. Nada. Quero morrer! — disse Rafael e sentou-se no chão, paralisado, mortificado.

Hesed estava agitada com aquela aparição em sua vida. Tudo o que queria era exatamente ter o contato com alguém que viveu de perto a guerrilha, para que seu livro sobre a ditadura fosse mais verossímil, e não apenas a visão de quem observou de longe os fatos. Porém, a atitude de Rafael, o homem destruído, a comoveu mais que as páginas a serem escritas na História. Teve um sentimento estranho por ele, uma sensação há muito tempo não sentida. Ela ainda não sabia, mas iniciou um processo em seu coração, dinâmica difícil de se controlar. Hesed estava amando. Ainda não sabia, mas estava. Vocês irão entender.

— Dê-me sua mão, levante-se Rafael, vou lhe ajudar — disse Hesed e estendeu sua mão para Rafael.

— Obrigado, suas palavras de agora foram as únicas, em seis anos, que me deram alento — respondeu Rafael, expressando um pouco de esperança e luz em seu rosto.

— Tudo bem, vou ser mais amável. E vou começar com algo muito importante: um banho. Vou te levar para minha casa, cuidarei de você hoje, dormirá lá e, pela manhã, conversaremos mais. Hoje, descansará. Onde tem vivido? — perguntou Hesed.

— Moro nas ruas desde 1968.

Ao ouvir isso, Hesed silenciou. Abraçou Rafael, deu as mãos para ele, e o conduziu até sua casa. Fizeram uma longa caminhada, porém, ambos em silêncio, apenas o céu estrelado do Rio de Janeiro a acompanhar aqueles dois. A jornada do destino da jovem jornalista havia iniciado.

Ela não compreendia muito bem suas ações, pois um estranho diante dela dormiria em sua casa. E não foi ele a pedir isso. Foi ela.

Depois de algum tempo caminhando, Hesed e Rafael chegaram à casa da primeira. Sirius estava dormindo, um silêncio ainda imperava entre os dois, e Hesed já pensava no que ia dizer para Rafael, porém, seu fedor era tão forte, que a jovem jornalista não conseguia pensar em outra coisa, a não ser o banho. E, assim, ela rompeu o silêncio e disse:

— Tire a roupa!

Rafael ouviu aquilo e sentiu um arrepio em sua pele. Pouco a pouco, foi se renovando, seus músculos pareceram mais fortes, um sangue a correr velozmente nos meandros de suas fibras. Os olhos do antigo guerrilheiro brilharam e, ao mesmo tempo, umedeceram, virando seu rosto para Hesed, que conseguiu visualizar a mudança de semblante em Rafael. A jovem jornalista não entendeu o porquê da mudança de estado de espírito naquele homem. Porém, aos poucos, ela a entenderia. E isso a marcaria de forma muito forte. O antigo guerrilheiro fixou seus olhos em Hesed, aproximou-se dela e disse:

— Coroada, é você?

Hesed sentiu como se uma flecha tivesse atravessado seu coração. A dor em Rafael foi sentida por ela. De alguma maneira, a jovem jornalista despertou algo nele. Ela não compreendeu, mas o antigo guerrilheiro, sim. *"Tire a roupa"*, era um dos imperativos de Isabela para Rafael. Uma ordem e uma lei, o preâmbulo de um amor forte e intenso a vivenciar, como muitos que viveram. Quando ouvimos isso, esse recorte de uma vida que se foi, mesmo vindo de outros lábios, com outra entonação, em contextos diferentes, a reminiscência rejuvenesce nosso ser, passamos a acreditar de novo, e o amor volta a ser possível. Por isso a saudade é um sentimento forte, Menina. Muito forte.

— Coroada, estava lhe procurando, meu amor. Catita, lhe encontrei, graças a Deus! — disse Rafael.

— Não, não, não sou a Coroada. Sou Hesed, Rafael, entenda. Você foi ao meu trabalho hoje me procurar, pedindo ajuda. Não sou a Coroada — disse Hesed, tentando se desvencilhar de Rafael.

— Amor, meu coração estava apertado, perdendo as esperanças, não conseguia mais respirar. Mas quando disse isso de novo, ordenou, como sempre fez, determinando que eu tirasse a roupa, a alegria voltou a mim e meu coração aqueceu-se novamente. Estava com tanta saudade, Catita, tanta! — disse Rafael e abraçou Hesed, tentando beijá-la.

— Acorde, Rafael! — gritou Hesed e lhe deu um tapa.

Rafael sentiu as mãos da jovem jornalista em seu rosto. Percebeu o calor das mãos de Hesed e, assim, conseguiu perceber a diferença de tato, a despeito da frase imperativa ser semelhante. Pouco a pouco, a alegria foi se esvaindo, o calor do tapa e do coração também escapando, e Rafael voltou a ser o escombro humano, o homem em ruínas.

— Desculpe, não estou bem. Vou embora, foi um erro ter vindo aqui — disse Rafael.

— Não faça isso, eu que lhe peço desculpas. Eu me assustei e agi assim, mas não costumo fazer isso. Vamos recomeçar, me dê a chance de conhecê-lo, e saber sua história. Acredito que teremos uma parceria duradoura. Vou começar do zero, como se nada tivesse acontecido e, por favor, permita-se o mesmo ato, e se dê essa chance. Pois bem, sou Hesed Alende, prazer em conhecê-lo. E você, quem é? — perguntou a jovem jornalista e estendeu as mãos para Rafael, que disse:

— Sou Rafael Matronelli, ex-guerrilheiro da GCP.

— Muito bem, agora, por favor, tome seu banho. Vou preparar um café e algo para você comer — disse Hesed.

Rafael, então, foi tomar seu banho. Hesed dirigiu-se para a cozinha para fazer o café e alguma refeição para o antigo guerrilheiro. Porém, mesmo da cozinha, dava para ver Rafael no quarto de Hesed, desnudando-se. A jovem jornalista não conseguiu deixar de ver o masculino revelar-se diante dela. Rafael estava muito mudado, cabelos sujos, longos e grudentos, barba bem volumosa e assimétrica, fora o cheiro de rua de anos, um fedido bem acre. Contudo, Hesed o viu de costas, visualizando suas costas, espáduas, uma musculatura enrijecida e firme, no que sentiu uma pequena atração: ele havia tirado a camisa. Na sequência, Rafael passou as mãos em seus cabelos, sacudiu-os, e muita poeira caiu no chão da casa de Hesed, que ainda assistia ao mistério masculino a sua frente. Depois, o antigo guerrilheiro desce sua calça surrada, com muitas marcas de dias, meses, anos deitado no concreto das ruas, e fica inteiramente nu. Hesed continuou a olhar Rafael, percorrendo seus olhos no Eros de Adão, apreciando sua arquitetura e não imaginando que o antigo guerrilheiro fosse, assim, tão espetacular e grandioso. Tentou se acalmar um pouco, colocou o pó de café na água, o açúcar no filtro e jogou uma toalha, que caiu em Sirius, despertando o bichano, que logo emitiu um som agudo que ressoou por toda a casa, assustando Rafael.

— Miauuuuuuuuu!

Rafael se assustou ao ouvir Sirius e virou-se de frente para Hesed, para entender o que houve. Caminhou um pouco pela casa, foi até a cozinha, onde se encontrava a jovem jornalista, e não percebeu que estava totalmente nu. Ao ver Hesed preparando o café, perguntou-lhe se estava tudo bem e o que fora aquele som. A jovem jornalista ficou um pouco tonta, não conseguia tirar seus olhos da nudez de Rafael, e a mulher de mais fibra foi desocupando do feminino empoderado, dando lugar à menina a admirar um homem. Apaixonar-se, talvez. Perder-se por esse sentimento que é um ladrão na noite. Minha noite, tu és, Menina.

— Está tudo bem? — perguntou o antigo guerrilheiro.

— Sim, sim, tudo bem — disse Hesed com as mãos trêmulas.

— O que foi esse barulho? — perguntou Rafael.

— Ah, isso foi Sirius, meu gato. Ele é assim mesmo, ousado, inquieto, atrevido e gostoso — disse Hesed sem saber o que falava.

— Gostoso? Não compreendo — disse Rafael, não percebendo que estava nu diante de Hesed.

— Gostoso? Eu disse isso, é? Desculpe, não sei por que falei tal coisa. Mas você poderia se cobrir? Estou vendo tudo aí e, às vezes, fico... — disse Hesed, e não conseguiu terminar a frase.

— Ah, certo, tudo bem, vou me cobrir. É porque esses anos todos morando nas ruas, tirou minha sensatez. E, com a Coroada, eu não tinha muito disso, como mesmo se diz, esqueci o termo — disse Rafael, vendo que seu mistério masculino captava as sensações as quais ainda não compreendia.

— Noção! — respondeu Hesed.

— Exato, noção. Terei isso de noção, perdão pelo que você vê — disse Rafael, pegando uma toalha e se encobrindo, voltando ao quarto de Hesed, onde se banharia.

— Eu que agradeço! — disse baixinho a si mesma a jovem jornalista, e percebeu que a água a ferver estava preta e o filtro de café cristalizado pelo açúcar.

Depois de seu desarranjo no preparo do café, Hesed o refez e colocou na mesa a bebida quente. Além disso, depositou ali alguns pães, frutas e leite. Não sabia a preferência de Rafael no que se refere aos alimentos, servindo-se de sua despensa e criatividade para agradá-lo. As poucas horas de convivência com o antigo guerrilheiro denotaram uma Hesed diferente, não compreendendo ela se aquilo era compaixão, razão ou o coração. Não houve muito tempo naquela noite, o dia de seu aniversário, para pensar sobre tudo isso. Seu pensamento também era ocupado pela leitura do dossiê, o livro que desejava escrever e, agora, Rafael. Lembrou da sua viagem a programar, sua ida a Londres, no que concluiu ser impossível naquele momento. *"Eu preciso conhecer mais Rafael"*, pensava Hesed, acusando o golpe. A jovem jornalista iria amar. Já estava amando.

Depois de colocar a mesa e deixar as coisas alinhadas para uma boa refeição, Hesed se dirigiu ao seu quarto para convidar Rafael para aquele "jantar". Foi caminhando, com passos leves, um frio em sua barriga, e vários pensamentos dialogando em sua mente. Entre tais, a anatomia masculina de Rafael e a beleza de seu corpo, em contraste com os anos vividos nas ruas, o sofrimento pela perda de um amor, e a tristeza emitida pela voz grave do antigo guerrilheiro. A jovem jornalista não conseguia mensurar o que se passava naquele coração ferido, a entrega que fez para a Coroada, e a renúncia a uma vida que, nesse instante, estava destruída. E esse pensamento a fez tornar-se mais doce, criando um cuidado no trato com ele, permitindo um abrigo, um calor, um pertencimento. Uma porta para uma nova vida. E ele ingressaria nesse novo destino. Sejam fortes, entenderão tudo o que se passará até o fim.

— Rafael, Rafael, vamos, preparei a mesa para você — disse Hesed, não sendo correspondida ao seu chamado.

— Rafael! Rafael! — repetiu a jovem jornalista.

O antigo guerrilheiro não respondia e já estava deixando Hesed aflita. Porém, tudo ficou compreendido quando ela entrou em seu quarto e viu, em sua cama, Rafael adormecido, após um banho tomado, limpo e com outros aromas. Já apresentava outra aparência, sua beleza masculina a deixou ainda mais atraída e percebeu o quanto de sujeira havia nele, pois, no seu banheiro, os rastros eram bem evidentes. Não se preocupou com isso, porque, ao ver Rafael em sua cama, dormindo, desprotegido, cansado pelos anos de sofrimento nas ruas do Rio de Janeiro, a jovem jornalista entendeu que a sua fome era por um sono e uma cama macia. Hesed foi se aproximando de Rafael, abaixou-se para ver seu rosto e o achou lindo. Os lábios do antigo guerrilheiro eram carnudos, delineados, harmônicos com o seu rosto, de aparência dócil e forte ao mesmo tempo. Os cabelos, agora limpos e úmidos, deram um outro visual a ele, apesar do volume. A barba, também grande, porém, agora lavada, já era mais agradável aos olhos. A jovem jornalista ainda viu sua musculatura, a força de seus braços, e suas pernas grossas, as quais percorreu com seus olhos até o ponto em que ela, instintivamente, soltou um vocativo vindo direto de uma paixão.

— Uau!

Rafael sinalizou um pequeno despertar, mas se virou na cama, para o lado oposto, e voltou a dormir. Hesed aproveitou a oportunidade, pegou um cobertor e o cobriu, deixando o antigo guerrilheiro descansar. Voltou para a sala, seu sofá e Sirius. Foi ler mais um pouco e fazer algumas anotações. Assim ficou por algumas horas e dormiu. Houve um dia e uma noite.

Pela manhã, Hesed ainda estava dormindo, porém, em seu sono de vigília, ouvia uns sons vindos de sua cozinha. Imaginou estar sonhando, com aquela estridência de pratos e talheres, porém, ainda assim, não deu importância porque, no seu sono real, estava sonhando. Ela se viu de branco em uma praia e, junto a ela, Rafael jovem, forte e bonito. Ele corria para ela, no que a deixava leve e feliz, permitindo-se ser carregada pelo antigo guerrilheiro. Em seu sonho, Rafael a levantava em seus braços, tirava seu vestido branco, a deixava nua e dizia para ela: "*vou te amar agora*". Hesed estampava um sorriso em seu sono, algo notado da cozinha por Rafael. A jovem jornalista vivia sua realidade onírica, sentindo as mãos de Rafael passearem por seu corpo, em seu relevo feminino, tocando seu íntimo. Ao ter esse tato mais próximo, elevando suas sensações, ela deu um grito, o qual foi emitido na sala, sendo ouvido por Rafael, que, pelo inesperado som, descuidou-se e deixou um prato cair ao chão e quebrar, despertando Hesed.

— Ame-me! — disse a jovem jornalista um pouco antes de despertar pelo barulho do prato quebrado.

Rafael ouviu aquilo e tentou se controlar. Hesed estava acordada e via o antigo guerrilheiro olhando para ela, paralisado, como que se preparando para algo. A jovem jornalista entendeu a configuração do rosto do antigo guerrilheiro e, ao invés de impedir alguma conduta por parte dele, ficou em silêncio aguardando o inesperado. Rafael controlava-se por dentro, lembrando das ordens de Isabela para amá-la, e aquilo o corroía por dentro. Uma lágrima ficou no limite de seus olhos, engoliu em seco a dor de uma saudade, suspirou e disse.

— Preparei a mesa para você, venha se alimentar.

Hesed ouviu aquilo e ficou em uma mistura de frustração e felicidade. Esperava uma ação diferente daquela, porém, ficou satisfeita pelo cuidado de Rafael em arrumar seu desjejum pela manhã. Detalhes pequenos que demostram carinho, estes que se acumulam por uma vida e criam o amor, como aquele que tenho por você, Menina.

— Obrigada, Rafael — disse Hesed e foi sentar-se ao lado do antigo guerrilheiro.

— É o mínimo que posso fazer por você — respondeu Rafael.

— Conseguiu descansar? Dormiu bem? — perguntou a jovem jornalista.

— Sim, dormi como não fazia há muito tempo. Sua cama é macia e cheirosa — disse Rafael.

— Ah, que bom que gostou da minha cama — disse Hesed e percebeu ambiguidade na sua fala.

— Sim, gostei muito, mas sinto que preciso ir embora — disse o antigo guerrilheiro.

— Não, não, você fica! — exasperou-se Hesed, no que causou espanto em Rafael.

— Ficar? E por que quer que eu fique? — perguntou Rafael.

— Por quê? — hesitou Hesed.

— Sim, por quê? Costuma abrigar moradores de rua em sua casa? — perguntou o antigo guerrilheiro.

— Não, não. É porque recebi ontem um documento sobre a GCP e, sendo você integrante dela, acho que vou precisar de algumas informações suas. E, assim, eu posso ajudá-lo para entender o que houve — respondeu Hesed, mas querendo dizer outra coisa.

— Documento? Que tipo de documento? — perguntou Rafael.

— Não posso dizer muito agora, contudo, confie em mim. Vou tomar um banho e encontrar com algumas pessoas, na busca por mais elementos. Aproveite o dia e descanse. Tem comida em casa, nos armários e na geladeira. No fim da tarde, estarei de volta, e conversamos melhor — disse Hesed, tocando as mãos de Rafael.

— Tudo bem, vou aceitar seu convite — respondeu Rafael e retirou, cuidadosamente, suas mãos da de Hesed.

— Combinado, aproveite o dia! — disse a jovem jornalista e foi para seu quarto vestir-se e, logo após, saiu.

Hesed já sabia aonde iria. A jovem jornalista precisava de um lugar calmo para coletar informações sobre a GCP e entrevistar pessoas, sem causar a menor suspeita. Ajustou um encontro com sua amiga Lúcia, do Itamaraty, que localizou um ex-agente do Estado, a quem levaria para uma conversa com Hesed. Agora, a jovem jornalista estava mais determinada a entender tudo o que aconteceu em 1968, na Casa da Morte. Rafael era o seu motivo. Com reflexões povoando sua mente, Hesed chega à Biblioteca Nacional do Rio de Janeiro. Acomodou-se, colocou seus óculos e começou a ler, até o momento em que percebeu a sombra de duas pessoas próximo a ela. Era Lúcia e um informante. A História agradece.

— Bom dia, minha amiga, tudo bem? — disse Hesed.

— Sim, tudo, Hesed, e você, parece feliz, tudo bem? — perguntou Lúcia.

— Sim, estou bem, mas feliz, como assim, não entendi? — perguntou Hesed.

— Não sei, seu rosto está diferente, algo novo, estranho e agradável de ver — disse Lúcia.

— Não sei bem o que você vê, mas podemos cuidar disso depois. Pode me apresentar seu amigo? — perguntou Hesed.

— Vamos falar assim mesmo, porém, sem nomes reais, para a segurança de todos nós. Pode chamá-lo de Hermes — disse Lúcia.

— Perfeito, Hermes! Por favor, me diga, tem conhecimento sobre as ações de governo em relação aos presos políticos? — perguntou Hesed.

— Olha, não posso dizer muita coisa, e entregar informações específicas. Apesar de ter saído desse trabalho espúrio, sei que estou sendo monitorado. Mas posso responder que sim, sei — disse Hermes.

— Confirma a existência da Casa da Morte, em Petrópolis? — perguntou Hesed.

— Posso dizer que o governo tinha uma casa naquela cidade — disse Hermes.

— Poderia dizer o endereço dessa casa? — perguntou Lúcia.

— Sim, o endereço seria muito importante — completou a jovem jornalista.

— Não, sem endereços, como disse, sem informações específicas — respondeu Hermes.

— Justo. Então, me responda: essa casa abrigou Isabela Estefânia Oliveira, a militante conhecida como a Coroada? — perguntou Hesed.

— Moça, eu não posso correr riscos. Tenho família, uma mulher e três filhos. Esse tipo de coisa não posso responder — respondeu Hermes.

— É importante, Hermes, é crucial. E essas informações irão para um livro no futuro, não serão usadas agora, pois, até onde eu sei, Isabela está morta — disse Hesed.

— Morta? Como sabe disso? — perguntou Hermes.

— Ora, o governo está prestes a publicar um relatório informando sobre o incidente ocorrido em 1968. E, nesse documento, existe a informação do falecimento da terrorista Isabela Estefânia Oliveira — disse Lúcia.

— Morta, é mesmo? Encontraram o corpo? — perguntou Hermes.

— Para o governo isso pouco importa, não é, Hermes? — perguntou Hesed.

— Está enganada, jovem. Esses generais — fala baixinho, quase sussurrando — eles querem é morte. Quanto mais mortes, melhor. Os agentes gostam de carne podre. Muitos apreciam, como abutres, urubus, sobrevoando (saboreando) um cadáver. E, todos eles, os corpos frios, as vidas que se foram, recebem nomes. E ficam muito tempo convivendo com eles, antes de devolver para a família, quando entregam. Mas essa mulher aí que você perguntou, posso lhe garantir, não houve corpo. Para o regime, ela ainda existe. A GCP é um perigo para eles — respondeu Hermes.

— Mas sua suposição de que Isabela está viva é pelo fato de não ter sido encontrado o corpo. Porém, ao que eu sei, vários integrantes da GCP entendem que ela morreu. O guerrilheiro Padre Marcos está morto, o que leva à conclusão da morte de Isabela, uma vez que não se tem notícia dela — disse Hesed, olhando fixamente nos olhos de Hermes.

— A morte de Padre Marcos foi oficialmente reconhecida, é verdade. Porém, também não se tem notícia de seu corpo. Não entendi a razão de seu status de falecido. Imagino que tem relação com a tentativa de enfraquecer a guerrilha, de colocar medo, um recado a quem deseja continuar nisso de enfrentar o regime. Mas corpo não vi e não ouvi falar. Existe até a brincadeira de que ele subiu aos céus direto, por ser padre, mas não ressuscitando no terceiro dia. Porém, o corpo não estava no sepulcro — disse Hermes.

— Curioso isso, duas mortes e nenhum corpo — disse Hesed.

— Não me pergunte como, a jornalista aqui é você, descubra! — disse Hermes.

— Muito bem, então vou fazer mais uma pergunta: e a GCP, quais as informações atuais sobre essa guerrilha? O que o governo sabe? — perguntou a jovem jornalista.

— Certo, vou dizer o que eu sei, mas não significa que são informações atuais, pois saí ano passado. Porém, até onde fiquei, a GCP estava muito atuante, com guerrilheiros ao montante de cento e cinquenta ou, até mesmo, duzentas pessoas. A comunidade estende-se de Porto Seguro até Guandu, quase quatrocentos quilômetros, no que já entendem ser uma preocupação do regime. E quem os lidera é um casal de idosos, mas muito destemidos. Um senhor o qual chamam de "Simpático", e uma mulher impetuosa e muito bonita, a quem chamam de Salarz. Até dizem que os dois lembram Lampião e Maria Bonita, porque já se vestem como no cangaço. O "Simpático" protege Salarz, e esta é quem promove a justiça social, podem acreditar. As mulheres a adoram — disse Hermes.

— Interessante isso, e ajudou muito, mas me deixe perguntar outra coisa, é a última, prometo. É sobre a guerrilheira Marília, espiã de Havana, conhecida como A Comunista. Tem informações sobre ela? — perguntou Hesed.

— Esta nunca esteve no radar. Ninguém consegue rastreá-la. Tem-se notícia dela no mundo inteiro e, ao mesmo tempo, em lugar nenhum. Muitos a admiram por isso, causando inveja nos militares por sua hábil logística. Mas nenhum registro da Comunista em solo brasileiro. Nenhum — respondeu Hermes.

— Entendo, já ouvi esses comentários a respeito dela. Você pode colaborar em outros momentos para o meu livro? — perguntou Hesed.

— Moça, não posso garantir isso, nem mesmo sei se estarei vivo depois do que falei aqui. O regime tem olhos e ouvidos por todos os lados e um conselho que lhe dou: não se preocupe com a História agora. Concentre-se em sua vida e nas pessoas que você ama. Tudo é muito perigoso. Esse governo é a morte! — disse Hermes e sinalizou levantar-se do lugar e ir embora, quando foi segurado por Hesed, que disse:

— Só me dê uma dica para ir no rastro dessa verdade — pediu a jovem jornalista.

— Isso mesmo, Hermes, uma dica — reforçou Lúcia.

— Muito bem, justo, vou lhe dar uma dica. O agente responsável pela prisão de Isabela ainda está vivo. Ao que eu sei, foi desligado oficialmente de suas atividades, porém, é mantido pelo governo. Ficou com sérios danos cerebrais, pelo que aconteceu no incidente de 1968. Mas ele sabe muita coisa. Só tenha cuidado. Ele é um "casa vazia", não tem alma — disse Hermes e se despediu das mulheres, indo embora.

Aquela entrevista deixou Hesed curiosa e esperançosa em descobrir o que aconteceu em 1968. Sempre a interessou entender toda a dinâmica da guerrilha, os motivos pelos quais pessoas resolvem lutar contra o regime opressor e por um ideal, sendo que a GCP atraía muito seu instinto histórico e jornalístico. É como se a vida estivesse jogando a favor da jovem jornalista, além do documento sobre os fatos da Casa da Morte em 1968, agora ela tem em casa um capítulo vivo desse período: Rafael Matronelli. E esse capítulo irá se mostrar ao seu sentimento mais que um papel. Será algo vivo, a permear e mudar a existência de Hesed. Lúcia viu algo diferente no rosto da amiga e, então, perguntou:

— Agora que estamos sozinhas, me diga, o que aconteceu?

— Como assim, o que aconteceu, não entendo sua pergunta? — disse Hesed.

— Amiga, para com isso, seu rosto mudou e não sou boba. Ontem, suas feições eram amenas e sérias, só se via profissionalismo e a ideia fixa de se trabalhar vinte e quatro horas por dia. Todos na redação, ao que eu sei, pois tenho acesso a informações privilegiadas, dizem que você é uma "máquina de trabalhar", tendo até crise de abstinência se não existir o que fazer, possibilidade improvável para você. Mas hoje seu rosto está diferente. Seus olhos, cabelos, sua pele, mudaram. Está com uma apresentação mais leve e feliz. Parece boba, tola, uma menina, nunca vi isso em você. Então, diga, qual o nome dele? — perguntou Lúcia.

— Nome? — perguntou Hesed, com as mãos trêmulas.

— Sim, nome, diga logo! — insistiu Lúcia.

— Você não vai acreditar quando disser quem é — disse a jovem jornalista.

— Mulher, está me deixando ansiosa, e sabe que lido mal com isso, diga logo quem é... — Foi interrompida por Hesed, que disse:

— Rafael Matronelli, esposo de Isabela Estefânia Oliveira, A Coroada.

Lúcia arregalou os olhos e não conseguiu compreender bem as palavras ditas por Hesed. Estavam ali buscando informações exatamente sobre Isabela e a GCP, e todos os documentos de Estado não sabiam da existência de Rafael. A amiga de Hesed ficou um tempo em silêncio, respirou um pouco, controlando a ansiedade, levantou-se, caminhou no espaço, até que veio uma dúvida, a qual ela expressou para a jovem jornalista.

— Como tem certeza que é ele? — perguntou Lúcia.

— Porque ele ainda a ama. E disso nenhuma mulher tem dúvida — disse Hesed, um pouco desapontada, sem saber a razão, porém, eu sei, Menina.

— E como sabe que ele ainda ama a Isabela? Onde ele está, como o encontrou? — perguntou Lúcia.

— Ontem, depois que voltei para minha casa, li as trezentas páginas do documento que me deu. Lembrei de uma lista de nomes de desaparecidos que havia deixado na redação do *O Globo*. Queria cotejar a lista com o documento dado por você, para apurar melhor quem morreu e quem desapareceu, nos eventos da Casa da Morte, em 1968. As ideias foram surgindo, me sufocando um pouco, e resolvi correr. Após a corrida, fui ao meu gabinete no *O Globo* buscar a tal lista. Ao sair da redação, deparei-me com um homem na minha frente pedindo ajuda. Era ele — disse Hesed.

— Entendi, mas ainda não me respondeu: onde ele está? — perguntou Lúcia.

— Em minha casa — respondeu Hesed.

Lúcia ficou perplexa com aquilo que ouviu de sua amiga. Hesed levou um desconhecido para sua casa, alguém que nem o governo conseguiu encontrar, colocando, assim, um alvo em suas costas, uma vez que Rafael era um guerrilheiro da GCP e, desse jeito, considerado um terrorista para o regime. A amiga de Hesed ficou preocupada, sentou-se novamente, pegou nas mãos da jovem jornalista, e disse:

— Ele é o ladrão na noite!

— O que quer dizer com isso? — perguntou Hesed.

— Ele é a minha profecia para você. Há muitos anos, trabalhei com uma pessoa, um amigo, lá no Itamaraty, e ele sempre me ajudava em minhas ansiedades. Ele acertou várias coisas sobre mim, inclusive o fato de um dia eu ir trabalhar no governo. E, com os anos de convivência, fui aprendendo a "ler o mundo", como ele dizia, algo que fiz com você. Eu sabia que você amaria de forma inesperada, de inopino, sorrateiramente, como um ladrão na noite. E parece que é isso que estou vendo. Está amando. Eu lhe pergunto, ele vale a pena? Como ele é? — perguntou Lúcia.

— Ele é lindo! — disse Hesed.

Lúcia entendeu perfeitamente a mudança de espírito em Hesed: ela já estava amando. É engraçado isso, pois não nos preparamos para o evento de amar. Você calcula a viagem, os pagamentos do mês, a proposta de trabalho, o estudo a longo prazo. Porém, um dia você está dando aula (sabem que sou Professor, não é?), e, de repente, uma Menina aparece do seu lado e lhe pergunta: "*posso falar com você?*". E essa voz que se ouve penetra nos seus poros, no seu sangue, no corpo, nos ossos, na alma, no fundo da existência, na raiz da criação, porque as palavras de hipnose, o feitiço gostoso da paixão leva a gente embora. Nunca planejei ouvir sua voz, Menina. Mas bastou escutar uma vez para amá-la para sempre. Eu que a vi nascer. Eu que amei você. Amo, na verdade, como Hesed já ama Rafael.

A jovem jornalista despediu-se de Lúcia e foi para casa. Já era quase fim de tarde, e ela apressou seus passos para encontrar, novamente, o antigo guerrilheiro. Lúcia disse para ela que Rafael era o ladrão na noite, alguém que chegaria inesperadamente e roubaria seu coração de mulher. Ela estampou um sorriso ao lembrar das palavras da amiga, porém, sentiu um peso na consciência, porque sabia o estado em que se encontrava Rafael: um amor perdido para a morte. Ao invés de acalentá-lo com um novo amor, decidiu-se a empregar todas as suas forças para saber a verdade sobre Isabela, uma vez que o corpo ainda não fora encontrado. E, aí, vocês podem estar pensando: por que ela já não se aproxima mais dele e o conforta, na possibilidade de uma nova vida, e um novo amor? Por que Hesed não escolhe ser feliz, ao invés de percorrer um caminho que pode lhe trazer tristeza? Por que não se ama, pois, sabemos, todo amor é urgente? Meus amigos e amigas, peço-lhes paciência. O amor é urgente, sim, é verdade. Mas, melhor que isso, ele é cuidadoso. O amor é cuidadoso, Menina.

— Rafael, onde está você? — perguntou Hesed, logo que chegou em casa.

— Miauuuuu! — disse Sirius.

— Sirius?! Onde está? — perguntou a jovem jornalista.

— Está comigo, Hesed — respondeu Rafael.

Hesed viu o antigo guerrilheiro e ficou aliviada. Estava vestido, com algumas roupas antigas que o pai da jornalista havia deixado em sua casa. Sua aparência estava bem melhor, o cheiro agradável, porém, aquele cabelo e barba eram de uma estética espantosa. A jovem jornalista deixou sua bolsa na mesa, dirigiu-se até seu quarto, e voltou com alguns itens nas mãos: uma toalha, uma loção, um xampu, uma navalha e uma tesoura. Hesed iria barbear e cortar o cabelo de Rafael. O amor é algo incrível. Extraordinário.

— Sente-se aqui, Rafael — disse Hesed.

— Por que quer que eu sente aí? — perguntou Rafael.

— Vou ser direta, como fui ontem em relação ao banho: seu cabelo e barba estão horrorosos. Sendo assim, vou dar um jeito nisso e não aceito um "não" como resposta — disse a jovem jornalista, com um ar jovial e alegre em seu rosto.

— Tudo bem, eu faço isso — sentou-se Rafael.

— Ótimo, vai gostar do que vou fazer — disse Hesed.

A jovem jornalista riu-se e se viu muito empolgada em mudar o visual de Rafael. Pegou água, lavou os cabelos do antigo guerrilheiro com xampu, e massageou seu couro cabeludo. Sentiu os fios de Rafael, o calor de sua pele, e ela estava se sentindo mais próxima. Ao tocar as mãos em seus cabelos, ela já não sabia se era pelo corte ou por carinho e paixão em tocar a pessoa amada, porque isso é muito bom, Menina. Viu o volume umedecido, passou-se a tesoura e iniciou o corte, deixando o chão da sala cheio de pelos, o que Sirius adorou, ao bagunçar tudo aquilo. Hesed estava caprichando, muito animada, tendo em um momento passado seus dedos pelas orelhas de Rafael, para retirar alguns recortes que haviam caído ali. Ao fazer isso, percebeu um eriçar de pele no antigo guerrilheiro, o que a deixou mais elétrica e feliz. Ficou mais à vontade, aparando ainda mais a cabeleira de anos de Rafael, no que ele foi rejuvenescendo. Deixou de lado a tesoura, após cortar tanto cabelo e barba, e passou a tratar desta, diminuindo bem a assimetria posta pelos anos de negligência visual. Hesed parava, olhava o rosto de Rafael, até chegar ao ponto em que, aos seus olhos, estava muito bem apresentado. Fez mais alguns retoques, cortou mais um pouco e, enfim, chegou a sua arte final. O antigo guerrilheiro estava com um corte de cabelo Razor Part, aquele com um detalhe de navalha, e uma barba baixa, rala, dando um charme ao rosto de Rafael. Hesed sacudiu a toalha, retirando o resto de pelos de seu corpo, fez o penteado final e passou loção em sua barba. Buscou um espelho, colocou na frente do antigo guerrilheiro e disse:

— O que achou? — perguntou Hesed.

Rafael ficou em silêncio e maravilhado com a sua juventude recuperada. Estava digno, limpo e pensou que ainda tinha vida, muita por sinal, pela frente. Levantou-se da cadeira, retirou o espelho das mãos da jovem jornalista, pegou-as em suas mãos, as acariciou, deu um beijo nelas, no que Hesed sentiu um calor. O antigo guerrilheiro aproximou-se mais, tocou o rosto da jovem jornalista, sentiu seu perfume doce, que penetrou diretamente em suas narinas, elevando suas sensações. Foi ficando perto dos lábios de Hesed, longe de seu passado e perto de seu futuro. Hesed fechou os olhos, aguardando o beijo, a vida, a felicidade e a entrega. Seu corpo estava pronto e a alma esperando o amor acontecer. Rafael estava já tangenciando a boca de Hesed, sentido o úmido, o macio, o amor da jovem jornalista, prestes a acontecer a poesia e, enfim, o destino, quando se ouviu um som forte na porta. Toc, toc, toc! Hesed assustou-se, frustou-se, e tudo foi interrompido. Deixou Rafael ali, parado, no que o antigo guerrilheiro começou a sentir culpa, ao lembrar-se de Isabela. A jovem jornalista dirigiu-se para a porta, sentindo ainda as temperaturas de seu coração, abriu e viu uma mulher parada ali na sua frente. Ao deixar totalmente aberta a entrada de sua casa, a mulher, então, disse:

— Encontrei você, Rafael!

Capítulo 28

Uma visita esperada

Hesed estava sentindo-se muito próxima a Rafael. Esse sentimento acelerava-se, crescendo exponencialmente, em um espaço de tempo muito curto, há, praticamente, um dia e meio. Difícil imaginar isso ocorrer, quando se lê assim, agora, ou se conta uma história de alguém para alguém. Mas pensamos muito, a despeito de eu apreciar uma boa reflexão, admito que equacionamos exageradamente as variáveis do coração. Queremos matematizar tudo, cientificar a magia de se amar, como se existisse uma Teoria da Rosa, título familiar a mim, parecendo que já li isso em algum lugar. Sei que um dia vai me ler, vai lembrar de como nós dois fomos uma explosão espontânea, um big bang de sentimentos, um multiverso em que todos os meus doppelgängers amam você do mesmo jeito, porque, na probabilidade das estatísticas de quem ama, seu rosto continua lindo para mim. Eu te amo, Menina. Eis a minha Teoria da Rosa.

No entanto, não posso dizer que o antigo guerrilheiro despertou a cupidez de seu vulcão ao conhecer a jovem jornalista. Precisamos compreender que Rafael viveu o amor de um milhão de anos, de eras, épocas diversas, eternizando uma mulher em seu coração: a Coroada era assim para ele. E, saibam vocês: recomeçar é difícil. Reiniciar o pulsador quando seu ritmo vem numa frequência de uma voz que diz assim: "*tire a roupa*", fica complicado de mudar a partitura. Quando a gente ama, e serei insuportável agora, o tempo paralisa, a imagem da pessoa amada a sua frente é paisagem, a voz de seu amor vibra como se fossem acordes de um instrumento musical perfeito, uma sinfonia a levar o leve da vida. Amar muda tudo, a ciência, o progresso da nação, a esquerda política, o placar do futebol, as ondas do mar, a religião de Deus, o meu eu por você, e seu sorriso assim. Assim. Você é linda. Preciso me concentrar, mas minha natureza reclama sua presença aqui, Menina. Sou só coração por você.

Hesed cuidou de Rafael como se fosse a sua esposa há anos. Limpou-o, vestiu-o, alimentou-o e o fez adormecer. Abrigou em sua casa um desconhecido, porém, um antigo rosto para ela, pois já o amava, despertando-a para esse sentimento novamente. Algum de vocês aí pode dizer para mim que um rosto é estranho quando se apaixona por ele? Acredito que não e, tampouco, a jovem jornalista pensava de outra forma. Acolheu Rafael e o seu coração também. Deus, tu és um mistério, seu poeta danado.

Além disso que acabei de mencionar, Hesed viu que os cabelos e barba de Rafael estavam em desarmonia com a sua beleza masculina. Incomodada com aquilo, pretendendo fazer justiça ao estético do antigo guerrilheiro, o fez sentar-se a sua frente e cortou seus cabelos e aparou sua barba. Essa intimidade, carinho e dedicação foram notados por Rafael, que, ao fim, ao se ver jovem novamente, iniciou um processo, ainda que tímido, na direção da consumação de um amor. Hesed aguardou, fechou seus olhos, seu coração em batidas de tambores, sua pele na expectativa de aderir a outra, tudo alinhado para receber o afeto quando, ao destino, um toque à porta a chamou. Alguém havia chegado.

— Encontrei você, Rafael.

— Marília!

Era a Comunista, que, enfim, encontrou o antigo guerrilheiro. Depois do incidente na Casa da Morte em 1968, Rafael desapareceu, não retornando a Porto Seguro e, menos ainda, fazendo algum contato com Marília. Esta somente foi saber do que aconteceu meses depois, pois com a Sr.ª Salarz e o "Simpático" cuidavam da marcha da GCP rumo ao interior da Bahia. Porém, quando soube, saiu imediatamente de Coroa Vermelha, deixou a GCP ao comando de Sr.ª Salarz e do "Simpático", e foi atrás de Rafael, Isabela e, claro, Padre Marcos. Mas nada encontrou, peregrinando por toda a cidade do Rio de Janeiro, depois pelo país, em busca de informações, elementos, quaisquer pistas que a levassem a eles. Cansada, e com um aperto em seu coração, começou a desistir, depois de seis longos anos. Não parou totalmente, mas diminuiu o ritmo das buscas, pois nada aparecia no radar. No último mês, teve um contato de um antigo informante, que disse a ela sobre um morador de rua de porte atlético, sujo, sofrido e desconfigurado, mas que não aparentava ser alguém que sempre viveu nas ruas. E, vez ou outra, esse sujeito dizia uma palavra incompreensível para a vizinhança da urbe: "*Catita!*". Isso foi o suficiente para Marília entender: "*encontrei-o*".

— Quem é você? — perguntou Hesed.

— Sou Marília, militante Comunista, integrante da GCP. Estou na busca por aquele homem, Rafael Matronelli — disse Marília e entrou na casa.

— Pode entrar, fique à vontade — disse a jovem jornalista.

— Marília, é você? — perguntou Rafael.

— Sim, sou eu, seu miserável! — disse Marília, e deu um tapa em Rafael.

— O que foi isso? — espanta-se Hesed.

— Isso, menina, é um acerto de contas. Agora vou aos fatos. Por que sumiu? — perguntou Marília.

— Tudo bem, Hesed, eu a conheço e devo muito a essa mulher — disse Rafael.

— Deve mesmo e muito. E exijo explicações. O que fez nesses anos todos? Por que não me procurou? — perguntou a Comunista.

— O que eu fiz? Não tinha o que fazer, Marília. Perdi tudo, então, me joguei fora. Não sou a mesma pessoa que conheceu. E não tinha motivos para procurá-la. Desisti da vida. Vivi esses anos todos nas ruas, humilhado, destruído, infeliz. Por vezes, desejei ser morto, enfrentei uns loucos, bêbados, drogados, bandidos, na fúria de deixar de existir. Mas nem isso eu consegui. Dessa forma, fui me deixando para lá, esperando algo acontecer. Porém, uma última luz me veio quando soube de uma jornalista que cuidava de publicar no *O Globo* a lista de desaparecidos do regime e obituários. Então, quando soube disso, me enchi de um pouco de esperança e fui até o jornal. Assim conheci Hesed. Ela é a jornalista — disse Rafael.

— Prazer, Marília, sou Hesed Alende — disse a jovem jornalista e estendeu sua mão para a Comunista.

— Desculpe eu entrar assim em sua casa e me comportar dessa maneira. Mas é porque esse "teimoso" é muito importante para mim. E, claro, a pessoa dele era mais que importante: Isabela era a minha melhor amiga. Então, me perdoe pelo que fiz — disse Marília, dando as mãos para Hesed e retribuindo o cumprimento.

— Não se preocupe, eu entendo. Estou ainda conhecendo Rafael e sei sobre vocês. Tenho coletado informações, fatos e histórias sobre a GCP, pois estou escrevendo um livro a respeito. Obviamente, publicarei quando essa ditadura cair, ou, se isso demorar, irei ao exterior denunciar tudo o que ocorre aqui no Brasil. Então, no que precisar, podem contar comigo — disse Hesed, olhando de uma forma diferente para Rafael, o que foi notado por Marília.

— Obrigada, Hesed, mas estou desistindo de procurar por eles. Já são seis anos desde o acontecimento e nada de novo sucedeu. Já solicitei apoio da inteligência de Havana e, até mesmo, de Moscou, e nenhum êxito obtido. Meus contatos aqui no país também não me deram nada que elucidasse o ocorrido. Assim, fui perdendo minhas forças, a esperança sendo substituída pelo conformismo, e a necessidade de seguir em frente foi tomando conta de mim, a ponto de decidir uma coisa: irei embora do Brasil — disse Marília, tentando entender Hesed sobre Rafael.

— Marília, fique. Preciso de você, ajude-me a encontrá-la — disse Rafael, no que Hesed sentiu uma compaixão por ele.

— Rafael, vou te explicar algo: você precisa abandonar isso e seguir em frente. Ainda é jovem e tem o futuro diante de ti. Essas dores irão te abandonar aos poucos. Será muito difícil, porém, terá de dar uma chance a você mesmo. Cuide-se, renove-se e crie um novo caminho. Isabela se foi, meu amigo. Se foi — disse Marília, abaixando a cabeça e sentindo um pesar por isso.

— Não foi, cale a boca! — gritou Rafael em um estridente assustador e pavoroso.

— Acho melhor deixar vocês dois a sós para conversarem. Vou sair com Sirius e volto daqui a pouco. — Saiu Hesed sem ser notada por Rafael e Marília.

— Rafael, eu entendo você, mas precisa acordar: Isabela morreu. Todos nós sabíamos das consequências de ingressar e criar um movimento de guerrilha nesses tempos. Bil tinha treinamento militar, conhecia os riscos e não podemos culpá-la por tentar fazer o que fez. E vou te dizer mais: ela tinha decidido não amar ninguém e cumprir seu papel na história. Ela desejava ser a política, a democracia, devolver a liberdade ao Brasil, às mulheres, a justiça social proveniente de um socialismo mais humano. Seu sangue era a política, suas ações, o enfrentamento contra a opressão, mas o coração era seu. Eu tenho plena consciência de que Isabela lutou muito contra si mesma ao aceitar a verdade sobre te amar. Entenda: ela não queria isso. Mas você, melhor que ninguém, sabe que o coração não é domesticável. E o de Bil também não era, por mais que ela gostasse de anotar tudo em sua agenda, planejar a vida, equacionar sua jornada. E, de certa maneira, ela o fez. Nas minhas coisas, encontrei um rascunho de uma poesia que ela fez para você. Chama-se 1964 e vou ler para ti.

Marília respirou forte, tomou um fôlego, segurou suas emoções para não afetar o antigo guerrilheiro, e leu a poesia 1964, escrita por Isabela.

"Encontrava-me entre livros e letras
Em um espaço regido por culturas não neutras
Na minha frente a Apologia, a Cruz e a Vida e poemas de Romeu
Na minha sina, uma amiga, uma senhorinha, e o furor do meu eu

Havia experimentado agora há pouco o golpe do coração
A revelar atos que institucionalizaram em mim a paixão
A elaborar uma vestimenta que me cobriu na guerrilha
Uma batalha que enfrentei para ter você em minha vida

Imaginei logo à frente fundar as estruturas de um partido
Regido por regramentos direcionados por princípios
De todas as classes conscientes no discurso de um trabalhador
Tendo você no íntimo sindicato para expurgar a dor

Peguei o manual vermelho e li por inteiro
Estudei todo o seu eu para compreender o segredo
Que desejo seu respiro para residir no aconchego
Adormecendo ao teu lado ao fundamento do teu beijo

As catedrais abriram suas portas para o inferno que se seguiria
As pessoas professaram a fé em coturnos e sangria
Todo esse cenário cruel não limitou o meu cálice
E seu abraço apertado confortou-me ao se mostrar um álibi

No Araguaia e em outras armadas tive escolhas
Nas reuniões clandestinas registrei meus discursos em folhas
No espelho tu viste a Mulher no uniforme rubro determinada
Mas por trás da roupa estava ali a Menina, a Poesia, a sua Coroada"

Rafael não disse uma só palavra. Ficou em frente à Marília, vendo a Comunista, que não se conteve e chorou. O antigo guerrilheiro não esboçou qualquer tempestade, lágrima, apresentando-se firme, calmo, a despeito de em seu rosto estampar uma serena tristeza. Passou as mãos em seus cabelos, coçou sua barba, caminhou na sala da casa de Hesed, viu uma fotografia da jornalista e suspirou. Foi na direção do espelho, viu sua imagem refletida e não reconheceu o homem ali no vidro. Tentou ingressar no seu ser, aprofundando no seu íntimo, procurando por algum sinal do jovem estudante de Direito, mas nada encontrou. Ele também havia morrido. E se sentiu um estranho, não sabia quem era aquele sujeito no espelho, e tentava chamar por sua denominação antiga, mas nada de ouvir a alegria do que foi seu masculino um dia. Mesmo com essas reflexões, não chorou. Rafael tentava entender o que se passava, os anos de vivência nas ruas, o sofrimento vivido no concreto quente e frio da insensibilidade humana, um invisível sem passado e sem futuro. Olhou para sua mão, a fechou em punho e suas fibras enrijeceram, o sangue logo voltou a correr, a ponto de conseguir ver por fora as veias elevadas do antigo guerrilheiro. Virou seu rosto para Marília, apertando seus olhos em ira, caminhou lentamente em direção à Comunista e disse:

— Ela está viva!

— E o que o faz pensar isso? — perguntou a Comunista.

— Eu a sinto, Marília. Quando digo que ela morreu, são meus sentimentos mais obscuros dizendo isso, tomando conta de mim, levando o resto de luz que ainda me resta. Porém, ouço uma voz rouca sussurrando e me dando sinais sobre Isabela, como se, em algum momento, ela aparecesse e dissesse a mim: "*ame-me!*". Eu me levanto, desperto, enlouqueço, e a imagem dela aparece diante de mim, no que tudo se transforma nela. Um chamado me conduz novamente para Isabela e eu me perco nessas trilhas. Alguém me bate por isso, esbofeteia, torno-me um indigno pela sandice apresentada, mas sei que, na verdade, estou certo: ela vive! Volto à serenidade de antes, controlo minhas emoções, e aumento a expectativa de encontrá-la mais uma vez. Sabe, Marília, meu destino é a Coroada. Eu não consigo viver sem ela. E, de certa forma, ela está aqui comigo, seja na lembrança, nos fantasmas que me assombram, na poesia lida agora, na esperança e na pior das dores, que é a saudade. Eu preciso, e devo, procurá-la. Não posso me dar o direito de desistir. Isabela era minha esposa, a minha vida. E uma: ela trazia dentro de si aquele que ainda não tive a chance de chamar de meu filho — disse Rafael com o rosto tremendo, toda a sua musculatura segurando o corcel por dentro, e prestes a irromper numa intensa explosão de sentimentos, o que foi compreendida por Marília, tendo a Comunista o abraçado para aliviar o sofrimento.

— Meu amigo!

Um abraço forte foi dado e uma história de um destino compreendida. Não sabemos por que fazemos as coisas. Um dia você acorda, acreditando ser como mais uma rotina qualquer, a repetir os mesmos atos de anos, de séculos, de toda uma era. Caminhamos sob a Aurora, o sol a marcar nossa pele e fazer o suor descer em nossos rostos. Levamos as preocupações, as dores, mas também a esperança de amanhã ser diferente. Porém, nunca imaginamos hoje, agora, o instante diante de si ser a novidade, o caminho inédito, aquilo que o levará para a felicidade. Quando estamos de frente para o nosso destino não compreendemos, naquele momento, ser ele as páginas de um livro que se chama "*nossa vida*". E passamos os dedos entre esses papéis, não entendemos que já estamos vivendo o enredo em que somos os protagonistas, e não damos a devida importância. Tempos depois, no silêncio da solidão, essa dama inseparável dos poetas nos ensina de uma maneira mais trágica que a narrativa acabou e o final não foi feliz. Você se desespera, tenta fazer diferente, volta na página em que disse "sim" ou "não", onde o orgulho, por diversos motivos, foi rei e o amor um plebeu miserável, mas percebe que a história acabou, o tempo passou, e não lhe resta mais nada a fazer a não ser entender: a chance foi perdida. Esse jogo cósmico, esse labirinto divino, aquilo que se chama de destino é cruel. Inspira escritores, é verdade. Mas são linhas de um romance não interpretado da maneira adequada. Estou me revelando demais, Menina. Mas todos já sabem que amo você. E, sim, sou exagerado.

E Rafael também é.

— Eu amo a Coroada, Marília. Amo!

— Eu sei, meu amigo, eu sei. Mas precisa entender: essa página virou e o livro terminou. A história de vocês é linda, poética, sensual, de um modo que jamais vi, porque sim, eu olhei de perto. Esses amores intensos, os rompantes de paixão, os imperativos de Isabela, ela era demais, deixariam qualquer um louco. E você soube, perfeitamente, cadenciar esses sentimentos, não roubar ou diminuir a personalidade de Bil, e sim ampliar a força dela com o seu amor. Você foi muito sábio ao se permitir ser o servo de um reino que você mesmo construiu. Elevaste a edificação de um castelo para que nele vivesse tua princesa, mas ela era mais que isso: uma rainha, a Coroada. E todas as leis desse império você deixou que Isabela as redigisse, confiando mais no seu sentimento do que na sua razão. E foi feliz, pois o segredo é que é doando que se recebe, porque o amor é assim. Claro, existe reciprocidade, mas deve ser algo espontâneo, e não exigido. A pureza desse sentimento reside nas incondicionalidades, da entrega por inteiro, do verdadeiro *philos*, o qual conhece muito bem. Você a pediu em casamento e ela negou. Depois, veio uma gravidez, e ela aceitou. Tornou-se um guerrilheiro, porém, já era um guerreiro de uma batalha muito mais nobre do que essas que enfrentamos: a luta por amar. E, entenda, você é o melhor nisso. Então, permita a si mesmo amar novamente. Melhor, deixe-se amar, pois já sei que isso está acontecendo — disse Marília e apontou para a fotografia de Hesed na sala.

— Não entendo, como assim? — perguntou Rafael.

— Meu amigo, Hesed o ama. Não te ocorreu que ela abrigou um mendigo em sua própria casa, lugar onde mora sozinha? Não ponderou os riscos que ela correu ao te trazer para aqui? Imagino que a sua condição de seis anos de rua não fosse a mais agradável para o convite à paixão. Não sei dizer o que ela viu em você, mas pode ter certeza: ela te ama incondicionalmente. Responda a uma pergunta, por favor: há quanto tempo a conhece? — perguntou Marília.

— Um dia e meio — respondeu Rafael e ficou reflexivo.

— Um dia e meio! — surpreende-se Marília.

— Sim, um dia e meio. Ela cuidou de mim, me deu alimento, abrigo e me vestiu. E, hoje, agora há pouco, cortou meus cabelos e aparou minha barba. E não posso mentir, senti algo por ela. Porém, ao ver esse sentimento habitar em mim, comecei a ter culpa, dor, pelo que tenho por Isabela. Eu não consigo. E Hesed merece mais do que um amor em ruínas. Toda mulher merece a entrega, e esta deve ser integral, por completo, coisa que não sou mais — disse Rafael, olhando para o horizonte, perdido em diversos sentimentos.

— Permita-se ser amado, Rafael. Você se entregou para o amor à Isabela, e foi completo, até mais do que isso. Bil entregou também, mas tu foste maior. Agora é o seu momento de deixar alguém amar você. Talvez não tenha aprendido a viver o amor recebido, apenas o amor entregue. E tem diferenças substanciais. O amor entregue é lindo, magnífico, mas existe um pouco da vaidade em querer fazer-se notar. É amor também, mas não tem a sutileza do amor recebido. Este é humilde, silencioso, delicado, porque você preenche as expectativas do outro. Cria o ideal para aquele que ama, pois este o considera um Deus. Doar é grandioso, porém, receber é divino. No ato de doar, tu és o agente principal que move as emoções. No ato de receber, você se recolhe para ver a grandeza de quem doa. E, ao ganhar, não existe nenhuma vaidade, muito ao contrário, o que há é a simplicidade de simplesmente viver a rendição de um afeto. O amor doado é quente e intenso. O amor recebido é carinho, paciente, benevolente e, acima de tudo, é real. Hesed ama você! Permita-se esse amor — disse a Comunista, causando profundas reflexões no antigo guerrilheiro.

— Não sei, tudo é novidade para mim, Marília. Vou deixar o destino se cumprir e, enquanto eu sentir a presença de Isabela, não posso abandoná-la. E, caso Hesed e eu venhamos a ser um amor doado-recebido, terei de ser sincero: falarei a ela sobre o que sinto, de verdade, por Isabela. Não posso iniciar um relacionamento sem ela saber o que tenho em termos de sentimento. Eu vivi muita coisa com Isabela. Eu vivi... — Rafael silencia após a última frase e cria forças para não chorar.

— Não faça isso! Não seja essa fortaleza toda. Se tiver de chorar, chore. Deite as lágrimas que tiver, a fúria a se libertar, as emoções que precisa viver. Mas as viva e, mais uma vez, deixe o amor chegar. Seja feliz, meu amigo. Seja! — diz Marília, sinalizando ir embora, quando Rafael disse:

— Não vou chorar por alguém que ainda vive. Isabela está viva! — respondeu Rafael.

— Tudo bem, não vou te persuadir sobre isso. Meu amigo, preciso me despedir. Não tenho sua força e cheguei à conclusão de que minha história no Brasil chegou ao fim. Meu amor não está mais aqui. Não me procure, preciso me desligar dessa história. Vou viajar pelo mundo, ir a lugares distantes daqui secar minha saudade com um novo rumo. E espero que faça o mesmo — disse Marília, abraçando Rafael e se despedindo dele.

— E Padre Marcos? Já conseguiu esquecê-lo? — perguntou Rafael.

— Jamais! — disse Marília e foi embora da casa de Hesed.

Rafael pensou nas coisas que sua amiga Comunista disse a ele. Ela tinha razão em muitas das palavras ditas ali na casa de Hesed, inclusive sobre esta, ao visualizar um novo amor para o antigo guerrilheiro. Porém, Isabela ainda era uma presença muito forte em seu coração, não desocupando o lugar do pulsador, sendo difícil entrar mais alguém no espaço das paixões, especialmente este que, para Rafael, era o Castelo da Coroada. Ficou dividido, situação ainda não vivenciada por ele, nos seis anos após os eventos da Casa da Morte. Já estava prestes a entregar sua vida ao anjo indesejável, quando soube de uma jornalista que cuidava de listar os desaparecidos do regime e os obituários. Não pensou duas vezes, e foi atrás de Hesed. Mal sabia ele que, na verdade, foi Isabela que o levou até a jornalista. Ela estava viva nele para que o antigo guerrilheiro pudesse amar mais uma vez. Linhas tortas, não é? Saibam que esse último narrador é muito mais criativo que eu. Sou apenas uma imagem e semelhança Dele.

— Rafael, cheguei! Sirius também! Onde está? — perguntou Hesed, ao chegar em sua casa.

— Estou aqui, no quarto — disse Rafael, sentado no chão do quarto de Hesed.

— Ótimo, já estou indo aí. Trouxe maçãs, batata-doce, chocolates, porque ninguém é de ferro. Gosta de milk-shake? Corri atrás de um por você. Comprei umas roupas também. Não sei seu estilo, e supus o tamanho, porém, se não servir, eu dou um jeito de trocar — disse Hesed, aproximando-se de seu quarto e vendo Rafael sentado no chão.

— Obrigado, Hesed, tem feito muito por mim. Não sei o motivo disso tudo, mas espero retribuir — disse Rafael.

— Que isso, não é nada. Trouxe só umas coisinhas, nada relevante — disse Hesed e sentou-se ao lado de Rafael.

— Não, não, é relevante demais. Você abrigou um estranho em sua casa, alimentou-o, lhe deu banho, vestiu-o e, acima de tudo, deu dignidade. Os escombros que conheceu, pouco a pouco, estão se reunindo mais uma vez, na tentativa de ser um homem novamente. Confesso a você que estou próximo à loucura, algumas cicatrizes talvez jamais se curem ou fechem, mas preciso que saiba disso. Vivi coisas que nunca pensei viver um dia. E foi muito forte — disse Rafael, abaixando a cabeça e refletindo sobre seu passado.

— Eu sei ou, ao menos, imagino, Rafael. Tenho estudado muito sobre a ditadura militar e os estudantes que ingressaram em movimentos de resistência e guerrilha contra o regime. Muitos têm danos psicológicos, são torturados e mortos — disse Hesed e, após dizer "mortos", percebeu que não deveria ter dito aquilo.

Rafael ouviu bem as palavras ditas por Hesed e, especialmente, o termo "mortos". Percebeu que Hesed arrependeu-se de ter dito aquilo, mas sabia o antigo guerrilheiro que a jovem jornalista não fez por mal. Ela tinha isso de dizer muito, além das palavras e significados, algo particular ao mundo do jornalismo. Porém, ele sentia um certo "charme" nisso e, de alguma maneira, esse jeito de Hesed o comoveu. Não digo que já era apaixonado por ela, mas insensível ao sentimento também não. O antigo guerrilheiro olhou para Hesed, apresentou um rosto de tranquilidade e paz há muito tempo não visto, deu um sorriso discreto e disse:

— Você é uma graça!

Hesed ao ouvir isso agiu impetuosamente, sem pensar, como um raio antes do trovão, e logo beijou Rafael. Sim, o antigo guerrilheiro teve um beijo roubado. Destino irônico, não é.

— Ops, desculpe! Agi sem pensar — disse Hesed.

— Não se preocupe, e não se desculpe. Eu gostei — respondeu Rafael.

— Gostou? Agora fiquei confusa e começo a me perder em pensamentos sobre o que está acontecendo aqui — disse Hesed.

— Isso foi afeto e, não serei hipócrita, carinho é bom. Você fez de um jeito tão natural que eu não poderia fazer diferente. E, Hesed, saiba de uma coisa: você é uma mulher linda e incrível. Não posso dizer o mesmo de mim. Nem homem... — Foi interrompido pela jovem jornalista, que disse:

— Você é lindo! — e beijou novamente Rafael.

— Duvido disso, mas não estou nos meus melhores dias de discernimento — disse o antigo guerrilheiro, causando uma gargalhada na jovem jornalista. O amor é lindo, Menina. Linda és.

Vocês podem se acalmar um pouco pelo que aconteceu agora. O que houve aqui, entre Hesed e Rafael, foi cuidado, carinho e, claro, o início de uma história. Não punam o antigo guerrilheiro, pois ele sofreu demais. Viver morto é a pior das mortes. Quando alguém que amamos se vai, isso arrasa qualquer espírito, e dificilmente uma cura pode cicatrizar totalmente. O sentimento de Rafael sobre isso é muito incipiente, confuso, um turbilhão em seu coração. Evidentemente, ele ama Isabela, não tenho dúvidas. Porém alguém o ama e se chama Hesed. E amar não é planejado. Vocês acham mesmo que o ato de amar é controlável? Pensam aí, amigos e amigas que me leem, ser possível dizer ao coração assim: *"olha, não pode amar agora, porque não estou pronto"*. Coração, este órgão do corpo humano que bombeia sangue, é muito mais do que um motor propulsor: é a nossa essência, a centelha divina que habita em nós. O ser humano é teimoso, acredita que as normas morais, os agendamentos, os planos, tudo organizado e metodicamente anotado sairá como antes pensado. Contudo, esquecemos todos nós que, no dia sem qualquer sentido, uma pessoa olha para você, lhe acha bonito ou bonita, interessante, sexy, sei lá o quê, e esses ingredientes formulam a ação de amar e, em um átimo sem pensar, falamos assim: *"Desculpe, mas eu queria dizer que você é muito linda"*. É como se a natureza fosse criada para que nós lembrássemos, em algum momento da vida, a razão determinante de existirmos: somos amor. *"Um novo mandamento vos dou: Que vos ameis uns aos outros; como eu vos amei a vós, que também vós uns aos outros vos ameis"*, João 13:34. Leram, não é? Então, não me culpem, irmãos. E, tampouco, julguem Rafael. A história não termina aqui.

— Você é lindo, sim — disse Hesed.

— Tudo bem, não vou me opor a isso — disse Rafael.

— Mas eu sei o que você é e o seu sentimento por Isabela. Seu amor, na verdade. Eu respeito isso — disse Hesed.

Rafael ficou em silêncio ao ouvir o nome da Coroada. Pensou muito, olhou ao redor, viu a beleza de Hesed e seu coração feminino pedindo urgência ao amor. Olhou a si próprio no espelho, tentou entender o que se passava ali e a sua vida nos últimos dez anos. Antes ele roubou o beijo. Hoje foi roubado. Antes entregou o amor. Agora ele é entregue. Seu coração é Isabela. Mas alguém está batendo na porta. O antigo guerrilheiro costuma ir a lugares que o transportam ao seu destino. Antes uma biblioteca, depois a redação de um jornal. E um amor sempre o espera. Isabela estava ali e Hesed também. Esta o beijou. A outra eternizou-se. A jovem jornalista o ama. E o amor é inexplicável.

— Hesed, preciso lhe dizer algo verdadeiro: eu amo Isabela. Ainda sinto a presença dela, seu jeito forte de agir, as determinações, sua razão impecável e o discurso político lindo. Não gosto de esconder o que eu sinto. Hoje sou tristeza, um homem perdido, sem rumo e com zero perspectivas. E, como se uma força estranha me conduzisse, fui até você procurar Isabela e acabei encontrando um amor. Não sei lidar muito bem quando alguém me ama assim, pois o que eu vivi foi a entrega integral, incondicional, a Isabela. E não é justo eu viver assim com você, um mendigo, indigno, um homem que não soube dizer: também gosto de você. Então, começo a pensar... — Foi interrompido por Hesed.

— Cale a boca! — disse a jovem jornalista, e beijou Rafael.

Rafael surpreendeu-se e cedeu ao beijo, sentindo-se transformado, voltando a ser o que fora um dia. A suavidade dos lábios de Hesed, a tangenciar sua boca, sentindo as mãos da jovem jornalista em seu rosto, e um perfume a penetrar nas suas narinas e na sua alma foram "amolecendo" o petrificado coração ferido do antigo guerrilheiro. Um conflito instalou-se em sua mente e digladiavam-se ali nas razões a sustentar o amor devocional a Isabela, e a entrega incondicional de Hesed a ele. Tentou ser honesto com seu sentimento e foi. E isso, ao que parece, não abateu a jovem jornalista. Ela estava decidida a lutar por aquilo que sentia. E veremos o quão longe vai essa história. Aguentem, ainda não acabou.

— Rafael, entenda uma coisa: eu estou amando você. Não estou pedindo nada em troca, porque eu sei o que passou. Só te peço a oportunidade de viver uma nova história, vendo esse outro lado da vida, aquele em que é amado incondicionalmente. Não me sinto ferida no meu orgulho por me dizer que ama Isabela. Não mesmo. Você está nessa condição porque viveu uma linda história de amor. E eu respeito isso. Por esse motivo, desejo viver a minha e entregar esta a você. E te digo mais: pode continuar procurando por Isabela, porque eu vou ajudar você nisso também. Vamos descobrir, juntos, o que aconteceu com ela, pois Isabela não é importante apenas para você, mas, sim, para a história do Brasil também. Ela era a resistência, a Coroada, a força das mulheres. Força! — disse Hesed e beijou, mais uma vez, o antigo guerrilheiro.

— Isso não está certo, Hesed. Quando eu amo alguém, o faço por inteiro e me entrego. Não estou nessas condições hoje, logo, isso não é honesto com você. Sinto que vou encontrar Isabela um dia, continuarei a procurá-la e agradeço por sua ajuda. Contudo, saber de seu sentimento me deixa incomodado. E nem sei o que posso te oferecer, pois estava nas ruas agora há pouco. Eu estou arruinado, destruído, sem forças para começar de novo. Eu... — Novamente, interrompido por Hesed.

— O que você tem para oferecer é a si mesmo, muito para mim, o que sempre esperei: alguém para amar. Você escutou isso? Então, vou repetir: existe uma mulher diante de ti dizendo que o ama. E ela não está exigindo nada de você. É só amor. Amor, Rafael. Amor. Vamos caminhar daqui para a frente, com os desígnios que se revelarão para nós, em algum momento. Permita-me cuidar de você. Deixe-me curar suas feridas, abrir uma estrada para percorrer, devolver a força da vida a ti. Não estou te impedindo de encontrar Isabela, Padre Marcos e nem de entender como está agora a GCP. Estou te pedindo para me deixar te amar. Só isso. Amor não é troca, condições, a bilateralidade sempre. Verdadeiro amor é entrega. "*O amor é paciente, é bondoso; o amor não é invejoso, não é arrogante, não se ensoberbece, não é ambicioso, não busca os seus próprios interesses, não se irrita, não guarda ressentimento pelo mal sofrido, não se alegra com a injustiça, mas regozija-se com a verdade; tudo desculpa, tudo crê, tudo espera, tudo suporta*", 1 Coríntios 13:4-7. Já ouviu isso, não é? — disse Hesed, acariciando o rosto de Rafael.

— Sim e muito, um grande amigo meu — responde Rafael, lembrando de Padre Marcos.

— Ótimo, então levante-se, homem, venha comigo à cozinha. Vamos nos alimentar, tomar aquele shake que trouxe para você e, depois, experimente as roupas que comprei. Vamos ficar conversando sobre a vida, frivolidades, rir um pouco, porque esse seu sorriso precisa aparecer mais uma vez nesse rosto lindo. Amo você, seu bobo. E minha amiga Lúcia vai achar que sou louca! Estou nem aí — disse a jovem jornalista, e levantou Rafael do chão de seu quarto, pegando em suas mãos.

Hesed tinha um coração forte e um amor imenso. A jovem jornalista não planejou amar alguém assim tão rapidamente. Mas ela viu algo no rosto de Rafael que a fez despertar para esse sentimento. A explicação para isso é difícil, podendo ser outras vidas, uma reminiscência de uma pessoa amada, paixão à primeira vista, atração física irresistível ou, simplesmente, amor. Alguém aí conta no relógio ou no calendário os minutos ou os dias precisos para se permitir amar? Será que existe um prazo de amadurecimento de uma paixão, como se fosse um fruto a tornar-se maduro no tempo certo? Você encontra uma pessoa hoje e somente no futuro acredita que a ama? E a fugacidade, o ímpeto e tempestuoso dos poetas? O elemento ardente de um amor intenso, onde fica? Ah, Menina, tu sabias que eu era assim por ti e silenciou sobre isso por muito tempo. Verdade que eu negligenciei esse sentimento também. Éramos dois bobos que se encontravam no pós-aula para conversar sobre a política do país. Eu pelo menos admirava seu discurso e seu lindo rosto. Depois fui saber que era recíproco. Existe uma chance de darmos certos? Eu acredito que sim. O amor sempre vence, Menina Católica. Você me ensinou isso.

Enquanto Hesed e Rafael se alimentavam, divertiam-se e experimentavam roupas, um sujeito obscuro, com rosto pesado, ferido, caminhava do lado de fora da casa da jovem jornalista. Agora pude notar que esse indivíduo estava observando Rafael e Hesed conversarem, porém, nada fez em relação a eles. Via o antigo guerrilheiro e sua expressão era uma mistura de raiva, ciúmes e esperança. Suas feições eram cerradas, uma pele alva, de grande estatura, não parecendo latino. Rondou a casa de Hesed, encontrou uma abertura, pensou em ingressar no domicílio, porém, hesitou e mudou de ideia, fazendo o movimento de regresso após ver o casal ir para a cozinha. Ficou algum tempo vendo os dois conversarem, admirou-se da beleza da jovem jornalista e decidiu ir embora. Quando estava a sair, pisou em um caco de vidro, o qual cortou seu pé, dando ele um grito. Hesed e Rafael ouviram o suplício de dor, levantaram-se e foram até a janela ver o que era. Mas o antigo guerrilheiro convenceu Hesed de que era nada, já apreciando a conversa da jovem jornalista, dizendo para ela voltar para a cozinha e beber o fim do milk-shake. Hesed concordou, voltou, mas viu um brilho de metal reluzir em seu rosto, ao que ela não se conteve e disse espontaneamente.

— Um Mosin-Nagant!

Capítulo 29

O fim de uma época é o início de outra Três meses depois

  Rafael estava sozinho na casa de Hesed, lendo alguns livros da biblioteca da jovem jornalista. Procurou coleções de Direito, livros sobre teoria do Estado e Política, e pôde notar a existência de exemplares de Kelsen, Ihering e Bobbio. Pegou os três, leu muitas páginas e voltou a pensar sobre seu curso de Direito, faculdade paralisada no terceiro ano, época em que foi para Porto Seguro ingressar na GCP, criá-la, na verdade, com Isabela. Já apresentava um espírito melhor, seu corpo se recuperou bem das feridas de rua, e vestia-se de acordo com a pessoa de sua idade: estava com trinta e três anos.

  Na solidão da casa da jovem jornalista, que, logo pela manhã, dirigiu-se para a redação do *O Globo*, o antigo guerrilheiro estudou e pensou sobre si mesmo e seu futuro. Começava a pensar em novos planos, trabalhar e estudar, pois ficou um bom tempo afastado disso tudo. Decidiu que deveria dar uma chance a ele, de recomeçar, a perspectiva de um futuro. Olhou ao redor, viu um calendário e percebeu que era fim de ano: 13 de dezembro de 1974. Estava próximo do Natal e do Ano-Novo, datas que inspiram a renovar-se, criar-se, tentar ser feliz novamente.

  No entanto, seu coração ainda estava pesado. Não deixou de pensar em Isabela nenhum dia. Nas ruas, enquanto morou no concreto quente e frio, todos os minutos de sua mente eram ocupados pela Coroada. Conseguia sentir suas mãos, seu perfume, seus amores impetuosos, sensuais, aquela loucura toda de amar urgentemente, algo particular a Isabela. E, quando adormecia, sonhava com ela. Bil sorria para ele, caminhava em sua direção, e as sensações corpóreas do antigo guerrilheiro eram suaves a isso, tendo uma leveza e aquela experiência de frio na barriga, quando se está apaixonado. Ela o beijava, abraçava-o e Rafael a cobria com seu abraço, afeto e um longo e interminável beijo. Acordava com as buzinas do trânsito, ou os inconvenientes pedestres, pessoas que ignoram os moradores da urbe. "*Nós amamos também*", pensava o antigo guerrilheiro.

  Mas essas lembranças de Isabela começavam a ficar sob seu controle, não tendo mais aqueles rompantes ou ataques ao que ele entendia ser a Coroada a sua frente. Não que houvesse sido eliminado isso, às vezes acontecia, porém, com menor frequência. Hesed conseguiu dar a ele um pouco de vida, novidade, um curativo na cicatriz difícil de se fechar: um amor intenso perdido. Ele tentava seguir em frente e a jovem jornalista foi fundamental nesse processo de renascimento.

O que lhe causava ainda mais dor era a gestação de Isabela e o filho que teria com ela. Pensava muito sobre ela e, em meio a essas reflexões, a circunferência da gravidez da Coroada o marcava muito, doía, como se um corte fosse feito em seu peito. Isso o descontrolava, enlouquecia, a ponto de se maltratar ainda mais. Foi difícil acalmar esse sentimento, a fúria de não ver seu filho nascer, mas foi aprendendo a lidar com isso também. Contudo, é bom que se diga: Hesed foi a responsável por esse trabalho de cura ao antigo guerrilheiro.

A visita de Marília três meses atrás foi boa também para contribuir para esse novo começo. A Comunista já estava decidida a dar um novo rumo a sua vida, deixando o Brasil para viajar pelo mundo para, segundo ela, "*secar sua saudade*". As feridas dela também eram fortes, pois construiu uma relação de afeto, carinho e amor por Padre Marcos. O pároco imprimiu na Comunista um amor nunca antes experimentado por ela. Ele era diferente, um homem de fé, sim, porém niilista e amante de amar sem regras, moral ou obstáculos. Seu fundamento era um só: Jesus. "*Pois Ele amou também, sendo essa sua maior lição*", sempre dizia Padre Marcos ao ver a nudez de Marília diante de si. Rafael sempre o ouviu, sendo o amigo que cuidou de fazê-lo compreender de uma maneira maior a verdade sobre o amor. Se o antigo guerrilheiro era só coração por Isabela, muito dessa construção, esse homem elaborado ao amar, tem a participação relevante de Padre Marcos. A liturgia deste não era a convencional, o que mostra ser uma verdade que não praticamos. Qual convenção é de acordo com nossa natureza? A natureza humana!

Assim, diante dessas reflexões, lembranças e novos planejamentos, Rafael tentava se reerguer das ruínas de seu luto. Este era particular ao antigo guerrilheiro, uma vez que sempre dizia a todos ao seu redor, especialmente a Hesed: "*eu a sinto, ela está viva!*". E a jovem jornalista foi muito sábia ao não enfrentar esse sentimento, e sim compartilhá-lo, colocando-se no lugar de Rafael, vivendo a mesma angústia que ele. Ao fazer isso, Hesed conseguiu compreender o que o antigo guerrilheiro sentia, e isso deu forças para ajudá-lo e amá-lo, algo que fazia espontaneamente. Essa combinação, mistura, esse novo casal era resultado de uma harmonia calma, paciente, cuidadosa, o que permitiu a Rafael ser uma pessoa a olhar novamente para o futuro. E, quanto a Hesed, ela estava amando. Então, não podemos julgá-la por nada. O amor é um fundamento, uma resposta, aquilo que é permitido. Uma transcendência, um redutor de barreiras, o bálsamo da vida, o que na verdade vale a pena. Eu escrevo, leio, estudo, trabalho, falo e acredito. Dou minha aula, refaço a aula, explico e reexplico. Filosofo, poetizo, rimo e rio. Porém, você sentada na minha frente, na primeira cadeira, com aqueles olhos para mim, você ali, apenas isso, já justifica tudo o que eu faço. Vocês já sabem o que eu vou dizer. É isso mesmo. Sou exagerado e ela sabe disso.

Hesed havia acabado de chegar em sua casa, viu Rafael debruçado sobre os livros, e isso a animou. Nos últimos três meses, o antigo guerrilheiro voltou a estudar, lendo sua biblioteca, e isso fez a jovem jornalista comprar mais livros. Ela acabara de trazer uma coletânea de direito constitucional, artigos de um jovem estudante português, parece que se chama Canotilho, além de uma boa literatura, como Euclides da Cunha, Rachel de Queiroz e Jorge Amado. Para completar a lista cultural do dia de hoje, Hesed trouxe dois LPs muito comentados no *O Globo*. Um era de um intelectual que há poucos anos havia retornado ao país. O outro era de um grupo musical de Minas Gerais, com músicas também de resistência ao regime militar. Como Rafael era mineiro e ex-guerrilheiro, acreditou Hesed que o agradaria com os mimos. Ele amou.

— Construção, de Chico Buarque, e O Clube da Esquina, não acredito! Milton Nascimento e Lô Borges são fenomenais! Eu amo cultura, esse país e...

O que veio na sequência foi inesperado, mas Rafael disse:

— ... eu amo você, Hesed!

Após ele dizer isso, a jovem jornalista não reagiu. Ele logo esfriou, sentindo culpa pelo que disse. Hesed compreendeu e não falou nada também. A alegria dos presentes fora substituída por um silêncio constrangedor. Entendam, será difícil, ainda assim compreendam: existe amor ali. Mas o passado é difícil de abandonar. Uma nova vida é uma construção, a tentativa de tudo que você pode ser. E Rafael, vocês sabem muito bem disso, amou Isabela como se fosse a última vez, beijou-a, sempre, como se fosse a última, e seu filho com ela era o único. Depois de tudo o que aconteceu, atravessou a rua com seu passo tímido, e morou ali por seis anos. Até encontrar Hesed e descobrir um novo futuro. Ele viria. Eu disse: a história não termina aqui. Resistam!

— Desculpe! — disse Rafael.

— Não se preocupe, meu bem, eu entendo — disse Hesed.

— Mas não é justo, não deveria ser assim — disse o antigo guerrilheiro.

— Meu bem, seja paciente, o tempo dirá a verdade. Por hoje, acalme seu coração, continue seus estudos e dê-se a oportunidade. Vou ligar a TV para assistir ao Jornal Nacional. Sente-se comigo e só me abrace — disse Hesed e sentou-se no sofá, sendo acompanhada por Rafael.

O antigo guerrilheiro abraçou Hesed, a acariciou e ficou passando suas mãos em seus cabelos. Ela deitou sua cabeça em seus ombros, segurou suas emoções e deu-se a oportunidade também para ser feliz: foi paciente. Ela segurou as mãos de Rafael, as beijou, sinalizando que estava tudo bem. Rafael entendeu, a apertou mais forte em seu abraço e perguntou a ela:

— Você quer milk-shake?

Ela riu, não quis chorar, e disse que agora não, porque começaria o Jornal Nacional. Depois, poderiam ouvir os LPs e se entregar às "gulodices" e, claro, também ao amor. Começou o jornal.

"Com o prestígio do Banco Nacional e das empresas do Grupo Nacional, você vai assistir agora a uma emissão jornalística da Rede Globo. No ar, Jornal Nacional: com Sérgio Chapelin e Cid Moreira. As notícias de hoje: Malta torna-se uma república dentro da Commonwealth. Após a Revolução dos Cravos e o fim do salazarismo, a antiga colônia portuguesa, Guiné-Bissau, segue firme no processo de independência e a instalação de seu governo. No Brasil, as eleições gerais de novembro, a primeira realizada no governo Geisel, foram marcadas com uma retomada em direção à abertura política. A expressiva vitória do MDB e a perda de espaço da ARENA no Senado assustou o governo. Juristas e opositores comemoraram, dizendo que, em um futuro próximo, a democracia poderia retornar, com eleições diretas para presidente da República. Para o Senado, o MDB venceu o pleito, com mais de 14,5 milhões de votos, contra pouco mais de 10 milhões do ARENA. Sobre os atos terroristas ocorridos no país, o governo ainda lista os nomes dos envolvidos no conflito no Araguaia, findado no mês de abril. Outro conflito que chegou ao fim foi o liderado pelo grupo terrorista comunista GCP, em Porto Seguro, na Bahia. Os policiais e as forças do governo identificaram os envolvidos, deram voz de prisão, porém houve resistência. A líder conhecida como Salarz e seu parceiro "Simpático" gritaram palavras de ordem contra Geisel e atiraram. Os policiais reagiram e alvejaram o casal, vindo a óbito os integrantes do grupo armado. Antes de morrer, Salarz gritou: 'Viva a liberdade, viva as Mulheres, viva a Coroada!'. Ainda sobre o assunto, Geisel deu ordens para que seu ministro da Justiça informasse os nomes das vítimas do incidente ocorrido em Petrópolis, no ano de 1968. No total foram sete mortos, entre eles, Pedrov Ilitch, terrorista comunista

russo, Marcos Velazquez, ex-padre da Catedral do Rio de Janeiro, e também terrorista comunista, e por fim Isabela Estefânia Oliveira, perigosa terrorista de uma rede internacional comunista, o que foi comemorado pelos militares. No futebol, a Seleção Brasileira ainda repensa sobre o próximo mundial, após a eliminação na Copa do Mundo na Alemanha Ocidental, diante da Holanda, por 2 x 0. Após os comerciais, mais notícias sobre esporte e economia."

    Rafael não acreditou no que ouviu. Não se moveu um milímetro, ficando paralisado diante do nome de Isabela no Jornal Nacional. Os seis anos de espera, de saudades, de esperança pareciam ter chegado ao fim. A ditadura militar enfim concluiu seu relatório e colocou o status de falecida para a Coroada. Ele ficou confuso, não sabia se chorava, se gritava, se se matava, ou qualquer outro ato de loucura. Hesed não quis dizer nada, pelo menos por enquanto, até que o antigo guerrilheiro pronunciasse algo a respeito. Ela achou estranho aquele pronunciamento, pois, na redação do *O Globo*, não disseram nada, parecendo ter sido ordens superiores, a mando do governo. Não era um tempo de liberdades, muito menos de imprensa. Sempre existia um esforço para escrever e noticiar de forma clara, porém, sob o viés da censura e da violência prestes a bater à porta da sua casa, à vista da menor suspeita. O jornalismo não tinha vida fácil em regimes opressivos. E vivia-se um naquele momento da história.

    Rafael também não acreditou ter sido o fim da GCP. O antigo guerrilheiro teve mais um corte em seu coração, pois a guerrilha era uma filha para ele, criança gestada com seu amor, Isabela. Para ela, a GCP era seu sonho de idealismo político, a busca pela liberdade, a devolução do Brasil aos brasileiros. A revolução socialista pensada pela Coroada daria ao país a chance de se reencontrar na história, ter uma dívida social paga, e prosperar, finalmente, ao futuro, lugar distante dessa terra. E o antigo guerrilheiro amava isso em Isabela, além, é claro, de compartilhar dos mesmos valores, pois, não se esqueçam, Rafael tinha uma herança política e ela se chamava Filipe Pastore Matronelli.

    Mas nada estava fácil ao coração pesado do nosso herói. Ainda sentado, seus olhos se esqueceram do que via a sua frente e começou a ver o passado. Uma música então se pôs a tocar em sua alma, a ressoar uma voz feminina a chamá-lo para aquele convite. Fechou os olhos, o que foi notado por Hesed, inclinou sua cabeça para trás e adormeceu. Sonhou. E foi assim:

    — Coroada! Coroada! Catita! Onde você está? — perguntava o jovem estudante de Direito.

    — Amor, estou aqui, venha logo, não aguento te esperar mais — gritava Isabela, mas o som de sua voz estava bem longe.

    — Não te vejo, Catita, me mostre, apresente-se, apareça. É você? — Rafael toca as mãos de uma mulher desconhecida.

    — Seu louco! — A mulher desfere um tapa em Rafael, ele sente a dor em seu sonho, porém, não desperta.

    — Amor, Amor, estou aqui, venha, estou aqui. Estou viva! — grita Isabela e sua voz vai ficando cada vez mais longe e rouca.

    — Eu não estou te vendo, Catita, volta para mim, por favor, volta! — Rafael grita no sonho, e Hesed percebe ele morder os lábios, mas não o acorda.

    — Estou aqui, nossa filha está aqui, venha conhecê-la, meu amor, ela é o seu rosto lindo — grita Isabela, e a distância só aumenta para Rafael.

— Não sei onde você está, sua voz está longe, é você? É você? — Rafael toca outra mulher desconhecida em seu sonho.

— Seu louco pervertido, me solta! — A mulher desconhecida desfere mais um tapa em Rafael, ele sente a dor, Hesed percebe o movimento de seu maxilar, mas o antigo guerrilheiro não acorda.

— Amor, estou com tanta saudade! Quero te beijar, amar, sentir seu eros, sua masculinidade, seu cheiro, venha logo, não suporto sua ausência. Rafael! — grita a Coroada e o antigo guerrilheiro começa a correr, mas suas pernas estão pesadas e sem velocidade.

— Catita! Catita! Eu sabia que estava viva. Eu nunca desisti de você. Nunca! Estou aqui. Onde está? — perguntou Rafael e Hesed segurava-se para não chorar, imaginando o que se passava ali no coração do antigo guerrilheiro.

— Você me abandonou, esqueceu de mim. Esqueceu de nós. Eu estou viva. Sua filha está viva. Ela está aqui comigo. Fale com seu pai, filha, fale! — disse Isabela ainda no sonho de Rafael, ordenando à criança que falasse.

— Jamais te abandonarei, Catita, eu te amo! Eu te amo! Amo! — disse Rafael, sendo essa última palavra ouvida por Hesed.

— Fale com seu pai, filha — disse Isabela falando para uma criança. Uma Menina.

— Pai, paiê, Papai!

— Filha! — grita Rafael e desperta.

Rafael acordou de seu sonho e estava todo suado. Sua camisa encharcada, o sofá onde sentava também molhado com seu suor, e até mesmo Hesed apresentava a umidade da transpiração do antigo guerrilheiro. Sim, a jovem jornalista continuou abraçada a Rafael durante seu adormecimento e sonho, que durou aproximadamente quarenta minutos. Ele acordou assustado, não reconheceu inicialmente onde estava e, pouco a pouco, foi recobrando sua consciência e entendendo a imagem à sua frente: Hesed estava ali abraçada a ele. O antigo guerrilheiro sentiu um aperto em seu coração, um nó na garganta e uma sensação de vazio. Estava longe de tudo, da sua vida antiga, dos ideais elaborados em cumplicidade com Isabela, distante desta e de seu filho. Filha. Filha, será, Menina?

— Você está bem, Rafael? — perguntou Hesed.

— Sim, agora sim. Tive um sonho — respondeu Rafael.

— Eu imaginei que estivesse tendo um. Você se mexia muito, movia a boca e até pronunciou uma palavra — disse a jovem jornalista.

— Palavra? Qual palavra? — perguntou o antigo guerrilheiro.

— Amo — disse Hesed e olhou para Rafael.

— Desculpe se fiz isso. Sonhei com Isabela — disse Rafael.

— Imaginei isso também. O que você viu no Jornal Nacional foi forte. Eu entendo — disse Hesed e abraçou Rafael, que disse:

— Ela me chamava no sonho e dizia estar viva. Falava que tinha saudades, que me amava, mas, em dado momento, disse que eu a abandonei. Eu não consegui encontrá-la, toda mulher que eu via achava que fosse ela e não era. E, ao fim do sonho, Isabela disse que estava com nossa filha, uma menina.

— Uma menina? — perguntou Hesed.

— Sim, uma menina, e isso me deixou com um aperto no coração. Hesed, meu bem, meu amor, preciso lhe falar algo — disse Rafael e segurou nas mãos da jovem jornalista.

— Amor? — perguntou Hesed.

— Sim, meu amor. Tu estás com muita paciência comigo. Tem sido uma mulher incrível, parceira, ajudando-me em muitas coisas, em especial, na minha reconstrução. Voltei a estudar, ler e ter uma perspectiva. Tudo isso tem me animado, porém, eu tenho um sentimento muito forte por Isabela. E não vou ficar em paz até o dia que se resolver isso. Não acredito no que foi dito no Jornal Nacional. Isabela está viva! E, se eu penso isso, você precisa saber. Se está comigo, viverá meus fantasmas também. Eu vou compreender se quiseres desistir de mim. Mas entenda: não posso negar o que eu sou. Eu... — Foi interrompida por Hesed, que o beijou.

— Eu te amo, Rafael.

— Abrace-me.

Rafael e Hesed se abraçaram, beijaram-se e se amaram. Deixaram o milk-shake, os livros e os LPs do Chico Buarque e do Clube da Esquina para depois. Reservaram-se um tempo apenas para os dois e foram viver seu romance. O coração pesado do antigo guerrilheiro esboçava uma reação e as possibilidades de uma nova vida eram promissoras. Hesed sentia isso e, talvez por essa razão, deu-se a paciência necessária para viver o seu amor. Não exigia nada de Rafael, deixando, desse modo, suas cicatrizes se fecharem, curarem-se, para poder viver mais uma vez. Foi imaginando uma vida com Rafael, a chance de um novo destino e, para isso, talvez fosse necessária uma mudança radical. A jovem jornalista teve uma ideia, alegrou-se com isso, e não esperou mais e disse logo para Rafael.

— Vamos para Minas Gerais! — disse Hesed.

— Como assim, Minas Gerais?! De onde tirou isso? — perguntou Rafael.

— Uai! — Riu Hesed. — Você é mineiro, não vê sua família há dez anos e precisa retomar seus estudos. Eu tenho contatos em Belo Horizonte, o jornal precisa de uma correspondente lá e, para mim, seria ótimo sair do Rio de Janeiro. Como é fim de ano, quase Natal, poderíamos viajar até a casa de seus pais, visitá-los, eu conheceria sogro e sogra e, após, em janeiro, nós iríamos para Belo Horizonte, para BH. — Riu Hesed mais uma vez. — Ver nossa mudança, sua faculdade, meu novo local de trabalho e, claro, nossa casa. Sirius vai amar. E você? — perguntou Hesed toda empolgada com a novidade.

— Essa proposta é indecente e irrecusável. Só aceito com uma condição. Tire a roupa agora! — disse Rafael, reaquecendo seu coração.

— Te amo!

— Te amo!

Amaram-se mais uma vez e ficaram alegres com a notícia da mudança para Minas Gerais e, especialmente, para Belo Horizonte. Hesed logo fez ligações, conversou com alguns contatos do alto escalão do *O Globo* e, devido à sua reputação, aceitaram a mudança do seu local de trabalho e permitiram a ela ser uma correspondente na capital mineira. Rafael também pesquisou sobre o curso de Direito da Universidade Federal de Minas Gerais, e como poderia aproveitar seus anos da UFRJ, já que havia cursado quase três anos da ciência jurídica. Reuniu informações, ligou para a FAFICH, e soube de toda a documentação, e que poderia recomeçar seu curso já em fevereiro de 1975. Não conseguiu falar com seus pais, mas, isso, segundo a jovem jornalista, seria bom, pois causaria uma surpresa em Seu Camilo e Dona Lourdes. Com tudo pronto, partiram para Minas Gerais já na manhã seguinte. Felizes e com amor. É isso que vale a pena.

Ainda sobre as notícias daquele 13 de dezembro de 1974, Rafael e Hesed não notaram algo dito pelo Jornal Nacional. Na voz de Cid Moreira, o apresentador falou sobre o incidente da Casa de Petrópolis em 1968, informando que o único sobrevivente fora o agente do Estado Abadom de Libitina, o qual recebeu diversas condecorações do governo, e honrarias militares, aposentando-se de seus longos trabalhos de atividades policiais. Foi o que a história registrou.

Depois da viagem de quase dez horas para a casa dos pais de Rafael, no sul de Minas, estes acabaram de chegar à residência dos Matronelli. Era uma casa simples, na zona rural, onde se escutava apenas os pássaros e o silêncio da terra. Rafael e Hesed saíram do carro, caminharam um pouco e não viram ninguém. Olharam ao redor, prestaram mais atenção, até que uma mulher morena, de mais idade, reconheceu o rosto do antigo guerrilheiro. Ela não acreditou, soltou um grito e correu na direção de Rafael. Era Dona Lourdes, sua mãe.

— Rafael, meu filho, até que enfim, quanta saudade! — disse Dona Lourdes.

— Mãe, saudade, me dê um abraço! — disse Rafael.

— Filho, dez anos se passaram e está mais bonito e mais forte. E essa mulher, é sua esposa? — perguntou Dona Lourdes.

— Mãe, esta aqui é Hesed. Não, não é minha esposa. É uma amiga, grande amiga — disse Rafael.

— Prazer, Dona Lourdes, sou Hesed Alende, amiga do seu filho — disse a jovem jornalista e cumprimentou Dona Lourdes.

— Sei, amiga. Esses jovens de hoje são muito modernos — disse Dona Lourdes e riu, vendo que Hesed e Rafael eram mais que bons amigos.

— Mãeeê! — disse Rafael.

— Deixa sua mãe falar, Rafael — riu-se Hesed e olhou para Dona Lourdes, no que esta sinalizou gostar da jovem jornalista.

— Tá bom! Mãe, onde está o pai? Quero muito ver ele — perguntou Rafael.

— Seu pai logo vai chegar. Foi no pasto olhar um gado e levar um leite no vizinho. Vamos entrar, vou fazer um café, tem broa nova e vou assar uns pães de queijo para a moça experimentar o melhor de Minas. Gosta de doce de leite? — perguntou Dona Lourdes já querendo agradar Hesed.

— Nunca experimentei, mas já estou curiosa para saber — disse Hesed.

— Então venha comigo, moça bonita. Seus olhos verdes são lindos, e essa pele morena, seus cabelos encaracolados, deixam qualquer homem apaixonado! — disse Dona Lourdes, com o coração aquecido, e abraçou Hesed, tomando as duas o rumo da casa dos pais de Rafael.

— Mãeeê!

Dona Lourdes, Hesed e Rafael sentaram-se na mesa da cozinha da casa dos pais do antigo guerrilheiro. A mãe deste preparou o café, pôs a mesa, e tirou uma broa quente que estava no forno, no que cheirou todo o ambiente. Os pães de queijo ficaram prontos também, crocantes, deliciosos e apetitosos, o que deixou Hesed perdida com tanta comida mineira. Depois, veio o doce de leite, cremoso e doce, dando Rafael colheradas do açucarado na boca da jovem jornalista.

Dona Lourdes achou lindo aquele carinho, seu coração de mãe foi se fortalecendo de novo por encontrar-se com seu filho novamente, depois de dez anos, e ela pensou que tudo estava bem e seu filho feliz. Mal sabia ela o que acontecera nos últimos dez anos. Em breve saberia, pois perguntas não faltariam e Rafael abriria seu coração.

O antigo guerrilheiro contou como foi seu primeiro ano no Rio de Janeiro. Estava empolgado com a faculdade de Direito, as diversas leituras, e os trabalhos acadêmicos que o ocupavam sempre. Falou que fez uma grande amizade com um padre, o qual sempre conversava sobre diversos assuntos, da vida ao coração. E, quanto a este, tal foi entregue a uma mulher especial que tomou conta de seu ser. Rafael descreveu Isabela de uma maneira como poucos poetas fizeram na vida. Seus olhos brilharam, sua voz tornou-se agradável de novo, sua pele ficava arrepiada a toda vez que dizia "Coroada". Dona Lourdes ficou admirada da história contada por Rafael, sobre o Direito, Isabela e, claro, o movimento de resistência, a Guerrilha Céu Pequeno, em Porto Seguro. Contou também o antigo guerrilheiro da amizade com Marília, Sr.ª Salarz e, por fim, do "Simpático". Não mencionou Pedrov. Sobre Libitina, disse apenas que este governo é sórdido, e pessoas cruéis levaram sua Isabela. E, ao final, disse que Bil estava grávida de um filho dele. E isso fez Dona Lourdes chorar.

— Mãe, não fica assim. Eu não vou aguentar — disse Rafael.

— Meu neto, Rafael, meu neto! Por que fizeram isso? Maldade! — disse Dona Lourdes.

— Mãe, eu sei. Eles são maus. E foi por esse motivo que lutei, lutamos, contra o regime. Mas toda escolha tem consequências. E, pode ter certeza, a minha dor não para. — disse Rafael, segurando suas emoções, sendo confortado por Hesed.

— E, você, minha filha, o que pensa disso tudo? E esse romance com meu filho, como vai ser? — perguntou Dona Lourdes, causando surpresa em Rafael.

— Mãeeê!

— Deixe sua mãe perguntar, meu bem, estou tranquila com isso. Dona Lourdes, seu filho já me contou tudo e eu conheço a história dele. Na verdade, ele se esqueceu de contar uma coisa: como nós nos conhecemos. Mas isso vou deixar para Rafael dizer. Sobre nosso romance, vou esperar a vida acontecer. Sou paciente, Dona Lourdes, muito — disse Hesed e deu um sorriso sereno para a mãe de Rafael.

— Tu és paciente e uma mulher muito bonita. Meu filho tem sorte! Mas, falando nisso, o que ainda não me contou, Rafael? O que está escondendo de mim? — perguntou Dona Lourdes.

— Eu procurei Hesed no jornal onde trabalha, *O Globo*. Fui atrás dela, pois ela poderia ter informações sobre Isabela. Desde o desaparecimento do meu amor, em 1968, vivi nas ruas, mãe. Eu queria morrer! E foi esta mulher que me salvou — disse Rafael, levantando-se da cadeira, aproximando-se da jovem jornalista e acariciando seus cabelos.

— Meu filho! — disse Dona Lourdes.

— Meu filho! — disse Seu Camilo, que ouvira a história e acabara de chegar.

Rafael emocionou-se ao ver o pai. Camilo Matronelli foi o responsável por contar toda a história de Filipe e Lourdes Rafael, narrativa amada pelo antigo guerrilheiro. Este cresceu, sob a Aurora do sol de Minas Gerais, nos campos verdes, vendo o gado, a natureza e a beleza da vida surgir diante de seus olhos. Os elementos de justiça, política, direitos, somados à atitude, ao discurso, à decisão e à coragem de amar, eram os ingredientes vindos do avô de Rafael, os quais delineavam sua personalidade. De certa maneira, o antigo guerrilheiro é o produto final do arquétipo de amar idealmente, o paradigma verdadeiro da paixão, construção elaborada a partir da vivência de Pastore Matronelli, o legado de sua família.

Contudo, a exasperação e a vontade de encontrar-se novamente com seu pai tinham motivos fortes além da saudade. Queria Rafael conversar francamente, de homem para homem, sobre o amor e o romance, o qual tinha um nome: Hesed Alende. Sempre gostou de conversar, ouvir e entender os enigmas da existência, entre eles, a paixão. Padre Marcos, seu maior amigo, ocupava-se das inquietações do jovem estudante de Direito. Hoje, agora, Seu Camilo, pai de Rafael, cuidará das atribulações da alma do antigo guerrilheiro. Saudades de você, pai. Saudades de você, Menina.

— Pai! — Rafael abraça Seu Camilo e o beija.

— Filho! — Seu Camilo abraça mais forte o antigo guerrilheiro.

— O senhor está bem, forte, e com um aspecto bonito. Continua bonito! — disse Rafael.

— Ah, isso é verdade — disse Dona Lourdes e sorriu para Seu Camilo.

— Vocês dois são demais. E você, Rafael, está mais forte, sério, diferente, mas está bonito. Está lindo, meu filho — disse Seu Camilo.

— Isso é verdade e eu gosto de uma — disse Hesed e sorriu para Rafael.

— Eu falei que não era só amizade. Povo bobo, sô! Beija a moça, Rafael! — disse Dona Lourdes, deixando o antigo guerrilheiro embaraçado.

— Claro, mãe, não gosto de desobedecer a senhora — disse Rafael, e beijou Hesed.

— Esse é o meu filho! — disse Seu Camilo.

Após se abraçarem, conversarem um pouco na cozinha da casa dos pais de Rafael, este chegou próximo ao seu pai e disse que gostaria de ter uma conversa franca com ele. Seu Camilo percebeu a importância do assunto, ao ver o rosto de seriedade de seu filho, e falou para as mulheres "*aproveitarem o dia, pois teriam os dois, pai e filho, uma conversa de homens*". Dona Lourdes e Hesed riram, esta ficou animada pelo que poderia ser a conversa daqueles dois, e encorajou Rafael a ir com seu pai a outro lugar para conversarem. Saíram de casa e foram ao pasto, na mata, na natureza, conversarem. Era uma tarde e o sol apresentava-se ameno. Um destino se traçaria ali e uma nova vida começaria. Esperem, a história não acabou.

— Diga, meu filho, o que você deseja conversar comigo? — perguntou Seu Camilo.

— Pai, tem muitas coisas que quero conversar com você. São dez anos longe de casa, e vivi muito, o que renderia semanas de assuntos. Agora vou ficar mais perto de vocês, mudarei para Belo Horizonte em janeiro, e voltarei aqui mais vezes. Mas o que eu quero conversar é sobre o coração. Eu tive uma história de amor com uma pessoa que jamais vou viver novamente. Ela está desaparecida, foi perseguida pelo governo, o que posso falar agora para sua segurança, e oficialmente dada como morta. Eu sinto que ela está viva, sonho com ela sempre, ouço sua voz rouca, seus olhos fortes, e um cabelo longo além da alça, misturado a um perfume natural que tinha. Essa mulher mudou minha vida, meus ideais, meus princípios, e a minha natureza. Depois de Isabela, a essência de homem em mim modificou-se de tal maneira, que pude compreender o significado de amar uma mulher: entrega. Lembrei do vovô, as lições que o senhor me ensinou a partir dele, e como ele escolheu o romance ao invés do marco político de um mártir ou líder, coisas que Vô Filipe com certeza seria. E somente com Isabela pude ter essa sensação, o entendimento de compreender, de uma vez por todas, que as nossas realizações na vida somente têm sentido se houver amor. Nossos atos, condutas, trabalho, ambições e sonhos só têm fundamento se nós vivemos o amor. Sem ele, tudo é vazio, material e petrificado, sem a fluidez leve de um sorriso sem querer, o qual a todo tempo se estampa no rosto quando se ama. Eu acordava pensando em Isabela, estudava lembrando do rosto dela, sentia um aroma de café, e a imagem dela surgia a minha frente, numa lembrança gostosa, especialmente quando estava vestida de preto, uma roupa sensual e aquela boina francesa vermelha. Isabela era linda de um modo como nunca vi antes em uma mulher. E, não bastasse essa beleza que me tirou do sério, o discurso político, sua inteligência, a habilidade com as letras e a obstinação em querer lutar pelo Brasil me deixavam mais encantado por ela, mais apaixonado. Ela era a minha vida, o meu significado, o ser aí, alguém para amar até a velhice, aos fins dos dias, quando não mais estivermos aqui. Mas me roubaram ela e, assim, uma parte de mim também. Não sou eu mais. Deixei de ser — disse Rafael, em profunda reflexão, deixando Seu Camilo preocupado com a felicidade de seu filho.

— Nossa, que mulher deve ter sido essa Isabela. Tens uma foto aí para eu ver? Fiquei curioso, meu filho — disse Seu Camilo.

— Sim, pai, tem uma fotografia que jamais abandono. É um retrato que tirei ao fim da tarde em Porto Seguro, onde moramos por um tempo. Ela está aqui. Aqui vês a Coroada, meu amor, minha esposa, minha vida e a mãe de meu filho — disse Rafael e mostrou a fotografia de Isabela, ao entardecer na praia em Porto Seguro, com uma das mãos em sua cintura e os longos cabelos negros a cobrir seus seios. Uma imagem magnífica.

— Eu agora entendo o que disse, meu filho. Isabela, é esse mesmo o nome dela? — perguntou Seu Camilo.

— Sim, pai, Isabela. Mas eu a chamava de Coroada! — disse o antigo guerrilheiro.

— Coroada, muito bem. Essa mulher é linda, que sua mãe não ouça isso. — Riu-se Seu Camilo, nas brincadeiras inocentes entre pai e filho. — Então compreendo sua dor, meu filho. Quando se vive um amor assim, como acabou de me contar, dificilmente esquecemos. Meu pai, seu avô, é o exemplo disso. Não conseguiu suportar a ausência do rosto de minha mãe, largou o Partido Comunista, seu futuro político, qualquer coisa que lhe desse a honraria de um líder popular, e foi amar sua avó. Eu também não conseguiria viver sem sua mãe. Somos fracos, Rafael. Os homens são carentes, têm isso em sua natureza, então essa coisa de falar alto, dizer bobagens, colocar-se como fortes, é tudo mentira. Não sobrevivemos sem amor e, especialmente, sem quem nós amamos. Eu não vivi sua história, sei que tem muito mais coisas do que acabou de me dizer, porém sei que, quando um amor é verdadeiro, quando se perde, a dor é proporcional ao seu tamanho. Às vezes maior. Mas um velho amigo meu me disse uma vez que nada melhor para curar a dor de um amor do que um novo amor. Verdade que ele dizia isso depois de muita cachaça. Porém, existe uma verdade aqui: amar é o que importa. Sua história com Isabela não se apaga se você se dispõe a amar outra pessoa. A vida não exige tanto assim da gente, meu filho. Nós é que somos as pessoas a nos frear a todo tempo. Esqueça então isso, coloque Isabela na saudade, cuide de sua dor, mas seja feliz. Se teu coração diz que deve seguir em frente, então siga. Siga! — disse Seu Camilo e abraçou seu filho.

— Pai, mas é justo com Hesed? Eu sinto amor por Isabela ainda. Ela está viva para mim! Não conseguirei viver em paz até saber exatamente o que aconteceu. Não desistirei de encontrá-la, pai — disse Rafael e controlando-se para não chorar.

— Hesed, não é? A moça que está com sua mãe lá em casa? Imagino que ela deve ser uma mulher inteligente e, a essa altura, já sabe sobre você e sua história com Isabela. Se ela veio até aqui, em Minas, saiu do Rio de Janeiro, aguentou tudo isso com você, é porque ela te ama. E se ama, é para casar, meu filho. Não perca tempo, seja feliz. Isabela não sairá da sua história. Se sente necessidade de procurá-la, então faça. Mas se Hesed conhece tudo isso e entende, você acabou de encontrar outro verdadeiro amor. E, veja: poucos têm essa sorte. Parece que você tem! O amor te encontrou mais uma vez — disse Seu Camilo e sinalizou que deveriam voltar para casa, pois começava a entardecer no sul de Minas.

Rafael voltou com Seu Camilo para a casa de seus pais. Já era fim de tarde, quase noite, e já escurecia o céu de Minas Gerais. O antigo guerrilheiro entendeu as palavras de seu pai, racionalizou o que ocorria em sua vida, e estava se encorajando a se permitir ser feliz. Isabela povoava seu pensamento, porém, Hesed poderia ser uma nova era. Não conseguia disfarçar seu sentimento pela Coroada, e foi honesto com Hesed, ao dizer isso para ela. A jovem jornalista compreendia isso e não se opôs a viver seu romance com Rafael, a despeito da duplicidade de paixões a ocupar o seu coração pesado. Pensando em tais coisas, após a conversa com seu pai, o antigo guerrilheiro vê a imagem de Hesed conversando com sua mãe, como se fossem velhas conhecidas. A morenice da jovem jornalista, os cabelos encaracolados a envolver seu pescoço, seus lindos olhos verdes, e a maciez de sua voz, combinado com um coração incrível, e inteligência singular, investigativa na cobertura jornalística e histórica, tudo isso persuadiu Rafael a tomar uma decisão logo que avistou sua mãe e Hesed. Aproximou-se das duas, viu o rosto de seu pai, parecendo que este entendeu o que o filho faria e o empoderou. Dona Lourdes já estava ansiosa por alguma novidade, deu a volta e saiu da varanda de sua cozinha, na roça, chegou próximo a Seu Camilo e deixou Rafael e Hesed mais perto e juntos. O antigo guerrilheiro pegou nas mãos de Hesed, as beijou, passou suas mãos nos cabelos da jovem jornalista, olhou em seus olhos e disse:

— Quer casar comigo?

E, depois disso, impossível dizer não. Dona Lourdes deu um grito, já falou o que deveria fazer, o leitão a matar, o pernil a assar, a comida por preparar. Disse também sobre os convidados, quem Hesed convidaria, as amigas do Rio de Janeiro e seus parentes. Falou para Seu Camilo dar um jeito naquele cabelo e na unha do pé, na arrumação das telhas da casa, e no terreiro a ficar mais agradável aos convidados. Seu Camilo só ria daquilo que sua esposa fazia, Rafael e Hesed não conseguiram se conter e riram também, e todos foram festejar o anúncio do casamento daqueles dois. Após o alvoroço, Hesed falou baixinho ao ouvido do antigo guerrilheiro sua única condição. E ele disse sim, pois faria isso mesmo.

— Volte ao Direito, meu amor. Só isso que lhe peço.

— Voltarei.

E assim foi o fim de tarde na zona rural em um município longínquo no sul de Minas Gerais. Rafael deu o primeiro passo rumo a uma nova vida e Hesed era o itinerário desse novo destino. Suas feridas não cicatrizaram, ainda pensava em Isabela, mas estava dando uma chance a si mesmo. Teremos de ver o que mais acontecerá para, depois, compreendermos o todo e, aí sim, termos uma boa visão do ocorrido. Não julguem, por favor. Era só amor. Amor.

Enquanto isso acontecia em Minas Gerais, no Rio de Janeiro, no bairro carioca de Quintino, na Avenida Dom Helder Câmara, n.° 8.985, casa 72, aquele sujeito misterioso que rondava a casa de Hesed persegue um indivíduo medonho que caminhava próximo ao endereço. O sujeito misterioso andava lentamente, estudando os passos do ser medonho a sua frente, no que este notou a presença do primeiro. Passou diante da casa 72, em Quintino, viu um piscar de luz, e sentiu que algo terrível aconteceria a ele. Entendeu que não faria nada em contrário, que sua mãe estava em segurança, pois, agora, Libitina se aposentou. Abadom continuou caminhando, já interpretando o que aconteceria, e deixou tudo transcorrer normalmente. Guardou um lenço que carregava e já não mais transportava a Akantha consigo, tendo desistido de usar esse método ou qualquer outro, pois 1968 foi duro até para ele. Parou de caminhar, respirou forte, recuperou seu fôlego e disse algumas palavras incompreensíveis. Virou-se para o sujeito misterioso e disse:

— Você demorou seis anos! — disse Libitina.

— Você roubou minha vida! — disse o sujeito misterioso.

E, após dizer isso, ouviu-se um estrondo ensurdecedor, Libitina caiu ao solo já sem vida, e um rápido movimento se fez, no que um brilho de metal foi notado.

Um brilho frio de um Mosin-Nagant.

Capítulo 30

Professor Matronelli
14 anos depois, Belo Horizonte,
5 de outubro de 1988

— Isabela!?
— Rafael?!
— Onde você está, Catita?
— Estou resolvendo algumas coisas ao telefone. Liguei para o partido agora.
— Qual partido? O PCB?
— Não, o Partido dos Trabalhadores.
— Sério, não brinque!
— Você é uma graça! Não brinco.
— Falou com ele?
— Sim, falei, acabei de conversar com Luís Inácio.
— Ah, para, não brinque!
— Lindo!
— Linda!
— Te amo tanto!
— Também te amo muito!
— O que o Lula queria com você?
— Vai precisar descobrir.
— Ah, é, um joguinho agora cedo?
— Sim, sabe que eu gosto.
— Linda, te amo demais!
— Já errou, tira a camisa!
— Não foi justo, não é democracia.

— Não, meu amor. Aqui é uma ditadura. Sou a Coroada. Renda-se!
— Rendo-me, minha tirana. Te amo!
— Errado!!! Tira a calça!
— Nossa, é absolutismo?
— É pior, totalitarismo!
— Regime Nacionalista?
— Errou de novo!!!! Ah, me divirto com você. O regime é Comunista! Tira isso aí agora!
— Tira o quê, fala?
— Como se atreve a perguntar assim para a sua Suserana? Sou à Czarina, a Secretária-Geral do Partido, a Déspota que te ama. Tira essa última peça já!
— Vai ter que vir aqui. Sou um rebelde!
— Não brinque!
— Jamais!
— Se eu for, vai ser pior, pode ter certeza!
— Isso foi uma ameaça?
— Não, isso foi um aviso. Cuidado, estou com fome!
— Perigosa!
— Sou, você sabe. Não brinque!
— Jamais!
— Tira agora!
— O quê?
— Retira agora o que me impede de ser feliz.
— Nada farei para impedir sua felicidade, Catita. Sou seu.
— Tira!
— Acho que vou até aí.
— Como ousa?! Não pode me tocar.
— E por que não posso?
— Porque sou a Coroada!
— És, sim. És meu amor.
— Te amo!
— Te amo!
— Não faz isso comigo.
— O quê, meu amor?
— Não fica longe de mim.
— Nunca, estou aqui, meu bem.
— Estou com tanta saudade.
— Eu também.

— Vou vê-lo de novo?

— Vai. Está viva?

— Estou!

— Não brinque!

— Jamais, Rafael.

— Isabela!!!!!!

— Meu amor.

— Desperta-me desse pesadelo.

— Amor, estou aqui.

— Desperta!!!!

— Estou aqui.

— Desperta!!!!!!!!!! — grita Rafael e acorda.

— Amor, calma, estou aqui — responde Hesed, às 7 horas da manhã, de 5 de outubro de 1988.

Era manhã de quarta-feira, e Rafael acabou de acordar de mais um sonho. Hesed já estava aflita, vendo seu esposo em agonia com os sentimentos vividos em mais um estado onírico. Esses pesadelos têm voltado com certa frequência, como dizia Rafael a Hesed. A preocupação tomava conta desta, pois, mesmo vinte anos depois do acontecido na Casa da Morte, Rafael ainda não conseguiu superar esse trauma. O casamento entre os dois completou quatorze anos e, durante todo esse tempo, Hesed aconselhou seu esposo a procurar terapia, cuidar de sua saúde mental, recuperar-se daquela época de guerra. Porém, Rafael, agora Professor Matronelli, sempre recusava ajuda, dizendo que eram apenas sonhos e que, um dia, isso passaria. Mas não era apenas um sonho ruim, uma atribulação a perturbar sua mente. Não raramente, Rafael se via pegando em pessoas, tocando mulheres, as interpelando, na busca por Isabela. Continuamente, via o rosto da Coroada a cada jovem que encontrava, principalmente no câmpus da UFMG, onde hoje é professor de Ciência Política. Tal atitude já lhe rendeu um processo administrativo disciplinar, por má conduta. Contudo, diante de sua reputação acadêmica, e do seu passado na resistência contra a ditadura militar, o corpo docente da Universidade tolerava essas atitudes, considerando como um efeito colateral daquele período.

Rafael Matronelli, enfim, graduou-se em Direito no ano de 1977. Fez especializações em Havard, Sorbonne e um pós-doutorado em Socialismo Prático na Universidade de Lisboa. Escreveu quinze livros, todos de sucesso, sendo o mais importante o *Guerrilha*, livro autobiográfico em que conta suas ações em Porto Seguro, na GCP. Há dez anos é professor de Ciência Política na FAFICH, a faculdade de ciências humanas da UFMG.

Hesed continua trabalhando no *O Globo* e, agora, é apresentadora de telejornal. Cobriu a Guerra das Malvinas em 1982, os Jogos Olímpicos de 1984, em Los Angeles, e a Copa do Mundo no México em 1986. Entrevistou o presidente dos Estados Unidos, Ronald Reagan, em 1985, a respeito das mudanças no bloco soviético, a partir de Mikhail Gorbatchov, com as implementações de políticas de abertura do regime comunista, o que ficou conhecido como perestroika e glasnost. Não viajou ou entrevistou pessoas ligadas ao bloco soviético em respeito ao seu esposo, para que nada despertasse ainda mais seus traumas. Em 1986, Hesed Alende ganha o Prêmio Pulitzer, ao entrevistar Maria da Penha, vítima de violência doméstica, denunciando ao mundo como a causa era tratada aqui no Brasil e, claro, em todo o globo. Escreveu o livro *De Eva a Beauvoir*, em que trata do machismo estrutural, as sociedades patriarcais no século XX, e como a violência doméstica afeta o desenvolvimento humano, e a inteligência emocional, sendo essa última a cognição essencial para o século XXI, segundo acreditava.

Rafael e Hesed estavam casados, porém, não tinham filhos. Os primeiros cinco anos foram de lua de mel, sendo o Professor muito carinhoso com a Jornalista, e ambos crescendo em suas carreiras e profissões. Nenhum limitava o outro, permitindo o desenvolvimento de suas aptidões, o que lhes possibilitara o sucesso. Eram profissionais altamente capacitados e respeitados.

Sobre filhos, ainda não tinham decidido sobre o assunto. Professor Matronelli não se interessava e também não restringia, mas ainda pensava sobre o que aconteceu a ele e Isabela. Hesed respeitava isso, porém, sentia que a maternidade poderia estar no seu limite, pois seu relógio biológico já reclamava uma posição. Conseguia enxergar um futuro com um filho em comum, o que lhe dava um sorriso de esperança em seu rosto. Conversava com muito cuidado com Rafael sobre o assunto, mas os últimos anos têm sido difíceis em seu casamento. Se os primeiros cinco anos foram doces, os últimos nove anos foram de crise. Os pesadelos de Rafael vêm sendo mais frequentes, os rompantes de fúria também, e suas relações com outras pessoas têm passado por dificuldades. Hesed contornava tudo isso, com uma habilidade incrível, mas suas forças estavam se esvaindo. Ainda amava Rafael, mas sentia que o casamento poderia estar no fim.

— Amor, bom dia! — disse Hesed.

— Bom dia, amor, você está bem? — perguntou Rafael.

— Sim, estou. E você, dormiu bem? — perguntou Hesed.

— Dormi o de sempre, mas estou bem — respondeu Rafael.

— Mais um sonho? Percebi sua agitação agora pela manhã — perguntou a jornalista.

— Sim, mais um sonho — respondeu o Professor Matronelli, com um vazio em seu rosto.

— Você não acha que seria melhor procurar ajuda, meu amor. Isso está se repetindo, deixando você agitado, cansado, triste — disse Hesed e colocou suas mãos por cima das de Rafael.

— Essa tristeza não vai embora, Hesed — respondeu Professor Matronelli.

— Mas assim eu fico triste. Sinto-me impossibilitada, impotente, não gosto de ver você desse jeito. Preciso pensar em algo para mudar esse quadro. Talvez pudéssemos viajar agora no fim de ano. Já é outubro, olhamos alguma coisa no exterior ou algo por aqui mesmo, o que achas? — perguntou Hesed.

— Não estou muito animado em viajar, mas, se deseja isso, vou com você — respondeu Matronelli, levantando-se da cama.

— Não é isso. Quero fazer algo por nós dois, tentar dar vida à gente e a você. Quero ver nosso casamento dar certo de novo. O que está acontecendo, Rafael? Eu fiz alguma coisa? — perguntou a jornalista com um sentimento de aperto em seu coração.

— Hesed, não fez nada, muito ao contrário, só me fez bem. Mas você sabe, eu não consigo esquecer Isabela. Tudo ainda está bem nítido em minha mente. A explosão da casa parece que ocorreu agora, e eu sinto a poeira, as pedras, o estrondo, em meu corpo. Depois, eu ainda vivo o cheiro das ruas, o concreto quente e frio, e a insensibilidade daqueles anos. Porém, o que mais me afeta é não ter tido a possibilidade de fazer diferente em relação à Isabela e ao meu filho. Isso me mata. Está matando. E não sei como resolver isso — disse Rafael e caminhou em seu quarto, sendo observado por Hesed.

— Meu amor, por isso eu recomendo a ajuda profissional. Você teve um estresse de guerra, e deve ser tratado. Os sentimentos que estão aí, diversos e múltiplos, serão cadenciados aos seus lugares quando você desabafar para alguém que saiba lidar com isso. Eu já ouvi e sei de toda a história. Da minha parte terá sempre o apoio. Estarei sempre ao seu lado, meu amor. Sempre! — disse Hesed, levantando-se da cama e indo em direção a Rafael, para abraçá-lo.

— Hesed, eu quero o divórcio — disse o Professor Matronelli.

A jornalista ouviu aquilo e sentiu um golpe em seu coração. Hesed amava Rafael de modo incondicional, reinventando-se sempre para atender ao que o Professor Matronelli precisava, em razão do que aconteceu com ele. Os anos se passaram desde 1968, e parece que Rafael foi ficando mais petrificado, desesperançoso, aos poucos sepultando Isabela, mas não totalmente. A cada sonho de Rafael com a Coroada, ele renova-se em esperança para algum dia encontrá-la. Contudo, as chances eram praticamente zero de isso acontecer, pois vinte anos se foram, o governo da época reconheceu e declarou sua morte, e nenhuma pista foi dada até hoje. A democracia estava sendo restaurada, uma nova constituição seria promulgada e, talvez, uma comissão de estudiosos do assunto, da verdade, surgiria em algum momento para explicar a todos o que aconteceu naquele tempo. Mas Rafael sentia a presença de Isabela e isso não o fazia desistir.

— Meu amor, darei o divórcio a você se for realmente o que deseja e o faça feliz. Jamais serei um obstáculo em sua vida, muito ao contrário, continuarei construindo pontes para alcançar nosso entendimento. Tenho plena consciência, e você sabe disso, do que aconteceu contigo. Eu vivi aquele tempo também. Então, se permitires ser ajudado, eu estarei aqui sempre. Se acreditas que Isabela está viva, não me oporei caso ela surja. Eu respeito sua história e seu amor por ela. Eu lhe peço que respeite a minha por você também. Eu te amo! — disse Hesed, já às lágrimas, em uma situação que deixou Rafael constrangido.

— Meu amor, não faça isso. Não é justo com você viver o casamento com um homem que pensa em outra mulher, esta que pode estar morta. Tu és linda, inteligente, sexy, e ficar comigo tem sido um atraso em sua vida. Merece alguém que a complete, amplie seu feminino, uma pessoa a construir a felicidade em ti. Eu sou uma ruína. Pensei que tudo mudaria, o recomeço viria, e um novo destino também. Mas o que aconteceu foi a postergação de uma dor, a conciliação com o sofrimento, a ferida aberta perenemente. Você vê isso e sabe que sonho com Isabela, vivo seu cheiro ainda e, o mais o quê, difícil dizer. Sinto que estou sendo infiel, um adúltero, um homem menor, pois não estou sendo pleno ao seu sentimento. E essas coisas me destroem também, não é só a culpa e a saudade de Isabela. O fato de não ser inteiro a você me incomoda. E eu posso, nesse momento, estar impossibilitando você de conhecer uma pessoa que possa fazer tudo que eu não faço agora. Não fique presa a esse sentimento. Permita-se ser feliz e lute por você — disse Rafael, com um semblante carregado, não se sabendo identificar se era de tristeza ou decepção.

— Eu sou livre para escolher o que eu quero, meu amor. A felicidade para mim é ver você na minha vida. Nunca exigi nada de ti. Eu apenas disse que precisa de ajuda profissional com esse tormento que vive. Eu sou feliz com você. Eu te amo e sou sua esposa. Prometi cuidar de ti para sempre e faço isso com alegria. Tem sido honesto comigo desde o primeiro dia, e nunca neguei que você tem esse sentimento por Isabela. Não o julgarei jamais por isso. Só você sabe o que passou. Então, permita a mim continuar na sua história, viver a minha com você, e ter a possibilidade de um dia lhe fazer feliz. Isso é o meu amor, pois sou só amor por você. Te amo, seu teimoso! — disse Hesed, abraçando Rafael e o beijando.

— Linda, você não existe — disse Professor Matronelli.

— Existo e estou aqui para você — responde a jornalista.

Hesed era bastante resiliente em seu sentimento. Esses anos todos tentou ser forte, e conseguiu, para construir um "Porto Seguro" ao seu amor, o Professor Matronelli. Cuidou de todas as suas feridas, as escaras e cicatrizes de rua, como, também, aquelas abertas em seu coração. Deu a sugestão de um novo caminho, ares inéditos, a mudança para Belo Horizonte para, assim, conseguir dar-se a chance a Rafael de ser feliz. Estimulou o retorno aos estudos, coisa que ele fez e até mais, especializando-se naquilo que mais tinha paixão: a política. Visitou os pais do Professor Matronelli, casou-se com este e deu uma nova vida ao nosso herói. Isso a deixava feliz. Hesed é um amor que se baseia no compromisso da aliança, no amor que é leal e fiel, um amor esponsal. E a jornalista sabia disso.

Rafael sentia-se incomodado exatamente por isso. Jamais soube o Professor Matronelli receber o amor, ser o protagonista da paixão, o ser a ser idealizado por alguém. Em relação a Isabela, sua devoção era demasiadamente integral, total, "*sou seu*", como sempre dizia. E, às vezes, adaptações são necessárias, ajustes no coração, essenciais, e um permitir ao outro amar também pode ser preciso. Então, quando conheceu Hesed, na condição em que estava, não soube lidar com esse amor mágico e instantâneo que a jornalista apresentou. E isso era difícil para ele, além do que, os sonhos com a Coroada persistiam e ele insistia na sua esperança de encontrá-la: "*ela está viva*", dizia Rafael com uma constância angustiante.

O casal conversou e se entenderam, tendo um diálogo agradável e ameno, muito pelo tom dado por Hesed. Rafael sentiu culpa pelo que disse a sua esposa, pediu desculpas, e foi preparar seu café, um pequeno banquete pela manhã. Colocou na mesa pães frescos que comprara há pouco, a broa que sua mãe lhe ensinou a receita, e a qual Rafael sempre fazia para agradar a jornalista, assou uns pães de queijo, "*tentação mineira*", como dizia Hesed, e, claro, as colheradas de doce de leite na boca de sua mulher, o que a deixava louca de paixão. Sabe, é que um carinho, às vezes, cai bem. Banquetearam, amaram-se e fizeram as pazes mais uma vez. Professor Matronelli despediu-se de sua esposa com um beijo e foi para a aula de Ciência Política na FAFICH. Estava em paz, por enquanto.

No caminho para a UFMG, Rafael pensava no conteúdo a ser ministrado e na importância do dia de hoje, 5 de outubro de 1988: promulgação da Constituição da República Federativa do Brasil. Direitos fundamentais, sociais, difusos e coletivos, e várias gerações de direitos humanos estariam presentes no texto constitucional elaborado na Assembleia Nacional Constituinte de 1987-1988. A democracia, enfim, voltou ao Brasil e o Professor Matronelli falaria sobre isso em sua aula de hoje. Tais palavras ditas por Rafael me marcaram, pois eu estava nas cadeiras da FAFICH assistindo ao meu mestre falar. Meu destino acabara de dar seu primeiro passo. Vocês entenderão.

— Bom dia, turma, tudo bem com vocês? — perguntou Professor Matronelli aos alunos de Ciência Política da UFMG.

— Bom dia, Professor!!! — um sonoro cumprimento na manhã de quarta-feira, de 5 de outubro de 1988.

"*Pessoal, hoje é um dia muito especial em nosso país. Após muitas lutas, sofrimento, resistência, diálogos e conciliação, chegamos ao texto de uma lei maior a reger o Estado Democrático de Direito. A Constituição da República Federativa do Brasil de 1988 será promulgada hoje, com normas e princípios que expressam o melhor para o ser humano e a sociedade. A liberdade de expressão, de crença, de opinião política, de se reunir e criar partidos voltou na forma de cláusula pétrea, pois tem esse nome em razão de ser algo inquebrável, uma pedra, instrumento jurídico apto a evitar novos retrocessos. Podemos ter hoje diversos pensamentos, distintos e antagônicos, e isso jamais será um problema para nosso país, pois é com a divergência que alcançamos o entendimento. É na dialética que encontramos a norma a vigorar a todos nós. O direito é uma luta constante, seja ela intelectual, carnal e bélica, como foi no passado. Este não podemos esquecer, pois estamos aqui nesta sala de aula, neste lugar sagrado, a estudar o que há de melhor na Ciência Política, no Direito Constitucional e, especialmente, na História, em razão da luta de outrora. Nunca se deixem seduzir pelo palavreado barato e fácil, oportunistas que dirão a vocês como deveria ser o Estado. Se a liberdade não existir nessas ideias farsantes, esqueça-as e siga adiante com o espírito democrático. Preste sempre bem atenção nos discursos. E àqueles que são legítimos, una-se a eles e lute, como esse que aconteceu em 13 de março de 1979, no ABC Paulista, uma greve geral liderada por um operário metalúrgico chamado Luís Inácio Lula da Silva. A greve geral de 1979 mostrou o rápido avanço da organização dos trabalhadores, que mais uma vez desafiaram a ditadura e dobraram os patrões. Cerca de 200 mil trabalhadores participaram do movimento, que paralisou a produção das indústrias automobilísticas (adesão total na Volks, Ford, Mercedes-Benz e Scania) e de autopeças e de outras grandes empresas da região. Pela primeira fez, foi organizado um fundo de greve. Os trabalhadores receberam apoio da igreja católica, de entidades civis, do MDB e de artistas famosos. São Bernardo do Campo tornou-se o centro político do país.*

Esse movimento em 1979 deu impulso a outros pelo país e à pressão pelo fim da ditadura. "Diretas Já" foi o nome de um movimento político que ganhou força entre os anos de 1983 e 1984. Defendia a aprovação da Emenda Dante de Oliveira, que procurava garantir a realização de eleições presidenciais diretas em 1985. O movimento realizou campanhas em várias cidades brasileiras por meio de comícios em praças públicas, reunindo milhares de pessoas.

Lula, ao centro, 13 de março de 1979

Wikimedia Commons (1979)

As Diretas Já unificaram a oposição à ditadura, mas a referida emenda não foi aprovada pela Câmara dos Deputados. Apesar da derrota, as eleições de 1985 foram vencidas por Tancredo Neves, um dos principais líderes do movimento, pelo Colégio Eleitoral.

E, depois de todo esse esforço, a Assembleia Nacional Constituinte de 1987, também referida como Assembleia Nacional Constituinte de 1987-1988, foi instalada no Congresso Nacional, em Brasília, a 1º de fevereiro de 1987, resultante da Emenda Constitucional n. 26, de 1985, com a finalidade de elaborar uma Constituição democrática para o Brasil, após 21 anos sob regime militar. Sua convocação foi resultado do compromisso firmado durante a campanha presidencial de Tancredo Neves (1910-1985), primeiro presidente civil eleito, pelo voto indireto, após a ditadura. O presidente, entretanto, morreu antes de assumir o cargo. Ficou nas mãos de José Sarney assumir o Palácio do Planalto e instalar a Assembleia. Os trabalhos da Constituinte foram encerrados em 22 de setembro de 1988, após a votação e aprovação do texto final da nova Constituição brasileira. E eis que estamos aqui, no dia da promulgação da Nova Lei a reger nossas vidas, a criar um Estado cidadão, fruto das lutas de nossos antepassados. Hoje é o dia da Constituição de 1988. Viva a liberdade! Viva a democracia!"

— *Viva a democracia!*

Os alunos foram uníssonos em gritar liberdade e democracia. Assisti àquela aula com lágrimas nos olhos, um arrepio na pele, como se de tudo o que aconteceu eu tivesse participado. E o Professor Matronelli foi um personagem dessa história, contribuiu, e muito, para que esse regime cruel caísse, e reescreveu as páginas da nação. Estar naquela aula, ouvir suas explicações, o modo enérgico como ditava suas lições, a forma como falava, seu excelente vocabulário e, acima disso, a coragem de ter vivido aquilo, para mim foi um grande presente. Eu estava no lugar certo e na hora certa.

Tempos depois, fui compreender que me localizava exatamente dentro do meu destino: você nasceria, Menina. E foi essa aula que me trouxe até você. Tornei-me professor por causa dessa aula de 5 de outubro de 1988, a lição proferida e explanada por Professor Matronelli. Mas este tornou-se professor porque decidiu buscar *O Espírito das Leis* na biblioteca da universidade em 1964 e, como sabem, conheceu Isabela. Os dois tornaram-se amantes, poesia e guerrilheiros, elementos presentes na aula de hoje. Então, foi *O Espírito das Leis* que me levou até você.

Porém, se formos mais longe, foi Filipe Pastore Matronelli o culpado por isso tudo. Em seu discurso de Milão, abandona a este e ao Partido Comunista Italiano e ama Lourdes Rafael. Essa atitude do avô do Professor Matronelli inspirou Rafael, tanto que, ao conhecer Isabela, já possuía o conhecimento da paixão, e trouxe tais ingredientes para o seu romance e para a História. E tudo isso eu vi na aula de hoje, em Matronelli, a energia e amor presentes em suas palavras, em seus gestos, em sua alma. Essa mesma intensidade eu usei quando a via diante de mim, na primeira cadeira, na minha sala de aula. Eu fui seu Professor, Zaya. Mas foi você que me ensinou como é importante amar, pois é o que vale a pena na vida. Só saudades tenho de você, Menina. Só saudades.

Após a exposição do Professor Matronelli, e a admiração dos alunos por ele, especialmente pelo que falou hoje, eu vi um movimento de estudantes, com objetos, faixas, um projetor e um microfilme, parecendo que apresentariam algo. O líder da turma gerenciou aquela movimentação, pediu licença ao Professor Matronelli, a qual foi por ele concedida, e outros estudantes se deram ao trabalho para preparar o projetor, permitindo ao aparelho a reprodução de um filme, um arquivo histórico, conseguido pelo diretório acadêmico perante o departamento de História da Universidade Federal do Rio de Janeiro. Pude ler, no envelope que os estudantes carregavam, o nome daquele arquivo. Estava escrito: documentário Isabela Estefânia Oliveira, A Coroada.

Seria uma homenagem ao Professor Matronelli. Porém, durante a exibição do vídeo, eu só pude sentir a dor do meu Mestre. Vejam.

"Professor Matronelli, todos nós, estudantes do segundo ano de Ciência Política, viemos aqui prestar uma homenagem pela luta que o senhor estabeleceu contra a ditadura militar de 1964, nos idos de 1967-1968. Reunimos pessoas que se dedicaram a buscar informações, documentos e arquivos do período, especificamente da Guerrilha Céu Pequeno, a GCP, liderada pela sua ex-esposa, Isabela Estefânia Oliveira, a Coroada. E tivemos a felicidade de encontrarmos um arquivo no Departamento de História da Universidade Federal do Rio de Janeiro, o qual apresenta pequenos recortes de filmagens aleatórias em que Isabela aparece, em Porto Seguro e, também, no Rio de Janeiro. Com grande alegria, e o respeito que o senhor merece pela sua história e o que fez ao Brasil, damos esse presente ao Mestre, com muito carinho. Por favor, dê o play!"

Após a ordem do estudante que agora há pouco discursava felicitando o Professor Matronelli, prestei atenção em suas reações a cada palavra proferida ali. Rafael estava com um olhar distante, não entendendo bem o que se passava em sua sala de aula, com aquela homenagem. Foi ouvindo todos os dizeres, e à medida que as frases terminavam, um frio ocupava seu peito e ele temia ouvir o nome de Isabela, o qual acabou sendo dito. Seus dentes estavam apertados, as mãos suavam, e uma pequena tremedeira tomou conta dele quando ouviu "*Coroada*". Tentou manter-se firme, equilibrado, esperando o tempo passar e aquela aula, finalmente, acabar. Contudo, as imagens começaram a aparecer, o Professor Matronelli foi despedindo-se de sua seriedade, e uma aparência afável surgiu em seu rosto. Ele viu novamente Isabela.

Um primeiro recorte de vídeo é datado de 1964, ao que parece ser o mês de junho. Isabela está na biblioteca da UFRJ, ajudando Sr.ª Salarz com os livros, pois era uma inauguração de uma nova ala ali no coletivo de livros: literatura norte-americana, com exemplares de Nathaniel Hawthorne, Edgar Allan Poe, Herman Melville e Ralph Waldo Emerson. A Coroada ajuda sua chefa a organizar os livros agora recebidos, percebe que está sendo filmada, e manda um beijo para a câmera, fazendo um movimento labial no qual Rafael conseguiu interpretar os dizeres: "*não brinque*". O Professor Matronelli vê a cena e responde ao gesto de Isabela, movimentando seus lábios para o vídeo, dizendo: "*jamais*".

Na sequência, mais um filme, este agora de 1967, na praia de Coroa Vermelha, próximo a Porto Seguro, na Bahia. Esse arquivo foi o mais difícil de coletar, pois, segundo o Departamento de História da UFRJ, uma pesquisadora, em tese de doutorado, foi até o local conhecer melhor as origens da GCP. E um morador local disse para essa doutoranda que havia encontrado uma espécie de câmera soviética, avançada para a época, pois tinha um formato de arquivo próximo ao digital. Ao ver o vídeo, a estudante logo reconheceu ser Isabela Estefânia Oliveira, objeto da sua pesquisa e tese de conclusão de curso. Quando o filme começou a rodar, Isabela surgiu correndo nas areias de Coroa Vermelha, estava vestindo um biquíni vermelho, e virava a todo momento para um homem que parecia gravá-la. Ela ria, soltava diversas gargalhadas, porém, o vídeo não tinha som. Em determinado momento, Isabela para nas águas do mar, solta seu longo cabelo negro que ultrapassou a alça, joga-os à frente, à sua esquerda, no que acaba por cobrir seus seios, e coloca a mão direita em sua cintura, como se estivesse fazendo uma pose para uma foto. Ficou um tempo assim, depois saiu da posição, fazendo outro movimento labial para a câmera. O Professor Matronelli mais uma vez entendeu o que ela disse: "*tire a roupa*". Ele sorriu como não fazia há vinte anos. O frio em sua barriga aumentava progressivamente.

E, por fim, um terceiro vídeo datado de 1968, precisamente 26 de junho, dia da passeata dos Cem Mil e dos discursos de Vladimir Palmeira e da própria Isabela, em frente à Candelária. Na filmagem, foi possível ver Isabela caminhando rapidamente, com sua gestação, e, logo atrás, Padre Marcos e Rafael, o jovem estudante de direito. Nesse vídeo, a filmagem conseguiu captar Isabela por inteiro, sua vestimenta que sempre a deixava sensual, além da boina francesa vermelha, seu símbolo maior. Ela parecia feliz, discursou a todos os estudantes, que gritavam por seu nome: Coroada. O arquivo logo se desligou, parecendo ter sido ação de um corte de edição, o que faria todo o sentido, pois, na sequência, foi o momento do disparo dos policiais, a confusão toda armada, e o rapto de Isabela. O Professor Matronelli lembrou-se de tudo isso, da sua agonia em desgarrar-se de Bil naquele momento, o que o fez a perder para sempre. Pude notar em seu rosto, ali na sala de aula, diante de mim, uma morte em vida, de tantas outras finitudes que o Mestre já havia experimentado até então.

A apresentação tinha chegado ao fim e os estudantes esperavam algum pronunciamento do Professor Matronelli. Este ficou perto da tela onde se projetaram-se as imagens, esperando que mais alguma coisa aparecesse, porém, nada surgiu. Rafael começou a bater na parede, dando socos, falando na língua Pataxó, o que ninguém compreendeu. Estava evoluindo para fúria, passou as mãos em seus cabelos, e pôde notar que algumas alunas sussurravam algo parecido como: "*eu sabia que ele era doido*". Professor Matronelli entendeu as palavras ditas pelas alunas, aproximou-se delas e perguntou:

— O que disse?

Elas não responderam. O que era para ser uma celebração pelos anos de cátedra de Rafael tornou-se uma animosidade, um constrangimento, mais uma dor a ser experimentada pelo Mestre. Ele ainda ficou aguardando as respostas das alunas, viu o projetor e o aluno que o fez funcionar, foi até ele e disse. Na verdade, ordenou:

— Coloque Isabela de novo!

O aluno hesitou, tentou dizer ao Professor Matronelli que se tratava de um arquivo antigo, que o manuseio repetido poderia danificá-lo, e a UFMG e os estudantes poderiam ser responsabilizados por isso. Rafael ignorou, tentou dar prosseguimento ao seu desejo de ver mais uma vez Isabela em movimento, e apertou diversos botões no projetor, tateando aquela tecnologia para que funcionasse e visse a Coroada. Foi ficando nervoso, insistindo naquele intento, os alunos já assustados, eu vendo tudo isso, até que o Professor Matronelli, de alguma forma, conseguiu ligar o projetor e acionar outra parte do arquivo, cujo trecho ainda não havia se passado na sala de aula. Rafael olhou diretamente na tela, e percebeu que era Isabela. Essa trilha do arquivo estava intacta, imaculada e com áudio. O Professor Matronelli desabou. Isabela estava diante dele.

"Não brinque, para com isso. Você fica me gravando para que mesmo? Será que você tem suas taradices de, clandestinamente, me ver nua por aí, na madrugada, longe de mim? Então eu te digo, Rafael Matronelli, jamais faça isso. Eu sou sua, a Coroada, a mulher por toda a vida, em uma vida, para a sua vida e sempre. Jamais irá me esquecer. Estarei em todos os seus poros, recantos, espaços e em seu eros masculino. Nunca ouse distanciar-se de mim, pois não conseguirá. Mas saiba: eu te amo! E nisso eu não consigo ser diferente. Para que eu me eternize em você, permito que me grave, registre, filme, a beleza singular que pertence a ti. Sou sua. A menina, a mulher, a Isabela, a Coroada, me entrego inteiramente. Veja! Sou eu! Sua, amor, sua!"

A fala de Isabela foi interrompida, dando a entender que teria mais coisa a se dizer. O vídeo foi encerrado e Rafael ficou transtornado exigindo que fosse exibido mais conteúdo. Os estudantes ficaram preocupados e com medo do Professor Matronelli. Alguns alunos saíram da sala de aula e foram pedir ajuda, a médicos, a outros professores e à própria segurança da UFMG. O Mestre estava perdido, um sentimento de solidão tomou conta dele, perdendo forças, a razão, enfraquecendo e tornando-se pálido ao que, em um rápido movimento, os presentes viram Rafael cair. Havia acabado de desmaiar.

Imediatamente, sem pensar e entender minhas ações, corri até o Professor Matronelli e já dei ordens de socorro aos meus colegas. Sentei ao chão, coloquei sua cabeça em meu colo, massageei seu peito e peguei seu pulso para ver se ainda existia um ritmo de vida, ao que me tranquilizei, quando constatei que sim. Uma amiga olhou para mim e solicitei a ela ir até a sala dos professores, no intuito de fazer contato com a esposa de Rafael, para que ela viesse até o câmpus e levasse seu marido para casa ou aos cuidados médicos. A ordem na sala ia se refazendo, eu fiquei mais tranquilizado ao entender que se tratava de um desmaio, e vi as cores do rosto de Rafael voltarem ao tom de sua normalidade. Alguns minutos de susto e eis que o Mestre acorda e me vê segurando sua cabeça.

— O que aconteceu? — perguntou Rafael.

— O senhor teve um desmaio, talvez pelo calor do dia, ou as emoções vividas agora, em razão dos vídeos — respondi ao Professor Matronelli.

— As imagens da Coroada! — disse Rafael.

— Sim, as imagens de Isabela Estefânia Oliveira, a militante e guerrilheira da GCP, conhecida como Coroada — respondi.

— E você, quem é, meu filho? — perguntou Rafael.

— Sou seu aluno e estou aqui para ajudar — respondi.

— Obrigado, não estou nos meus melhores dias. Se possível, poderia, por gentileza, entrar em contato com minha esposa Hesed, para que ela venha me buscar? — perguntou meu Mestre.

— Já fiz isso, senhor. Em instantes, ela deve aparecer no câmpus e levar o senhor para casa ou ao médico — disse.

— Obrigado, você me ajudou muito. Espero que possa retribuir com algo a você — disse Rafael Matronelli.

— Pode, sim, uma coisa eu lhe peço. Tenho três sonhos e lhe vou dizer dois: quero ser professor e escritor. Se puder me ensinar a dar aulas, agradeceria imensamente. Mas, muito mais que isso, se contar sua história, o que aconteceu, como conheceu Isabela, a GCP, Padre Marcos, enfim, se estiver interessado em me dizer tudo o que passou, ficaria imensamente feliz em escrever um livro a seu respeito, Professor Matronelli — disse.

— Claro, perfeitamente, posso fazer isso. Gosta de escrever? — perguntou o Mestre.

— Eu amo escrever — respondi.

— Então seremos ótimos parceiros e amigos, pois, se amas escrever, eu amo a pessoa sobre a qual lhe contarei a história — disse Rafael.

— A Coroada.

— A Coroada.

— E diga, meu amigo, posso chamá-lo assim? Tem ideia de como vai escrever esse livro? Sabe o início dele, como colocar as palavras, articular as frases e elaborar os capítulos? Melhor que isso, tem em sua mente o nome do livro? — perguntou Professor Matronelli, levantando-se do chão e sentando-se na cadeira da sala, vendo Hesed chegar com certa aflição.

— Sim. Eu tenho um nome, porém, vou dizer apenas ao final.

— Ao final?

— Sim, ao final. Eu gosto de um suspense.

Não quis dizer ali ao meu Mestre o que eu pensava em escrever, pois tive a paciência de esperar ele me contar toda a sua história e ver se, finalmente, encontraria Isabela. E, assim, após meses e mais meses, anos e mais anos, longos períodos visitando sua casa, almoçando com ele e Hesed, experimentando a broa, receita da mãe do Professor Matronelli, bem como os pães de queijo e o doce de leite, tive em mim a inspiração para iniciar uma história. Consegui ver tudo, toda a narrativa, o drama, a angústia e esse romance difícil de descrever. Mas eu vi. E, como uma criança que não espera o dia de Natal para abrir seu presente, após sair da casa de Rafael, cheguei em casa, joguei meus materiais por sobre a mesa, fui até a máquina de escrever de meu pai e me pus a datilografar as primeiras linhas do livro que será a chave a abrir a porta de um destino difícil de compreender. Sentei-me em minha escrivaninha, ao meu lado vários livros emprestados e contas para pagar, nenhum amor correspondido e o meu coração solitário. Diante de tantas emoções guardadas, comecei a escrever assim. Um livro que iniciei no passado e apenas concluí no futuro. No papel posto na Remington de meu pai estava escrito:

— *A Aurora surgia mansamente por detrás das colinas...*

Capítulo 31

A Revolução
Praga, novembro de 1989

Depois daquela aula do Professor Matronelli, fiquei admirado com o mundo da pedagogia, do ensino, das palavras bem empregadas, o ofício do magistério. E tudo começou a fazer sentido em minha vida, pois comecei a lembrar a minha infância, de logo me apresentar ao quadro-negro, a lousa do conhecimento, para demonstrar não o que eu sabia, porém, estimular os outros a percorrer a estrada do desconhecido e, assim, descobrir comigo o que estava por trás dos enigmas da existência. Eu descobri a cátedra na aula do Matronelli, mas nasci Professor!

E esse processo de descobertas em nós mesmos é fantástico. De repente, senti em mim a necessidade de ensinar, de ser o melhor Professor, de ter a aula mais admirada na saudade dos meus alunos por todas as suas vidas. Não me importava qual a profissão que seguiriam, se concordavam com meu pensamento político, minha preferência por um clube de futebol, se o Pelé era melhor que Messi e Maradona, ou a minha filosofia sobre Deus e a religião. O importante para mim, meu princípio acadêmico, era despertar para o conhecimento, colocar a curiosidade nos corações que me ouviam ali na sala de aula, entender que o mistério que nos cerca é assustador, porém, é lindo e cativante. Recordando disso hoje não pude resistir e chorei. Lembrei de você, Zaya.

Dizem que os Professores têm um lugar no Céu. Eu digo que o Céu tem um lugar na alma do Professor, como também cabem o inferno, o purgatório e o paraíso, porque o espírito de quem ensina é compreensivo, amigo, alegre e, acima de tudo, criança. Nenhum Professor é adulto, pois a matéria que constitui o magistério, o ofício daquele que ousa passar lições, é a magia de jamais deixar nada sem perguntar, não se permitir o banal, e se assombrar com tudo que está a sua volta. Como uma criança que vê um cachorro e logo diz: "*olha, o au au*", o Professor vê o Universo e logo se expressa: "*olha, olha, as estrelas*". Eu vi você, Zaya, e logo vi a estrela! E ela era Vermelha.

E quem se põe a ensinar tem, também, a medida certa e prudente da loucura. Sim, não sabiam disso? Claro que sim: todo Professor é louco! E me rio disso a toda vez que me recordo das aulas que já proferi, dos vexames feitos no tablado, o palco desse agente que revoluciona o mundo e passa discreto nas notas dos jornais. A loucura é a amiga da genialidade. Nenhuma inteligência é livre minimamente se não se permitir atos de sandice, um fogo controlado, se é que é possível isso. Quando você pisa naquele lugar sagrado que é a sala de aula, coloca seus objetos por sobre a mesa, dá uma olhada rápida, uma amostragem das energias presentes no ambiente, e percebe a ansiedade de logo quererem ouvi-lo, a transcendência começa a acontecer em seu corpo, o coração vai dando ordens a sua razão e esta descansa. A alegria percorre suas sensações, você se vê na casca do adulto, porém, por dentro, está ali o menino ou a menina, o antigo aluno ou aluna, o louco ou a louca ainda não descoberto(a) e, assim, o espetáculo começa, os ponteiros do relógio aceleram e a aula começa.

— Bom dia, Professor!

— Bom dia, Pessoal!

E me realizei nessa profissão. Todos os meus anos de ensino valeram a pena. Encontrei tantas histórias, dramas, angústias, como também felicidades, vitórias e superação. Foram tantos rostos, cada personalidade singular, um jeito diferente que não me entediava a cada vez que ingressava na escola, no colégio, na universidade para dizer sempre a mesma coisa.

— Hoje vamos aprender!

Mas a verdade é que eu sempre era a pessoa a aprender. Eu via os alunos captando o conhecimento de diversas maneiras. Uns anotavam, outros apenas ouviam, e uma outra parte só tinha o corpo presente. Eu via cadernos bonitos, resumos caprichados, perguntas elaboradas, e crises existenciais, além de soluções imediatas para os conflitos do mundo. Todos tinham razão, pois o conhecimento é a chave para a resolução do conjunto de problemas que nos afligem. Isso me completou como ser humano e, nada mais do que justo, quero deixar aqui a homenagem singela do meu amor por vocês, meus alunos: amo, amo, amo, todos. Um beijo do Professor!

— Essa aula existe? — era o que eu sempre ouvia.

Além de me despertar para o ensino, o Professor Matronelli me inspirou para o mundo das letras. A sua história, os passos que deu até chegar à universidade como Mestre, a luta contra a ditadura militar, e o romance único com Isabela, tudo isso me fez motivado para escrever um livro sobre ele. Era outro sonho de infância: um dia me tornar escritor. E, assim, comecei esse outro ofício. Ao mundo das palavras, frases, versos, nexos, textos e contextos. Ficção ou realidade? Verdade ou consequência? Drama ou comédia? Amor ou solidão? Zaya.

Zaya...

E, assim, comecei a escrever sobre a história de Rafael e Isabela e, no meio dessa narrativa, vivi meu romance com a Menina. Percebi semelhanças entre o que experimentaram o jovem estudante de Direito e a Coroada, e aquilo que estava vivendo com Zaya. Como eu era o narrador, o autor, o mágico por trás do truque, coloquei as duas histórias no meu livro. Isso me ajudou a cicatrizar as feridas de um amor que eu não soube cuidar da melhor forma possível. Contribuiu para o meu entendimento sobre o que significa amar também. Fui vendo que a vida tem muitos espetáculos, porém, apenas a um vale a pena assistir e, melhor, atuar: o romance. Ah, o romance, como é lindo. Você se perde, fica bobo, tolo, grande, pequeno, triste, alegre, feliz e solitário. São tantas letras, palavras, poesias, cantigas, canções, orações, súplicas, dor e desespero, para que possam fazer entender, ao coração especialmente, o que é a arte de amar. Fui aprendendo, ensinando, repetindo, anotando e escrevendo o que ouvi do Professor Matronelli sobre a Coroada e, ao mesmo tempo em que ouvia essas confissões, cotejei-as com a minha paixão: Zaya. E, no meio do processo, vi as longas páginas que escrevi, os amigos a ler os capítulos semanalmente, a quem já agradeço pela paciência, pois eu era um escritor em início de carreira, um amante da escrita. Tentei colocar em cada texto, diálogo, experiência captada por mim ao ouvir o Professor Matronelli um pouco da sensação vivida por ele ao ver Isabela. O amor daqueles dois foi tão forte que era impossível não sentir. E me vi responsável, com um grande desafio, de trazer para o universo dos livros mais um romance. Porém, não era mais um. Rafael e Isabela não é um romance qualquer. Todos os ingredientes estão aqui: força, sensualidade, poesia, drama, tristeza, alegria e a inocência de amar sem limites. Mas o que registou indelevelmente a paixão daqueles dois foi o destino. Nenhuma dificuldade, regime político, distância e até mesmo a morte pode anular o amor que Rafael sentia por Isabela. Nada fez isso. Por quê? Ora, porque, se eu soubesse explicar, não seria amor, Zaya. Eu amo você.

Mas preciso lembrá-los que a história não acabou. Está quase no fim, porém, ainda não findou.

Continuando, assim, minha narrativa sobre Rafael e Isabela, preciso contar agora que estamos no mês de novembro do ano de 1989, em Praga, capital da Tchecoslováquia. A república soviética fazia parte do bloco comunista e, desde 1968, vem tentando implementar um socialismo mais humanizado, livre, com dignidade ao seu povo. A experiência bolchevique, a qual se alastra por quase todo o século XX, trouxe enormes avanços no campo social, enfrentando a barbárie do capitalismo e colocando uma outra opção enquanto sistema econômico, um outro modo de vida. Contudo, ao chegar ao poder, a estrutura do Partido Comunista na União Soviética foi muito feroz com o seu povo e todas as repúblicas aglutinadas ao regime comunista, na Europa Central e Oriental, no pós-Segunda Guerra Mundial. O que era para ser o modelo político a derrubar, de uma vez por todas, a crueldade do capital tornou-se algoz dos seus apoiadores, aqueles que mais sofrem: os pobres e os humildes. Igualdade precisa vir acompanhada da liberdade. E as duas da solidariedade. Somos todos iguais, livres e fraternos. Uma só espécie: a humanidade. Logo, toda opressão é um crime, ainda que venha com as melhores razões e motivos. O capitalismo não se salva por isso. Os dois sistemas estão derrotados. A história há de registrar isso um dia. Espero.

Voltando à Tchecoslováquia, em 17 de novembro de 1989, a polícia reprimiu uma manifestação estudantil em Praga. Esse evento desencadeou uma série de manifestações populares de 19 de novembro até o fim de dezembro. Até 20 de novembro, o número de manifestantes pacíficos na capital Tcheca passou de 200 mil a meio milhão de pessoas. Um movimento geral envolvendo todos os cidadãos da república soviete foi feito em 27 de novembro.

Três personagens se destacaram naquilo que ficou conhecido como a Revolução de Veludo Tcheca. Alexander Dubcek e Václav Havel discursaram diante de um grande público no Parque Letná. Dubcek foi um opositor ao regime frio da União Soviética e tentou humanizá-lo ainda em 1968, naquilo que ficou conhecido como a Primavera de Praga. Porém, as tropas comunistas invadiram a Tchecoslováquia e o movimento não prosperou. Dirigiu a tentativa de democratização socialista em seu país. Seu propósito, destinado a democratizar o Estado e as estruturas internas do Partido, e abrir a nação às potências ocidentais, foi referendado por grande parte da população tchecoslovaca. A tentativa (o "Socialismo com face humana") seria abortada sangrentamente pelas tropas soviéticas do Pacto de Varsóvia em agosto de 1968. Dubcek e outros cinco membros do *Presidium* foram sequestrados pela polícia soviética de ocupação e levados a Moscou, onde "*lhes fizeram entrar na razão*". Quando voltou a Praga, foi vítima de ostracismo, considerado como um cadáver político. Em 26 de novembro de 1989, Dubcek foi aclamado na Praça de Letna de Praga por milhares de compatriotas. Inspirador das mudanças democráticas, foi eleito presidente do Parlamento tcheco.

Havel foi um escritor, intelectual e dramaturgo tcheco, firme defensor da resistência não violenta (tendo passado cinco anos preso por suas convicções), tornou-se um ícone da Revolução de Veludo no ano de 1989. Em 29 de dezembro de 1989, na qualidade de chefe do Fórum Cívico, elegeu-se presidente da Tchecoslováquia pelo voto unânime da Assembleia Federal.

Com o colapso dos outros governos comunistas e o aumento dos protestos de rua, o Partido Comunista da Tchecoslováquia anunciou no dia 28 de novembro que acabaria com o poder e desmantelaria o Estado de partido único. Uma espécie de cerca, com arames farpados e outras obstruções, foi removida da fronteira com a Alemanha Ocidental e com a Áustria no começo de dezembro.

O termo Revolução de Veludo foi inventado por jornalistas para descrever os acontecimentos e aceito pela mídia mundial, sendo usado em seguida pela própria Tchecoslováquia. Depois da dissolução da nação em 1993, devido a questões étnicas, culturais e econômicas, a Eslováquia usou o termo "Revolução Gentil", que é o termo que os eslovacos usavam para a revolução desde seu começo.

Mas não foi apenas isso. Tivemos uma outra personagem que contribuiu para as mudanças da república soviética, sendo esta uma mulher de uma beleza única, admirada por todos no bloco comunista e até por Moscou. Firme, obstinada, detentora de uma razão incrível, além de uma habilidade singular com as letras, Aurora Petrín surge mansamente por detrás das belas colinas que levam seu nome, naquele dia de efervescência política. Aurora vivia em Praga há mais de vinte anos e era brasileira. Sua mãe era falecida, não tinha irmãos, porém, o pai era um antigo militar soviético e que tinha problemas sérios de saúde, vivendo com a filha em Praga. Aurora tinha formação militar, em Letras, Ciência Política, Odontologia, entre outros cursos técnicos, como um referente a segurança do trabalho. Dominava diversos idiomas, como português, inglês, russo, uma língua indígena da qual não se recordava o nome, e tcheco. Não era casada, o que lhe rendia diversos flertes com o objetivo de alcançar o coração valioso de Aurora. Havel tentou, porém, não conseguiu, o que rendeu ao escritor a elaboração de uma peça de teatro. Aurora tinha uma filha, aparentando ter vinte anos. A jovem tinha uma pele branca, cabelos extremamente longos, um sorriso familiar, e um coração leve, "*sempre apaixonada*", como dizia Aurora. Acompanhava a mãe em todos os seus discursos e hoje, no Parque Letna, não seria diferente.

Aurora acabou de chegar e estava elegantemente vestida. Usava um blazer de botão duplo, na cor verde, uma blusa de lã, gola alta, em cinza, dando formas aos seus seios, e vestia uma calça em brim branca, com um cinto de couro preto, fivela dourada e discreta. Em seu pescoço, um belo cordão de ouro, dando um charme ao seu visual. Seus cabelos longos e negros iam além da alça, em contraste com o tom de pele alva. Um sutil movimento ela tinha, além de uma voz rouca, gostosa de ouvir. Calçava um scarpin preto, número que jamais soube dizer. Começou seu discurso, ao lado da filha, de Dubcek e Havel. A revolução estava em andamento.

"*Bravos cidadãos de Praga e da pátria Tchecoslováquia, meus sinceros votos de paz, liberdade e democracia. Estou aqui, diante da história e desses ilustres agentes da mudança, Dubcek e Havel, a quem eu muito admiro e venero. Hoje é um dia especial, estamos aqui para exigir a liberdade. Surjo mansamente por detrás das colinas e vejo as nuvens sangrarem num vermelho confesso. As águas do mar teimam em ser revoltas e vão e vêm nas areias da praia. O sol não caminha, mas a terra insiste em seu movimento. Por que nascemos? Por que morremos? Hoje mais uma ditadura na Europa voltou a cair. Nosso povo liberto grita pelas ruas medievais o vocativo da liberdade. Sorrisos e lágrimas se misturam aos abraços de uma esperança. E ouço os sinos tocarem três vezes. E tudo isso acontece novamente no continente europeu bem como em outras terras. O sol teima em não caminhar, mas a terra insiste em seu movimento. Lutemos, sejamos corajosos e sigamos em frente. Que jamais esqueçamos de nossa natureza, aquela constituída da liberdade. A Aurora surge a cada manhã e isso nos dá a chance de, mais uma vez, termos o destino em nossas mãos e fazer diferente. O amanhecer de um novo dia é a opção que o Cosmos nos dá para irmos por caminhos diferentes, lugares diferentes, se o atual já não nos agrada. E, para que isso aconteça, é necessário apenas ter a coragem para colocar em prática aquilo que está guardado em nossos corações. Nunca deixemos para o segundo plano a nossa essência, o sentido de nossas vidas, a paixão por um mundo melhor. Sou mãe, minha filha está aqui, e por ela e por vocês, ainda sonho. Ousar lutar, ousar vencer. Eis a mensagem que deixo aqui, meus amigos, meus irmãos. Liberdade!"*

Revolução de Veludo Tcheca, novembro de 1989

Wikimedia Commons (1989)

O belo discurso de Aurora inflamou a todos no Parque Letna, e os ventos da mudança passaram pela antiga república soviética. A liberdade, mais uma vez, veio ao povo e eles puderam decidir seu destino, como deve ser. Sem grilhões a acorrentar o espírito humano, continuamos nossa jornada, prontos para cumprir a providência de sermos felizes. A experiência comunista teve sua chance. A história poderá dar uma outra para que tudo possa ser diferente. Mas não duvidem: o ser humano não se aprisiona facilmente. Não mesmo, Zaya.

Aurora desceu do lugar onde estava reunida com Dubcek e Havel e se despediu dos dois. Chamou por sua filha, no que a jovem correu e a acompanhou. A menina estava radiante, feliz, empolgada com a oportunidade de, um dia, fazer seu próprio discurso e mudar a história do mundo. A jovem estudava Ciência Política em Praga e, nesse dia, após todo aquele alvoroço nas ruas medievais, um jovem vê a filha de Aurora e a observa. Elas ficam por um momento ainda nas ruas, vendo todo o cenário da revolução, mas notam os olhares masculinos do jovem tcheco. Aurora rompe o silêncio e diz para sua filha que alguém a observava, a notava. A mãe, então, passou uma lição milenar: a arte da sedução.

— Filha, está sendo notada — disse Aurora.

— Como assim, mãe? — responde a filha.

— Tem um rapaz ali, depois dos postes, perto do rio Moldava, que está te vendo desde o momento em que chegamos. E a vê de modo diferente — disse Aurora.

— Como assim, mãe, desde o momento em que chegamos? Consegue observar tudo? — perguntou a filha, espantada com a argúcia de sua mãe.

— Sim, filha, sempre fui assim. Eu tinha olhares em tudo e sempre captei quem me observava. Então, ao ver os olhares masculinos a me analisar, eu já os julgava para saber se valiam a pena. A maioria não. Mas alguns olhares ficam para sempre. E esses são os por que vale a pena lutar — disse Aurora e ficou confusa, pois não soube por que disse isso.

— Mamãe, lindo isso que está me dizendo. Mas nunca me falou sobre seus amores ou quem realmente roubou seu coração. Sempre a vi como uma mulher racional, não dando espaço aos sentimentos, preocupada com a história e a política. Se está me dizendo isso é porque deve ter tido alguém que você nunca esqueceu. Pode me dizer quem é? É o papai? — perguntou a filha.

Aurora sentiu-se, novamente, confusa, com as palavras de sua filha e, especialmente, sua pergunta. De fato, a heroína da revolução não se lembrava, pelo menos nitidamente, de um rosto pertencente a um amor antigo. Não conseguia construir sequer a saudade, uma pista do que poderia ser a motivação do dito a sua filha hoje. Porém, os dizeres eram verdadeiros. Aurora não se esquecia das palavras, do que elas representavam, mesmo que tais não viessem acompanhadas das imagens, as lembranças em sua mente e em seu coração. Mas as sentia, entendia que eram verdadeiras, puras, pois, ao falar, uma corrente elétrica passava por seu corpo, uma excitação tomava conta de si, e logo a mulher se apresentava e uma sensualidade geria seus sentimentos. Controlava-se, recompunha-se, contudo, não deixava de sentir. Ao ver o rosto do jovem a observar sua filha, teve essa reminiscência, um déjà-vu. O destino no lugar de sempre. No lugar de sempre.

— Filha, realmente não sei. Eu sinto essas coisas, mas não consigo lembrar. Tento reunir forças para construir uma imagem, um rosto, um vulto na minha mente, mas nada vejo. Fico nervosa, aflita, angustiada, um aperto no meu coração surge, e me desespero ainda mais, pois não sei por que sinto essas coisas. Aí as palavras vêm, eu as expresso, e a dor dessa aflição vai se dissipando, até virar apenas uma doce lembrança de algo que não sei dizer. Eu sinto, mas não sei explicar — disse Aurora para sua filha, ainda vendo o jovem a observar.

— Mãe, isso é difícil, mas eu sei o que é — disse a filha e sorriu para sua mãe.

— É mesmo, então me ajude, diga: o que eu tenho? — perguntou Aurora.

— Ora, mãe, aquele sentimento que temos e não sabemos explicar chama-se amor — disse a filha.

— Você é uma graça! — respondeu Aurora.

— Não brinque! — disse a filha.

Aurora ouviu sua filha dizer sobre o amor e algo tocou sua alma. Porém, quando a filha disse "*não brinque*", um movimento mais forte ocorreu no seu corpo: seu coração acelerou. A heroína da revolução sentiu seu sangue correr velozmente, a arrepiar toda a sua pele, sensações que há muitos anos não vivia. Sentiu necessidade de gritar, de chorar, de rasgar suas roupas, mas se conteve, pois não entendia o que se passava em sua psiquê. Aos poucos foi recobrando seu autocontrole, disfarçou seu emocional prestes a romper a fronteira de seus olhos, e voltou a conversar com sua filha a respeito do jovem que a observava.

— Entendo, mas o assunto não sou eu. É aquele rapaz. O que acha dele? Diga sem olhar para ele — falou Aurora.

— Ele é lindo, e tinha-o visto enquanto a senhora discursava. Mas não sei como agir. Se eu for lá, estragarei — disse a filha e ficou sem ação.

— Não pense assim. Não existe fórmula para o amor e, muito menos, um modo certo de agir. Se está sentindo essa força estranha, então vá e se expresse. Se valer a pena, terá a reciprocidade. Caso contrário, quem perde é ele. Porque você é linda demais, Lourdes — disse Aurora e encorajou sua filha a ir até o rapaz.

Lourdes compreendeu seus sentimentos e se dirigiu ao jovem que a observava. Timidamente se apresentou, conversaram um pouco, e soube que ele também era estudante de Ciência Política, na Universidade de Praga. Trocaram, mais uma vez, olhares, afetos e se abraçaram, no que o rapaz deu um beijo em Lourdes. Aurora via tudo isso, gostou e ficou feliz, vindo, novamente em seu coração, aquela sensação de algo antigo que não sabia explicar. Sentou-se em um banco, admirou-se da beleza do rio Moldava, e aguardou sua filha retornar. De longe, conseguiu escutar a conversa, e lhe pareceu não terem ainda se apresentado mutuamente, talvez pela empolgação da paixão, as melhores quando impetuosas. Porém, passou-se um tempo, e Aurora ouviu sua filha dizer seu nome ao rapaz, que, também, se apresentou.

— Meu nome é Lourdes Rafael, e o seu?

— Sou Wagen.

Despediram-se e demoraram-se a descolar seus olhos um do outro. Lourdes Rafael viu sua mãe, deu um sorriso para ela, que Aurora devolveu, entendendo que sua filha estava amando. A menina sentou-se ao lado da heroína da revolução, suspirou fortemente, e deitou sua cabeça nos ombros da mãe. Aurora acariciou os cabelos da filha, deixou uma lágrima descer em seu rosto, emocionada por ver o amor acontecer. Ficaram mãe e filha vendo o horizonte se descortinar, a vida surgir em seu esplendor, e o destino se cumprir, como em um jogo de cartas cósmico, quem sabe, sagrado. Lourdes estava apaixonada e Aurora, reflexiva, pensando em seu íntimo, de onde vinham aquelas sensações, as quais não entendia, devendo ser, talvez, de "*outras vidas*", segundo pensava. Deixou esse pensamento de lado, abraçou mais forte sua filha, e Lourdes Rafael retribuiu o carinho. Calor de mãe é o sossego da filha.

Enquanto estavam ali as mulheres a embelezar a paisagem de Praga, com o rio Moldava ao fundo, surge uma Ural, em velocidade controlada, com um belo jovem a conduzindo e assobiando como se estivesse tocando uma balalaica. Parou em frente a mãe e filha, desceu de sua motocicleta, tirou seus óculos escuros e se apresentou.

— Bom dia, minhas senhoras, tudo bem com vocês? — disse Wagen.

— Bom dia! — respondeu Aurora.

— Bom dia! — disse Lourdes Rafael, com um sorriso gostoso.

— Vou me apresentar a esta linda mulher, jovem como a que eu conheci agora. Sou Wagen Ilitch — disse Wagen e reverenciou Aurora.

— Prazer, meu rapaz. Sou Aurora Petrín — respondeu a heroína da revolução, sentindo uma familiaridade no nome do jovem.

— Eu sei quem é a senhora e já digo que muito a admiro. Seu exemplo político deve ser seguido — disse Wagen, deixando Lourdes Rafael toda animada.

— Obrigada, meu caro, bondade sua. Faço o que eu amo. Adoro política! — disse Aurora.

— Adora mesmo! — reforçou Lourdes Rafael.

— Eu também amo, e agora as coisas vão mudar na Tchecoslováquia. Lourdes, vi você aqui sentada e peguei minha Ural, pensando em um convite: aceita passear comigo pelas ruas de Praga? — perguntou Wagen.

— Passear? — perguntou Lourdes Rafael.

— Sim, passear. Estou com folga hoje, não vou trabalhar e, pensei, por que não convidá-la? — disse Wagen, sorrindo para Lourdes Rafael, do que Aurora gostou.

— Ah, não sei — hesitou Lourdes Rafael.

— Menina, para de bobagem. Ela irá, Wagen! Vá, suba na Ural, sinta os ventos em seu rosto, e seja feliz. Hoje é o dia da liberdade! — disse Aurora.

— Liberdade! — gritaram Wagen e Lourdes, no que esta subiu na Ural.

Saíram dali o casal apaixonado para apreciar o bom da vida. Aurora ainda ficou no banco da praça, pensando no dia de hoje, antes de decidir ir embora para sua casa e ver seu pai. Porém, ainda sentada, ela ficou mais tocada, sentida, tentando entender suas emoções, quando Wagen, ao se despedir, disse a seguinte palavra:

— Catita, obrigado!

Aurora não se conteve e chorou. Agora, sozinha, não tinha por que esconder suas emoções. Nos últimos anos, têm sido recorrentes alguns sentimentos os quais não sabia explicar. Quando ouve algumas vozes, dizendo determinadas palavras, ela fica alterada, uma excitação toma conta de seu corpo, que não gosta ou tem vergonha de comentar. Ao ouvir essas palavras, o desejo de Aurora é tirar a roupa, ficar nua, apresentar-se para o amor. Mas logo a razão toma conta dela, e compreende que aquilo não passa de um devaneio, algum tipo de distúrbio, certamente um aspecto psicológico do qual ela deveria cuidar. Foi pensando assim, concluindo sobre a sua sobriedade como medida de sobrevivência, que Aurora levantou-se e foi embora para sua casa.

Caminhou pelas ruas da capital tcheca e pôde ver a beleza da arquitetura da cidade. Avistou o belíssimo Castelo de Praga, ao passar pela Ponte Carlos, além da Casa Dançante e o Teatro Nacional. Havel estava do outro lado, viu Aurora e acenou para ela, no que esta respondeu com um beijo e continuou. Viu os cisnes no rio Moldava, e casais enamorados em um clássico passeio de barco por suas margens. A poesia estava presente na atmosfera da cidade medieval, e o encantamento do lugar exigia um amor urgente. A sensação antiga voltava a Aurora e ela não compreendia.

No trajeto até sua casa, em dado momento, encontrou um homem negro, alto, cabelos crespos, e com um rosto de paz. Ela fingiu não tê-lo visto, porém, o homem continuava a olhá-la, mesmo depois de a heroína da revolução ter passado por ele. Aurora olhou para trás e não viu o homem, tendo um alívio, pois ficou com medo de ser alguém que poderia atacá-la. Contudo, ao virar-se novamente de frente, veio a surpresa. Ele estava ali, no meio de nós.

— Olá, minha amiga, quanto tempo? — disse o homem negro.

— Quem é você? — perguntou Aurora, sentindo uma proximidade com aquele homem.

— Você me conhece, porém, não se lembra mais de mim. Somos amigos — disse o homem negro.

— Amigos? Não costumo esquecer meus amigos. Se fosse, eu lembraria. Saia da minha frente — disse Aurora, com um certo temor.

— Continua impetuosa, por isso ele jamais a esqueceu — disse o homem negro.

— Ele? Ele quem? — perguntou Aurora.

— Você se esqueceu dele também? Acho pouco provável isso ter acontecido. Você o ama — disse o homem negro.

— Amo? Como ousa falar assim comigo? Vou chamar a polícia. É Comunista? — perguntou Aurora.

— Sou e por sua causa, minha amiga. Quanta saudade tenho de você — disse o homem negro, com um sorriso de paz.

— Não sou Comunista, e me respeite! Deve estar mal informado. Lutei na Revolução de Veludo. Fiz um discurso hoje! Certamente, o senhor deve estar embriagado — disse Aurora, ficando nervosa com aquele homem.

— Verdade, ouvi seu discurso hoje. Mas já vi vários seus, na praia, na rua, em todos os lugares, pois, agora, tenho essa capacidade — disse o homem negro.

— É da inteligência do regime? — perguntou Aurora.

— Sou da inteligência, mas não desse regime — disse o homem negro e apontou para o Céu.

— Deve ser louco. Se não for um bêbado, deve ser da filosofia. Vou embora — disse Aurora, com muita irritação.

— Ele te ama ainda — disse o homem negro.

— Quem me ama, seu louco! Vou chamar a polícia — grita Aurora.

— O jovem, ele não envelheceu — responde o homem negro.

— Não diz nada que faça sentido, seu miserável! Socorro! — grita Aurora.

— Isso, grite, liberte-se, libere sua alma do veneno que lhe deram — disse o homem negro.

— Socorro! — grita Aurora.

— Continue, Ele vai te ouvir — disse o homem negro.

— Socorro!!! — Aurora continua gritando.

— Será feliz, minha amiga. Outro dia a vejo. Deus a abençoe — disse o homem negro, e desapareceu.

— Onde você está, explique, quem é a pessoa que eu amo? Quem? Quem? Quem?

— Quem???

Aurora gritou e as pessoas assustaram-se com isso. Procurou por todos os lados, e não viu o homem negro que conversara com ela há pouco. Ela sentou no chão, encolheu-se toda e começou a chorar compulsivamente. Desesperada, angustiada, sem entender o que se passava nem a razão de seu choro. Uma mulher aproximou-se dela e perguntou se precisava de ajuda, mas Aurora disse que não, pois já estava melhorando. Levantou-se mais uma vez, sentiu um amargor em sua boca e seguiu em frente. Antes de ir embora, perguntou para a mulher que lhe ofereceu ajuda se ela sabia para onde teria ido o homem negro. A mulher, para a surpresa de Aurora, perguntou:

— Que homem negro?

Aurora disfarçou, agradeceu mais uma vez pela ajuda e foi embora. Estava cansada, a agitação da mobilização política despertou sua adrenalina, e isso pode ter afetado seu psicológico. Finalmente foi para sua casa. Foi descansar.

Quando chegou em sua residência, no luxuoso bairro Smíchov, ao lado da Malá Strana e quase aos pés do Parque Petrín, admirou-se, mais uma vez, da beleza de tudo que ali existia. É um bairro vivo, movimentado, bonito e bem estruturado. Tem ligações rápidas para qualquer canto da cidade e uma estação rodoviária de onde saem ônibus para vários destinos dentro da República Tcheca. Aurora ama esse lugar, tanto é que adotou seu nome, em homenagem ao seu amor a Praga, "*uma cidade romântica*", como pensava. A Colina de Petrín, na capital Tcheca, é, sem dúvidas, um dos pontos mais lindos da cidade e não pode ficar de fora de um roteiro, quem um dia for lá visitar. Um local perfeito para fazer um passeio relaxante e para admirar lindas paisagens da cidade. No topo da Colina de Petrín, você vai encontrar um belíssimo jardim, que encanta não só os visitantes, como também os habitantes da cidade. É comum encontrar por lá famílias, donos levando os seus cachorros para passear e muitas pessoas relaxando, lendo um bom livro ou simplesmente apreciando o local. Há também um antigo labirinto de espelhos, um observatório astronômico de 1928 e uma réplica da Torre Eiffel. Do topo da Colina de Petrín, dá para apreciar não só as suas atrações, como também os incríveis ângulos da cidade de Praga. Aurora sempre fazia isso, observando a atmosfera sensacional da cidade. Teve uma ideia, após o dia de hoje, de criar um monumento da Rua Ujezd, na base da Colina Petrín, para homenagear as vítimas do comunismo. Sentiu essa necessidade, anotou em seu caderno, após ouvir as badaladas dos sinos da Catedral de São Nicolau. *"Esse som sempre me traz uma sensação de uma noite adormecida em um abraço apertado"*, pensava. Por isso, disse em seu discurso, sobre o badalar três vezes do sino.

Apesar do cansaço, a heroína da revolução procurou por seu pai para ver como ele estava, pois seu quadro de saúde era bem delicado. Mas, além dessas preocupações, Aurora pensou em conversar um pouco mais sobre seu passado, para compreender algumas lacunas que não conseguia entender. As sensações últimas que teve, as imagens que não se formavam a partir delas, e as respostas sobre sua vida, pois as inquietações começaram a ficar mais fortes, e talvez tivessem a solução em seu pai. Por isso, o procurou assim que chegou à mansão Petrín.

— Pai, paiê, onde o senhor está? — perguntou Aurora

— Senhora, seu pai está nos jardins desde cedo — respondeu o funcionário da mansão Petrín.

— Obrigada, Hasak! Vou até ele.

Aurora deixou sua bolsa com o caderno em sua mesa, no seu quarto. Passou em frente ao espelho, parou por alguns instantes e se viu, porém, hoje não se reconheceu. Chegou mais perto, olhou seu rosto, viu sua beleza, mas percebeu que estava envelhecendo. Não se preocupou com isso, saiu do espelho, mas uma voz interior disse: *"volta!"*. Ela ficou assustada com isso, pois era uma voz que ela conhecia, mas não sabia de quem era. Foi até o vidro novamente, viu sua imagem, porém, nada aconteceu. Quando chegou mais perto do espelho, vendo o fundo dos seus olhos, lá no profundo do seu ser, viu uma jovem de vinte anos, mas que não era Lourdes Rafael. Ela piscou, e surgiu um homem, também jovem, ao lado dela e ajoelhado. Ela sentiu uma excitação e uma calma e continuou no espelho. Piscou mais uma vez, e agora se viu grávida, uma imagem que jamais lembrava, pois não tem nenhuma foto ou filme da época de sua gravidez. Não se conteve, e uma lágrima desceu de seu lindo rosto, foi até sua boca e ela sentiu o gosto salgado de sua saudade, a qual ela não compreendia. Abriu os olhos e viu uma mulher jovem no espelho, com um olhar sério, obstinado, firme, com cabelos negros além da alça, uma pele alva, que tentava dizer alguma coisa para ela, porém, mais uma vez, não entendia. Já começou a pensar que estava ficando louca, que realmente precisava ir até o psicólogo ou psiquiatra, e saiu do espelho. Seu coração não se acalmou, suas pernas ordenaram que ela voltasse ao vidro, ela seguiu esses imperativos da alma e foi. Ao aproximar-se pela terceira vez do espelho, viu sua imagem atual e percebeu que tudo era um devaneio. Nesse instante, os sinos da Catedral de São Nicolau bateram três vezes, Aurora se assustou, distraindo-se um pouco e olhando a janela da mansão Petrín, porém, virou-se novamente para o espelho, e a imagem da jovem voltou. A heroína da revolução arrepiou-se, pois a mulher usava uma boina francesa vermelha, algo que não usava, e seu olhar era de seriedade, resoluto e firme. A jovem olhou fixo para Aurora, como que entrando em seu ser, enviando imperativos a ela e atraindo a atenção da heroína da revolução. Os lábios da mulher se moveram, um som saiu, e Aurora ouviu ela dizer:

— Você é a Coroada!

Capítulo 32

Zaya
13 anos depois, Belo Horizonte, 18 de março de 2002

Começo a escrever estas páginas e minhas mãos tremem. Olho na tela do meu computador, sim, saí da máquina de datilografar, vejo essa data e me emociono. Sei que já falei a respeito desse dia, porém, hoje é especial: estou me dedicando a falar de você, meu amor, tudo o que aconteceu no dia em que nasceu.

Mas antes disso permitam-me esclarecer o meu sentimento a vocês, que tiveram a paciência de ler-me até agora, fato pelo qual serei eternamente agradecido. Este livro não seria grande se não fosse por vocês. Meu amor por Zaya não cabe aqui, é verdade. Não ocupa lugar algum, pois todo espaço é limitado ao que sinto por ela. Foram muitos rostos, vários dizeres, diversos "nãos" e "sins" que recebi, todos eles eu perdi a conta e a sensatez de como foram. Mas, no dia em que ela nasceu, eu vi seu rosto, ouvi seu primeiro choro, seu movimento, e não quis acreditar. Porém, meu destino estava diante de mim.

Está sendo muito difícil escrever agora. Ouço esta música, a qual eu não revelo, e meu coração deseja pular do meu peito, pois imagino que aqui tu tá. Eu a respeito tanto, meu carinho é tão grande que, mesmo sendo um homem já experiente, com muitas vivências, estudos, livros lidos, aulas dadas, e relacionamentos mal resolvidos, diante dela eu sou um menino. Na presença em sala de aula, com cinquenta, sessenta, às vezes, cem alunos, me desenvolvo, falo sobre o povo, passo pelo vexame planejado, e dou a aula para ninguém esquecer. Controlo a mim mesmo e sou o profissional coerente com os títulos que tenho. Porém, você na minha frente, olhando para mim, esperando uma resposta minha, a pergunta que jamais desejo responder, você comigo me deixa menino. Sei que por fora sou o homem que já avançou em idade. Por dentro, ao ver seu rosto, Zaya, ao ouvir sua voz, ao tocar suas mãos, não tenho nem quinze anos. Vulnerável sou na sua presença.

Podem me julgar, não me importo mais com os dizeres daqueles que não se permitem amar sem limites, pois quem controla o coração perde a sua vida. A vantagem de ser Professor é esta: seus cabelos envelhecem, sua voz vai perdendo a vibração, seu caminhar vai ficando lento, e seus reflexos diminuem. Contudo, seu coração permanece aquecido, faz piadas sem sentido, ri de si mesmo, e se espanta com tudo, da eleição de um presidente descerebrado ao comentário do aluno fora de hora. Esse calor a manter a temperatura do pulsador é uma energia metafísica, um segredo da vida, o sopro direto da boca de Deus. Zaya, você é linda. Eu sei, foi fora de contexto, mas foi o meu sentimento e eu espero que ela leia isso um dia.

— Professor, posso lhe fazer uma pergunta: não sei se faço Jornalismo, Ciência Política ou algo assim, o que você acha?

Eu acho que te amo e estou perdido nesse sentimento.

Wagen e Lourdes Rafael conheceram-se no dia da Revolução de Veludo Tcheca, em Praga. Após o discurso de Dubcek, Havel e Aurora, esta percebeu os olhares de um rapaz e estimulou sua filha a ir ao seu encontro. Lourdes Rafael aceitou a sugestão de sua mãe, foi até Wagen, e, depois, este a convidou a subir em sua Ural e foram felizes. Anos depois, formaram-se em Ciência Política, casaram e, há alguns anos, vivem no Brasil, em Belo Horizonte. Wagen é meu aluno na especialização de Ciência Política e Lourdes Rafael está grávida. Como costumo dizer: o destino no lugar de sempre. No lugar de sempre.

Aurora Petrín ainda vivia em Praga e há muitos anos não vinha ao Brasil. Depois que sua filha se casou e mudou-se para sua terra natal, a heroína da revolução disse que um dia os visitaria, porém, sua agenda, as anotações e planos, sua agitação política, tudo isso não permitia a ela uma viagem ao país tropical. Recentemente, foi convidada para trabalhar no Parlamento Europeu, e Aurora estava animada com isso. Ela ama política. É a sua vida.

Contudo, hoje, 18 de março de 2002, é uma data especial. Lourdes Rafael já estava prestes a dar à luz, e Aurora planejou sua viagem ao Brasil e, enfim, a fez. Chegou em Belo Horizonte um pouco antes de sua neta nascer e teve oportunidade de passear pela capital mineira. Aqueles ares de Minas Gerais, logo que chegou, lhe pareceram familiares, uma nostalgia diferente sentiu, mas não conseguiu entender o porquê dessa intimidade com os "belos horizontes" das montanhas de Minas. Não se importou com isso, e foi caminhar um pouco, *"para sentir melhor a energia da cidade"*, como disse.

Aurora estava no centro da capital mineira e caminhou por ali na Avenida Bias Fortes. Passou em frente à Praça da Liberdade, viu seu parque florido, seus jardins verdes reluzindo ao brilho do sol da manhã, e várias pessoas praticando seu esporte matinal. Ficou empolgada, sentiu o calor, a presença da brasilidade e esse jeito mineiro de ser. Em dado momento, ela ouviu algo que chamou muito sua atenção, não compreendeu direito, mas sentiu um arrepio na sua pele, pois foi bem aleatório e sem qualquer sentido, algo peculiar ao amor. Um homem, vestido com uma camisa alvinegra, em grito vibrante pouco visto por ela, expressou-se:

— Galoooooooooooooooooôôô!!!!!!!

A heroína da revolução riu, viu a alegria daquele homem e soltou um sorriso que a deixava ainda mais bela. Aurora estava com cinquenta e oito anos de idade, e em plena forma. Vestia uma roupa leve, top e short branco, próprio de uma caminhada logo ao despertar do dia, absorvendo as energias do sol e o ar de Belo Horizonte. Estava um pouco suada, seus cabelos negros e longos amarrados em coque, deixando livre seu pescoço, e levava uma garrafa d'água para se hidratar. Aproximou-se do homem que acabara de gritar, ele viu a linda mulher a sua frente, não entendeu ou a reconheceu e, para a surpresa daquele atleticano, viu Aurora repetir seu gesto, o som da alma, o grito de liberdade, na Praça que leva o mesmo nome. A heroína da revolução não resistiu, o que eu sei bem, e gritou:

— Galooooooooooooooooôôô!!!!!!!

O homem com a camisa do Clube Atlético Mineiro sorriu, ficou muito feliz e se empolgou um pouco. Foi até o jardim da Praça da Liberdade, destacou uma begônia, e deu de presente para Aurora. Ao entregar, o homem disse:

— Para você, minha rainha!

No que ela agradeceu dando um beijo em seu rosto.

— Galooooooooooooooooôôô!!!!!!!

O mistério feminino é encantador.

Aurora continuou sua caminhada, porém, deu vontade de comer alguma coisa, ou tomar um café, bebida que ela amava. Sentou-se no banco da Praça, pediu um café e um pão de queijo, e o jornal O Estado de Minas. Ficou sob a sombra do Ipê Rosa e se pôs a saborear a guloseima mineira, a bebida quente e as notícias do dia: *"Lula lidera as pesquisas para a corrida presidencial de 2002"*, o que a deixou animada, pois sabia de sua história de luta pelo povo.

Alguns minutos sentada na Praça da Liberdade, Aurora viu uma agitação se aproximando dela. Era um grupo de militantes de um partido político, todos vestindo vermelho, com faixas, botons, e uma estrela. Caminhavam empolgados, como que seguindo a canção, e uma mulher estava ao centro daquele movimento. Entoavam um cântico, que Aurora logo identificou ser exatamente do candidato Lula, um refrão cantado mais ou menos assim:

— *Lula lá, brilha uma estrela!*

Aurora ficou encantada com aquilo, teve uma ótima sensação, percebendo que seu corpo rejuvenescia, como se ela tivesse voltado aos seus vinte anos. Viu a begônia dada pelo atleticano, o sol de Belo Horizonte, e aquela magia do povo brasileiro, sofrido, mas alegre. O grupo político se movimentava, liderado por uma mulher que, ao ver Aurora, gritou:

— Ei, é você mesmo?

A heroína da revolução não entendeu e, assim, não deu importância. Continuou apreciando a paisagem, tomando seu café e lendo *O Estado de Minas*. Porém, a mulher agora há pouco citada insistiu com Aurora, pediu licença ao grupo, e foi sentar-se com ela. A mulher ainda ouviu alguém dizer, antes de ela ir na direção de Aurora.

— Dilma, esperamos por você!

No que ela acenou positivamente e sentou-se na mesa de Aurora. Viu a heroína da revolução, notou que ela lia os jornais e as pesquisas da corrida presidencial. Encorajou-se, animou-se e iniciou uma conversa, um diálogo que poderia libertar Aurora. Vocês entenderão.

— Menina, mas você continua bonita, parece que acabei de lhe ver, como se fosse ontem — disse Dilma.

— Desculpe, mas eu lhe conheço? — perguntou Aurora.

— Ora, claro que conhece e muito. Sou a Stela, mas hoje não preciso mais desse nome — disse Dilma.

— Desculpe, mas não consigo lhe reconhecer. Fiquei muitos anos fora do Brasil e cheguei essa semana. Minha neta vai nascer e está aqui, em Belo Horizonte — disse Aurora, esforçando-se para reconhecer aquele rosto.

— Que maravilha, fico feliz em saber disso. Estou vendo que está lendo os jornais. Acho que esse ano vai dar certo para a gente — disse Dilma, apontando para a foto de Lula.

— Sim, pelo que li, entendi isso também. E espero que seja, pois o Brasil merece ter um governo do povo — disse Aurora.

— Já sofremos demais, minha amiga. Aqueles anos todos de luta, de perseguições, de crueldade, devem dar a nós a chance de resgatar e devolver o país aos seus verdadeiros donos: o povo brasileiro — disse Dilma.

— Verdade, é o que eu espero também. Tenho feito um trabalho político na Europa, onde moro. Resido em Praga há mais de trinta anos e, hoje, estou auxiliando o parlamento europeu. Assim que minha neta nascer, viajarei para a República Tcheca. Mas acompanharei as eleições no Brasil, mesmo de longe — disse Aurora, estranhando sua intimidade com Dilma, a despeito de não a reconhecer.

— Não me surpreende você dizer isso de si mesma. Sempre a admirei e vi um futuro forte e promissor em ti. Alegro-me em saber que minha amiga, parceira das lutas antigas, continua na política, especialmente no velho continente. Mas você poderia considerar, em algum momento, retornar ao Brasil e pleitear algum cargo político. Talvez de senadora, o que achas? — perguntou Dilma.

— Ah, acho que não, gosto de política, porém, dos bastidores. E o Senado é muito importante, não sei se daria conta. Esse país merece os melhores. Talvez você seja mais indicada do que eu, pois vejo que é popular, vejo as pessoas te admirando — disse Aurora, apontando para o grupo do Partido dos Trabalhadores.

— Também sou como você, menina, gosto mais dos bastidores. Meu engajamento é eleger Lula, não tenho essa vaidade. Tive meu papel na história, fiz o que fiz porque amo esse país, mas não espero nada em troca. Sabe, quando se entra na política, você precisa entender que é uma entrega, e não um recebimento. Eu amo política, amo o Brasil e o nosso povo. Então eu me entrego plenamente, não aguardando holofotes, reconhecimento, nenhum troféu. A minha maior medalha será ver a desigualdade social acabar, o brasileiro sorrir com dignidade, e o Brasil ser um protagonista na ordem mundial. Foi por isso que eu lutei, sendo os mesmos motivos pelos quais continuo minha sina — disse Dilma, ouvindo os petistas a chamando para a evolução da caminhada político-eleitoral.

— Isso que disse é lindo e prova ser você a mais indicada para o cargo. Aliás, merece algo maior. Pelo que és, deveria ser presidenta da República. Represente o povo brasileiro, continue sua luta, mas vá ao Planalto e leve as mulheres. Este século é nosso. É nosso! — disse Aurora e ergueu sua mão em punho cerrado, gesto repetido por Dilma.

— É nosso!

Após conversarem e falarem um pouco sobre política e as eleições no Brasil, Dilma se levanta e despede-se de Aurora. Ambas se abraçam, cumprimentam-se mais uma vez, e felicitam uma à outra. A heroína da revolução dialogou com Dilma como se a tivesse reconhecido, uma etiqueta que leva sempre consigo. Mas algo a perturbou, pois, a despeito de não reconhecer o rosto da petista, toda aquela conversa pareceu-lhe familiar. Ao ir embora, Dilma deu um grito e Aurora repetiu o estridente da voz.

— Lula!

— Lula!

Eram quase oito horas da manhã, quando Aurora ouve seu telefone tocar. Retirou-o de seu bolso, viu na tela que era Wagen e logo atendeu. A voz de seu genro era ao mesmo tempo animada e ansiosa. A heroína da revolução tentava entender o que ele dizia, mas Wagen estava bem nervoso. Disse que estava no câmpus da UFMG conversando com seu professor sobre o Lula e a filha que iria nascer. Não conseguia estabelecer uma lógica em seu diálogo e isso deixava Aurora também nervosa. Tentou conversar de forma mais amena com Wagen, mas estava impossível. Então, Aurora sentou-se novamente, conversou de forma pausada com seu genro e, pouco a pouco, ela compreendeu. Sua neta iria nascer.

— Minha filha vai nascer! — disse Wagen e desligou o telefone.

Aurora compreendeu agora e decidiu que deveria ir embora e encerrar sua peregrinação matinal. Pegou um táxi, foi até a sua casa, tomar um banho e se vestir para ir ao hospital acompanhar o nascimento de Zaya. A conversa que teve com Dilma ainda povoava sua mente, porém, com a notícia de que sua neta iria nascer agora, deixou isso para depois. Muito tempo depois, como irão ver.

Ao chegar em casa, Aurora logo se despiu, tirou sua roupa de caminhada, e foi tomar seu banho. Entrou no chuveiro, deixou as águas lavarem seu corpo por vários minutos, permitindo um aprofundamento do momento, pois estava sozinha e suas reflexões se ampliando: "*serei avó*", pensava. Fechou seus olhos, deixou o som de seu banho envolver suas sensações e entrou em uma espécie de transe. Foi sentindo-se pesada, como se um sono tomasse conta de si, sentou-se no chão do banheiro e adormeceu. Seus olhos fechados movimentavam-se, imagens começaram a surgir e ela começou a sonhar, um onírico mais ou menos assim:

— Catita, meu amor, você está tão linda? — disse o homem.

— Não me lembro do seu rosto, quem é você? — perguntou Aurora.

— Amor, sou eu, sou seu, não lembra? — perguntou o homem.

— Desculpe, não me lembro. Vou me vestir, não gosto de ficar assim na frente de estranhos — disse Aurora, tentando buscar algo para se cobrir.

— Catita, eu adoro ver você assim. Deixe-me tocá-la mais uma vez... — disse o homem tentando tocar Aurora.

— Pare, seu louco, como se atreve a isso? Não te conheço e não sou nada sua — disse Aurora, afastando-se do homem.

— Sou nada quando não estou com você. Sou tudo se sou seu. Sendo eu, sou ninguém. Porém, ao ser você, sou alguém. Um ninguém não vive, contudo, alguém pode amar. Se sou o tirano, nenhum reino tenho. Mas, ao ser seu súdito, toda a glória virá a mim. Te amo, Catita! Fica comigo! — disse o homem e se ajoelhou, causando uma sensação leve no peito de Aurora.

— Você está se humilhando demais assim. Não gosto de homens fracos. Se queres a mim, terás de lutar e muito. Isso de ficar-se rastejando como um verme é para aqueles frágeis corações, algo que rejeito. Siga seu coração, mas leve seu cérebro junto — disse Aurora, afastando-se do homem que insistia em amá-la.

— A humilhação existe para aqueles que têm o orgulho vil. Eu abandonei todos. Ao fazer assim, entendi que a vida é mais do que um jogo de poder, de se colecionar cartas de conquistas, saber o momento em que virará a cadeira ou o trono de alguém. Não quero tomar nenhuma bastilha, ser o suserano de alguém, ou o ditador de um reino só. Sou o plebeu, o povo, o homem faminto por sua mulher. Eu quero ser o que precisa ser, o que deseja ser, o masculino que eleva, aquilo a lhe oferecer a excitação, a lhe deixar no máximo do feminino, se é que isso é possível, diante da natureza infinita que és, substância feminina. Eu te amo tanto, Catita. Sou frágil se não estou contigo, porém, sou uma fortaleza ao ser o seu amor. Não tenho nenhuma vergonha em admitir isso. Qual é a vergonha em amar? Existe pudor nisso? Diga-me, onde está o orgulho, quando um coração se aproxima de outro e diz: ame-me, sinta-me, eternize-me? Qual a riqueza de um homem se não aquela em que renuncia a tudo por aquilo que ama? A vida me ensinou que o verdadeiro tesouro não é tangível. O precioso bem fica escondido, fechado, enclausurado em um lugar muito íntimo: o coração. E o meu é seu. Seu! Sou seu, Catita. Fica comigo! — disse o homem, ainda ajoelhado, diante de Aurora.

— Você é ingênuo, tem uma mente masculina inocente. Não ficarei aqui, preciso ir embora. Minha neta vai nascer e você está me atrasando — disse Aurora, ainda adormecida em seu banho, sendo notado que seus lábios não paravam de se mexer.

— Nossa neta vai nascer? — perguntou o homem.

— Nossa, está louco mesmo! Vou embora, você é indigno — disse Aurora e seu corpo sentiu um arrependimento ao dizer isso em seu sonho.

— Tudo bem, não quero atrasá-la. Mas, meu amor, antes de ir embora, permita-me declarar-me por uma última vez a você. Deixa-me ser a sua Metafísica, algo que sinto por você. Permita-me.

Aurora sentia uma familiaridade naquele rosto, mas não o reconhecia. Estava nervosa em seu sonho, porém, seu corpo, a cada palavra dita pelo homem, se excitava, movimentava, a ponto de Aurora massagear a si mesma, esquecendo-se de qualquer coisa, de pudores inoportunos, e dando-se a liberdade de seu feminino, liberando-se no prazer. Ela negava no metafísico, mas no físico a resposta era outra. Ela disse querer ir embora, mas seus olhos resistiam a abrir e possibilitar um despertar. Aurora dizia que aquele homem era indigno, mas seu corpo feminino sentia suas próprias mãos acariciando seus seios. O homem ajoelhava-se perante ela, no sonho da heroína da revolução, mas, no chão de seu banho, ela aguardava por uma intimidade na beleza oculta. Ele se humilhava, segundo palavras de Aurora em seu sonho, contudo, ao seu corpo, no campo das realidades, a voz dele era poesia aos seus ouvidos e a acalmava. Ela fugia em pensamento e aproximava-se no material. Lutava nas palavras e se entregava no carnal. Era razão em seu orgulho e amor no coração. Era razão e sensibilidade. Era mulher. E, nessa natureza indescoberta, tudo é possível. A fria razão onírica permitiu àquele homem dizer algo. Um calor foi permitido e a chance de um novo destino poderia, um dia, descortinar-se. O sonho ainda não acabou. Não acabou.

— Permito, porém, seja breve — disse Aurora.

— Justo, meu amor, serei. É só uma poesia para retratar meu sentimento por você, Catita. Chama-se Metafísica, esse amor que existe em mim e jamais vai embora. Te amo — disse o homem e, na sequência, declarou-se desta forma poética:

"*Metafísica*

Você me olha, me vê
Pensa, sente, quer ser
Não diz, guarda, esconde
Foge, silencia, e não diz onde

Cria a tempestade, a ventania
Elabora o discurso, os percursos
Transforma-se no feminino que me domina
Transforma-se no feminino que me devora

Troca o semblante, o movimento, enfeitiça a voz
Troca a palavra, a música, e o nós
Troca a pele, toca a pele, perto, fico louco
Troca a roupa, treslouca, apaixono de novo

Muda o rosto ao seu gosto, sempre sedutor
Muda seu gesto, certo, me aprisiona como tolo
Coloca o perfume, a blusa, a peça que me embriaga
Lança seu jeito, aconchego, sossego que se acaba

Aproxima de mim como caçadora
Aproveita-se de mim como poucas
Apossa-se de mim como louca
Aparta-se de mim, detentora

Seu corpo em meu corpo, atrevimento
Seu toque em meu toque, arrebatamento
Sua nudez, insensatez, minha glória
Sua vida, minha vida, por toda a vida
me acorda"

    Aurora ouviu toda aquela poesia e algo diferente aconteceu. Tanto em seu sonho como no chão de seu banho, corpo e alma tiveram a mesma sensação: pertencimento. A heroína da revolução chorou, o homem viu suas lágrimas, e as águas que ainda caíam sobre ela uniram-se ao seu pranto. Um vulcão parecia estar prestes a uma erupção, emoções que a libertariam de uma antiga prisão. Ela começou a falar, sua voz foi ficando em um volume mais alto, a rouquidão surgiu mais uma vez e, diante do enfraquecimento de seu sonho, a imagem do homem se dissipando, Aurora não se conteve: seu corpo foi tomado por uma adrenalina inesperada, o som mais forte do que nunca, e um grito aconteceu.

— Rafael!

E o espelho trincou, o que despertou Aurora. Ela abriu os olhos assustada, viu as horas e entendeu que estava atrasada. Levantou-se, enxugou-se rapidamente, vestiu-se e saiu de sua casa. Foi para o hospital ver sua neta nascer. Deixou o sonho para trás.

No caminho para a maternidade, Aurora estava ansiosa em ver sua filha e sua neta. A experiência de ser avó a deixava animada, pensando em como seria o rosto da menina, o que ela seria na vida. Essas reflexões foram tomando conta dela, viu seu rosto no espelho e percebeu que, apesar de ainda ser uma linda mulher, o tempo estava passando. Nesse momento, começou a perguntar a si mesma por que não se lembrava de seu passado, dos amores que viveu, das imagens dos homens que se declaravam para ela. A beleza de Aurora chamava atenção dos olhares masculinos, tanto em Praga como aqui no Brasil, na manhã em Belo Horizonte. Contudo, nenhum desses espectadores da alma atraíam Aurora, como se ela tivesse decidido não mais abrir o coração para alguém. No entanto, um lapso do sonho que teve no banho, agora há pouco, a fez sentir-se apaixonada novamente, o que lhe deu uma confusão em sua mente. *"Por que eu me apaixonei pelo homem no sonho?"*, perguntava Aurora, chegando ao hospital onde estavam Wagen e Lourdes Rafael.

— Bom dia, por favor, gostaria de saber onde está Lourdes Rafael Petrín. Sou sua mãe, Aurora Petrín, e ela terá sua filha hoje — perguntou a heroína da revolução ao chegar na maternidade.

— Senhora, ela já está em trabalho de parto, pode aguardar na Sala Afrodite, ali na frente — disse a recepcionista indicando o local onde poderia aguardar.

— Obrigada!

Aurora logo se sentou e cruzou suas pernas, tentando disfarçar sua ansiedade. Pegou algumas revistas, olhou para a TV, onde Lula estava concedendo uma entrevista, mas não quis dar atenção a nada. Suspirou forte, tentou acalmar seu coração, quando um homem se aproximou e se acomodou ao seu lado. A heroína da revolução não deu importância, estava concentrada no nascimento de sua filha, porém, o homem rompeu o silêncio e disse:

— Ela vai nascer hoje.

— Quem é o senhor, já não o vi antes? — perguntou Aurora.

— Já nos vimos diversas vezes, mas a última foi há treze anos, na Ponte Carlos, em Praga — disse o homem negro, de cabelos crespos e um rosto de paz.

— Lembrei de você! Naquele dia você desapareceu do nada e me deixou aflita — disse Aurora.

— Desculpe, não era a minha intenção. Mas você estava muito nervosa, então, precisei fazer aquilo. Eu quero a paz, lhe trago a paz, lhe dou a minha paz — disse o homem negro e fez reverência à imagem de Maria, mãe de Jesus, presente na Sala Afrodite.

— Obrigada, estou precisando de paz. Tenho tido umas sensações estranhas nos últimos anos, as quais não compreendo. E hoje, pela manhã, tive um sonho muito forte, intenso, com um homem de cujo rosto não recordava. Apesar disso, eu me senti apaixonada durante o devaneio, tanto que, quando despertei, um grito forte soltei, o que causou... — Foi interrompida pelo homem negro:

— Trincou o espelho — respondeu o homem negro.

— Exato! Como sabe? — disse Aurora, ficando assustada com aquilo.

— Minha amiga, sei tudo sobre você. Vejo sua dor, seu sofrimento, sua confusão. Tenho te acompanhado de longe, mas tento te carregar, o que pode ser notado nas pegadas nas areias. Se não tem mais dor, é porque tenho pedido muito ao meu Pai para que te dê conforto enquanto faz essa travessia. Durará mais um pouco, mas te garanto: vai acabar! — disse o homem negro, virando seu rosto para Aurora.

— Por que me chama de amiga? Sinceramente, perdoe-me por isso, mas não reconheço o seu rosto. E sabe tantas coisas sobre mim, que fico assustada. Aquele dia em Praga, chamei a polícia. Preciso fazer isso novamente? — perguntou a heroína da revolução, não sabendo por que disse tais palavras.

— Ele ainda te ama e posso te garantir: está sofrendo muito. É difícil ver ele assim, pois eu amo aquele menino. Ele renunciou a sua vida por você. E o fez por amor. Mas quis o destino fazer isso com vocês, coisas que só meu Pai entende. Sei sobre vocês dois, mas não conheço todas as coisas. Então, preciso ser paciente, algo que peço a você também — disse o homem negro, quando vê Wagen ir até a Sala Afrodite chamar Aurora, pois sua neta acabou de nascer.

— Aurora, Aurora, ela nasceu, nasceu. Zaya nasceu! — disse Wagen em uma felicidade sem medidas.

— Sim, Wagen, já vou. Espere um pouco, logo estou indo atrás de você — disse a heroína da revolução e ouviu o homem negro dizer:

— Agora eu entendi. Sua neta nasceu, não é? O nome dela é Zaya? — perguntou o homem negro.

— Sim, vim até aqui para ver minha neta nascer. Cheguei no início da semana ao Brasil. E o nome dela é Zaya. Do árabe que significa... — Foi interrompida pelo homem negro, que disse:

— Destino!

— Sim, destino — disse Aurora.

— Muito bem, então está se cumprindo o que Ele determinou. Acalme seu coração, que vocês irão se reencontrar. Estão próximos hoje, porém, ficarão ainda mais, escute essa lição, Aurora — disse o homem negro para a avó de Zaya.

O homem negro ainda ficou um tempo na sala com Aurora, no que ela não conseguiu se levantar para ir ver sua neta. Nesse instante, eu estava decidido a ir embora do hospital, pois sabia que a filha de Wagen tinha nascido e meu papel já havia sido cumprido, ao dar-lhe carona do câmpus até a maternidade. Passei pela Sala Afrodite, vi o homem negro e este me encarou. Não entendi a razão daquele olhar, mas a forma como me olhou fez minhas pernas diminuírem a velocidade, uma hesitação entre o ir embora e aguardar mais um pouco, o que o homem percebeu. Ao sentir que eu estava nessa dúvida, o homem negro acenou positivamente para mim com sua cabeça, encorajando-me a retornar, uma sensação estranha, pois eu não o conhecia, mas, mesmo assim, o obedecia. Fiquei ainda parado, no corredor entre a porta de saída e a entrada para a maternidade, quando ouvi Wagen dizer para mim:

— Venha, Professor, conhecer minha filha. Venha!

Atendi prontamente ao seu pedido e vi que o homem negro ficou aliviado por essa atitude minha. Aurora, então, levantou-se, sinalizou despedir-se do homem negro, abaixou sua cabeça para pegar seu telefone e, quando voltou para o homem negro, ele já não estava lá mais. Não deu atenção a isso, e foi ver sua neta.

Na recepção do hospital, estava um homem, de pouco mais de sessenta anos, dizendo que voltava ali mais uma vez porque não conseguia viver mais sem seu amor. O homem dizia que não via Marcos desde a década de sessenta, e isso causava estranheza no corpo médico e na administração do hospital, pois já tinham se passado mais de quarenta anos e esse homem ainda tinha esse psicológico. Alguns preconceitos surgiram, outros admoestaram estes, ao fundamento de que é "*justa toda forma de amor*". O homem estava triste, com o coração pesado, quando sentiu um toque familiar, de muitos anos atrás, em suas costas, seguidas das seguintes palavras:

— Meu amor, vejo você todas as noites. Acalme-se e viva sua vida. Seja feliz.

Ao ouvir isso, o homem desesperado na entrada do hospital, que reclamava a ausência de seu amor há mais de quarenta anos, aliviou-se e foi embora. Antes de ir, não se segurou, e deu um beijo no vigilante da maternidade, do que este parece ter gostado. Amar de verdade é amar sem limites.

Voltando ao que eu dizia antes, Wagen me chamou para ver sua filha que acabara de nascer. Antes de entrar no quarto onde estavam a recém-nascida e a esposa, Lourdes Rafael, Wagen me abraçou e disse que estava muito feliz por hoje e perguntou se eu poderia ser o padrinho de sua filha. Eu respondi a ele que não poderia aceitar esse convite, pois isso era resultado de sua empolgação, e que quando voltasse sua razão e serenidade se arrependeria de seu convite, acreditando ter sido um erro. Ele insistiu no assunto, me abraçou e fez-me entrar no quarto onde estavam Zaya e Lourdes Rafael. Vi outras coisas e a minha pessoa. Ali foi o dia do início do meu destino. O dia em que eu encontrei você!

— Amor, esse aqui é o meu Professor de Ciência Política. Foi ele que me trouxe até aqui — disse Wagen.

— Obrigada, Professor! Você nos ajudou muito — disse Lourdes Rafael.

— Que isso, não foi nada — respondi.

— Amor, falei com o Professor e fiz um convite a ele: pedi para que ele seja o padrinho de Zaya! O que acha? — perguntou Wagen.

— Lourdes, disse ao seu esposo que ele está empolgado hoje e isso pode ser um erro. Melhor vocês pensarem melhor em outro momento. Aproveitem o nascimento de sua filha — disse.

— Nada disso, concordo com Wagen, você será o padrinho de Zaya, e não aceito um "não" como resposta. Pensando nisso, você será o primeiro a pegá-la nos braços, antes mesmo de mim. Faça! — disse Lourdes Rafael, pedindo que eu segurasse Zaya nos meus braços.

— Não, não, não posso fazer isso. São os pais de Zaya, não tirarei isso de vocês — disse.

— Por favor, Professor, confiamos em você. Amamos política, e nada melhor que entregar nossa filha ao berço das decisões fundamentais. Além disso, o senhor é só coração. Quero que Zaya seja tocada por isso — disse Wagen, no que Lourdes Rafael concordou.

— Sendo assim, pegarei, com muito cuidado, sua filha em meus braços, é o que eu prometo — disse aos seus pais e peguei você pela primeira vez, Menina.

A sensação de ter você em meus braços logo aos primeiros minutos de vida, Menina, me marcou profundamente. Não entendi bem aquele dia, toda aquela confusão, Wagen me pedindo carona, para ser padrinho, para lhe dar os braços, segurá-la ainda no ninho. Não compreendi nada, pois não costumo dar caronas, muito menos a alunos, o que justifica a minha solidão. Além disso, havia decidido ir embora, após deixar Wagen no hospital, e um rosto desconhecido me fez mudar de ideia. Não bastasse isso, o primeiro toque que recebeu foi o meu, uma dádiva para mim, pois a senti por toda a minha vida. Sei que me segurei por todos esses anos, abandonei sua família, pelos motivos justos, pois, de certa forma, traí a confiança de Wagen e Lourdes Rafael. Porém, meu único toque foi no dia em que nasceu, fugindo desse amor para não cair na tentação da loucura. Os anos se passaram, eu envelheci, perdi as visitas a sua casa, seu contato e o seu cheiro, e fui ficando cada vez mais sozinho. Porém, o destino quis colocar você novamente em minha vida e, em um dia sem qualquer pretensão, eis que sua imagem surge diante de mim, perguntando assim:

— Professor, não sei se quero fazer Jornalismo, ou Ciência Política. Talvez Odonto, quem sabe. O que achas?

Eu acho que sempre amei você, Zaya. Espero que seja o meu final feliz.

Após pegar a Menina em meus braços e celebrar seu nascimento com Wagen e Lourdes Rafael, despedi-me dos dois e disse que precisaria voltar para o câmpus. Saí do quarto, já peguei logo o meu telefone e tentei fazer contato com o corpo docente da FAFICH. Ainda nos corredores do hospital, eu vi uma mulher linda, de pele alva, de cabelos além da alça, e um sutil movimento, caminhando apressadamente na direção do quarto de Zaya. Ela esbarrou em mim, pediu desculpas, mas não pude responder, porque alguém havia atendido a minha ligação e eu disse:

— Professor Matronelli, Rafael, é você!

E eu vi Aurora paralisar na frente da porta do quarto de Zaya. Ela ouviu o nome de Rafael, arrepiou-se, sentiu uma excitação, mas logo deixou isso passar e foi adiante no seu propósito de conhecer sua neta. Eu fui embora e Aurora entrou no quarto. Quando viu sua neta, ela disse:

— Você é Catita, Menina!

Capítulo 33

Aurora
Vinte anos depois, Praga,
18 de março de 2022

É manhã nas Colinas Petrín, em Praga, e o sol surge mansamente por trás de seus horizontes. Um casal acaba de se conhecer em seus jardins, e percebem que são íntimos há tanto tempo, parecendo que viveram outras vidas antes. Declaram-se um para o outro, trocam afetos e carícias, ela solta seus longos cabelos loiros e ele ama. Um vento bate no rosto do jovem apaixonado, uma música de um violão solitário toca ao longe, e ela não acredita ter encontrado, finalmente, o amor de sua vida. Ela tem vinte anos e ele vinte e três. Gostam de política, de chocolate branco, estudaram a história de seu país e carregavam consigo dois livros, um de Haemin Suenim e o outro de Beth O'Leary. Ela deixa o Suenim cair, ele pega-o no chão e rouba um beijo. Ela não entende, mas a voz de seu coração diz que vai amá-lo dali para sempre. Ele sabe disso, por isso antecipou o carinho. Eles se abraçam, amam um ao outro, e prometem ser felizes até os últimos dias de suas existências. As ondas do mar vêm e vão no mesmo ciclo harmônico, há tempos, e o ritmo do pulsador parece bater na mesma frequência das águas antigas do oceano, algo que eu consigo sentir e viver.

No bairro Smíchov, na mansão Petrín, Aurora acaba de despertar e vai ao seu closet mudar sua roupa e dar um jeito em sua aparência matinal. Troca sua roupa de dormir por uma mais leve, lava seu rosto no frio de Praga e arruma seus longos cabelos grisalhos além da alça e se olha no espelho, o qual reflete seu tom de pele alva. Faz um movimento sutil, acha graça disso e percebe que, apesar dos anos, sua feminilidade está em dia. Sente um empoderamento, uma sensualidade, e começa a conversar com o vidro. Massageia seus seios, depois passa suas mãos em seus cabelos e toca seus lábios. Os sonhos que se repetem há anos voltam às suas lembranças, e ela deseja que aquele homem habite no seu estado onírico para sempre. Achou-o inocente, mas gostou dele desde o início. Tentou se esforçar logo pela manhã para que sonhasse com ele novamente, porém, não aconteceu. Uma serena tristeza ocupou seu coração, deixou isso de lado então, e foi encontrar-se com sua família para o café da manhã.

Ao chegar na cozinha, na mesa estavam sentados Wagen, já com seus cinquenta e três anos e Lourdes Rafael com cinquenta e quatro anos. Zaya estava no Brasil, passando seu aniversário, no que Aurora sentiu saudades de sua neta. A Menina completou hoje vinte anos e estava, ao que parece, vivendo um romance — comigo. Era também aniversário da heroína da revolução, completando setenta e oito anos, porém, os anos não afetaram sua beleza feminina, o que deixava os olhares masculinos perdidos por isso. Aurora senta à mesa e pergunta por Zaya. Havia esquecido que ela estava no Brasil.

— Bom dia, Lourdes. Bom dia, Wagen.

— Bom dia, mãe — responde Lourdes.

— Bom dia, sogra — responde Wagen.

— Onde está Zaya? — pergunta Aurora.

— Mãe, esqueceu que ela viajou ao Brasil. Foi encontrar seu amor, um professor, antigo amigo da família — disse Lourdes Rafael.

— Amigo nada, é um traidor! Deteste aquele homem — disse Wagen.

— Pare com isso, amor, o Professor é seu amigo e você tem é ciúmes de Zaya. Deixa-a ser feliz — responde Lourdes Rafael.

— Amigo? Ele está com nossa criança! É com um homem de mais idade que Zaya está comprometendo seu futuro. Isso é tolice! — disse Wagen, furioso comigo.

— Zaya tem quantos anos hoje? — perguntou Aurora.

— Ela está fazendo vinte anos, mãe — respondeu Lourdes Rafael.

— Uma Menina! — responde Wagen, no que eu concordo com ele. Uma linda Menina!

— Ora, Wagen, Zaya é uma mulher. Não pode ser possessivo assim. É o pai dela, não seu dono. E, pelo que sei, ela ama esse Professor. Quando ela voltou do Brasil, ainda me recordo, chegou aqui aos prantos, pois você soube do romance e brigou com ela, proibindo de conversarem. Veio a pandemia, ela ficou presa em Praga e, agora, as coisas diminuíram um pouco e, ao que parece, seu coração não pensou duas vezes e voltou ao seu país. Não impeça um coração feminino de ser o que ele deseja ser. Apoie sua filha, pois o amor é grandioso e não tem regras. Permita a Zaya ser feliz! — disse Aurora, tocando as mãos de Wagen, no que o genro ficou mais calmo.

— Você está certa, Aurora, preciso controlar meus ciúmes. Mas isso é culpa sua! Sim, é sua! Quem mandou ser tão bonita e fazer duas mulheres com uma distinta beleza. No dia da revolução, eu só era olhos para Lourdes Rafael — diz Wagen e olha sua esposa, que devolve o afeto com um sorriso. — E não pude mais ignorar os meus sentimentos, quando a vi aproximar-se de mim. Foi o dia mais feliz da minha vida. Você é linda, meu amor. Te amo! E, não bastasse a beleza sua e de Lourdes, Zaya é uma menina encantadora. Então, perdoe por meus ciúmes, mas vou tentar me controlar — confessou Wagen seu sentimento infantil e permitiram-se as mulheres ali, no café da manhã, sorrirem de uma forma leve e gostosa.

— Você faz bem, Wagen. Inclusive, vamos chamar esse Professor para nos visitar aqui em Praga! Como eu soube, ele é da Ciência Política, o que nos oferece diversos assuntos. Quem sabe ele pode me ajudar no Parlamento Europeu e isso, de certa maneira, contribua para a felicidade de Zaya. O que acham? — perguntou Aurora.

— Magnífico, mamãe! — respondeu Lourdes Rafael.

— Não vou me opor! — disse Wagen, tentando ser simpático.

— Pois bem, sabem de uma coisa? Vou fazer isso agora. Vou ligar para Zaya e fazer essa proposta — disse Aurora e se levantou da mesa, dirigindo-se ao seu quarto.

Aurora estava feliz com aquela conversa e isso a deixou muito animada. Chegou no seu quarto, sentou em sua cama e começou a lembrar do homem que a visitava em seus sonhos há quase vinte anos, desde o dia do nascimento de Zaya. Ela não conseguia ver seu rosto, porém, as sensações que esse homem proporcionava para Aurora eram bem familiares, e ela ficava muito à vontade com isso. No entanto, essa coisa de não se lembrar de seu passado, a dificuldade de entender as imagens que não se formavam, nem mesmo um borrão em sua mente, incomodava-a. Por isso, vinha fazendo um acompanhamento médico-psiquiátrico há dois anos. E hoje ela teria uma consulta que poderia ajudá-la melhor nisso. Mas, antes, fez uma videochamada para Zaya no intuito de felicitá-la por seu aniversário e fazer a proposta ao seu namorado, o Professor, logo, eu. Pegou seu smartphone e fez o contato. Zaya atendeu e estava nua.

— Zaya, é você? — perguntou Aurora.

— Sim, vovó, sou eu. Como está a senhora? — perguntou Zaya na cama de um homem, tentando se cobrir diante de sua avó.

— Estou bem e parece que você está melhor. Quem é aquele lá ao fundo? — perguntou Aurora sobre mim.

— É o Professor, Vó! Estamos juntos e agora é para sempre. Não vou ouvir meu pai mais sobre isso. Vou viver meu romance! — disse Zaya, me deixando feliz.

— Sim, faça isso. Aliás, acabei de conversar com seus pais sobre esse assunto no café da manhã e falei com Wagen para parar com essa bobagem. Ele parece ter entendido, disse que o Professor é seu amigo e isso me deixou animada. Sendo assim, tenho um convite a fazer para vocês dois. Peça ao seu namorado para se apresentar — disse Aurora, e fui me resolver com alguma roupa para me apresentar a ela.

— Bom dia, Senhora Aurora, como vai, tudo bem? — perguntei.

— Sim, Professor, vou chamá-lo assim, tudo bem e você? — perguntou Aurora.

— Estou bem e, agora, feliz! — disse e era verdade, pois eu estava com a Menina.

— Ótimo! Sei que é Professor de Ciência Política e está vivendo um romance com Zaya. Ao que parece, o destino quis unir todos nós, amantes das decisões fundamentais. Sendo assim, vou lhe fazer um convite: venha para Praga! Estou trabalhando no Parlamento Europeu e seria de grande ajuda você compartilhar seu conhecimento comigo. Minha casa é ampla, pode vir e ficar quanto tempo quiser e serei grata por estar aqui, especialmente por fazer minha neta feliz. Então, o que acha disso? — perguntou Aurora para mim.

— Nossa, Senhora Aurora, nem sei o que dizer. Eu... — Fui interrompido pela heroína da revolução.

— Chame a mim de Aurora, essa é a condição — disse a avó de Zaya com uma firmeza nos olhos, algo familiar a mim.

— Justo, Aurora. Então, eu adorei o convite, e a possibilidade de ficar mais tempo com Zaya enche meu coração de alegria. Porém, estou praticamente no início do ano letivo, acabamos de voltar às aulas presenciais, depois da avalanche da pandemia, e preciso ir, pelo menos, até novembro. Chegando nesse mês, se o convite ainda existir, aceitarei de pleno grado — disse.

— Vovó, deixa, vai?! Logo isso passa e aí ficaremos vivendo em Praga! — disse Zaya, no que eu nem acreditei nas palavras ditas ali. Viver!

— Claro, meu amor, faço tudo para você ser feliz. Muito bem, Professor, estamos combinados. Em novembro eu o aguardo aqui em minha casa, nas Colinas Petrín. Mal vejo a hora disso acontecer. E, por favor, traga notícias boas da política do Brasil. Eu vi que o Lula lidera as pesquisas contra aquele candidato que nem me atrevo a dizer o nome — disse Aurora.

— Sim, estou combinado com o que disseste. E, sobre o Lula, acredito que ele vai vencer e o Brasil voltará ao protagonismo mundial. Adorei conversar com a senhora. Eu a admiro muito! — disse. E eu era só alegria. Viveria com Zaya, finalmente.

— Aurora! Chame-me de Aurora! — disse a heroína da revolução e sorriu para mim.

— Desculpe, Aurora! — respondi e devolvi o sorriso.

— Certo! Enfim, vou deixar vocês a sós, pois acredito ter interrompido algo melhor que conversa de Vó! — disse Aurora e sorriu de uma forma gostosa.

— Vó!!!! — disse Zaya e se despediu de Aurora.

Naquele dia em que Aurora ligou para Zaya, eu vi muitas coisas na avó da Menina. Não foi notado por elas, mas eu percebi uma boina francesa vermelha no ambiente. Parecia que estava fora de lugar, não sendo usada por Aurora. Porém, além desse adereço, senti muita familiaridade nos gestos da heroína da revolução. Tais leituras corporais que fiz coadunam com as imagens descritas pelo meu amigo, o Professor Matronelli. Sabia que estava arriscando meu romance com Zaya, uma vez que um convite para vivermos juntos fora feito, mas eu não poderia deixar de dar essa chance ao destino. Concentrei minhas ações, escolhi as palavras certas, e me pus em uma conversa mais séria com meu amor. Ela é linda, não resisti e registrei meu encantamento mais uma vez.

— Zaya, meu amor, preciso conversar algo sério com você — disse.

— Nossa, sério, o que é? Não me assuste! — disse Zaya.

— Não, fique tranquila. Eu garanto que é um assunto delicado. E, se for verdade, estamos diante da História do Brasil — disse para a Menina.

— Sério, não brinque! — disse Zaya.

— Sim, não estou brincando. Preciso falar do Professor Matronelli — disse.

— Ah, não, por favor, detesto esse homem. Fiquei com muita raiva de você aquele dia. Fui toda aberta a você, no intuito de me entregar, abrir meu coração, e, finalmente, sermos felizes, e você só me pediu para repetir uma frase para um velho. Não me faz raiva! — disse Zaya e eu peguei em suas mãos e falei:

— Amor, o Professor Matronelli tem uma história muito difícil. Ele foi um guerrilheiro contra a ditadura militar de 1964. Viveu nesse período um romance único, sem precedentes, com uma mulher incrível, a... — Fui interrompido por Zaya, que disse:

— A Coroada, eu sei — disse a Menina com uma decepção em seus olhos.

— Sim, Isabela Estefânia Oliveira, a Coroada. Você sabe que ela foi capturada pelos militares em 1968, logo após o seu discurso ao lado de Vladimir Palmeira, em frente à Candelária. Ao que parece, foi levada para Petrópolis, para um lugar que ficou conhecido como a Casa da Morte. E, pouco tempo depois, houve uma grande explosão, e Isabela jamais foi vista. Declararam sua morte em 1974, porém, o corpo nunca foi encontrado. Tivemos uma comissão da verdade alguns anos atrás, no governo Dilma, mas ela sofreu impeachment, e isso só atrasou nossas pesquisas. Conheci a esposa do Professor Matronelli, a famosa jornalista e historiadora Hesed Alende, e ela, mesmo após muitos anos, continua sua pesquisa com o objetivo de esclarecer os eventos daquele dia. Pois bem, tornei-me amigo de Rafael no início da minha faculdade, o que rendeu diversos encontros em sua casa. Nessas oportunidades, Rafael e Hesed contaram sobre o que aconteceu ao Professor Matronelli. Entre outras coisas, o antigo guerrilheiro viveu nas ruas por seis anos, pois não conseguia aceitar a ideia de Isabela ter morrido. Na verdade, jamais aceitou. Ainda hoje, quando converso com ele, já nos seus oitenta e um anos de idade, sustenta sua ideia, refletida em uma frase marcante: *"ela está viva!"*. Muitos na FAFICH o chamam de louco por isso. Porém, eu acredito nele. E hoje, após conversar com sua avó, tive a sensação de ter descoberto a verdade — disse para Zaya e ela ficou curiosa, no que perguntou:

— Qual verdade? — disse a Menina.

— A verdade que sua avó pode ser Isabela — disse.

— Está louco! Isso é insano. Você não está facilitando as coisas — disse Zaya com olhares de irritação, porém, ainda linda.

— Amor, eu não diria isso se não acreditasse. O jeito que sua avó falou, os gestos que fez combinam muito com a descrição que ouço desde 1988. E eu não acredito em coincidências. Eu acredito em destino. Zaya, eu acredito em destino. Essa história não termina aqui — disse, olhando para a nudez de Zaya, ficando eu ainda mais apaixonado.

— Mas você nem conhece minha avó. Acabou de vê-la em uma videochamada, com uma definição de imagem ruim, não a sentindo de perto. Está apenas tentando ajudar seu amigo, um velho e louco que, até onde eu sei, é casado e tem filho. Diga ao seu antigo companheiro de cátedra para viver sua aposentadoria, descansar e ler alguns livros. Minha avó está bem sem a sua confusão mental. Não me faça desistir de nós! Não gosto dele. É lento! — disse Zaya, que estava bem transtornada com essa história.

— Não vou insistir, pois desejo viver com você nosso romance. Mas permita-me apenas uma reflexão e, depois, seguimos em frente. A pergunta é: o passado de Aurora é transparente para vocês? — perguntei.

— Como ousa falar assim de minha avó? Não gostei da pergunta. Para sua segurança, se quiser ficar comigo, esqueça esse assunto — disse Zaya e começou a se vestir, sinalizando que iria embora.

— Tudo bem, não vou dizer mais sobre o assunto. Mas lembre-se: o destino no lugar de sempre. No lugar de sempre — disse isso e vi Zaya sair do quarto, com sua mochila, rumo a Praga.

Vocês podem estar se perguntando: passei tudo até agora para arriscar meu romance com Zaya por nada? Eu poderia ter ficado em silêncio, não dizer o que meus olhos viam, e ser feliz. Porém, não seria eu. Se estou vivendo o meu amor por Zaya, eu sei o que é sofrer quando a pessoa amada está distante. E eu estou falando de uma separação no tempo, e não apenas a do espaço. Rafael sustenta a verdade sobre Isabela contra todos os fatos que dizem o contrário. A razão afirma que ela morreu. O coração disse que ela está viva. E o destino parece brincar comigo, ama a mim, talvez. Se eu sou a pessoa a resolver tudo isso, podendo custar a minha felicidade, terei de ter coragem e enfrentar essa providência que o mistério guardou para mim. Espero que ao final eu esteja bem. E eu estarei se meu amigo estiver feliz.

Enquanto isso ocorria em minha vida, Aurora acaba de chegar a sua consulta psiquiátrica. Como eu disse, ela vem se tratando há dois anos, devido aos fortes sonhos que tem, e, também, às lembranças que não possui de seu passado. Como isso a atormentava com uma maior frequência, procurou ajuda profissional. Hoje, segundo Aurora acreditava, seria o dia em que seu diagnóstico seria concluído e um possível tratamento sugerido. Ela entrou na sala da médica e iniciou a consulta.

— Bom dia, Doutora, tudo bem com a senhora? — perguntou Aurora.

— Tudo bem, sim, e a senhora, como está hoje? — perguntou Dr.ª Pandora.

— Estou bem também e com esperança de que seja resolvido esse mistério sobre mim — respondeu Aurora e sorriu para Dr.ª Pandora.

— Claro, e a senhora está certa, tenho um parecer médico sobre sua situação. E precisamos conversar muito — disse a Dr.ª Pandora, mostrando preocupação.

— Sim, vamos conversar. Estou aqui para isso — disse Aurora.

— Pois bem, vou tentar ser clara e explicar todos os detalhes para que isso possa lhe ajudar. Quando quiser, pode me interromper, pois isso também contribui, ou seja, você fazer suas perguntas. Está de acordo, podemos começar? — perguntou a Dr.ª Pandora.

— Sim, estou de acordo, podemos começar — respondeu Aurora.

— Tudo bem. Meu diagnóstico é que a senhora tem transtorno dissociativo de identidade. Esse transtorno é caracterizado pela presença de dois ou mais estados de personalidade distintos. O transtorno dissociativo de personalidade, chamado antigamente de dupla personalidade, geralmente é uma reação a um trauma como forma de ajudar uma pessoa a evitar memórias ruins. O transtorno dissociativo de personalidade é caracterizado pela presença de duas ou mais identidades de personalidades distintas. Cada uma delas pode ter um nome, histórico pessoal e característica distintos. Muitos detalhes por trás do funcionamento do cérebro ainda são um mistério para diversos pesquisadores espalhados pelo mundo. De modo geral, o comportamento desse órgão humano é determinado pela configuração interna de seus elementos. Em caso de desequilíbrio, ficamos sujeitos a vivenciar certos distúrbios mentais, como o transtorno dissociativo de identidade, do qual estamos falando aqui. No transtorno dissociativo de identidade, a pessoa atingida é submetida a um processo de fragmentação. Isso acontece em um grau acentuado, ao ponto de o indivíduo manifestar vários outros "eus". Detalhe: quem sofre essa disfunção tende a esquecer o que cada uma de suas variantes fez. Em um paralelo distante, poderíamos imaginar os famosos heterônimos criados por Fernando Pessoa. Afinal, todas essas personalidades têm uma história de vida particular, ao mesmo tempo em que guardam lembranças e preferências específicas. Na prática, devemos observar que, diferentemente do caso do poeta português, as identidades do transtorno dissociativo não são meros recursos estilísticos ou artificiais. Em outras palavras, a pessoa afetada não interpreta papéis, como se estivesse em uma peça de teatro. Na verdade, ela assume, de maneira inconsciente, a personalidade real de outro alguém que, em sua cabeça, é único. Importante destacar também que as demais identidades não se restringem a determinada faixa etária ou mesmo gênero. Para se ter uma dimensão melhor, em certos quadros o indivíduo passa a necessitar de óculos de grau, por exemplo. Acredita-se que a causa seja um trauma psicológico durante a infância. Em cerca de 90% dos casos verificam-se antecedentes de abuso infantil, estando os restantes casos associados à experiência da guerra ou problemas de saúde durante a infância. Acredita-se que a predisposição genética tenha também um papel. Uma hipótese alternativa sustenta que possa ser um efeito adverso de técnicas usadas por alguns psiquiatras, sobretudo as que envolvem hipnose. Para o diagnóstico de PID, é necessário que a condição não possa ser melhor explicada por abuso de substâncias, por crises epilépticas, pela normal imaginação em crianças ou por práticas religiosas — disse a Dr.ª Pandora.

— Nossa, é muita coisa — disse Aurora.

— Sim, mas não crie ansiedades por isso. Você tem alguma lembrança de sua infância? — perguntou Dr.ª Pandora.

— Muito pouco, algo muito fragmentado — respondeu Aurora sentindo um aperto no coração.

— E algum trauma ou abuso sexual, tem alguma recordação sobre isso? — perguntou Dr.ª Pandora.

— Não, não me lembro de nada disso — respondeu Aurora.

— Participou de guerras, considerando sua experiência política? — perguntou Dr.ª Pandora.

— Não lembro também. Sempre fiquei nos bastidores da política e nunca fui uma militante, apesar da minha contribuição na Revolução de Veludo Tcheca. Mas nesta não houve conflito armado, então, não tem trauma algum — respondeu Aurora.

— E tem tido alguns gatilhos, algo que possa lhe despertar para essas memórias reprimidas? — perguntou a Dr.ª Pandora.

— Não que me recorde. Algumas vezes, agora que perguntou, tenho sensações quando ouço algumas frases, ou determinadas palavras. Mas é raro — disse Aurora.

— E quais seriam essas frases ou palavras? — perguntou Dr.ª Pandora.

— Não me lembro agora, Doutora. Mas uma sempre me chamou atenção, pois, quando sonho, o homem que surge no meu estado onírico sempre a repete. É uma palavra boba, porém, eu gosto e me dá paz. É Catita! — disse Aurora.

— Catita! Eu dizendo agora desperta algo? — perguntou Dr.ª Pandora.

— Não senti nada. Não é sempre, mas essa palavra sempre ouço nos meus sonhos — respondeu Aurora.

Duas Faces, Lajos Vajda, 1934

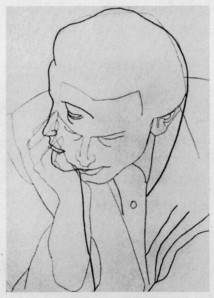

Wikiwand (2023)

— Entendo. O tratamento que eu recomendo geralmente consiste em cuidados de apoio e aconselhamento psiquiátrico. Podemos nos encontrar periodicamente, conversarmos mais a respeito e aprofundarmos nisso até que algumas lembranças possam voltar. Caso aceite isso, marco nossa consulta para semana que vem e começamos. O que achas? — perguntou Dr.ª Pandora.

— Combinado, quero saber mais sobre mim — disse Aurora.

— Perfeito. Vou fazer de tudo para ajudar você — disse Dr.ª Pandora.

— Obrigada, Doutora — disse Aurora e se despediu.

As mulheres tendem a ter maior número de identidades do que os homens, em média 15 ou mais, enquanto a média para os homens é de aproximadamente 8 identidades.

Creative Commons Attribution-Share Alike 3.0 (2023)

Aurora saiu da clínica da Dr.ª Pandora e dirigiu-se para a mansão Petrín. Muitas perguntas surgiram em sua mente e uma pequena perturbação a afligia. Controlou-se, pois não queria dissipar mais nenhuma memória, retalho qualquer de sua vida que poderia ajudar a desvendar esse mistério. As sensações continuavam, mas as imagens não acompanhavam aquilo que sentia, não possibilitando uma ampliação do quadro de sua história. Pensou que, talvez, verificando em objetos antigos guardados em seu quarto, coisas às quais não deu o devido valor nesses anos todos, poderia esclarecer o que acontecia a ela. E, somado a isso, também cogitou interrogar seu pai sobre a infância que teve e, especialmente, sua juventude, ambas sem reminiscências para a heroína da revolução. Refletindo sobre esses ingredientes, Aurora chegou a sua casa no bairro Smíchov, e foi direto ao seu quarto.

Pegou uma cadeira e subiu nela para retirar um pequeno baú guardado em seu armário no quarto. Desceu cuidadosamente, sentou em sua cama, e o abriu. Estavam ali algumas roupas, conchas do mar, fotografias de uma jovem mulher e um velho caderno. Esse último despertou sua curiosidade, no que Aurora o abriu e viu diversas anotações, como 1964, biblioteca, Bil, Sr.ª Salarz, discursos políticos e poesias. Reconheceu ser sua letra, porém, era mais delicada e nítida que a de hoje, tendo sentimento nos borrões dos lápis a tingir o papel. Folheou as páginas, e percebeu que havia mais poesias do que discursos. Encantou-se com o lirismo, sensualidade e o erótico dos versos a encadear um ritmo gostoso de se ler. Uma chamou mais sua atenção, pois, era intitulada por um nome: Isabela Estefânia Oliveira. Aurora leu.

"Meu Nome é Isabela Estefânia

É uma questão universal
Transcendental, Realista, Crucial
Saber se em outra vida eu teria
Você em minhas preces em todas as despedidas

Sou Católica, Ativista e Linda
Minha Fé me leva embora e me fascina
Mas a Política a favor dos oprimidos me define
E essa paixão que tens por mim é meu crime

Estarei no Partido, ao ombro amigo, amor companheiro
Estarei ao seu alcance, ao romance, meu itinerário derradeiro
Mas escondida ficarei no mimetismo delicado da razão
Terás de retirar meu disfarce, receber meu charme, que logo entrego então

Meus nomes são vários
O Regime exige que não me abra
Fui chamada de Bil, Oliveira, Senadora, Obstinada
Mas você fez de mim Mulher, Amada, Coroada

Na metafísica de sua filosofia encontrei meu norte
Na cartografia do meu destino estive perdida e sem sorte
Mas logo me encontrei na surpresa de flores tuas recebidas
Que no instante seguinte desejei ter você eternamente em minha vida

O conflito em minha alma e em meu país se instala
Não há paz nem justiça sem que haja uma batalha
Lutarei e fugirei de todos esses coturnos e generais farsantes
Mas a ti serei sempre Isabela Estefânia, Guerrilheira, Menina e Amante"

A heroína achou lindos aqueles versos e viu uma força nas palavras agora lidas. Porém, o nome Isabela era desconhecido a ela. Jamais ouviu falar a respeito dessa mulher, muito menos se recorda do caderno e das anotações feitas neles, apesar de encontrar semelhanças de sua caligrafia com a anotada naquelas folhas. Deixou o caderno por sobre a cama, revirou mais um pouco o baú e viu um outro item que também chamou sua atenção: uma boina francesa vermelha. Estava um pouco empoeirada, parecia ser bem antiga, mas o adereço lhe trouxe uma sensação gostosa. Foi até o espelho, vestiu o chapéu e ficou ali por alguns minutos dizendo:

AURORA

— Quem foi você, Isabela?

Riu-se um pouco, retirou a boina e decidiu, enfim, conversar com seu pai. Saiu de seu quarto, encontrou-se com Hasak, o funcionário da mansão Petrín, o qual lhe informou que o pai de Aurora se encontrava no jardim, como sempre. Foi até ele conversar, um diálogo que poderia revelar muitas coisas. Uma conversa trágica.

— Ei, pai, tudo bem com o senhor? — perguntou Aurora.

— Ei, filhotinha, tudo bem e você? — disse o pai de Aurora.

— Bem, acabei de voltar do centro de Praga, fui a uma consulta médica — disse a heroína da revolução.

— Está se sentindo mal, minha filha? — perguntou o pai de Aurora.

— Não, pai, não estou. É uma consulta psiquiátrica, uma terapia na verdade — respondeu a heroína da revolução.

— Terapia? Então está mal. O que se passa? — perguntou seu pai.

— Papai, é que nos últimos anos, tenho tido sonhos e sensações estranhas que me deixaram perturbada. Fui adiando isso por muito tempo, porém, tem dois anos que venho fazendo terapia para descobrir o que eu tenho. E hoje eu descobri — disse Aurora, olhando o horizonte e o sol daquele dia.

— Sonhos? Descobertas? O que descobriu, Aurora? — perguntou o pai.

— Sim, sonhos. Minha médica disse que possivelmente tenho transtorno dissociativo de identidade, um distúrbio causado por um trauma, que leva a pessoa a criar uma nova personalidade, ou várias, e esquece de seu passado — disse Aurora olhando para seu pai.

— Distúrbio? Nova identidade, personalidade? Que absurdo! Essa médica não é boa. Procure outra! — disse o pai de Aurora se exaltando com a conversa.

— Ela é bem profissional, pai, foi recomendação de amigos e pesquisei sobre ela. É muito conceituada. E ela me trouxe uma esperança de, enfim, entender essas sensações, meus sonhos e, também, compreender por que não me lembro do meu passado. Pai, me diga, o que aconteceu comigo? — pergunta Aurora e percebe que seu pai estava inquieto com aquele assunto.

— Ora, filha, não sei o que está dizendo. E isso está me deixando nervoso. Na minha condição, já estou com quase cem anos, difícil eu lembrar de alguma coisa — disse o pai de Aurora, tentando dissimular algo, o que foi notado pela heroína da revolução.

— Pai, não me diga isso. Sua mente é melhor do que a de muitos jovens. Agora já começo a desconfiar de que esteja escondendo alguma coisa. Sabe que não vou parar, então é prudente que me diga o que sabe. Responda para mim, pois já sei quem é Isabela Estefânia Oliveira — disse Aurora, surpreendendo seu pai com aquele nome, o que o fez levantar e ficar muito alterado.

— Como se atreve, sua petulante! Sempre foi fraca e tive de consertar tudo. Não criei minha filha para ser uma menina, e sim para ser uma mulher. Quando vi aquela baboseira de poesia, de fragilidade, de romance tolo, não pude me segurar, especialmente quando soube que estava grávida. Ele me contou! — disse o pai de Aurora e ele estava com os olhos tremendo.

— Grávida? Então, o senhor lembra da minha gravidez e nunca me falou. Disse que eu estava em Moscou, a pedido de Brezhnev, e não pôde acompanhar, sendo que, quando chegou, Lourdes Rafael já havia nascido. E quem te contou o quê? Quem é ele? — Aurora fica nervosa e começa a gritar, chamando atenção da mansão Petrín.

— Não grite comigo, sua infame! Você sempre foi fraca, igual sua mãe, jamais deveria ter levado você para Havana. Foi um erro. Quando ele me disse que estava grávida, fiquei furioso. Como foi uma prostituta em um tempo importante para nós? Treinei um soldado e você se transformou em uma meretriz, uma rameira. Aquele outro me decepcionou também, por isso o abandonei. Sempre foi um sem-pai, sujeito miserável! — grita o pai de Aurora e sente algumas dores em seu peito.

— Respeite-me, não tem o direito de dizer isso. E, pelo jeito, tem uma história aí que está me ocultando, o que me leva a concluir ser verdadeiro o meu diagnóstico: tive uma outra vida. Diga logo, confesse! — disse Aurora e segurou seu pai, o qual começava a sentir-se mal, empalidecendo.

— Você foi um erro em minha vida. Não deveria ter feito isso. Olhe lá sua filha, resultado de uma libidinagem sua. Pensei que tivesse consertado tudo, combinado com aquele outro fraco que, em seus ciúmes, acreditou que teria a minha simpatia. Ordenei a uns porcos do regime que o eliminassem. Mas nem isso aquele governo sabia fazer direito — disse o pai de Aurora e pediu socorro.

— Você não está me ajudando. Fale, seu indigno! — disse Aurora, vendo todos da casa persuadirem-na para deixar seu pai em paz.

— Eu fiz tudo aquilo porque te amo, filhotinha. Você era o meu sabiá e quis que voasse. Mas não fez, caiu na armadilha boba do amor. Eu tentei te ajudar, mas não consegui. Eu errei muito, mas fiz por amor. Não me arrependo, fiz pelo seu bem — disse o pai de Aurora e desmaiou.

— Pai, pai, paiêêêê!!!

Gritos começaram a surgir após a queda do antigo militar soviético. Seu orgulho o matou e, ao que parece, roubou a vida de Aurora. Esta não sabia se seu choro era pelo falecimento de seu pai, ou pelas mentiras que lhe contou durante toda a sua vida. Seu passado não foi esclarecido, muito ao contrário, ficou mais turvo e confuso. Não deu tempo de sentir culpa pelo falecimento de seu pai, pois a raiva, o ódio e a tristeza de entender que foi manipulada pela pessoa que mais amava a deixaram arrasada. Os funcionários da mansão Petrín foram até o Sr. Petrín, tentaram o animar, porém, sem sucesso. Ele havia falecido e, assim, encerrado as possibilidades de Aurora compreender o que aconteceu com ela.

No meio daquela confusão na mansão Petrín, os correios chegaram com uma caixa misteriosa, sem remetente e endereçada para a heroína da revolução. Aurora não sabia o que fazia, recebeu sua encomenda, liberando o carteiro de seu ofício, contudo, não tinha muita cabeça para ver do que se tratava. Deu ordens para Hasak abrir a caixa, enquanto viu a ambulância chegar na sua residência, junto a Lourdes Rafael e Wagen. Estes dois gritaram e ficaram tristes em saber que o Sr. Petrín havia falecido, e ninguém explicou a eles o que tinha acontecido. Enquanto Lourdes Rafael tentava perguntar a sua mãe o que houve, Aurora ouve Hasak dizer o que estava na caixa. Um arrepio na pele tomou conta do espírito da heroína da revolução, quando ouviu seu funcionário dizer que encontrou na caixa os seguintes itens:

— Senhora Petrín, na caixa tem uma boina francesa vermelha e cartas datadas de 1968, porém, sem remetente.

E, sem mais conseguir ter forças para tudo o que lhe aconteceu hoje, Aurora desmaiou.

Enquanto tudo isso acontecia, em Belo Horizonte, na casa do Professor Matronelli e Hesed, uma pessoa chega até a sua porta e bate nela. O casal estava em casa, descansando, Rafael lendo

Alexandre Dumas Filho, e Hesed deitada em seu colo, vendo um documentário na Netflix sobre o desmantelamento do bloco soviético. Ao ouvir baterem em sua porta, Professor Matronelli disse a sua esposa que poderia ser Filipe, o filho deles, que os visitaria hoje, mas esqueceu as chaves. Rafael foi caminhando até a porta, com uma paz duramente conquistada, após anos de resiliência e luta de Hesed para manter seu casamento, e não imaginava que seu passado chegaria novamente a ele. O Professor Matronelli passou suas mãos na maçaneta, destrancou a fechadura, ouviu o ranger da abertura da porta, e conseguiu ver quem estava do outro lado. A imagem surgiu bem nítida para ele, como se fosse ainda no tempo da guerrilha, e seus sentimentos foram ficando cada vez mais fortes, uma ira em elevação, como em muitos anos não sentia. Ouviu Hesed chamar por ele, perguntando se era Filipe, com a esposa e filhos, mas Rafael nada respondeu. Fechou sua mão em punho, elevou sua musculatura, ainda rígida e forte, mesmo para um homem de oitenta e um anos, apertou seus dentes e disse:

— Seu miserável, ainda está vivo? — perguntou Rafael.

— Sim, e você ainda continua um comunista de apartamento — respondeu Pedrov.

Capítulo 34

A Viagem

— Desgraçado, como ousa vir aqui depois de tantos anos — disse Professor Matronelli.

— Não vai me convidar para entrar? Depois que virou burguês ficou sem educação? — pergunta o homem na porta da casa de Rafael.

— Amor, quem está aí? É o Filipe? — pergunta Hesed.

— Amor, é? Pelo jeito, esqueceu muito rápido dela. Eu sabia que você não a amava de verdade — disse Pedrov.

— Cretino, vou te matar agora! Não fale dela, seu imundo! — disse Professor Matronelli, muito agitado.

— Você não sabe de nada, comunista de apartamento. Eu e Isabela tivemos uma história muito melhor que esse romance infantil que criou para ela. Bil ficou frágil, amoleceu por sua causa. Nada disso teria acontecido se ela não tivesse conhecido você. Tu és o culpado! — disse Pedrov, louco para morrer.

— Eu vou acabar contigo, Ilitch! Você arruinou a vida dela. Se não fossem seus ciúmes, ela estaria aqui agora. Foi por sua causa que Isabela abandonou Porto Seguro, a GCP, o sonho da revolução, o marido e o filho. A Coroada estava grávida de uma criança minha. E sua bebedeira, seu egoísmo, permitiu ser capturado, logo você, o comunista de Havana. Isabela não tolerou ver você nas mãos da ditadura e foi resgatá-lo. Tentei mudar sua opinião, mas foi em vão. E o resultado você sabe: ela morreu. Se tiver juízo, sairá agora de minha casa, antes que eu cometa uma loucura — disse Rafael com a fúria intensa em seus olhos.

— Amor, acalme-se. Quem é este na porta? — perguntou Hesed.

— Prazer, senhora, satisfação em finalmente conhecê-la. Sou um antigo amigo de seu marido, camarada de guerrilha. Meu nome é Pedrov Ilitch, e qual é o seu nome? — perguntou o militante de Havana.

— Não responda a esse miserável! Não sei como ele me encontrou, porém, ele vai ter o que merece. Vou chamar a polícia! — disse Rafael, pegando seu telefone celular.

— Estou vendo que sempre foi um comunista de apartamento. Chamar a polícia? Você é uma vergonha! Foi guerrilheiro, aliás, disse que foi, só por causa dela. Precisou de uma saia para ser um militante. Por isso o pai dela jamais gostou de você — disse Pedrov, sorrindo para Hesed.

— Não fale dela! Respeite, ela morreu. Meu amor morreu! — disse Rafael e segurou Pedrov no pescoço.

— Amor, acalme-se, largue ele. O senhor poderia ir embora — disse Hesed.

— Vejo que são burgueses mesmo e não têm nenhuma cortesia. Muito bem, vou embora. Contudo, ficará sem saber, Rafael, sobre Isabela e tudo o que aconteceu. Só te digo uma coisa: ela não está morta! — disse Pedrov, após ser solto por Rafael, e virou as costas para este e Hesed, sinalizando ir embora.

— O que disse? Como se atreve a falar uma coisa dessas? Reconheceram a morte de Isabela em 1974, miserável. Respeite a Coroada! — disse Rafael, enfurecido e sendo controlado por Hesed.

— Eu também fui declarado morto pelo governo. Aliás, deixa eu só te explicar algo: aquilo era um regime de exceção e, como tal, sem nenhum compromisso com a transparência. Nós éramos terroristas para os militares, logo, a propaganda de mortes sobre as "pessoas extremamente perigosas para a família e o Estado" era bem conveniente. Brasil, ame-o ou deixe-o, não é isso? — disse Pedrov, passando as mãos em seus cabelos e tentando algum fôlego, o que demonstrou uma saúde frágil.

— Ele está certo, meu amor, as informações passadas pelo governo Geisel e todos os outros não são de confiança. Sei disso, pois meu doutorado foi em cima desse tema. A Comissão da Verdade não conseguiu ir muito adiante, mesmo nesses tempos democráticos, o que confirma o quão autoritário é o nosso país. Por que não convidamos esse senhor para entrar e vamos conversar? — disse Hesed, convencendo Rafael sobre um diálogo esclarecedor com Pedrov.

— Obrigado, senhora, foi por isso que vim aqui — disse Pedrov e já entrou na casa, sentando-se no sofá. — O que estão esperando? Venham, sentem aqui e vamos conversar.

— Cretino!

— Rafael, acalme-se.

Receber Pedrov em sua casa não era esperado por Rafael, muito menos por Hesed. Cinquenta e quatro anos depois do incidente na Casa da Morte, uma nova informação sobre o que aconteceu poderia mudar, radicalmente, a vida do Professor Matronelli. Depois de muitos anos vivendo seu luto, porém, mantendo a esperança de Isabela estar viva, Rafael conseguiu alguma normalidade, tendo seguido em frente, a despeito de seus rompantes de fúria e a confusão que fazia sempre que encontrava uma jovem semelhante à Coroada. No entanto, o que lhe trazia mais dificuldades em reconhecer a realidade eram os "gatilhos", pequenas palavras ou frases, ditas por Isabela durante seu romance, e agora ouvidas por outros lábios e vozes. Quando ouvia alguma jovem dizer *"não brinque"*, ele logo se transformava no jovem estudante de Direito, o homem apaixonado, aquele que jamais esqueceu a Coroada. E não foram poucas as vezes que isso aconteceu nesses mais de cinquenta anos. A ferida era antiga, estava quase integralmente cicatrizada, mas não havia se fechado por completo. Professor Matronelli jamais a esqueceu. Jamais.

— Diga logo o que veio fazer aqui e, depois, suma da minha vida! — disse Rafael.

— Eu entendo a sua raiva, comunista de apartamento, eu entendo. E pode ter certeza, eu sinto também. Eu disse que você foi o culpado pelo que aconteceu à Isabela, mas eu sei que tive participação crucial em tudo isso. Não consegui me recuperar do que houve, vivendo como um morto. Desde o acontecido em Petrópolis, minha vida tem sido buscar entender como aquilo pôde acontecer. Contudo, eu tenho uma ideia sobre o que houve. Eu tenho — disse Pedrov, abaixando sua cabeça e mudando o semblante de arrogância para o de arrependimento.

— Fale, seu verme! — disse Rafael com os olhos tremendo.

— Rafael! Não diga assim — disse Hesed.

— Tudo bem, senhora, eu mereço. Já aceitei o meu destino. Pois bem, Rafael, vou lhe contar o que aconteceu. No dia de seu casamento em Coroa Vermelha, eu estava enfurecido em razão de Isabela ter escolhido você. Tínhamos um passado muito forte, sonhos de ingressar na KGB, e liderar revoluções socialistas pelo mundo. Bil ainda era muito jovem, bem inocente, e não entendia a minha "dureza" com ela. Isabela dizia que eu era frio, sem sentimento, pois só pensava na causa, e não dava importância às coisas do coração. Aquilo me cortava, porque eu sabia que não era verdade. Eu amava demais Isabela e queria que ela fosse forte. Então, não cedi à tentação de ser um homem romântico em tempos difíceis, deixando isso para o momento adequado. Para o meu azar, um dia em Havana, discutimos intensamente sobre esse assunto, e o pai de Isabela, o General De Oliveira, escutou a conversa e me apoiou, criticando Bil de uma maneira muito pesada. Eu pensei que o General estava do meu lado, e logo terminado o treinamento de Isabela imaginei que ele me encorajaria a casar com sua filha. Mas Bil foi embora de Havana e, depois, a história você já conhece. O meu erro foi acreditar no General De Oliveira. Meu grave erro — disse Pedrov, colocando suas mãos em seu rosto e apresentando uma pequena perturbação.

— Explique mais isso, seu miserável! — disse Rafael.

— Amor, controle-se! — disse Hesed.

— Tudo bem, senhora, eu mereço — disse Pedrov, olhando para Hesed.

— Merece até mais. Continue falando, desprezível ser! — disse Rafael com muita agitação.

— Justo. Então, eu dizia que confiava no General De Oliveira e isso foi meu erro. No dia do seu casamento com Isabela, eu perdi a razão. Não aceitei o matrimônio de Bil com a sua figura fraca e me embebedei. Marília viu meu estado e, de certa maneira, aproveitei-me disso, ao deixar a dúvida para ela sobre a paternidade do filho de Isabela. Eu e Bil nos encontramos duas vezes antes da descoberta da gravidez. Sugeri a Marília da chance de eu ser o pai. Ela falou para mim que tinha certeza de que era você e mandou eu ser homem. E ela estava certa: eu não poderia ser o pai da criança, pois, quando cheguei em Havana, após perder meus pais na Revolução Húngara, decidi-me que jamais teria filhos, fazendo então uma vasectomia. Porém, Marília não sabia disso e a deixei com dúvida — disse Pedrov e seu rosto apresentava uma expressão de profundo arrependimento.

— Eu vou acertar sua cara! — levanta-se do sofá Rafael e tenta atingir Pedrov, sendo impedido por Hesed.

— Eu entendo você, Rafael. Mas o que vem na sequência é pior e, acredite, eu não me perdoo por isso. Todos esses anos, vivi com essa culpa e sei que jamais me recuperarei. Não tive vida. Não mesmo. Talvez agora, diante de você, confessando o meu crime, eu possa me aliviar um pouco. Mas é um castigo bem dolorido, pior do que aquele experimentado por Raskolnikov — disse Pedrov, com o rosto pálido e vazio após dizer isso.

— Fale! — disse Rafael enfurecido.

— Falarei, comunista de apartamento. Depois que Marília me deixou na praia de Coroa Vermelha, terminei de beber minha quinta garrafa de vodca que trouxe de São Petersburgo. Quando a Comunista me falou para ser homem, senti muito ódio e tomei uma decisão: fui fazer contato com Havana, conversar com o General De Oliveira. Tentei várias ligações e estava quase desistindo quando, na trigésima tentativa, o pai de Isabela me atendeu. Ele não entendia minha voz nem o que eu falava, porém, quando eu disse que Bil estava grávida e se casava naquele momento, aquilo mudou o homem. Ele ficou possesso, uma tremenda fúria, da qual tive medo mesmo a quilômetros de distância. O General estava quase se descontrolando, quando, então, teve uma ideia: planejar uma falsa captura. O pai de Bil me orientou a sair de Porto Seguro e ir para o Rio de Janeiro. Instruiu-me sobre deixar pistas sobre o simulacro de minha prisão, deixar um nome de algum agente do DOPS, para dar a verossimilhança. O General sabia que Isabela iria ao Rio de Janeiro me resgatar e, assim, poderia capturá-la para trazê-la de volta para Havana. Fiquei animado com o plano e, na minha embriaguez, fui vulnerável e perguntei ao pai de Bil se ele aprovaria meu casamento com sua filha. O General De Oliveira foi sórdido, brincou com meus sentimentos, e disse que eu era um filho para ele. Fiz como combinado, paguei a um garoto Pataxó para que dissesse a vocês sobre meu rapto. E, para ficar ainda mais crível, pedi ao menino que falasse o nome Libitina, justamente para vocês acreditarem. Vi o garoto ir em direção à praia onde acontecia o casamento e fui embora para o Rio de Janeiro. No entanto, as coisas demoraram a acontecer, houve a passeata dos Cem Mil na Candelária, e Isabela discursou. Monitorei o grupo que Isabela levou consigo para ver o momento adequado para pegar Bil. Enxerguei os dois guerrilheiros com vocês, que ingressaram no país por meio da Floresta Amazônica, no Pará, e entendi que tudo saía como antes combinado. Contudo, eu vi Libitina pegar Isabela e não entendi nada. Fiquei louco com isso e fui atrás dele, perdendo vocês de vista. Quando chegamos a Petrópolis, já havia estudado o terreno e um modo de entrar na casa, mas aí você chegou e atrapalhou tudo. Veio então a explosão e, após isso, fui atingido por alguns pedaços de pedra vindos da casa e desmaiei. Fiquei uns minutos desacordado, mas, assim que recobrei minha consciência, vi os dois guerrilheiros mortos, os meus também, mas encontrei você respirando e o arrastei até um lugar seguro e, depois, fui embora. Nada de Isabela, de alguma ajuda de Havana, e isso me deixou perturbado. Padre Marcos também não encontrei. Por anos caminhei sem saber o que tinha acontecido, tentando contato com Cuba e nada de retorno. Viajei pelas repúblicas soviéticas ainda em 1968, em busca de alguma pista, e nada. Sem recursos, apenas com o meu Mosin-Nagant, voltei ao Brasil e perambulei pelo Rio de Janeiro por seis anos. Encontrei você em uma casa no Rio de Janeiro, com uma jovem que acredito ser a sua esposa, e Marília. Pensei em entrar e lhe contar a história, mas não tive coragem. Pouco tempo depois, encontro Libitina. Quando o vi, não pensei duas vezes: atirei nele. Com a morte de Abadom, fui embora do Brasil e senti um alívio por alguns anos, mas nunca mais fui o mesmo — disse Pedrov, com muita tristeza em suas palavras e abatido.

— Você merece morrer! Isabela era a minha vida e seu ciúme doentio privou-me da felicidade. Ela levava meu filho em seu ventre e você foi pior que a ditadura militar. Como pode falar em sentimentos por ela ao fazer isso? Não era sobre mim, e sim sobre a Coroada. Ela teve a dignidade de interromper nosso casamento e ir lhe ajudar. Todos na GCP conversamos com ela para tentar dissuadi-la dessa loucura, exatamente por se encontrar grávida. E você só pensava em si mesmo, na sua egolatria de acreditar que Isabela ainda o amava. Suas ações permitiram a morte do meu amor e do meu filho. Então, não vejo motivos para que continue vivo. Se for digno, se mate, ordinário! — disse Rafael indicando a janela de seu apartamento, sugerindo a brevidade da vida.

— Rafael Matronelli, controle-se, não é o homem que eu conheço! Retire essas palavras agora! — disse Hesed, transtornada pelo que Rafael disse.

— Ele tirou a minha vida, Hesed! Ele matou meu amor, o meu filho. Ele... — Foi interrompido por Pedrov, que disse:

— Ela está viva. E não é filho. É filha, uma mulher — disse Ilitch.

Rafael mudou rapidamente seu rosto de raiva para esperança ao ouvir Pedrov dizer que Isabela estava viva. Foi se rejuvenescendo, surgindo novamente a face inocente de quem ama, e a paciência voltou a ser sua conduta. E, ao escutar do militante de Havana que Rafael tinha uma filha, aquilo o animou de uma forma pouco vista nesses últimos anos por Hesed, a qual sentiu o calor do esposo ressurgir. Professor Matronelli perambulou na sua sala, refletiu bastante para entender seus próximos passos rumo à descoberta sobre a Coroada, sentou-se novamente, e perguntou:

— Como pode ter certeza de que ela está viva?

— Estou há muitos anos viajando pela Europa em busca de conflitos, uma maneira de morrer rápido. Voltei à minha terra natal e procurei saber como que a União Soviética acabou. Até que um dia surgiu para mim um jornal de Praga, com uma foto de uma linda mulher discursando a respeito de seu ingresso no Parlamento Europeu. Ao ver esse rosto, eu tremi e não acreditei: era ela. Viajei até a República Tcheca, sondei alguns antigos contatos da KGB, e me falaram que Aurora Petrín era uma militante política responsável pela Revolução de Veludo. Isso me perturbou, porém, ao mesmo tempo, me trouxe alegria. Observei-a de perto, vi sua família, a filha e tive a certeza de que era Bil quando vi o velho General De Oliveira, bem frágil, sendo ajudado por essa tal de Aurora. Pensei em várias maneiras de me aproximar dela, até que tive a coragem de chegar perto e conversar com ela. Ao vê-la, perguntei se ela estava bem, como iam as coisas, e Bil respondeu a mim como se nunca me tivesse visto. Ela não me reconheceu. Então, desanimei um pouco e fui embora, até que um dia pensei melhor e resolvi vir ao Brasil lhe contar isso — disse Pedrov e soltou um grande suspiro.

— Nossa, não acredito no que eu ouvi. Que história! — disse Hesed.

Rafael ficou em silêncio ouvindo tudo o que Pedrov lhe dissera. Deixou ele e Hesed conversarem, enquanto refletia sobre o que acabara de ouvir. Começou a sentir-se mal, algumas vertigens e palpitações, não tendo muito domínio de si. Passou em frente a um espelho e viu um vulto, ao qual não deu muita importância. Mas, ao se afastar do vidro, ouviu uma voz bem familiar a ele e há muito tempo não ouvida. Voltou ao espelho, pois, ao que parece, o som vinha dali. Chegou no vidro, o olhou de perto e reconheceu a imagem de um homem negro, cabelos crespos e rosto de paz bem atrás dele. Rafael virou-se, viu o homem e disse:

— Padre Marcos!
— Sim, meu amigo. Só vim aqui dizer que Isabela está viva!

E, após isso, desmaiou.

Oito meses depois, Praga, novembro de 2022

Aurora ainda se recuperava da perda de seu pai, após discutir com ele oito meses atrás. Sentiu-se culpada pelo que houve, porém, ainda estava confusa com as revelações do Sr. Petrín, mesmo sendo elas não muito claras. Suas sessões de terapia continuavam, e algum progresso existia, especialmente quanto à questão das lembranças, as quais começou a controlá-las. Tentava não perder tanta energia com isso, pois seus trabalhos no parlamento europeu aumentavam, assim como sua importância para a União Europeia. A vida seguia seu fluxo normal, ao que parece.

Mas a agitação começaria na mansão Petrín logo pela manhã. Zaya aguardava a minha vinda, depois de meses de espera. Finalmente conheceria Aurora e poderia ficar um tempo em

Praga, dependendo de como as coisas evoluiriam. Cheguei empolgado, com uma esperança de viver meu romance, além de algumas malas e a companhia de um amigo. A Menina não entendeu por que eu trouxe uma pessoa comigo, contudo, isso seria esclarecido. A um custo muito caro.

— Por que você trouxe esse sujeito? — perguntou Zaya.

— Meu amor, vou te explicar tudo. Mas foi necessário e posso lhe garantir que ele esperava essa viagem há muitos e longos anos — disse

— Você testa a minha paciência. Sorte a sua que eu estou com muitas saudades! — disse A Menina e pulou nos meus braços e me deu um beijo.

— Quem chegou, Zaya? — perguntou Aurora.

— Vó, venha aqui, o Professor chegou e trouxe um amigo — disse Zaya.

— Ótimo, adoro casa cheia, deixa eu conhecer esse Professor! — disse Aurora.

— Prazer em conhecê-la, Senhora Petrín. Eu sou o Professor... — Fui interrompido por Aurora, que disse:

— Não precisa me chamar de senhora. Sou Aurora, e sei bem quem é. É o amor de Zaya! Ela te ama muito, sabia? — perguntou Aurora.

— E eu amo mais, muito mais, se é que é possível. Não sei o que ela viu em mim, pela idade que tenho. Mas eu sei o que vi nela — disse.

— Você é um homem bonito e está muito bem. E a idade está na alma, então, mantenha seu coração aquecido e seja feliz — disse Aurora, que logo perguntou: — E esse senhor, quem é e como se chama? — disse a heroína da revolução.

— Coroada! — disse Rafael.

Professor Matronelli não conseguiu nem chegar direito na mansão Petrín e já reconheceu Aurora. Seu velho coração acelerou, notei que suas mãos tremiam, seus olhos começaram a lacrimejar e pude notar, também, a jovialidade em seu rosto. Rafael havia me contado da visita de Pedrov em março e sobre a possibilidade de Aurora ser Isabela. Imaginem vocês como fiquei ao ouvir isso, pois eu sabia que Aurora era avó de Zaya e, coincidência ou não — não acredito nisso —, eu estava com viagem marcada para Praga em novembro. Rafael não se segurou, disse para antecipar a viagem, porém, nós dois sabíamos que não dava, em razão dos nossos compromissos com a FAFICH. Ele também estava se recuperando de uma concussão, após desmaiar em sua casa, no dia da visita do militante de Havana. O acalmei, dizendo que iríamos em novembro e tudo seria ao seu tempo. Hesed o aconselhou também, dizendo que faria mais pesquisas e tentaria alguns documentos perante o Ministério da Justiça, no governo brasileiro. Eu admirei-me da lealdade da jornalista, pois estávamos falando de um amor antigo de Rafael, o qual não despertava, ao menos aparentemente, ciúmes em Hesed. Muito ao contrário, ela estimulou a viagem, disse para ele vir comigo e no tempo certo, o que permitiria a ela um maior prazo para procurar mais informações sobre Aurora. O Professor Matronelli aceitou e eis que estamos na mansão do bairro Smíchov.

Zaya não gostou disso e temi que tal conduta minha pudesse fragilizar nossa relação. Ela deixou claro que não aprovou a vinda de Rafael, mas pulou em meus braços, me beijou e, ao sentir seu calor mais uma vez, entendi que nosso relacionamento estava sólido. Meu final feliz iria se concretizar.

Aurora também gostou de me conhecer e, ao que parece, aprovou meu romance com sua neta, apesar da diferença de idade. A heroína da revolução disse ser bobagem isso de idade, porque "*quando se ama, sempre se é jovem*", disse. E tive essa certeza ao ver o Professor Matronelli transformar-se novamente no jovem estudante de Direito ao dizer "*Coroada*". Para ele, não tinha mais dúvidas de que acabara de encontrar Isabela. Porém, seu histórico de confundir rostos de mulheres não permitia, ainda, a certeza de que de fato se tratava da Coroada. Precisaria de mais elementos, um pouco de paciência, e, talvez, esse mistério fosse resolvido. Mas Rafael começou mal, pois, ao falar "*Coroada*", Aurora sentiu-se confusa, perdeu o controle e gritou com Rafael. Essa atitude de Aurora me fez acreditar que meu amigo, enfim, reencontrara seu amor. Mas era apenas eu a pensar isso.

— O que disse? — perguntou Aurora.

— Coroada, te encontrei. Graças a Deus! — disse Rafael.

— Seu amigo é louco e já tinha dito isso a você! — falou Zaya a mim.

— Meu amor, tenha paciência. Professor Matronelli, o senhor está cansado, a viagem foi longa, acalme-se um pouco. Aurora, me perdoe — disse.

— Ela é a Coroada, é o meu amor, minha esposa! — disse Rafael.

— Como se atreve a falar isso? Não te conheço e, ao que parece, está longe de casa. Respeite-me! — disse a heroína da revolução.

— Controle seu amigo, agora, Professor! — disse Zaya, bastante irritada.

— Professor Matronelli, por favor, controle-se. Meu amigo, Rafael, acalme seu coração. — disse eu, e vi Aurora mudar seu humor, tranquilizando-se um pouco, ao que perguntou:

— Seu nome é Rafael?

— Sim, meu amor, sou eu! — respondeu o Professor Matronelli.

— Olha, começamos mal, mas não me chame de seu amor. Estão cansados, a viagem foi longa, então entre em minha casa e se acomodem. Hasak irá acompanhá-los e preparar algo para comerem. Eu e Zaya os aguardaremos na cozinha. Hasak! — disse Aurora, chamando seu funcionário.

— Respeite minha avó, seu louco! — disse Zaya.

— Zaya, não faça isso. Desculpem, ela está agitada! — disse Aurora, repreendendo sua neta.

— Tudo bem, Aurora. Vamos entrar, nos acomodar como sugerido e logo nos encontramos na cozinha para conversarmos. Zaya, meu amor, daqui a pouco estou de volta — disse.

— Espero você, te amo! — disse Zaya e saí, na companhia do Professor Matronelli.

Hasak nos acompanhou até os quartos onde eu e Rafael ficaríamos, duas amplas suítes bem confortáveis. O funcionário da mansão Petrín ainda trouxe sais de banho, toalhas limpas e alguns sobretudos, por causa do frio em Praga. Agradeci a ele, disse ao Professor Matronelli para se banhar e fui tomar meu banho também. Tiramos a poeira da viagem, dos aeroportos, nos realinhamos e mudamos de roupa. Olhei-me no espelho e senti-me feliz, uma vez que, daqui para a frente, faria de tudo para permanecer ao lado de quem eu amo: Zaya. Mas eu não havia abandonado a ideia de ajudar meu amigo, o Professor Matronelli. Sua busca de anos, a esperança de reencontrar Isabela, parecia estar chegando ao fim. Para Rafael, isso tinha terminado, pois, segundo me disse um pouco antes de cada um de nós entrarmos em nossos respectivos quartos, "*a Coroada estava ainda mais linda*". Falei para meu amigo ter calma, ponderar suas emoções, pois, se fosse verdade, isso viria em algum momento. O problema é pedir tempo para alguém que esperou uma vida. Mas isso estava quase no fim. Sim, a história está terminando.

Minha ansiedade em querer estar a sós com Zaya me fez acelerar o processo de banho, roupas e café da manhã. Saí do meu quarto e chamei por Rafael, que saiu também, demonstrando que tinha a mesma inquietação. Fomos para a cozinha e encontramos as mulheres de nossas vidas: Zaya e Aurora. O caminho do Professor Matronelli seria mais difícil, não significando que o meu foi fácil. Porém, hoje eu senti que a Menina estava mais decidida a viver comigo. Ao chegar na cozinha e vê-la, ela se despediu da avó, me pegou pelas mãos, e me chamou para passear nos jardins das Colinas Petrín. Evidentemente, eu aceitei.

Rafael sentou-se à mesa junto a Aurora e ambos ficaram alguns minutos em silêncio. Não demorou muito, a heroína da revolução começou a conversar com o Professor Matronelli sobre a política do mundo e do Brasil. Disse sobre o parlamento europeu, o conflito da Rússia e as eleições brasileiras, deixando ambos animados. Uma intimidade foi surgindo e o tempo começou a passar rápido, ponteiros do relógio que se apressam quando um sentimento está presente: amor. Sim, Aurora iria amar.

— Então, o senhor é professor de Ciência Política? — perguntou Aurora.

— Sim, mas já sou aposentado. Sou um professor emérito da UFMG, a universidade onde trabalhei por muitos anos. Vou sempre a palestras, oficinas e algumas aulas especiais. Cuido do meu tempo escrevendo sobre política e algumas memórias, mas textos simples, porque já estou bem cansado. E, você, soube que está no parlamento europeu — perguntou Professor Matronelli.

— Sim, fui convidada recentemente e estou amando. Estive em Madrid semana passada e conversei com membros das casas legislativas de lá. Tenho uma viagem marcada para Nova Iorque, onde farei um discurso sobre as maneiras de mitigar o capitalismo. E amei o Lula ter vencido, mais uma vez, as eleições. Todos em Estrasburgo ficaram aliviados com a eleição do candidato do Partido dos Trabalhadores, ansiosos pela volta do Brasil ao cenário mundial — disse Aurora.

— Verdade, passamos por muita coisa no governo Bolsonaro. Felizmente, chega ao fim esse período e uma nova esperança descortina-se diante dos brasileiros. Tem visitado o Brasil nesses últimos anos? — perguntou Rafael não descolando seus olhos da mulher de pele alva, de cabelos grisalhos além da alça, com a voz rouca e suave.

— Não, tem muitos anos que não viajo ao Brasil. A última vez foi quando Zaya nasceu. Minha filha decidiu que minha neta nasceria lá. Então, viajei a Belo Horizonte e fiquei uma semana em Minas Gerais. Andei pela Praça da Liberdade, ouvi pessoas gritando Galoooooôôô, tomei café e comi pão de queijo. Aquela terra é maravilhosa! — disse Aurora.

— É a sua terra! Você é de Céu Pequeno, logo, é mineira também. Você sempre gostou de café quente, especialmente o aroma deste logo após o preparo. Voltar a Minas Gerais trouxe essas sensações a você, pois és de lá, meu amor — disse Rafael, tentando uma conexão com Aurora.

— Olha, vou respeitar a ti, porém, não me chame de meu amor. É a primeira vez que lhe vejo, não me sinto confortável ao ouvir isso de você. E, provavelmente, é casado, então, não deveria dizer isso. Estou certa? — perguntou Aurora, vendo os olhos de Rafael, no que sentiu uma certa familiaridade.

— Sim, sou casado. Minha esposa é Hesed Alende, uma respeitada jornalista, tendo ganhado diversos prêmios internacionais, incluindo um Pulitzer. Foi ela quem me acolheu depois de seis anos morando nas ruas acreditando que você tinha morrido. Ela tem sido minha fortaleza nesses mais de cinquenta anos depois que te perdi. E sempre fui honesto com ela, jamais escondi que tinha a esperança de encontrá-la novamente. E hoje encontrei. Está diante de mim, Coroada — disse Rafael e tocou as mãos de Aurora.

— Você tem uma pessoa e precisa respeitar isso. Tem filhos? — disse Aurora, retirando suas mãos de Rafael, porém, sentindo algo diferente.

— Temos, sim. Eu não queria filhos, pois meu luto me impedia de ter o sentimento por uma pessoa. Mas Hesed foi cuidando das minhas cicatrizes, confortando-me, sendo forte e resiliente, de forma que não achei justo ser a verdade absoluta do relacionamento. Planejamos o filho, tentamos várias vezes, houve uma perda e, na próxima vez, deu certo: Filipe nasceu. Até o nome ela me deixou escolher. Eu quis homenagear o meu avô, aquele que me ensinou a arte de amar — disse Professor Matronelli, que estava praticamente desnudando Aurora com os olhos.

— Então você tem uma história linda com a jornalista. Por que quer viver no passado? Pelo que entendi, essa pessoa, qual o nome mesmo, Coroada, é? Essa pessoa morreu. Por que vive atrás de um amor que morreu? — disse Aurora e, ao se ouvir dizer "*Coroada*", sentiu um arrepio em sua pele.

— Eu sei, tenho uma história linda com Hesed, porém, meu romance com Isabela é único. Ela mudou a minha vida. Eu fui romântico, poeta, menino, homem, feliz e infeliz. Fui também guerrilheiro, amante, impetuoso e voluptuoso, pois ela era uma mulher com muita energia. Isabela tinha uma razão singular, metódica, com uma habilidade incrível com as letras. Seus discursos políticos eram lindos, suas poesias, uma mágica, mas o movimento que ela fazia ao caminhar me enfeitiçou. Eu ficava sentado apenas olhando Isabela caminhar, sem nada a falar ou fazer. Eu estudei todos os seus movimentos, decorei todos os seus espaços, memorizei seu cheiro, cujo aroma ainda lembro em minha saudade. Escrevi também para ela diversas poesias, em um livro que publiquei no ano passado. Chama-se *A Coroada, uma homenagem a um amor que tive*. Escrevi quase trinta poesias em um espaço de um mês. Mas não foram trinta dias, e sim uma vida, porque em cada verso escrito ali estava contida a saudade que tinha para mim. Foi a forma que criei para eternizá-la, colocar junto ao meu coração algo físico, um livro. A primeira vez que fiz o rascunho, quando terminei a obra, caminhei por Belo Horizonte com as páginas debaixo de meu braço, e a sensação que eu experimentei foi a de que ela estava ali ao meu lado. Olhei por todos os cantos, prestei bem atenção, aguardando-a chegar e dizer para mim: "*não brinque*". Isso não aconteceu. Mas hoje acredito que irá, pois ela é você, meu amor. Te amo tanto, Catita! — disse Rafael e segurou novamente as mãos de Aurora, que sente um calor, a pele eriçada, e um início de excitação, a ponto de ela desejar tirar a roupa, na cozinha da mansão Petrín, mesmo sabendo que Hasak estaria por perto.

— Olha, acho melhor você descansar um pouco. Voltemos a conversar mais tarde. Fique em Praga um, dois, três dias ou, quem sabe, uma semana. Apreciei nossa conversa, mas é um homem casado. E isso não vou tolerar, tudo bem? — disse Aurora, olhando firme para Rafael, sentindo um arrependimento ao dizer isso ao Professor Matronelli.

— Tudo bem, Catita! Eu faço isso.

Despediram-se, Aurora saiu e foi ao centro de Praga, e Rafael aceitou a sugestão de Hasak de ficar nos jardins lendo um livro, lugar onde ele poderia lhe servir vinho, a bebida preferida da heroína da revolução. Professor Matronelli concordou, aceitou o convite e foi para os jardins. Hasak trouxe o vinho, Rafael abriu o livro *A Coroada*, e tinha algumas folhas avulsas, em branco, sobrando. Pediu a Hasak uma caneta e logo começou a escrever uma poesia inédita, diante do seu encontro com Aurora, com Isabela e o destino. Intitulou-se Vinho. Cinquenta e quatro anos depois, Rafael voltou a escrever. Motivo: o amor!

"Vinho

Volta a si, a mim
Dança que levo, você ao meu corpo
Dor não há, sofrimento não é
Amor que se vive, imagem que se vê

Cambaleante sentimento, amadurecimento
Sorriso sem sentimento, música decifrada
Cifras incompreensíveis, melodias
Você em minha vida, amada

Rainha em meu ser
Ser que se completa
Ser que se realiza
Ser que é feliz

Infinito que se busca
Madrugada que se perde
Sonhos que se misturam
Sonhos que revigoram

Coragem criada, história que se escreve
Rumo que a vida quer, destino que se é
Oliveira que me toma, que me leva
Que me gera, que me espera, que se torna

Liberdade que se anuncia, vida a viver
Correntes quebradas, alegria de ser
Alma livre, plena, renovada, sonhada
Adorada, endeusada, esperada, procurada
Próxima a mim, um beijo a ter
Próxima a mim, enfim, você"

Enquanto isso acontecia em Praga, Hesed estava determinada a desvendar o mistério trazido por Pedrov há oito meses, e foi atrás de alguns contatos. Conversou no Ministério da Justiça, procurou os departamentos de História das universidades mais importantes do país, e voltou na sede do *O Globo*, no Rio de Janeiro. A jornalista desejava ter essa história esclarecida, pôr um fim definitivo na dor de seu esposo, para que ele tivesse um fim de vida em paz. Após reunir documentos, pen drives e outros elementos, foi para onde costumava ir quando estava investigando e pesquisando um assunto: a Biblioteca Nacional do Rio de Janeiro.

Ao chegar no lugar, sentou-se em uma mesa, abriu seu laptop, conectou-se à internet e abriu os arquivos do pen drive. Leu os documentos, fez algumas ligações, e se surpreendeu com algo em específico: um áudio entregue por um militar não satisfeito com o governo Bolsonaro. Esse arquivo foi registrado em 1968, pouco antes de Isabela ser capturada. Na conversa, dois sujeitos conversavam sobre um plano e a recompensa a ser dada, caso tudo saísse como combinado. Como era uma conversa dentro do governo, não foi considerado ilícito, porém, não foi divulgado, devido à *"interferência comunista"* no país, o que poderia fragilizar o regime. Hesed ficou assustada, apavorada, com tamanha crueldade feita por um homem que deveria proteger sua filha. Segue o diálogo, para entenderem o assombro da jornalista ao descobrir a trama.

— Bom dia, General, tudo bem com o senhor? — disse Libitina.

— Sim, rapaz, tudo bem, e o plano, está indo bem? — perguntou o General De Oliveira.

— Sim, seu contato falou comigo e eles já estão no Rio de Janeiro. Alguns oficiais meus já viram Padre Marcos, Rafael e Isabela, a Coroada. Como o governo liberou o discurso dos estudantes na Candelária, orientei meus homens de confiança a causarem um pequeno tumulto, o suficiente para separar Isabela dos outros integrantes da GCP, para que eu possa capturá-la. Assim que tudo estiver pronto, lhe darei o sinal para agir. Estaremos na Casa em Petrópolis, como acertado — disse Libitina.

— Perfeito, camarada, eu sabia que faria tudo conforme eu pedi. Só não esqueça de criar as condições para que Isabela acredite realmente ser uma prisão. Faça o seu melhor, como eu sei que faz. Cause traumas, deixe ela assustada, pois, quando eu a levar, minha intenção é trazer para Havana uma outra pessoa. O trauma que você fará deve ser o suficiente para que ela apague seu passado. Deixa-a viva, contudo, sem passado, nenhuma lembrança — disse o General De Oliveira.

— Mas e a criança? Ela está grávida! Isso que está me pedindo pode causar danos para o bebê, até mesmo sua morte — perguntou Libitina.

— Faça o que eu pedi e será recompensado. A criança é um dano colateral, baixa de guerra — disse General De Oliveira e desligou.

Hesed não aguentou, foi até o banheiro da biblioteca e vomitou. A sordidez feita ali era imensurável. Um pai não poderia, jamais, fazer isso a sua filha. E, ao que parece, foi feito e ainda pior. Sim, mais trágico, porque, segundo documentos do Superior Tribunal Militar, Libitina foi traído por alguém de Havana. A explosão na Casa da Morte foi feita para se ter uma cortina de fumaça para raptar Isabela. O General De Oliveira ordenou a explosão, chegou com três soldados assassinos de Moscou, e determinou uma saraivada de tiros em tanques de gasolina guardados na residência. Deu ordens também para matar a todos da GCP e Pedrov. Quando entrou na casa, De Oliveira viu Isabela desmaiada, com a mão direita destruída, bem como seus joelhos. Já estava em trabalho de parto, mas isso não impediu o General de prosseguir com o plano. Os soldados soviéticos pegaram Isabela, a colocaram em um carro e partiram para uma pista de pouso clandestina, onde estaria seu voo para Havana. Deixou para trás os escombros, o passado de Isabela e, assim, a sua vida. Jamais disse nada a respeito do assunto a ninguém.

Quando o General De Oliveira chegou em Havana, disse aos seus colegas de farda que iria para a Europa Central, cuidar da família. Pediu a um amigo de confiança passaportes novos, documentos com nomes diferentes, para ele e Isabela. O amigo recomendou ir para Praga, pois tinha uma mansão à venda de uma antiga família, da qual poderia adotar o nome. O General De Oliveira gostou da proposta e comprou a mansão Petrín, no bairro Smíchov, em Praga. Adotou esse nome e deu à filha o nome Aurora, significando um novo começo. Mudaram para Praga em 1968.

Isabela, ainda em trabalho de parto e inconsciente, estava muito pálida e quase sem vida. Os militares castristas sugeriram ao General De Oliveira que os médicos cubanos viajassem com eles para ajudar Isabela. Ele disse não precisar, porém, Castro surgiu e lembrou a lição do camarada Che, dizendo: "*É preciso endurecer, mas sem jamais perder a ternura*". O pai de Isabela aceitou a sugestão e viajou para Praga. Foi quando Lourdes Rafael nasceu.

Em meio a todas essas descobertas, Hesed encontra-se com Lúcia, a antiga amiga funcionária do Itamaraty. A jornalista já havia feito um dossiê, armazenado em um arquivo, e estava prestes a enviar para seu marido, quando contou toda a história para Lúcia. Esta não acreditou no que ouviu, e muito menos no que Hesed ia fazer. Tentou dissuadi-la do contrário, pois, ao revelar a história para Rafael sobre Isabela, seu casamento com o Professor Matronelli chegaria ao fim. Hesed não se importou com isso, disse que a verdade deve prevalecer, e quem decidiria se viveria com alguém não era ela, e sim Rafael. A jornalista já estava com o e-mail pronto, todos os arquivos anexados, quando Lúcia teve uma atitude inesperada, causando espanto em sua amiga. Rasgou os documentos, criou uma histeria na Biblioteca Nacional, e chamou atenção de todos. Não havia sobrado nada do período e da investigação de Hesed, a não ser o e-mail prestes a ser enviado. Lúcia entendeu e fez algo que a jornalista não acreditou. Isso pode ter mudado o rumo da história. Esperemos para ver. Está no fim.

— Por que você fez isso? — perguntou Hesed.

Capítulo 35

Final Feliz

A Aurora surgia, finalmente, em minha vida e a luz da manhã brilhou em meus olhos e logo despertei. Ao meu lado, estava deitada Zaya, aguardando-me acordar. Esfreguei meus olhos, olhei-a mais de perto e custei a acreditar que meu amor estava ali comigo. Ela sorriu para mim, jogou seus longos cabelos negros para a frente, cobrindo seus seios, e dizendo "*pijamas*", no que eu entendi seu desejo. A amei mais uma vez, no mais puro sentimento, de alguém apaixonado e correspondido. Senti sua pele, seu cheiro, seu amor. Cada célula de meu corpo absorveu a metafísica da paixão, trocando o velho pelo novo. Eu estava feliz. Eu estava amando. Te amo, Zaya. Amo, Menina!

— Também te amo, Professor! — disse Zaya.

— Vai me chamar assim para sempre? — perguntei.

— Vou, porque eu gosto de você assim — disse a Menina.

— Não me prefere chamar pelo meu nome? — perguntei.

— Gosto do seu nome também. Porém, quando te chamo de Professor, eu lembro de nossa história, e esta jamais quero esquecer — disse Zaya.

— Então você entende a dor do meu amigo? — perguntei para a Menina sobre Rafael.

— Detesto esse homem. Ele é louco! — disse Zaya.

— Amor, deixa eu falar com você sobre ele. Já conversamos muito sobre isso, mas eu preciso dizer mais, pois a dor dele é antiga. Imagina você conhecer o amor da sua vida, viver uma paixão intensa, participar com essa pessoa do período mais difícil da História do Brasil, casar e esperar um filho e, por um capricho do destino, serem separados no espaço e no tempo. E este é superior a cinquenta anos. Só não é maior que o amor de Rafael por Isabela — disse a Zaya e me apaixonava mais ao ver seus olhos.

— Isso é bonito e fico comovida com essa história. Mas minha avó não é Isabela. Precisa entender isso, meu amor. Aurora Petrín tem uma vida na Europa há muitos anos, participando de políticas e revoluções. Não tem nenhuma participação nos eventos do Brasil, tampouco na ditadura militar. Seu amigo não se curou do luto e quer, de uma vez por todas, justificar a ausência de Isabela em alguma mulher que se pareça com ela. Minha avó está doente, fazendo tratamento psiquiátrico e, este ano, perdeu o pai. Seja cuidadoso com minha Vó, amo ela demais e a você também. Não suportaria ver ela triste — disse Zaya.

— Eu entendo você, Menina. E eu não diria o que falei agora se não tivesse certeza. Há pouco mais de oito meses, um ex-guerrilheiro da GCP se encontrou com o Professor Matronelli. O nome desse militante é Pedrov Ilitch, que, segundo o governo brasileiro, estava morto. Ao visitar Rafael em sua casa, Pedrov contou a história do evento em 1968, em Petrópolis, o dia em que Isabela desapareceu. A partir dessa narrativa do militante de Havana, a esposa do Professor Matronelli, Hesed Alende, fez várias pesquisas a respeito do ocorrido à Coroada. Ela está buscando nos arquivos da ditadura algum elemento que dê a certeza de que Aurora pode ser Isabela. Mas isso não é difícil descobrir. Permita, meu amor, diante de sua beleza que me desconcentra, perguntar uma coisa: sua mãe sabe a história de seu próprio nascimento? Isso é transparente na mansão Petrín? — perguntei a Zaya.

— Claro que é transparente. Aqui em casa não temos segredos. Não me lembro agora de como é a história do nascimento de minha mãe. Mas podemos conversar com ela. Meu pai está viajando, e isso pode te deixar mais tranquilo — disse Zaya e sorriu para mim.

— Muito bem, então vamos conversar com sua mãe. Uma pena eu ver você se vestir. Mas já fotografei você inteira em minha saudade. E isso é para sempre, amor — disse.

— Te amo, Professor!

Convenci Zaya de que precisávamos conversar com Lourdes Rafael a respeito da história de seu nascimento. Eu estava convicto de que essa história teria um final feliz e tudo se resolveria. Eu a ficar com Zaya e Rafael, enfim, reencontraria Isabela. Pensar assim me deixava confortável, porém, eu também pensava no porquê de o destino querer dar essas voltas para o desenlace de seu final feliz. Se o amor de Rafael e Isabela era real, e acredito que seja, qual a verdadeira razão de separá-los por cinquenta anos? Esses acontecimentos que nos distanciam de nossa felicidade me perturbam. A meu ver, tudo deveria ser mais simples. Se eu amo alguém, e existe reciprocidade, basta eu dizer *"você é tão linda"*, e a mensagem passada seria compreendida na integralidade. Se é sincero, vem da alma e do coração essa declaração, o destino, a providência, Deus, o Universo, qualquer força oculta não poderiam interferir, pois isso é um crime, um pecado. Minha experiência de vida não é suficiente para compreender esse mistério. Ainda sou um menino de sete anos a ficar encantado com o mistério das coisas. Como é enigmático o encantamento que tenho por Zaya. Ela é linda!

Linda.

Estou envelhecendo e as reflexões têm me ocupado mais. Sorte a minha ter a Menina decidido me amar também, o que suaviza esse pesado fardo de pensar. Após resolver o problema do meu amigo Professor Matronelli, vou me dedicar a duas coisas: escrever e amar Zaya. Então, aguardem. Nós dois iremos voltar com outras histórias.

Enquanto isso não acontece, eu e a Menina chegamos aos jardins da mansão Petrín e encontramos Lourdes Rafael. A oportunidade para esclarecermos os fatos e dar uma solução a esse quebra-cabeça estava diante de nós. Zaya se aproximou de sua mãe e disse que queria conversar. Eu cheguei perto também, cumprimentei minha sogra (ah, que felicidade!) e sentei-me para nós três termos uma conversa séria, aquela que poderia mudar o rumo de duas vidas.

— Bom dia, mãe, tudo bem com a senhora? — perguntou Zaya.

— Bom dia, filha, tudo bem. E com você e o Professor, tudo certo? Bom dia! — disse Lourdes Rafael.

— Bom dia, senhora, tudo bem comigo. Na verdade, estou ótimo! Eu amo sua filha! Amo! — disse.

— Professor! — disse Zaya surpresa.

— Que lindo! — disse Lourdes Rafael.

— Linda é Zaya, Lourdes. Linda! — disse, pois estou apaixonado pela Menina.

— Professor! — disse Zaya, ruborizando um pouco.

— Está certo, vou me controlar. Mas saiba que, quando eu amo, sou exagerado. Mas respeitarei e cuidarei dos meus arroubos — disse.

— Ah, parem de bobagem vocês dois. Amar não é para se controlar. É para se viver. Poucos são aqueles que encontram o verdadeiro amor e, melhor que isso, a reciprocidade de vivê-lo. Então, esqueça os pudores sem sentido, ame desde o início, e sejam felizes. Eu estou amando ver vocês dois juntos. E já conversei com Wagen e ele também aceitou. Logo retornará de sua viagem e, aí sim, poderemos celebrar o romance de vocês — disse Lourdes Rafael.

— Obrigada, mãe, isso é importante para mim. Eu amo o Professor, e ter vocês me apoiando faz toda a diferença. Mas, mãe, o assunto hoje não é esse. Eu e o Professor queremos conversar a respeito de sua história. Para ser mais precisa, o que estamos buscando é entender como a senhora nasceu. O Professor tem uma teoria que talvez ajude o seu amigo, o Rafael. Eu não gosto desse sujeito, porém, como meu amor me pediu, vou ajudá-lo. Então, diga ao Professor como nasceu, uma história bem banal, que todos sabem — disse Zaya e olhou para mim, sorrindo.

— Filha, não é bem assim. Você não sabe, mas meu nascimento é um tabu nessa casa. Jamais deixamos isso te afetar, porque poderia causar tristezas em você e na sua avó. Minha mãe tem um distúrbio psicológico em que, aparentemente, todo o seu passado foi apagado. Ela não se recorda de nada. Como isso nunca a afetou, mamãe teve uma vida normal. Mas, nos últimos tempos, ela tem sentido mais e ficado inquieta. Como você sabe, Aurora tem feito acompanhamento terapêutico há dois anos. Estava evoluindo, porém, a morte do vovô a afetou muito, pois ele faleceu em uma discussão que estavam travando. Então, eu não sei sobre meu nascimento. A única coisa que me disseram é sobre eu ter nascido no céu, uma vez que mamãe estava em trabalho de parto em pleno voo, quando retornávamos a Praga, onde vovô e mamãe sempre residiram — disse Lourdes Rafael.

— A senhora sempre morou aqui em Praga? — perguntei.

— Sim, sempre morei. Mas mamãe dizia que eu era brasileira, a despeito de ter nascido durante um voo. A aeronave não era brasileira, e sim de bandeira cubana. Por esse motivo, eu seria cubana. Minha mãe não era agente de governo, logo, não poderia eu reclamar a nacionalidade brasileira, coisa que vovô também não queria. Mas mamãe disse que jamais abriria mão de que sua filha fosse considerada nascida no Brasil. Exigiu que a embaixada brasileira me registrasse e colocasse na certidão de nascimento "*nascida em solo brasileiro*". É só isso que sei. E, durante a infância, ninguém poderia tocar no assunto, pois vovô não gostava e minha mãe também não falava disso. Sendo assim, nunca me senti estimulada a procurar entender o que aconteceu. Na verdade, vocês são as primeiras pessoas a me perguntar sobre isso — disse Lourdes Rafael e ficou reflexiva sobre seu passado.

— Mamãe, não sabia disso, nem dessa história de ter nascido no voo. Realmente, não sabia — disse Zaya e percebi a dúvida em seu rosto.

— Isso é intrigante, o que pode dar ao meu amigo a credibilidade da sua versão — disse.

— Eu ainda continuo não gostando dele. E, por favor, não faça ele ficar muitos dias aqui. Convença-o a ir embora! — disse Zaya, confusa em seus sentimentos.

— Zaya, o que foi isso? Como assim não gosta de uma pessoa, especialmente aquela que nós hospedamos em nossa casa? Não reconheço essa atitude sua — disse Lourdes Rafael, repreendendo sua filha.

— Mãe, esse sujeito é louco. Ele acredita que vovó é o amor dele, alguém que morreu em 1968 na ditadura brasileira. Não há nada que faça ele acreditar no contrário. Em 2019 o conheci e ele me agarrou quando disse uma frase. Ficou transtornado, perguntando onde eu ouvi isso, a frase, e saí correndo de lá, nem me despedindo do Professor, com quem fiquei bastante irritada também — disse Zaya e olhou para mim com um semblante cerrado.

— Amor, eu fiz aquilo porque eu conheço a história dele. Professor Matronelli me contou tudo e permitiu que eu escrevesse um livro sobre o assunto, texto que estou quase terminando. Ele me contou todos os detalhes, desde o dia em que seu avô, Filipe Matronelli, se apaixonou, até o fatídico evento da Casa da Morte. Então, eu sei sobre a dor dele e não é pouca. Mas antes de prosseguir, eu tenho uma pergunta que veio agora a minha mente, a partir da minha lembrança da história de Rafael. Senhora Lourdes, quem lhe deu esse nome? — perguntei.

— Isso também é um mistério para mim. Meu nome é Lourdes Rafael Petrín. Mamãe dizia que esse nome não saía de sua cabeça. Vovô odiava esse nome, mas, enquanto eu crescia, ele foi ficando mais dócil com isso. Quando eu perguntava para minha mãe sobre meu nome, ela dizia que Petrín era de sua família e Rafael ela escolheu, porque o nome era bonito. E Lourdes habitava sua mente. Ela dizia que talvez fosse por causa da aparição de Nossa Senhora, em Lourdes, França, já que mamãe sempre foi muito católica. É o que eu sei — disse Lourdes Rafael, vendo meu rosto de espanto ao ouvir essa história.

— Pois bem, preciso dizer a vocês duas uma coisa que nunca havia me ocorrido. Conheço-as há muitos anos e não percebi a semelhança clara que estava diante de mim. Isso me causa um arrepio, pois estou começando a acreditar na verdade do meu amigo. O que eu estou prestes a dizer aqui é algo para que precisam se preparar, caso se confirme. Vai mudar tudo o que sempre pensaram de vocês e de sua família. É realmente possível que Aurora seja Isabela. É bem provável que Rafael seja o avô de Zaya e seu pai, Lourdes, pois seu nome é o mesmo que a avó do Professor Matronelli tinha. Lourdes Rafael Matronelli, a mulher a quem Filipe Matronelli viu no alto de seu discurso na cidade de Milão, em meio a uma greve dos operários das fábricas de tecidos, por melhores condições de trabalho, lá no século XIX. Filipe era do Partido Comunista Italiano. E podemos estar falando aqui da genealogia de vocês. É sobre a sua linhagem, Zaya. É a sua família! — disse para a Menina e peguei em suas mãos.

Lourdes Rafael levantou-se da mesa e ficou perplexa com o que acabara de ouvir. Nunca soube a respeito de seu pai, vivendo e crescendo apenas com a referência de Aurora e Sr. Petrín. A mãe de Zaya, enquanto na infância, sempre sentia uma saudade da figura paterna, mesmo nunca tendo tido um contato com ele. Na mente de Lourdes, seu pai estava morto e não queriam contar sobre isso a uma criança. Porém, os anos passaram, ela cresceu, casou e teve uma filha e, mesmo assim, com a maturidade, nada de dizer sobre seu passado e o seu pai. Foi petrificando esse sentimento a ponto de esquecê-lo. Mas hoje isso mudaria e as reflexões tomaram conta dela.

Zaya ainda resistia em acreditar nisso. Não passava por sua mente ter vivido uma vida de mentiras na mansão Petrín. E ela não sabia quem era o mentiroso, o manipulador. Ela amava tanto sua avó como seu bisavô, sendo difícil ela enxergar aqueles defeitos em um dos dois. Apesar disso, sua razão começava a compreender que a história de Rafael poderia estar certa. Não gostava dele, por algum motivo que também não compreendia, mas já iniciava em sua alma a possibilidade da aceitação de uma verdade: que sua avó era a militante conhecida como a Coroada.

Eu fiquei ainda mais certo de que tudo isso era verdadeiro. Estava aguardando a finalização das pesquisas de Hesed para confirmar a teoria e ficar seguro sobre o que eu pensava. Lourdes e Zaya estavam conversando sobre o que eu acabei de dizer, Rafael ainda estava dormindo e Aurora fora de casa. Estávamos apenas nós três e Hasak, quando eu vi o funcionário da mansão Petrín passar pelo corredor da casa e dirigir-se até a porta. Parece que alguém aguardava do lado de fora.

Hasak abriu a porta e eu ouvi uma conversa familiar sobre GCP, Havana, 1968 e comunismo. A voz era de uma mulher que, pela entonação, parecia ser de mais idade. O funcionário da mansão Petrín disse que Aurora não se encontrava, porém, a mulher à porta insistiu em entrar e disse não sair da residência até encontrar com a chefa de Hasak. Este ficou sem saber o que fazer, e Lourdes Rafael foi até a porta ver o que acontecia. Quando a mãe de Zaya saiu dos jardins, ela, poucos minutos depois, também foi na mesma direção e me chamou. A situação parecia delicada e a mulher na porta estava nervosa. Ao ver a imagem desta, eu a ouvi dizer que era conhecida como A Comunista. Sem pensar muito, logo me apressei para conversar com aquela mulher e dizer:

— Marília!

Zaya e Lourdes Rafael não entenderam e, muito menos, Marília, pois esta não me conhecia. Contudo, como eu sabia de toda a história de Rafael e Isabela, das amizades e as aventuras que realizaram, os nomes eu guardei muito bem, pois, como eu disse, estou escrevendo um livro sobre o assunto. Disse a Hasak que a Comunista era uma antiga amiga de Aurora, acalmando um pouco o funcionário da mansão Petrín. Dei um sinal positivo para Zaya e Lourdes, e tomei a iniciativa de convidar Marília a entrar na casa, coisa que ela fez ainda com algum espanto. Parecia agitada, não compreendeu bem suas ações, mas estava determinada a conhecer Aurora e, de uma vez por todas, encontrar a velha amiga. Estávamos nós quatro caminhando pela casa, rumo aos jardins, para conversarmos e eu explicar a Lourdes e Zaya de quem se tratava Marília, quando eu vi meu amigo aparecer diante de nós. Rafael não acreditou no rosto que viu, e a Comunista deu um grito e começou a chorar. Sem saber, Lourdes Rafael se emocionou também ao ver Rafael, pois parece ter acusado nela o pertencimento de sangue, inconfundível sentimento. Marília correu e abraçou o Professor Matronelli, e Zaya estava de olhos bem abertos a tudo isso, vivendo emoções inéditas em sua vida. Como eu costumo dizer e vocês já sabem: o destino no lugar de sempre. No lugar de sempre.

— Rafael, é você mesmo? — perguntou Marília.

— Sim, minha amiga, sou eu mesmo. Que alegria te ver — disse o Professor Matronelli.

— Você não sabe o quanto eu estou feliz em encontrá-lo. Então, tudo foi resolvido. Você e Isabela já estão juntos? E Hesed? — perguntou a Comunista.

— Não, minha amiga, nada disso. Eu estou aqui por esse motivo, mas nada aconteceu. Se eu lhe contar, não vai acreditar. Eu... — Foi interrompido por Marília, que disse:

— Essa jovem é Isabela, idêntica, como pode? E esta outra, que deve ser a mãe da menina, é a sua cara, Rafael. Como não conseguiu ver isso? Há quantos dias está nesta casa? — perguntou Marília, deixando a todos nervosos.

Rafael arrepiou-se todo. Não sabia o nome completo da filha de Aurora nem prestou muita atenção em seu rosto. Mas Marília já reconheceu de imediato. A sensibilidade feminina, a arte que essa natureza tem de observar os detalhes contribuiu rapidamente para um abraço que estava atrasado desde 1968: o abraço forte de pai e filha. Professor Matronelli não conseguiu se segurar, o coração do jovem estudante de Direito se aqueceu novamente e virou seus olhos para Lourdes Rafael. Esta ficou tremendo, suas mãos começaram a suar, mas o mais notável foi a forma como ela falou pela primeira vez a palavra pai a alguém. Ela não teve a menor dúvida, se reconheceu no rosto de Rafael, chorou e disse:

— Pai!

Eu não me contive e chorei também. Zaya me abraçou, pediu para que eu ficasse calmo e disse desculpas. Eu não entendia nada, meu coração estava leve e ao mesmo tempo pesado, porque eu não cabia dentro de mim. Ver meu amigo Rafael encontrar sua filha depois de todos esses anos, cinquenta e quatro anos, é muito dolorido. Mas é grandioso. O amor de pai e filha pela primeira vez manifestou-se no meu amigo. E, também pela primeira vez, Lourdes Rafael pôde sentir o pertencimento ao abraço paterno. Para a filha de Aurora, não tinha mais dúvida: Rafael era seu pai. E Aurora era Isabela. E eu...

— Filha, meu Deus! Obrigado! — disse Rafael e a abraçou.

— Papai, não acredito, não é possível, que história é essa? — perguntou Lourdes Rafael.

— É culpa da sua mãe, aquela loucura toda de guerrilha, de política, de enfrentar o regime. Mas como eu sempre a amei de um modo intenso, irracional, renunciando a mim mesmo, não vi os perigos. Mas sua mãe é fantástica! E você é linda, minha filha! — disse Rafael.

— Papai, que felicidade! Eu tenho que agradecer a uma pessoa em especial por isso. Sem ele, jamais teria a chance de um dia conhecer meu pai. E ele está acompanhando essa história desde o início. No seu silêncio, na discrição, vivendo seu amor também. Mas quis o destino que ele fosse maior que todos nós. Professor, obrigada. Você me devolveu minha família. Agora quero é que se case com Zaya e não aceito ela dizer não — disse Lourdes Rafael, muito emocionada, e chorando sem parar.

— Mãeeêêê!!! — disse Zaya e sorriu.

— Sim, eu aceito! — eu disse e todos soltaram gargalhadas.

Rafael e Lourdes não precisavam de mais provas para saber que eram pai e filha. As informações que surgiriam dariam os contornos do entendimento, mas não a certeza de agora, pois o abraço, o choro, os olhares, além, é claro, da semelhança física agora notada, deram aos dois a segurança sobre o passado da mãe de Zaya. Marília via tudo isso, mas ainda não entendia o que estava acontecendo, especialmente com Isabela. Acreditou que o nome Aurora era só um disfarce, e todos na casa sabiam da identidade real de Bil. Mas não era isso. A Comunista logo compreenderia o drama final do Professor Matronelli. Enquanto Aurora não chegava, Marília conversou com todos e contou o passado de Isabela. A amiga da Coroada voltou. Faltava só ela.

— Sua mãe, Lourdes Rafael, era destemida, uma habilidade incrível com as palavras, e uma lógica sem igual. Quando a conheci em Havana, em 1959, tive a felicidade de ver uma jovem se destacar em meio à frieza do comunismo, a despeito das lições do camarada Che a respeito de não se permitir perder a ternura. E Isabela, com aquela beleza toda, sabia lidar com isso. Foi dando amores, flores, poesia, em meio à política, aos discursos e aos metais frios. Seu pai, o General De

Oliveira, não gostava disso, pois queria sua filha como um soldado, sem piedade e apenas preocupada com a causa. E o seu romance com um jovem russo acabou embrutecendo Bil, no que ela ficou decepcionada com o que estava vivendo e voltou ao Brasil. Ao voltar a sua terra natal, decidiu estudar Letras e foi para a Universidade Federal do Rio de Janeiro. Lá, conseguiu um trabalho com uma mulher grandiosa, heideggeriana, na biblioteca da UFRJ. Mas não foi um emprego que ela obteve. Naquele lugar, no momento certo, na confluência das vontades inexplicáveis, as quais não vemos, Isabela encontrou... — disse Marília e foi interrompida por Rafael, que disse:

— Comigo. Isabela encontrou comigo. E aí eu entendi o que era a vida. Não era a política, os estudos, a carreira e a profissão. Não era a luta contra o tempo, os dias de tormento, o vazio e a solidão. A vida era mais que isso, tinha mais brilho e menos brio, orgulho que se deixa então. Ao ser grande, eu seria pequeno, pois maior seria menor. Assim, entendi que deveria ser menor, mínimo, não ser mais eu, pois eu não seria se ela não fosse em mim. Com ela eu iria ser grande, mágico, majestoso, soberbo. Sem ela eu nada seria, apesar de ter tudo, não teria a mim mesmo. E fui compreendendo que toda a natureza se comunica, as teias invisíveis sustentam a vida, uma relação quântica que vemos, anotamos, teorizamos e calculamos, mas não compreendemos. A vida é um milagre, uma pergunta sem resposta, a dúvida doce e amarga muitas vezes. Mas ela é maior, pois o sentido de tudo isso, da nossa existência, é entender que as perguntas ficam, mas as pessoas tornam-se saudades. Eu me levanto da cama, olho no espelho, procuro um emprego, mas só faço isso para ver Isabela. Eu leio *O Príncipe*, dou a minha vida nas guerras como Alcibíades, tudo por amor a uma pessoa, Isabela. O móvel da existência não são as honrarias de Estado, ter seu nome aclamado, menos ainda a suntuosidade dos cargos de poder. Não. A delicadeza do silêncio grita ao coração, pulsador a reger o ritmo de nós, a beleza como deve ser a jornada de existir. Assim estava ao entrar naquela biblioteca, não vendo nenhum espaço nela, pois, naquele dia, encontrei a minha razão. E ela era Isabela. Todos os meus minutos desde então foram dela. Meus passos ao redor dela. E meus pensamentos, nem mais sei contar, de tantos que perdi na tentativa de manter intacta a fotografia de seu rosto em minha mente. Mas não era no órgão lógico que ela residia. A paisagem a sustentar a minha felicidade tinha lugar em espaço não medido, ainda mais profundo. Isabela estava em minha alma. Eu fiquei confuso por isso, não sabia mais quem eu era, e fui me confessar com um amigo, o qual me faz muita falta também. E ele me disse para não me preocupar com as perguntas, para viver o dia, e não a dúvida, e ser o que a natureza reclama de mim. A felicidade é ser corajoso, colocar os pés no chão de novo, a todo momento quando se cai em busca da verdade. E uma apenas eu possuía em mim: ela estava viva. Nenhum corcel me segurou, nenhuma lógica me convenceu, nenhum sentimento obscuro foi suficientemente forte para abalar o meu amor por Isabela. Quase fui convidado pelo anjo indesejável a largar tudo isso. Ele sorriu para mim, convidou-me a dizer sim e quase caí em seu truque. Mas outras forças me governavam, eu já não era mais responsável, pois o amor habitava em mim. Fui humilhado, vivi nas ruas, depois da insanidade de lutar contra algo que sabia que perderia. Mas foi não por mim que eu lutei. Foi por ela. E a perdi. A razão dizia sim. O coração dizia não. E como nunca obedeci a minha razão, enlouqueci. Mas não era loucura. Era paixão, amor, coração. Estou longe de casa e perto do meu destino. Encontrei mais um filho, a mulher que leva o nome de minha mãe e minha avó. Vão dizer que essa Aurora que surge não é Isabela? Pois eu digo que és, mas não exijo que entendam a minha emoção. Eu te amo, Coroada. Te amo! — disse Rafael, vendo Aurora, a qual acabara de chegar em sua casa, visualizando todos os presentes, além de uma mulher com um rosto familiar.

Marília viu Aurora e logo reconheceu Isabela. Ficou encantada com a beleza da amiga, mesmo depois de tantos anos. Acreditou que seria fácil trazer Bil de volta daquele invólucro no qual estava presa. Apressou-se em conversar com Aurora, lembrá-la dos anos que viveram em Cuba e da GCP. Tentar despertá-la desse pesadelo, criado por seu pai, o General De Oliveira, por motivos mesquinhos. Lourdes Rafael sabia da verdade, mesmo que apenas a partir de seu sentimento, mas sabia. Zaya ainda desconfiava, porém, estava mais aberta agora a isso e já tolerava Rafael, especialmente após o seu desabafo. E o Professor Matronelli aguardava o seu momento para, enfim, trazer seu amor de volta para casa, ao abraço dele. Marília foi conversar com Aurora, e os outros as deixaram a sós.

— Minha amiga, quanto tempo? Está ainda mais linda? Você é bonita sempre! — disse Marília.

— Obrigada, mas me desculpe, eu não reconheço você. Quem és? — perguntou Aurora.

— Bil, sou eu, Marília, sua amiga de Havana e da GCP. Nos conhecemos ainda em 1959, quando fez o treinamento militar em Cuba. Depois que fui embora, senti muitas saudades, e te encontrei, novamente, em 1967, quando você criou a Guerrilha Céu Pequeno, com o objetivo de lutar contra a ditadura militar. Formamos o movimento, fomos para Porto Seguro e tivemos um sucesso, até o dia em que foi presa pelo regime. Acreditei que logo seria libertada, porém, pelo que vejo, ainda está presa, amiga. Liberte-se, Aurora! Tu és Isabela, a Coroada! És minha amiga — disse a Comunista, tentando algumas lembranças para ver a reação de Aurora.

— Tudo o que dizes é estranho para mim. Não me recordo do seu rosto, de treinamento militar, muito menos de ter vivido em Cuba. Além disso, eu me recordaria se tivesse criado um movimento de guerrilha, pois participei das revoluções em Praga em 1989. Essa Isabela parece ser uma mulher admirável, pode ser que ela se pareça comigo, mas não sou ela. Estou tolerando o amigo da minha neta por causa dela, mas já percebi que ele é descontrolado. Exagerado! E eu detesto isso — disse Aurora e se manteve resoluta em sua posição.

— Você não sabe o que diz. Qual veneno te deram? Você é a Coroada, a mulher que mudou a vida de muitos, e, especialmente, a de Rafael. Descontrolado? Ele te ama. Você não sabe o que ele passou por sua causa. Eu sempre admirei o amor dele por você. Mas você nunca deu a ele a medida de amar a qual merecia. Sempre pensou nos seus planos, projetos e políticas e não teve a humildade de se entregar de corpo e alma a ele. Ficou no seu orgulho, querendo ser a história e foi traída por ela. Está aqui agora, com seu nome nas páginas dos livros de dois países, e no coração de um homem. Mas a este você nega. E, ao fazer isso, está negando a si mesma. Como pode, Isabela, fazer isso com Rafael? Não tem coração? — disse Marília, com uma mudança de humor ao ver a letargia de Aurora.

— Não me chame de Isabela, meu nome é Aurora Petrín! Se tem essa simpatia por seu amigo, oriente-o a voltar para casa, onde a esposa dele o aguarda. Sabia que ele é casado? Viajou meio mundo atrás de uma mulher que supôs ser seu antigo amor, e abandonou a pessoa do presente. Como posso acreditar em alguém que faz isso com uma mulher? Qual espécie de amor diz ele ter por Isabela, a qual diz ser eu? Não fico confortável em saber disso. Então, faça-me um favor: peça a ele para ir embora e pode ir junto — disse Aurora, bastante irritada.

— É Isabela, sim, a filha do General De Oliveira. Estou vendo que ele trabalhou bem. Na verdade, ele te manipulou. Quando viu que estava amando, ele não aguentou. Nunca percebeu que seu pai nunca gostou do amor? Ele abandonou sua mãe e seu irmão em Céu Pequeno, e foi para Cuba. Para que mesmo? Nada, vaidade. Deixou para trás a mulher e o filho e, se não fosse seu amor de filha, a saudade em querer viver com o pai, jamais você teria ido para Cuba. Mas tu viveu um romance, a poesia e, depois, o amor verdadeiro. E ele te aguarda lá fora, esperando você acordar. Tu me perguntaste sobre Rafael e sua esposa, se eu sei disso, pois digo que sim, eu tenho ciência de tudo. E entenda, Hesed Alende, mulher de Rafael, sabe sobre você também. E por que ela aceita isso? Porque é amor, Isabela. É amor. Quando não se sabe a explicação, é porque é amor. Você sempre fica presa no método, nas razões frias, e esquece seu coração. E qual é o motivo? O que ganhas com isso? Tem medo da dor? A mulher que enfrenta exércitos tem receio de amar e isso lhe causar sofrimento? Seja corajosa, mulher, como foi um dia, e acorde! Acorde! — grita Marília com Aurora, e os outros da casa ouviram, porém, não intervieram.

— Como ousa gritar comigo assim? Não te dou essa liberdade. Já está abusando da minha paciência e da minha hospitalidade. Vejo que terei de ser grosseira contigo, pois não estou acertando ao ser educada. Vou dizer novamente: eu não sou Isabela! Eu não sou esposa de Rafael! Você não é minha amiga! — gritou Aurora, assustando Marília e a todos da casa, aumentando a aflição.

Quando Aurora gritou, o espelho que estava no ambiente trincou, sendo isso notado por Marília. Ela logo recordou do sonho contado por Padre Marcos, em Coroa Vermelha, sobre o que aconteceria no futuro. A Comunista respirou, tentou acalmar seu coração e fechou os olhos. Aurora foi perdendo seu ímpeto, também se silenciou e aguardou a Comunista se manifestar. Alguns minutos assim, as duas amigas uma em frente a outra, e algo extraordinário aconteceu. A imagem de um antigo companheiro surgiu e Marília sorriu. Aurora também viu o homem negro, de cabelos crespos e rosto de paz que, logo ao ser notado pelas mulheres, disse:

— Meu amor, quanto tempo? — disse o homem negro.

— Saudades de você. Muitas! — disse Marília.

— Você sempre surge do nada em minha vida! — disse Aurora.

— Minha amiga, estou feliz em ver você mais uma vez e saber que hoje terá uma reviravolta em seu destino. Tenha paciência, pois o que lhe fizeram foi muito grave. No fundo, você já sabe, porém, resiste a ver a verdade. Essas pessoas são suas amigas, e esta aqui a maior delas. Ela lhe procura há cinquenta anos, e vi isso em todos os momentos. Mas ela não queria me ver, então, não apareci. Porém, você eu vi, porque me chamou lá dentro, em sua alma e em seu coração. Aceite seu destino, encare seu caminho, e seja feliz. Deixe a razão de lado e siga seu coração — disse o homem negro com rosto de paz.

— Amor, quando o verei de novo? — perguntou Marília.

— Quando quiser, meu amor. Jamais a abandonei — disse o homem negro.

— Tudo bem, vou me embora agora e deixar o curso seguir seu caminho. Chamarei a ti, então, me atenda, por favor — pediu a Comunista para o homem negro.

— Claro, meu amor. Peçam, e será dado; busquem, e encontrarão; batam, e a porta será aberta. Pois todo o que pede recebe; o que busca encontra; e àquele que bate, a porta será aberta (Mateus 7:7-8) — disse o homem negro com rosto de paz e, depois, desapareceu.

Marília não viu mais a imagem do homem negro com rosto de paz e isso a fez chorar. Aurora também não viu, mas sentiu a tristeza da Comunista. Ela não soube entender, porém, foi guiada por uma força a caminhar em direção a Marília e a abraçá-la. A heroína da revolução não compreendeu seu ato, contudo, sentia seu coração mais leve ao perceber o tato da Comunista. Esta deitou sua cabeça nos ombros de Aurora, e chorou ainda mais. Disse que sofria muito por tudo isso, a saudades da amiga e de Padre Marcos, seu amor. Porém, não tinha mais energias e vida para seguir adiante. Enxugou suas lágrimas, olhou o rosto de Aurora, suspirou e disse para sua antiga amiga:

— Seja feliz enquanto dá tempo. Nenhum de nós é para sempre. Hoje seu orgulho impede de abraçá-lo. Mas o abraço é seu. Não jogue fora isso, Isabela. Essa dor, sabe, ela corta a gente. Saudade é muito forte. E pode ter certeza: a saudade de quem não está aqui mais é pior, um cadafalso a nos vestir diariamente. O meu amor eu não sei onde está. O seu está em sua casa. Ele veio até você. O que está esperando? Que ele mande flores novamente para ti? Begônias, depois, orquídeas? Ele teve o cuidado de enviá-las vivas, porque sei dessa história. Então, faça o favor de devolver a vida àquele homem. Ele é o pai de sua filha e seu marido. Ele é o seu amor. Ele é só coração! — disse Marília e se despediu de Aurora.

A Comunista abriu a porta da sala onde estavam ela e Aurora conversando. Passou por Rafael, Lourdes Rafael e Zaya, com um olhar de frustração. Disse que não poderia mais ficar, pois veio até aqui encontrar uma amiga, porém, deu de frente com um fantasma. Pediu desculpas a todos pela rapidez de sua passagem, mas já havia sofrido muito e não poderia ficar mais vivendo o passado, *"algo que não caminhou para o futuro"*, disse. A Comunista então pegou suas coisas, abraçou a todos, e comentou que lhe restava apenas pedir em sonho a visita de um homem negro, o qual amou profundamente em vida. Quando Zaya ouviu isso, ela se assustou, viu que tudo estava muito estranho, um destino acontecendo. Pediu para Marília esperar, pegou em suas mãos, causando-me surpresa. A Menina olhou nos olhos da Comunista, suspirou um pouco, sorriu discretamente para mim, e disse:

— Tenho tido sonhos repetidos em que me vejo grávida e um homem negro com rosto de paz me dizendo: destino.

Grávida, não brinque!

Marília ouviu Zaya dizer isso e percebeu que seu pedido fora logo atendido: o homem negro falou para a Menina. Isso foi o suficiente para ela frear seu ímpeto de ir embora e dizer a todos algo que marcou a vida dos moradores da mansão Petrín.

— Vou ficar e acompanhar essa gravidez. Recomendo que faça o teste. Na sua família, eu acertei a primeira vez. E acho que acertei de novo — disse Marília, me deixando alegre e confuso. Vou ser pai!

Zaya correu para mim e me abraçou. Eu não acreditei, mas possível era, não vou dizer os detalhes. Marília resolveu ficar, Lourdes Rafael pegou suas malas e levou para um dos vários quartos da mansão do bairro Smíchov. Durante o percurso, com a ajuda de Hasak a levar os pertences de Marília, esta convence Lourdes Rafael a fazer um exame de DNA, para retirar todas as dúvidas sobre Rafael e Isabela. A mãe de Zaya, com muita emoção em seus olhos, então disse para a Comunista:

— Eu vou fazer, mas sei que ele é meu pai. Já sou só coração por ele — disse Lourdes Rafael.

— Você é filha de seu pai mesmo! — disse Marília, sorrindo para Lourdes Rafael.

Rafael viu o semblante de Marília e entendeu que nada mudou, Aurora ainda estava presa. O Professor Matronelli não sabia o que fazer, perdendo as esperanças, a despeito de sentir que o milagre aconteceria. Pensou em alternativas para que Isabela despertasse de seu sono, mas nada substancial exigia sua atenção. Olhou seu relógio e viu uma mensagem de Hesed. Era um e-mail com um arquivo anexo. Foi até o seu quarto abri-lo em seu laptop. Chamou-me para acompanhá-lo. Zaya foi também.

Chegando na suíte onde estava hospedado Rafael, este logo pegou seu notebook e o abriu, lendo o e-mail enviado por sua esposa. No corpo da mensagem, estava escrito que, independentemente do que acontecer, ela ainda o amaria para sempre. Não acharia uma traição ou uma violação ao seu casamento, pois, quando o conheceu, sabia dessa história. E ela mesma prometeu a ele, Rafael, que iria ajudá-lo a encontrar Isabela, algo que parece ter acabado de fazer. Professor Matronelli, eu e Zaya lemos a mensagem, e a Menina chorou. Ela abraçou Rafael, mesmo antes de ouvir o áudio e pediu desculpas. Eu fiquei com meu coração apertado e chorei também. Essa vida faz cada coisa com a gente. Sorte a nossa existir o amor para ir cuidando uns dos outros. Ainda que falasse as línguas dos homens e falasse a língua dos anjos, sem amor eu nada seria (I Coríntios 13:1). Rafael abriu o arquivo de áudio, cuja fonte e nome remetiam a 1968, Superior Tribunal Militar, Brasil.

— Está feito? — perguntou General De Oliveira.

— Sim, ela está comigo, aqui em Petrópolis — disse Libitina.

— Seu pagamento chegará assim que Isabela estiver comigo. Faça o que eu pedi, sem hesitação — disse General De Oliveira.

— Vou fazer, mas meu receio é a criança. Choques elétricos podem causar o aborto e, pelo que sei, obviamente, o bebê é a sua neta — disse Libitina.

— Não me importo com isso. Quero Isabela de qualquer forma, mesmo no retalho humano. Ela será uma nova mulher a partir de agora. Jamais vou permitir que uma filha minha se transforme nisso que está na sua frente: fraca. O passado você pode matar, mas o faça com a maestria de sempre, de maneira a não restar nenhuma fagulha do que houve. Use todos os seus instrumentos, pois tenho uma equipe de médicos soviéticos a me ajudar no processo de ressuscitação. Ela será uma nova mulher. Uma Aurora que surge mansamente nesses tempos difíceis — disse o General De Oliveira.

— Não costumo me assustar facilmente, mas isso é apavorante. Não estou acreditando no que ouço. É o pai dela mesmo, ou uma cilada para me pegar? Quero ter certeza! — disse Abadom.

— Sei onde sua mãe mora e que não a visita tem dois anos. Seu soldo vai praticamente todo para ela e você vive nas sombras. Não tem amigos, amores, nada, é um *"casa vazia"*, sem alma. O governo tem nojo de você e o despreza. Então, pode ficar seguro de mim: eu te conheço. Caso não faça o que lhe peço, não posso lhe assegurar do amanhã. Tenho olhos em diversos lugares. E mãos também — disse o General De Oliveira.

— E se a criança morrer? — perguntou Libitina.

— Todos nós vamos morrer um dia — disse General De Oliveira e desligou.

Rafael apertou seus dentes e seu punho ficou cerrado, desejando derrubar a casa com um só golpe, tamanha era a sua fúria. Eu e Zaya nos sentimos mal ao ouvir aquilo, de um regime porco como foi aquele de 1964, obra digna de Orwell. Zaya ficou enfurecida, pois amava seu bisavô, e logo entendeu ser o Sr. Petrín o então General De Oliveira, ao reconhecer sua voz. Este sempre deixou algumas migalhas que levaram a sua identidade. Sr. Petrín dizia que era um ex-soldado soviético, radicado em Cuba e grande amigo de Fidel. Ideólogo do stalinismo, odiou o fim do bloco soviético e, mais ainda, a participação de Aurora na Revolução de Veludo. Agora a máscara caiu, Zaya e todos na mansão Petrín estavam diante de um monstro: o pai de Isabela.

Rafael respirou e voltou a sua normalidade. Pôde entender a sorte que teve na vida ao ter em seu avô o exemplo. Filipe Matronelli e General De Oliveira são dois sistemas de vida antagônicos. De um lado, o amor, o coração e a paixão, a conduzir a existência como princípio, de jamais deixar se perder, mesmo quando a luta é brava, e é. Filipe seguiu seu coração ao ver Lourdes Rafael, e a amou. Gerou uma linda família, a qual reverbera até hoje no Professor Matronelli, que busca seu verdadeiro amor há cinquenta e quatro anos. Por outro lado, De Oliveira, o metódico, fria razão, se esquece de si mesmo e da própria família, abandonando, inicialmente, sua esposa e filho e, depois, a filha. Aniquilou o passado desta para criar um soldado. E quase matou uma criança, ao permitir a torturadores da ditadura brasileira divertirem-se com a dignidade humana. Isso me fez refletir muito sobre tudo e sobre pelo que realmente vale a pena lutar. Continuo com meus vetores de justiça social e paz aos povos. Mas o amor é o superprincípio, aquele a cujo regramento eu não conseguirei curvá-lo. Amar a todos como a ti mesmo. Amar.

Rafael, então, toma uma decisão e sai do quarto onde estava. Não falou com ninguém, deixou a mim e Zaya para trás e foi na direção de Aurora. Marília e Lourdes Rafael viram isso e o acompanharam. Todos foram atrás da heroína da revolução, porém, apenas um estava com determinação: o amor é uma luta também.

Aurora estava sentada nos jardins recebendo a luz do sol. Seus cabelos além da alça e o corpo de pele alva descansavam, não se preocupando com nada a heroína da revolução. Eis que surge um homem a sua frente, com um olhar firme, obstinado e resoluto. Rafael olhou para Aurora com uma energia há muito tempo não vista e disse:

— Isabela!

— Como disse? — perguntou Aurora.

— Eu não cheguei até aqui em minha vida para desistir de você. Passei esses anos todos aguardando por este dia e ele chegou. Hoje eu vou trazê-la de volta, Coroada. Você é a minha esposa, e vou usar de todas as minhas forças para que acorde. Levante-se! — disse Rafael, segurando nas mãos de Aurora, que não gostou da atitude do Professor Matronelli.

— Como ousa fazer isso? Eu estava lhe tolerando por causa da minha neta, mas vejo que foi um erro. Vou lhe pedir uma vez apenas: saia de minha casa agora, antes que eu chame a polícia! — disse Aurora, vendo Zaya sendo segurada por mim, para não interromper o que aconteceria.

— Chamar a polícia! Faça o que quiser, Isabela! Eu estou morto desde 1968. Eu disse a você para não ir ao Rio de Janeiro buscar aquele miserável. Mas não, você sempre teve a razão e esqueceu de nosso amor. Tu estavas grávida, Isabela, grávida de um filho meu. Uma filha! E por que fez isso? Eu sei por que fez: queria ser a heroína da revolução, habitar as páginas da história, mesmo que isso lhe custasse a vida. Mas isso foi sórdido da sua parte. Não teve a coragem de olhar em meu rosto e ver o quanto eu a amava, a ponto de renunciar a mim mesmo e ceder as suas vontades. Não valorizou o meu amor por você, por causa de quê, uma guerrilha? Todos morreram, Bil, todos: Sr.ª Salarz, o Simpático, Padre Marcos e eu. Este que está aqui na sua frente é um homem morto. E, mesmo assim, não tem a mínima sensibilidade. Cretina! — disse Rafael extremamente exaltado.

— Ah, agora o senhor passou dos limites! Então vamos lá! Você é fraco! Eu nunca amaria homens fracos. Rasteja há cinquenta anos atrás de um cadáver, chorando pelos cantos do mundo, por quê? Isabela morreu e isso deveria estar resolvido há muito tempo. E sabe por que não está resolvido? Porque você é fraco, Rafael. Tenho nojo de pessoas assim. A fraqueza permite a opressão. Se renunciou a sua vida por Isabela, certamente, essa mulher era fraca, digna de pena. Morreu? Pobrezinha, não deito uma lágrima por essa Coroada! Saia da minha casa! — disse Aurora, muito exaltada e com alguma confusão em sua mente.

— Serei expulso da sua casa, mas nunca fale desse jeito a respeito de Isabela. O amor não é fraco, muito ao contrário, é fortaleza. O amor é humilde, pois não precisa ostentar sua força para provar sua legitimidade. O amor é doce, sutil, uma delicadeza, não é como a razão, sempre tediosa nos seus cálculos. E a Coroada era muito forte. A mulher que sofreu com seu pai, nas mãos de um torturador, estando grávida, jamais pode ser fraca. Ouça, Aurora, escute Isabela, isto aqui — disse Rafael, abrindo o áudio que recebera de Hesed em seu e-mail, no que Aurora escutou.

— Seu verme, jamais me curvarei a você — disse Isabela para Libitina, no áudio de 1968.

— Será mesmo que não? Será que terá a mesma coragem depois disso? — Libitina atinge a mão direita de Isabela com um martelo e a esmaga.

— Ai, ai, ai.

Aurora paralisou e sentiu algumas vertigens. Várias imagens surgiram em sua mente, acompanhadas de gritos de dor, a voz que reconheceu ser sua. Não conseguiu ter a nitidez segura sobre esses eventos, mas sentiu a dor novamente de tempos atrás. Começava a reconhecer a si mesma pelo trauma sofrido. Ao ouvir a voz de Libitina, Aurora desesperou-se, deitou-se no chão e se encolheu toda. Todos viram isso e choraram, não havendo mais nenhuma dúvida: era Isabela. Rafael viu aquilo, foi até o chão, ficou ao lado de Aurora e a abraçou. Acariciou seus cabelos, como fazia sempre em Coroa Vermelha, e a heroína da revolução começou a lembrar daquele tato. Um recorte dessa lembrança veio a sua mente naquele momento. Algo mais ou menos assim:

— Sou seu, Catita, seu. Te amarei até o fim dos meus dias — disse o jovem estudante de Direito no mosaico de lembranças na mente de Aurora.

— Você é inocente, mas eu te amo. Sou sua, meu amor. Sou Isabela Estefânia Oliveira, a Coroada. Ame-me, sinta-me, eternize-me — disse Isabela e Aurora sentiu a excitação da jovem estudante de Letras.

As lembranças surgiram na mente de Aurora, agora acompanhadas de imagens nítidas. Viu o rosto de Rafael, o jovem que a conquistou roubando um beijo. A viu também nas areias da praia de Coroa Vermelha, linda, jovem, cabelos longos e negros além da alça, um tom de pele alva, um movimento sutil e um perfume natural. Mas ainda assim, mesmo com esses recortes em sua mente, Aurora estava resistindo a aceitar que era outra pessoa. Resistia ao fato de ter seu passado roubado, a vida feliz com um amor recíproco, aquilo que perseguimos em nossas existências. Começou a razão a imperar novamente, levantou-se do chão, não quis mais conversar e saiu do ambiente. Rafael ficou no chão, se atirou todo ali e chorou. O Professor Matronelli não tinha mais forças para lutar. Desistiu.

Marília viu Aurora passar por ela e nem dar atenção à sua antiga amiga. A heroína da revolução não olhou para trás, decidida a não querer lembrar mais nada, abandonando a todos. Lourdes Rafael chorou, pois acreditou que tudo teria um final feliz. Zaya abraçou sua mãe e chorou também. E eu vi tudo isso e disse a mim mesmo, gritando: basta!

— Basta! Acorde, Isabela! — disse, gritei!

E, ao fazer isso, lembrei-me de algo que poderia ser o último recurso a salvar meu amigo e Isabela. Corri no quarto, todos acompanharam a minha loucura, incluindo Aurora, e peguei um livro em minha bolsa. Quando voltei, todos me aguardavam, Zaya abraçada à mãe, Marília sem esperança no rosto, Rafael jogado ao chão e Aurora de frente a eles esperando eu dizer algo. Viram que eu trouxe um livro, algo antigo, o motivo de todos estarmos aqui. Aquele velho exemplar, que tive o cuidado de coletar na biblioteca da Universidade Federal do Rio de Janeiro, como o elo a retomar um amor antigo, o truque da paixão, a magia do destino. Zaya olhou para mim não se aguentando mais, Rafael não entendeu o que eu fazia, e Aurora estava fria em sua racionalidade. Quando ninguém esperava mais nada, uma outra chance aconteceu. E é assim todos os dias, a cada manhã a refletir a Aurora de nossas vidas. Não desistam. Não desistam. O amor sempre vence. Vence!

— Professor, corra, vá buscar o livro! — disse para Rafael e arremessei *O Espírito das Leis* aos pés de Aurora, o mesmo e exato livro de cinquenta e oito anos atrás.

Rafael levantou imediatamente e foi na direção do livro. Aurora, instantaneamente, fez o mesmo movimento de sua época de bibliotecária, não entendendo o porquê de ter feito isso, e se abaixou para pegar o livro. Quando estava prestes a tocar *O Espírito das Leis*, a heroína da revolução sentiu as mãos de Rafael. Ela olhou para ele, sentiu uma energia diferente, uma excitação antiga, e seu coração estava em batidas mais fortes. A pele de Aurora ficou mais rubra, como se estivesse rejuvenescendo. Seu rosto destampou-se da seriedade e foi ocupando uma alegria ali. Rafael viu Aurora, a casca desaparecendo, e logo surgindo, mais uma vez, o amor de sua vida: Isabela. Como vocês sabem, nosso herói é só coração, obedeceu a sua paixão, e cometeu o crime mais uma vez: roubou o beijo de Aurora. E um silêncio se fez.

Esse silêncio continuou... E ficou... E ficou... E ficou... Até quase desistirmos, quando ouvimos a mulher de pele alva, de cabelos além da alça, dizer:

— Você demorou muito tempo — disse Isabela.

— Sabe que sou lento, meu amor — disse Rafael.

— Não brinque!

Capítulo 36

Fim
Coroa Vermelha, janeiro de 2023

  Estávamos meu amor e eu curtindo nossa gravidez nas areias da praia de Coroa Vermelha, e Zaya lia meu livro. Pediu desculpas pelo que me fez sofrer, mas eu disse que não tinha pelo que desculpar, pois amar é assim mesmo. Ela não aceitou meu ponto de vista, exigiu que eu pedisse algo em troca, para reparar seu erro, e eu aceitei, uma vez que não queria contrariá-la. Pedi a ela que ficasse no mar, ao entardecer na praia, para que eu pudesse registrar a beleza dela em uma fotografia. A Menina ficou diante de mim, com seus longos cabelos negros além da alça, colocando sua mão do lado direito de sua cintura, mistério feminino em seu esplendor. Mandou um beijo para mim e eu disse: te amo! Ela é linda.

  Hesed Alende viajou até Praga e conheceu Aurora. Disse que gostaria de fazer uma entrevista com ela, para que relatasse sobre o período da GCP e a tortura da Ditadura Militar Brasileira, podendo a jornalista concluir seu livro. Aurora aceitou a proposta e marcaram uma data para isso. Conversaram muito e a jornalista disse para a heroína da revolução deixar Rafael viver. Aurora sentiu algo estranho na fala dela, mas não quis aprofundar, com medo de mais um capricho do destino. Não demorou muito e Hesed retornou ao país. Antes disso, deixou a documentação médica de Rafael com Lourdes Rafael. Esta leu e guardou o documento, não dizendo nada a ninguém.

  Wagen, ainda em viagem pela Europa, recebe em seu smartphone uma fotografia enviada por sua mãe. Na imagem, o pai de Zaya pode ver sua genitora ao lado de um jovem de pele branca, aparência séria, e um quepe verde-oliva. E ao pé do retrato estava escrito: Praga, maio de 1969. Enviou uma mensagem também, que dizia: *"filho, estou muito doente e quero falar sobre seu pai"*. Ao ver a foto e ler aquelas palavras, Wagen decidiu retornar para a capital Tcheca. Retornaria outras coisas também ao meu antigo aluno e hoje sogro.

  Marília decidiu morar na mansão Petrín até o fim dos seus dias, após o convite de Aurora. Esta solicitou a ajuda no processo de reconstrução de seu passado e de sua memória. A Comunista concordou, pois, além disso, queria acompanhar a gravidez de Zaya, uma vez que os sonhos desta sobre o homem negro com rosto de paz aumentaram. A antiga amiga de Isabela sentiu uma presença e ficou.

Rafael e Isabela estavam, finalmente, juntos e foram passear no rio Moldava. Ela deitou em seu colo e ele acariciou seus cabelos, agora até a altura da alça, "*um novo visual para ele*", segundo dizia Aurora. Como sempre, Rafael achou lindo, pois seus olhos eram Isabela. Ele era só coração. Repetiam isso todos os dias. E amaram assim todos os dias. E foram felizes assim.

E ali perto, na cidade de Kherson, ao sul da Ucrânia, onde o conflito bélico acontecia, surgiu um sujeito, por volta de seus oitenta anos, próximo a soldados russos. Trazia consigo um velho rifle, coisa antiga, no que foi ridicularizado pelos militares siberianos. Quando um deles disse algo ao sujeito que acabara de aparecer, este apontou a arma e matou os combatentes de Putin. Aproximou-se dos dois, cuspiu neles e gritou: "*liberdade*!". Após isso, levantou seu rifle, e o brilho do metal frio se fez notar no ar, pelos moradores ucranianos da cidade. Uma criança gostou do gesto e o imitou. O sujeito sorriu, aproximou-se do menino e deixou-o segurar seu rifle. O garoto adorou, levantou a arma, gritou liberdade, e o brilho do metal frio voltou a ser.

O brilho de um Mosin-Nagant.

Fim.